생활 속의 헌법탐험

The Constitution's Exploration in the Life

이희훈 저

박영사

머 리 말

　'생활 속의 헌법탐험'은 우리의 일상생활 속에서 끊임없이 발생되는 모든 법규범의 최고법이며 근본법인 헌법적인 다양한 사건과 사례 속의 쟁점 사항들에 대한 이론 설명과 관련 외국의 입법례나 판례 등의 내용을 시간과 공간에 제한 없이 수강생들이 열심히 학습할 수 있게 해 주어, 기본적으로 수강생들의 기본권 보호와 타인의 기본권 침해 방지의 정신을 함양시켜 주고, 나아가 헌법과 관련된 각종 국가기관의 시험이나 일반 직장의 시험 또는 면접에 적용 및 응용할 수 있는 기본적인 헌법적 사고력을 갖추는 데 필요한 기초적인 헌법적 지식을 쉽게 습득할 수 있게 하여 일상생활에서 크게 활용할 수 있도록 도움을 줄 것인바, '생활 속의 헌법탐험'이라는 강의 콘텐츠는 2015년 교육부의 지원을 받아 대전충남권역대학 이러닝지원센터에서 신규로 개발되었다.

　이에 '생활 속의 헌법탐험'은 우리의 일상생활 중에서 밀접하게 연관되어 있고 끊임없이 발생하고 있는 헌법의 개념과 기능 및 특성, 헌법의 제정과 개정, 헌법상 다양한 기본원리와 기본제도, 헌법상 다양한 기본권의 종류와 내용(영상물등급제도, 인터넷게임 셧다운제, 성적 자기결정권과 각종 성폭력 관련 주요 법제와 판례, 생명권과 사형제도·연명의료결정·낙태죄 관련 주요 법제와 판례 등 포함), 기본권의 제한과 제한의 한계, 국회, 행정부, 법원, 헌법재판소 등을 그 주요 내용으로 아래와 같이 총 14주의 강의 내용으로 구성하였다.

　제1주 강의의 내용에서는 우리의 일상생활과 밀접하게 연관되어 있는 헌법의 개념(의미)과 기능(역할) 및 법의 구조 및 체계, 대한민국과 미국, 독일, 프랑스 등 외국 헌법 제1조의 내용, 역사적 발전에 의한 헌법의 특징 등에 대하여 살펴보았다. 제2주 강의의 내용에서는 우리의 일상생활과 밀접하게 연관되어 있는 헌법의 제정과 개정, 헌법의 제정권력의 특성과 한계, 헌법의 개정권력의 한계 및 헌법개정절차, 헌법의 기본원리 중 국민주권주의, 자유민주주의원리, 법치주의원리, 문화국가원리, 사회복지국가원리 및 헌법의 기본제도 중 정당제도 등에 대하여 고찰하였다. 제3주 강의의 내용에서는 우리의 일상생활과 밀접하게 연관되어 있는 헌법상의 기본제도 중 선거제도, 선거기탁금의 납부 및 반환제도, 공무원제도, 지방자치제도, 교육제도, 혼인과 가족제도 등에 대하여 검토하였다. 제4주 강의의 내용에서는 우리의 일상생활과 밀접하게 연관되어 있는 기본권의 의의, 기본권의 주체, 기본권의 종류에 대한 개관, 인간의 존엄과 가치의 내용, 행복추구권의 내용, 평등권의 내용, 신체의 자유의 내용 등에 대하여 살펴보았다. 제5주 강의의 내용에서는 우리의 일상생활과 밀접하게 연관되어 있는 거주·이전의 자유의 내용, 직업의 자유의 내용, 사생활의 비밀과 자유의 내용과 관련 입법 및 판례, 개인정보자기결정권의 내용, 주민등록법과 주민등록증 및 주민등록번호에 대한 내용, 외국의 주민등록제도의 내용, 주민등록증 및 주민등록번호에 대한 헌법적 검토를 하였다. 제6주 강의의 내용에서는 우리의 일상생활과 밀접하게 연관되어 있는 통신의 자유의 내용과 관련 입법 및 판례, 양심의 자유의 내용과 관련 입법 및 판례, 종교의 자유의 내용, 종교의 자유와 관련된 입법 및 판례, 언론·출판의 자유의 의의, 언론·출판의 자유의 기능 등에 대하여 고찰하였다. 제7주 강의의 내용에서는 우리의 일상생활과 밀접하게 연관되어 있는 언론·출판의 자유의 내용 및 관련 입법 및 판례, 알 권리의 내용 및 관련 입법 및 판례, 액세스권의 내용 및 관련 입법 및 판례, 언론·출판의 자유의 제한원칙, 언론·출판의 자유와 음란성의 의의, 언론·출판의 자유와 음란성의 요건, 언론·출판의 자유와 음란성 관련 입법과 판례의 헌법적 검토를 하였다. 제8주 강의의 내용에서는 우리의 일상생활과 밀접하게 연관되어 있는 보도의 자유의 의의와 제한 및 취재의 자유의 의의와 취재원 비닉권의 의의와 헌법적 검토 및 언론·출판의 자유와 명예훼손, 인터넷게임에 대한 셧다운제도의 의의와 관련 입법의 주요내용 및 헌법적 검토를 하였다. 제9주 강의의 내용에서는 우리의 일상생활과 밀접하게 연관되어 있는 집회의 자유의 의의, 집회의 자유의 내용, 집회의 자유의 제한, 결사의 자유의 의의와 내용, 학문과 예술의 자유의 의의와 내용, 영상물등급제도에 대한 헌법적 검토를 하였다. 제10주 강의의 내용에서는 우리의 일상생활과 밀접하게 연관되어 있는 성적 자기결정권과 관련된 판례에 대한 검토, 성적 자기결정권과 관련된 입법에 대한 검토, 강간죄에 대한 외국의 입법례, 강간죄의 폭행의 정도에 대한 대한민국의 대법원 판례에 대해 헌법적 시각에서 비판적 검토를 하였다. 제11주 강의의 내용에서는 우리의 일상생활과 밀접하게 연관되어 있는 부부강간죄에 대한 헌법적 검토, 생명권에 대한 의의 및 입법례, 생명권에 대한 헌법적 근거, 생명권에 대한 내용, 기본권의 제한, 기본권의 제한의 한계에 대하여 살펴보았다. 제12주 강의의 내용에서는 우리의 일상생활과 밀접하게 연관되어 있는 사형제도의 의의와 종류 및 연혁과 입법례, 사형제도에 대한 헌법적 검토를 하였다. 제13주 강의의 내용에서는 우리의 일상생활과 밀접하게 연관되어 있는 안락사의 개념, 존엄사의 개념, 연명치료중단의 개념, 연명의료결정의 개념, 연명의료결정에 대한 헌법적 검토, 낙태 관련 사건, 낙태죄의 연혁, 낙태죄 관련 입법례, 자기낙태죄에 대한 헌법적 검토를 하였다. 제14주 강의의 내용에서는 우리의 일상생활과 밀접하게 연관되어 있는 국회의 헌법적 기능과 역할, 국회의 구성과 조직, 국정감사제도 및 국정조사제도의 내용, 행정부의 헌법적 기능과 역할, 행정부의 구성과 조직 및 권한, 대통령의 권한, 법원의 헌법적 기능과 역할, 법원의 구성과 조직 및 권한, 헌법재판소의 헌법적 기능과 역할, 헌법재판소의 구성과 조직 및 권한에 대해 고찰하였으며, 독자의 편의를 위하여 본서의 부록으로 대한민국 헌법전을 함께 제시하였다.

본서가 나오기까지 일일이 열거할 수 없을 정도로 감사하고 고마운 분들이 너무 많아서 그 모든 분들을 부득이 다 밝힐 수는 없지만, 부족한 필자에게 형언할 수 없는 큰 학문적 가르침을 주신 현재 헌법재판연구원장님이신 존경하옵는 전광석 교수님께 먼저 머리 숙여 깊이 감사드리고, 부족한 필자에게 격려와 여러 도움을 주신 현재 한국법학교수회 회장님이신 존경하옵는 홍복기 교수님께 깊이 감사드리며, 부족한 필자에게 많은 학문적 가르침을 주신 존경하옵는 홍정선·이덕연·강태수·김종철 교수님께도 깊이 감사드린다. 그리고 선문대학교의 총장님과 법학과 교수님들께 감사드린다. 또한 필자에게 언제나 아낌없는 격려와 응원을 해 주는 사랑하는 가족들에게 깊이 감사한 마음을 전하며, 본서가 출간되기까지 많은 도움을 주신 박영사의 안종만 회장님, 안상준 상무님, 노현 부장님, 김선민 부장님, 마찬옥 편집위원님 등께 감사드린다.

향후 필자는 더욱 열심히 학문적으로 정진하여 본서의 부족하고 미진한 부분을 충실히 보완해 나갈 것인바, 본서가 독자들에게 국가의 최고법인 헌법을 보다 쉽게 이해하고 알 수 있게 하여 독자들의 일상생활에 많은 도움을 주는 초석이 되길 바란다.

2016년 2월
선문대학교 법학과 교수
이 희 훈

목 차

14주

부 록

생활 속의 헌법탐험

(1주-1번째 강의)

● 1주 강의 학습의 목표

수강생들이 법과 헌법의 개념(의미) 및 법의 기능(역할)과 법의 종류와 체계, 헌법의 특성과 역사적 발전에 의한 헌법의 특징 등에 대해 학습하여 법과 헌법에 대한 가장 기초적인 지식을 습득할 수 있도록 하여, 향후 수강생들이 생활 속의 헌법적 다양한 사례와 쟁점에 대한 지식을 습득할 수 있도록 하는 것에 1주 강의의 학습 목표가 있음.

● 1주 강의 학습의 개요

▶ 수강생들이 1주에 학습할 강의의 개요는 법의 개념(의미) 및 기본 구조와 체계, 헌법의 개념(의미) 및 기능(역할), 헌법의 특성과 역사적 발전에 의한 헌법의 특징 등에 대해 각각 강의함.

● 본 강의의 특징 (1)

▷ 각 수업시간 동안에 우리의 일상생활 속에서 발생하고 있는 다양한 헌법적 쟁점사항과 사례 및 해당 쟁점 사항이나 사건에 대한 법원과 헌법재판소의 판례 및 외국의 입법례 또는 판례 등에 대해 강의하되, 수강생들이 쉽게 지치지 않고, 매주마다 흥미를 가지고 생활에 도움이 되는 헌법적 지식을 쌓을 수 있도록 1주에 3번씩 나누어 강의함.

● 본 강의의 특징 (2)

▷ 수강생 여러분들은 매주 강의와 주교재의 내용을 꼼꼼히 반복적으로 보고 들으면서 강의시 빨간색으로 밑줄을 긋거나 빨간색으로 필기해 주는 부분을 중심으로 열심히 공부하길 바람.

▷ 매주마다 끝에 연습문제 1개씩 출제하여 매주마다 수강생들이 해당 강의 시간 동안 출석을 하면 해당 출석 점수를 쉽게 받을 수 있도록 하는 것 이외에 매주 퀴즈 문제를 푸는 것을 통하여 매주 각 해당 강의 내용 중에서 가장 기본적이고 중요한 강의 내용들을 계속해서 흥미 있게 학습해 나갈 수 있도록 해 주고, 기말고사 문제의 유형을 미리 대략 어느 정도 알 수 있도록 해 주며, 수강생들이 쉽게 지치지 않고 좀 더 흥미를 가지고 재미있게 '생활 속의 헌법탐험'의 각 강의 내용들을 이해하면서 열심히 공부해 나갈 수 있도록 매주마다 해당 강의 내용과 관련된 여러 동영상 자료들을 쉽게 찾아서 함께 공부해 나갈 수 있도록 안내해 줄 예정임.

법의 개념(의미)

▷ 법(法) = 水(氵) + 去 : 물이 흐르는 것 (이치나 순리 또는 이성이나 상식에 따라 사회를 질서 있게 다스리는 것을 의미)

▷ 법의 개념(의미) : 법은 사람들에게 개인의 의사에 따른 행동(작위나 부작위)의 준칙(기준이나 표준)이 되어 주고, 사람들이 사회생활을 해 나가는데 있어 사회질서가 유지되도록 사람들에게 어떤 행위를 '해라' 또는 '하지 말라'라고 명령해 주는 사회규범이며, 국가권력이 사회를 유지하고 공공의 복리를 실현하기 위하여 법을 위반한 자에게 형사처벌이나 강제집행 등의 일정한 제재나 통제를 가하고, 사람들 사이에 분쟁이나 다툼이 발생하면 정의와 평등 등에 입각하여 이를 해결해 주는 등 국가권력에 의해 강제(강행)되는 사회규범임.

▷ 참고로, 소크라테스는 법을 정의로운 것으로 보았고, 칸트는 사회생활 속에서 인간의 자유를 서로 간에 잘 조화를 이룰 수 있도록 보장해 주기 위한 강제(강행)적 질서로 보았음.

법의 기능 (1)

▷ 아리스토텔레스는 '사람은 혼자서 고립해서 살 수 없는 사회적 존재'라고 하였는바, 사람은 원시시대부터 현재까지 본능적으로 자신의 보전과 발전을 위하여 한 곳에 모여서 집단을 이루며 살아왔음.

▷ 원시시대 이후에 함께 모여 살게 된 사람들의 수가 점차 증가하면서 이렇게 함께 모여 사는 사람들 중에서 사회의 질서를 어지럽히고 해치거나 공공복리와 평화 등을 파괴하는 사람들에게 어떤 제재나 처벌 등을 강제(강행)할 필요가 있음.

▷ 원시시대와 같이 사회 구조가 비교적 단순했던 시대에는 도덕이나 종교 또는 관습으로 충분히 사회의 질서를 유지시킬 수 있었지만, 사회가 점차 분화되고 복잡해지면서 도덕이나 종교 또는 관습과 같은 어떤 강제(강행)성이 없는 정도의 사회적 규범만으로는 사회질서와 공공복리 등을 유지 및 실현하는 것이 매우 힘들어짐.

● 법의 기능 (2)

▶ 함께 모여 사는 사람들이 서로 간에 어떤 것을 지켜 나갈 것을 정한 것에 대해 이를 위반시에는 어떤 일정한 강제력에 의한 제재를 행하여 이를 적절히 해결해 주거나 통제 내지 방지해 줄 수 있는 사회적 규범이 필요한바, 이러한 규범이 '법'이라고 할 것임.

▶ 이에 따라 법의 주요한 기능으로는 먼저 인간의 기본권이나 인권을 보호해 주는 기능이 있음. 다음으로 법은 사회의 질서를 유지시켜 주는 기능이 있음. 그리고 법은 사람들 사이에 발생한 분쟁이나 다툼을 정의롭고 평등하게 해결해 주는 기능이 있음. 또한 법은 사회의 질서나 사회적 평화를 해치거나 공공복리를 해치는 잘못된 행위를 한 자에 대해 적절히 이를 통제해 주고 교정시켜 주어 사회를 안정화시켜 주는 기능 등이 있음.

생활 속의 헌법탐험

(1주-2번째 강의)

● 법의 종류와 체계 (1)

▶ 인간의 기본권 또는 인권을 보호해 주고, 사회의 질서와 평화를 유지시켜 주는 등의 기능을 실현하기 위하여 필요한 법 규범의 종류로는 헌법, 민법, 형법 등 수 없이 많음.

▶ 이렇게 다양한 법 규범들에 대해 만약 국가에서 어떤 위계질서(상하관계)를 설정해 놓지 않는다면 수많은 법 규범 상호 간에 모순되거나 충돌될 때 이러한 문제를 해결할 수 없어 기본권의 보호 및 사회의 질서 및 평화의 유지 등은 실현할 수 없게 되므로, 국가는 다양한 법 규범 상호 간에 적용의 우선순위(상하관계)를 설정해 놓게 됨.

▶ 이에 하위의 법 규범은 상위의 법 규범에 위반될 수 없는바, 수많은 법 규범들 중에서 헌법이 제일 높은 위치(최상위의 규범 또는 최고의 규범)임. 따라서 국회가 만든 각종 법률들과 각 행정기관이 만든 법 규범인 행정입법 및 지방의회와 지방자치단체에서 만든 자치법규 등은 모두 헌법 조항을 위반할 수 없음.

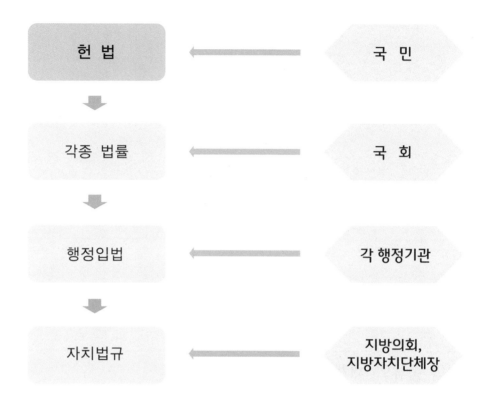

● 법의 종류와 체계 (2)

1. **헌법** : 헌법전문 + 헌법 1조~130조 + 부칙 6조로 구성됨.

2. **법률** : 민법, 형법 등의 수많은 법률들이 있음. 예를 들면 형법 269조와 270조의 낙태죄 처벌 규정(일반법)에 대한 모자보건법 14조 1항의 낙태허용 규정(특별법)의 관계처럼 특별법적 지위에 있는 법률이 일반법적 지위에 있는 법률보다 우선시됨. 그리고 신법은 구법에 우선시됨.

3. **행정입법** : 행정입법에 대해 예를 들면 모자보건법 14조 1항에서 "의사는 다음 각 호의 어느 하나에 해당되는 경우에만 본인과 배우자의 동의를 받아 인공임신중절수술을 할 수 있다. 1호: 본인이나 배우자가 대통령령으로 정하는 우생학적 또는 유전학적 정신장애나 신체질환이 있는 경우"라고 규정되어 있음.

● 법의 종류와 체계 (3)

▷ 여기서 대통령령에 해당되는 모자보건법 시행령 15조 2항을 찾아보면 "모자보건법 14조 1항 1호에 따라 인공임신중절수술을 할 수 있는 우생학적 또는 유전학적 정신장애나 신체질환은 연골무형성증, 낭성섬유증 및 그 밖의 유전성 질환으로서 그 질환이 태아에 미치는 위험성이 높은 질환으로 한다." 라고 규정되어 있음.

▷ 이러한 행정입법은 오늘날 현대 국가가 행정국가화 및 사회복지국가화 되면서 매우 빠르게 변화되는 사회현실 하에서 복잡하고 다양하게 그때그때 필요한 법규 사항들을 국회에서 모두 법률에다 빠짐없이 규정해 놓을 수 없기 때문에 법률에서 구체적으로 그 범위를 정하여 행정입법에 위임하여 규정하도록 해 놓은 것임.

▷ 자치법규 중 하나인 조례의 예를 들면 서울특별시 서울광장의 사용 및 관리에 관한 조례 또는 서울특별시 청계천 이용에 관한 조례 등이 있음.

● 헌법의 개념(의미) (1)

▷ 오늘날 전 세계의 각 국가들은 저마다의 특성이 있는 최고의 법 규범인 헌법이 있음.

▷ 이는 헌법과 국가는 서로 뗄 수 없는 불가분의 관계에 있고, 국가이기 위해서는 적어도 국가의 근본규범이며, 기본적 및 기초적 규범으로서 국민과 외국인 및 법인의 기본권을 보장해 주고, 국민 등의 기본권을 최대한 보장하기 위해서 통치기구의 조직과 구성 및 통치작용의 원리를 정한 최고의 법규범인 헌법을 반드시 가져야 한다는 뜻임.

● 헌법의 개념(의미) (2)

▷ 국가는 사회를 바탕으로 하여 그 사회를 구성하는 모든 개인의 능력과 개성이 최대한 잘 발휘될 수 있도록 정의로운 사회질서와 사회평화를 확립하고 보장하기 위해서 존재하는 국가는 그를 구성하는 세 가지의 필수적 요소인 국민과 영역 및 주권 이외에도 시대의 변천과 역사의 발전에 따라 그때마다 새롭게 형성되는 일정한 가치관에 입각해서 사회구성원의 개성신장과 사회통합을 촉진시킬 수 있는 법 규범적인 틀과 사회의 자율기능을 유지하기 위해서 요구되는 법질서를 마련해 놓아야 하며, 사회가 필요로 하는 조정적이고, 통합적이며, 형성적인 기능을 잘 수행하기 위해서 일정한 통치권력 조직을 필수적으로 가지게 됨.

▷ 이러한 사유로 국가의 모든 통치권력 조직은 국민 등의 기본권을 최대한 보장하기 위한 수단으로서 존재해야 하는 것이지, 절대로 자기 목적적인 존재일 수 없음.

● 헌법의 기능 (1)

▷ 헌법은 국가 내의 국민과 외국인 및 법인이 가지고 있는 다양한 자유와 권리(기본권)를 위법하고 부당한 국가권력(공권력)의 행사로부터 or 다른 사인(私人)으로부터 보장(보호)해 주는 기능을 함.

▷ 헌법은 다양한 의견과 생각 및 이해관계를 가지고 있는 사람들로 하여금 일정한 사회질서 속에서 사람들의 다양한 의견과 생각 및 이해관계를 조정해 주어 각자 살아갈 수 있도록 사회공동체 및 나아가 국가를 창설하고 정치적 통일체를 형성해 주는 기초적(근본적) 규범으로서 기능함.

▷ 헌법은 국민 등의 기본권을 실현시켜 주는 기능과 국가를 창설해 주는 기능 및 사회공동체를 통합(통일)시켜 주어 사회공동체가 존속하고 유지될 수 있도록 해 주는 기능을 하는 최고의 법 규범임.

● 헌법의 기능 (2)

▶ 헌법은 사회공동체를 구성시켜 주고 국가를 창설해 주는 기초적(근본적) 법규범인바, 국가를 어떤 국가기관에 의해 어떤 권력을 배분하여 조직시켜 놓을 것인지 및 이러한 국가권력을 어떻게 통제할 것인가를 결정해 놓은 국가권력의 조직규범과 수권규범으로서 기능을 함.

▶ 헌법은 다양한 의견과 생각 및 이해관계를 가지고 있는 사람들로 하여금 일정한 사회질서 속에서 사람들의 다양한 의견과 생각 및 이해관계를 조정해 주어 각자 살아갈 수 있도록 사회공동체 및 나아가 국가를 창설하고 정치적 통일체를 형성해 주고 사회평화를 실현시켜 주는 역할을 하는 국가 내의 가장 기초적(근본적, 밑바탕) 규범으로서 기능함.

생활 속의 헌법탐험

(1주-3번째 강의)

● 헌법의 특성 (1)

▶ 헌법의 규범적 특성으로는 최고규범성·기본권 보장규범성·수권적 조직규범성·권력제한 규범성·생활규범성 등이 있음.

▶ (1) **최고규범성** : 헌법은 주권자인 국민의 합의를 바탕으로 한 결정에 의해 제정되기 때문에 사회 내의 모든 법 규범들은 이러한 헌법에 근거하여 파생되며 헌법에 위반되면 안 되므로, 헌법은 사회 내에 존재하는 모든 법 규범들 중에서 최고(최상위)의 위치에 있는 규범이라고 할 것임. 이러한 점에서 헌법에는 '최고규범성'이라는 특성이 있음.

● 헌법의 특성 (2)

▶ 이러한 헌법의 최고 규범성에 대해 헌법재판소는 "헌법은 국민적 합의에 의해 제정된 국민생활의 최고 도덕규범이며, 정치생활의 가치규범으로서 정치와 사회질서의 지침을 제공하고 있기 때문에 민주사회에서는 헌법의 규범을 준수하고 그 권위를 보존하는 것을 기본으로 한다."라고 판시하였음(헌재 1989. 9. 8, 88헌가6).

▶ (2) 기본권 보장규범성 : 국민의 자유와 권리, 즉 기본권이 보장되지 아니한 헌법은 진정한 의미의 헌법이 아니라고 할 것인바, 이에 근대 시민법치국가(입헌주의)적 헌법과 현대 복지국가(사회국가)적 헌법은 국민의 기본권을 헌법에서 명시적으로 보장하고 있음. 이에 대한민국 헌법도 헌법전문과 헌법 제10조부터 제37조 1항까지 국민의 여러 기본권들을 보장하고 있음.

● 헌법의 특성 (3)

▶ 특히 대한민국 헌법 제10조 후문에서 "국가는 개인이 가지는 불가침의 기본적 인권을 확인하고 이를 보장할 의무를 진다."라고 규정하고 있고, 헌법 제37조 제1항에서는 "국민의 자유와 권리는 헌법에 열거되지 아니한 이유로 경시되지 아니한다."라고 규정하고 있으며, 헌법 제37조 제2항에서 국가는 국가안전보장이나 질서유지 또는 공공복리를 위하여 필요한 경우에 한하여 국민의 기본권을 법률로써 제한할 수 있고, 이러한 제한을 할 때에도 기본권의 본질적인 내용을 침해할 수는 없도록 규정하고 있음.

▶ 이렇듯 헌법에는 국민 등의 기본권을 보장하기 위한 '기본권 보장규범성'이라는 특성이 있음.

● 헌법의 특성 (4)

▶ **(3) 수권적 조직규범성** : 헌법은 국가의 통치기구를 조직하고, 그 권한을 부여한다는 점에서 헌법에는 '수권적(授權的) 조직규범성'이 있음. 즉, 모든 국가의 통치기구는 국가의 최고법인 헌법에 의하여 조직되고, 모든 통치권력은 헌법에 의한 위임이 있을 때에만 행할 수 있고, 정당한 국가공권력의 행사가 될 수 있음. 따라서 한 국가의 통치기구와 통치권력은 헌법에 근거하여 행사될 때에만 민주적 정당성과 절차적 타당성을 갖추게 됨.

▶ **(4) 권력제한 규범성** : 헌법에 의해 조직된 국가의 통치기구는 헌법에 의해 부여된 해당 통치권력만 행사할 수 있는 것이지 헌법에 규정되어 있는 그 이상의 통치권력을 행사할 수 없는바, 이를 헌법의 '권력제한 규범성'이라고 함.

● 헌법의 특성 (5)

▶ **(5) 생활규범성** : 헌법은 국민의 다양한 생활 속에서 국가 내의 사람들이 다 함께 공존하며 살아갈 수 있도록 해 주면서 실현된다는 점에서 헌법에는 '생활규범성'이라는 특성이 있음.

▶ 예를 들면, 헌법재판소가 헌법에 비추어 우리의 일상 생활 속에서 밀접히 연관되어 있었던 구 형법 241조의 간통죄 처벌 규정과 형법 304조의 혼인빙자간음죄 규정에 대해 위헌으로 결정한 것, 구 국적법 2조 1항 1호에서 부계혈통주의를 규정한 것에 대해 위헌으로 결정한 것, 구 민법 809조 1항에서 동성동본금혼을 규정한 것에 대해 헌법불합치 결정을 한 것, 구 의료법 19조의2 2항에서 태아의 성별을 미리 알려주지 못하도록 규정한 것에 대해 헌법불합치 결정을 한 것, 영화진흥법 21조 4항에서 영상물등급위원회의 등급분류보류제도에 대해 위헌 결정을 한 것, 고 노무현 대통령에 대한 탄핵소추에 대해 기각 결정을 한 것, 통합진보당에 위헌정당해산심판에 대해 인용 결정을 한 것 등에 의할 때 헌법에 생활규범성이라는 특성이 있음.

● 역사적 발전에 의한 헌법의 특징 (1)

▶ 먼저 역사적 발전과정을 기준으로 헌법의 특징을 살펴보면 다음과 같이 크게 3개로 나눌 수 있음. 즉, ① 고유한(고전적) 의미의 헌법, ② 근대 입헌주의(시민국가)적 의미의 헌법, ③ 현대 복지국가(사회국가)적 의미의 헌법으로 나눌 수 있음.

▶ (1) 고유한(고전적) 의미의 헌법 : '고유한(고전적) 의미의 헌법'이란 신분제가 존재하고 계급사회였던 고대와 중세시대에 국가의 왕(군주)은 지배적 위치에 있고, 왕(군주) 이하의 하부에 속하는 사람들은 이에 복종하는 위치에 있었던 시대적 배경 하에 존재하였던 국가 통치기구의 조직이나 통치권력 및 관계 등에 대해 가장 기본적인 사항을 규정한 근본법 또는 기초규범을 뜻함. 이 당시에 국가권력은 통합적 권력을 행사하였는바, 이러한 통합적 권력의 정당성은 종교적 절대자인 신(神)이나 자연적으로 부여된 것으로 받아들여졌음.

● 역사적 발전에 의한 헌법의 특징 (2)

▶ (2) 근대 입헌주의(시민국가)적 의미의 헌법 : '근대 입헌주의(시민국가)적 의미의 헌법'이란 사회가 점점 더 다원화 및 전문화 되면서 왕(군주) 이하의 계급에 속했던 사람들 중에서 전문적 지식이나 기술을 가진 시민들이 혁명에 의하여 자유와 평등 및 (형식적) 법치주의와 권력분립원리 등의 이념과 사상을 통해 국민 등의 자유와 권리를 보장하고 국가권력의 남용을 적절히 제한하려는 헌법을 뜻함.

▶ 근대 입헌주의(시민국가)적 의미의 헌법은 1789년 8월 26일에 프랑스의 인간과 시민의 권리선언(소위 '프랑스 인권선언'이라고 함) 제16조에서 "권리의 보장이 확보되어 있지 않고, 권력의 분립이 확정되어 있지 아니한 사회는 결코 헌법을 가지고 있지 않다."라고 선언함으로써 시작됨.

▶ 여기서 '프랑스 인권선언(Declaration of the Rights of Man and Citizen, Déclaration des droits de l'Homme et du citoyen)'이란 프랑스 혁명으로 만들어진 인권선언으로, 자연법사상의 영향을 받아 자유와 평등 등 인간의 천부적

● 역사적 발전에 의한 헌법의 특징 (3)

▷ 권리는 장소와 시간을 초월하여 보편적임이 선언되었음. 프랑스의 제헌 국민의회에 의하여 1789년 8월 26일에 채택됨.

▷ 이러한 프랑스 인권선언은 전문과 17개조의 본문으로 규정되어 있는바, 이 중에서 중요 규정인 제1조부터 제3조까지 살펴보면 "제1조: 인간은 권리에 있어서 자유롭고 평등하게 태어나 생존한다. 사회적 차별은 공동 이익을 근거로 해서만 있을 수 있다. 제2조: 모든 정치적 결사의 목적은 인간의 자연적이고 소멸될 수 없는 권리를 보전함에 있다. 그 권리란 자유, 재산, 안전, 그리고 압제에의 저항 등이다. 제3조: 모든 주권의 원리는 본질적으로 국민에게 있다. 어떠한 단체나 개인도 국민으로부터 명시적으로 유래하지 않는 권리를 행사할 수 없다."라고 규정됨.

● 역사적 발전에 의한 헌법의 특징 (4)

▷ 이러한 근대 입헌주의(시민국가)적 의미의 헌법은 다음과 같은 일곱 가지 원리를 주요 기본원리로 하고 있음.

▷ 첫째, 국민이 국가의사를 최종적으로 결정할 수 있는 최고 권력인 주권을 보유한다는 국민주권원리가 보장됨.

▷ 둘째, 국민의 기본권을 제한하기 위해서는 국회가 제정한 법률에 그 근거가 있어야 하고, 행정과 사법도 각각 법률에 근거하여 행해져야 한다는 형식적 법치주의가 보장됨.

▷ 참고: 형식적 법치주의의 개념에 대한 동영상 자료는 https://youtu.be/kh5PMYmbLgk.

▷ 셋째, 개인의 자유와 사유재산권 등을 중시하는 자유방임주의가 성행하여 국가권력은 소극적인 야경국가화 또는 경찰국가화 되었고, 사유재산권의 신성화 및 절대화 됨.

● 역사적 발전에 의한 헌법의 특징 (5)

▶ 넷째, 국가권력을 입법, 행정, 사법으로 나누어 이렇게 나누어진 국가권력을 독립된 별개의 국가기관에 각각 담당시켜 국가기관 상호 간에 억제와 균형을 유지하게 하는 권력분립원리가 보장됨.

▶ 다섯째, 주권자인 국민이 국가의사나 국가정책 등을 직접적으로 결정하지 않고, 국민의 의사를 대신할 수 있는 대의기관을 통해 국민을 대신하여 해당 국가의사나 정책 등을 결정하게 하는 대의제(간접민주제)가 보장됨.

▶ 여섯째, 헌법을 명시적으로 규정해야 한다는 성문헌법원리가 보장됨.

▶ 일곱째, 집권하고 있는 통치세력이 헌법을 일반 법률처럼 쉽게 개정할 수 없도록 하기 위하여 헌법의 개정절차를 일반 법률의 개정절차보다 좀 더 어렵고 까다롭게 만들어야 한다는 경성헌법원리가 보장됨.

● 역사적 발전에 의한 헌법의 특징 (6)

▶ 시민혁명에 의해 헌법이 제정된 국가에서 국민주권원리와 권력분립원리 등의 헌법상 기본원리를 규정하였던 입헌주의 헌법을 '진정한 입헌주의 헌법'이라고 함.

▶ 이에 속하는 헌법으로는 1787년의 미국 연방헌법과 1791년의 프랑스 헌법 등이 있음.

▶ 이와 달리 시민혁명을 거치지 않거나 시민혁명이 실패한 국가에서 프랑스의 자유와 평등의 이념이 국가 내로 유입되는 것을 차단하기 위하여 군주주권을 유지하되, 명목상의 인권을 보장하고, 명목상의 권력분립을 규정한 헌법을 '외견적(명목적) 입헌주의 헌법'이라고 함.

▶ 이에 속하는 헌법으로는 1871년의 독일의 비스마르크 헌법과 1889년의 일본의 제국헌법 등이 있음.

● 역사적 발전에 의한 헌법의 특징 (7)

▶ (3) 현대 복지국가(사회국가)적 의미의 헌법 : 현대 복지국가(사회국가)적 의미의 헌법은 19세기 중반 이후에 서구사회가 급격히 산업화 및 도시화 되어 노동시장의 불균형의 초래와 저임금 및 실업문제 등에 따른 노사 간의 극렬한 대립을 해결하고, 시장에서의 수요와 공급의 불균형 및 독과점 등에 의한 극심한 부의 편재라는 자본주의의 모순을 극복하여 국민의 생존을 배려하기 위해서 및 두 번의 세계대전에 의해 교훈을 얻은 세계적인 국제평화의 보장을 위해서 제정된 헌법임.

▶ 이러한 현대 복지국가(사회국가)적 의미의 헌법은 1919년 8월 11일에 제정된 독일의 바이마르 헌법이 최초임.

● 역사적 발전에 의한 헌법의 특징 (8)

▶ 현대 복지국가(사회국가)적 의미의 헌법은 다음과 같은 다섯 가지 원리를 주요 기본원리로 함.

▶ 첫째, 경제의 민주화와 경제에 관한 규제와 통제에 의해 사회적 약자의 인간다운 생활을 보장하는 실질적 평등과 실질적 법치주의가 보장됨.

▶ 둘째, 자본주의적 시장경제주의에 사회주의적 계획경제주의를 가미한 사회적 시장경제주의를 채택하였고, 사회적 기본권(생존권적 기본권)이 보장됨.

▶ 셋째, 국가가 사회적 기본권(생존권적 기본권)의 실현 등을 위해 양적 및 질적으로 증대된 국가의 기능을 능률적으로 수행하기 위한 행정국가화 및 계획국가화 됨.

▶ 넷째, 두 번의 세계 대전 이후에 전 세계적으로 전쟁의 참화를 방지하기 위한 국제평화주의가 보장됨.

▶ 다섯째, 헌법의 실질적 효력을 담보하기 위한 헌법재판제도가 보장됨.

● 1주 강의 연습문제

▶ 아래 2개의 (   ) 안에 들어갈 낱말의 정답이 모두 맞으면 퀴즈 점수 1점 부과 !

▶ 정답을 작성할 기회는 단 1번 뿐이니, 신중하게 작성하여 제출하길 바랍니다.

▶ 1주 강의의 퀴즈 문제

▶ 다음의 빈칸에 들어갈 알맞은 각 낱말을 번호와 함께 각각 쓰시오.

▶ 모든 국가권력은 국민의 기본권을 최대한 보장하기 위하여 (①)으로서 존재해야지, 절대로 (②)인 존재여서는 안 된다.

● 1주 강의 정리하기

▶ 1. 법의 주요 기능 네 개는 무엇인지 정리하기.

▶ 2. 법의 종류 네 가지(헌법, 자치법규, 행정입법, 법률)를 법의 효력상 제일 높은 순서는 어떻게 되는지 정리하기.

▶ 3. 헌법의 주요 특성 다섯 개는 무엇인지 정리하기.

▶ 4. 근대 입헌주의 헌법의 주요 특징 일곱 개는 무엇인지 정리하기.

▶ 5. 현대 복지국가 헌법의 주요 특징 다섯 개는 무엇인지 정리하기.

생활 속의 헌법탐험

(2주-1번째 강의)

● 2주 강의 학습의 목표

수강생들이 헌법의 제정과 헌법의 개정, 헌법의 기본원리와 정당제도에 대한 기초적인 지식을 습득할 수 있도록 하여, 향후 수강생들이 생활 속의 헌법적 다양한 사례와 쟁점에 대한 지식을 습득할 수 있도록 하는 것에 2주 강의의 학습 목표가 있음.

● 2주 강의 학습의 개요

▶ 수강생들이 2주에 학습할 강의의 개요는 헌법의 제정과 헌법제정권력의 개념 및 헌법제정권력의 특성과 한계, 헌법 개정의 의의와 헌법개정의 필요성, 헌법개정의 방법(종류) 및 헌법개정절차(순서), 헌법개정의 한계, 국민주권원리 등 헌법의 다양한 기본원리, 헌법의 기본제도 중 하나인 정당제도에 대해 각각 강의함.

● 헌법의 제정 (1)

▶ 대한민국 헌법은 1948년 7월 17일에 제정되었고, 이후 1952년 7월 4일에 제1차 헌법의 개정, 1954년 11월 27일에 제2차 헌법의 개정, 1960년 6월 15일에 제3차 헌법의 개정, 1960년 11월 29일에 제4차 헌법의 개정, 1962년 12월 26일에 제5차 헌법의 개정, 1969년 10월 23일에 제6차 헌법의 개정, 1972년 12월 27일에 제7차 헌법의 개정, 1980년 10월 27일에 제8차 헌법의 개정, 1987년 10월 29일에 제9차 헌법이 각각 개정되어 현재 헌법 전문과 총강, 국민의 권리와 의무, 국회, 정부, 법원, 헌법재판소, 선거관리, 지방자치, 경제, 헌법 개정의 총 10장으로 구성되어 있음.

▶ 즉, 대한민국의 헌법은 헌법 전문과 10장의 본문 130조 및 부칙으로 구성되어 있음.

● 헌법의 제정 (2)

▶ '헌법의 제정'이란 헌법제정권력자가 헌법의 제정권을 행사하여 국가의 여러 법규범들 중 기본적이고 근본법에 해당하는 헌법을 새롭게 만드는 행위를 뜻함. 즉, 헌법의 제정은 일반 사회적 공동체를 한 국가의 법적 공동체로 만든 후 이에 법적인 기본질서를 만들어 주는 법적 창조행위임.

▶ 헌법제정권력의 성격으로는 새롭게 국가의 법질서를 창조해 주는 권력인 점에서 '창조성', 국가의 권력 중 제1차적이고 가장 근원적인 권력인 점에서 '시원(始原)성', 기존의 어떠한 법질서에 의해 영향을 받지 않고 스스로 행사하는 권력인 점에서 '자율성', 국회의 입법권과 정부의 행정권 및 법원의 사법권과 헌법재판소의 헌법재판권 등의 국가권력을 포괄하는 기초적 권력으로 이를 분할할 수 없는 권력인 점에서 '불가분성', 헌법제정권자가 자신의 헌법제정권을 타인에게 임의로 넘겨줄 수 없는 권력인 점에서 '불가양성', 헌법제정권력은 행사된 후 사라지거나 줄어들지 않는 권력인 점에서 '항구(恒久)성' 등의 특성이 있음.

● 헌법의 제정 (3)

▷ 국민주권이 확립된 근대와 현대 국가에서는 헌법제정권력의 주체는 국민일 수밖에 없으며, 이에 대해 대한민국 헌법재판소는 "헌법전문은 헌법을 제정한 주체는 국민임을 밝히고 있고 …"라고 판시하였다(헌재 2000. 8. 31, 97헌가12).

▷ 그리고 대한민국 헌법재판소는 "헌법 제1조 제2항에서 '대한민국의 주권은 국민에게 있고, 모든 권력은 국민으로부터 나온다.'고 규정되어 있다. 이와 같이 국민이 대한민국의 주권자이며, 국민은 최고의 헌법제정권력이기 때문에 성문헌법의 제정과 개정에 참여할 뿐만 아니라, 헌법전에 포함되지 아니한 헌법사항을 필요에 따라 관습의 형태로 직접 형성할 수 있다."라고 판시하였다(헌재 2004. 10. 21, 2004헌마554·566(병합)).

● 헌법의 제정 (4)

▷ 헌법제정권력의 한계에 대해 시예스(Sieyes)는 헌법제정권의 시원성에 의해, 칼 슈미트(Carl Schmitt)는 헌법제정권력자의 정치적 결단에 의한 혁명성에 의해 각각 헌법제정권력의 한계를 부정함.

▷ 케기(Kägi)는 헌법제정권도 불변의 근본규범에 의해, 마운츠(Maunz)는 인간의 존엄성 존중과 같은 초국가적인 자연법상의 원리에 의한 한계를 인정함.

▷ 헌법제정권력은 자연법적 한계, 법원리적 한계, 이데올로기(정치적 사상이나 이념)적 한계, 국제법적 한계 등 헌법제정권력의 한계를 인정하는 것이 타당함.

● 헌법의 개정 (1)

▷ '헌법의 개정'이란 헌법에 규정되어 있는 개정절차나 순서에 따라 기존 헌법의 동일성을 유지하되, 의식적으로 변경할 필요가 있는 헌법의 특정 조항의 조문이나 문구를 일부 수정, 삭제, 추가하여 헌법전의 일부 내용을 바꾸는 행위를 뜻함.

▷ 이에 대해 헌법개정절차에 의해 정식으로 변경되지 않고 암묵적으로 헌법의 특정 조항은 원상태 그대로 계속 있으면서 해당 조항의 의미적 내용만이 실질적으로 변경되는 '헌법의 변천(변질)'이 있음. 예를 들면, 미국 연방대법원이 위헌법률심사권을 행사하고 있거나 1952년 헌법 하에서 양원제를 단원제로 운용한 것 등을 들 수 있음.

▷ 사회가 점점 발전해 나감에 따라 이러한 사회적 현실의 변화는 헌법의 실효성을 유지시켜 사전에 헌법이 파괴되지 않도록 방지하기 위해서는 헌법개정을 할 필요가 있음.

● 헌법의 개정 (2)

▷ 헌법 개정의 방법에는 크게 증보형과 삽입형의 형태가 있음.

▷ 헌법의 개정방법 중 미국 등과 같은 증보형(Amendment형)은 기존의 헌법전은 그대로 두고, 기존의 헌법전과 별도로 새로 개정된 헌법 규정을 새롭게 덧붙여(추가해) 나가는 방식임.

▷ 헌법의 개정방법 중 대한민국과 독일 등과 같은 삽입형(Revision형)은 헌법전 자체에서 기존의 헌법 규정을 삭제한 후에 새롭게 개정된 헌법 규정으로 대체하는 방법으로, 헌법의 개정시 기존의 헌법전 안에서 새롭게 개정된 헌법 규정을 수정, 삭제, 추가해 나가는 방식임.

● 헌법의 개정 (3)

▶ 대한민국 헌법의 개정절차는 다음과 같은 5단계를 거침.

▶ 첫째, 헌법개정안은 대통령이 국무회의의 심의를 거쳐 발의하거나 국회에서 국회 재적의원 과반수의 발의로 제안됨(헌법 제128조 제1항).

▶ 둘째, 이렇게 제안된 헌법개정안은 대통령이 20일 이상의 기간 동안 공고해야만 함(헌법 제129조). 반드시 대통령이 헌법개정안을 공고해야 하므로, 만약 대통령이 20일 이상의 기간 동안 공고하지 않고 헌법 개정을 하려고 한다면 이는 국회로부터 탄핵소추의 사유가 됨.

▶ 셋째, 국회는 헌법개정안이 공고된 날로부터 60일 이내에 국회 재적의원 3분의 2 이상의 찬성을 얻어 의결함(헌법 제130조 제1항).

● 헌법의 개정 (4)

▶ 이러한 정족수는 오늘날 우리나라에서 여야간의 대립이 심한 정치 현실에 비추어 볼 때 국회에서 결코 얻기 쉬운 정족수가 아닌바, 이러한 단계를 통과한다는 것은 상당히 힘들고 어렵다고 할 것임. 따라서 이로부터 대한민국 헌법이 '경성헌법성'을 가지고 있다는 것을 알 수 있음.

▶ 넷째, 헌법개정안은 국회의결 후 30일 이내에 국민투표에 붙여 19세 이상의 대한민국 국회의원 선거권자 과반수의 투표와 투표자 과반수의 찬성을 얻어야 함(헌법 제130조 제2항, 공직선거법 제15조 제1항).

▶ 이러한 정족수는 오늘날 우리나라의 선거시 보통 투표에 낮은 참여율을 보이고 있는 정치 현실을 고려할 때, 우리나라 전체의 국회의원 선거권자 과반수가 투표에 참여해야만 하고, 다시 이러한 선거권자 투표자의 과반수의 찬성을 얻는다는 것은 결코 쉽지 않으므로, 이 단계를 통과하는 것은 상당히 어렵다고 할 것임. 따라서 이로부터 대한민국 헌법은 '경성헌법성'이 있음을 알 수 있음.

● 헌법의 개정 (5)

▶ 여기서 각종 공직선거에서 선거권의 연령을 19세로 일률적으로 규정한 것이 보통선거의 원칙에 위반되는지 여부에 대해 대한민국 헌법재판소는 "우리의 현실상 19세 미만의 미성년자의 경우, 아직 정치적·사회적 시각을 형성하는 과정에 있거나, 일상생활에 있어서도 현실적으로 부모나 교사 등 보호자에게 의존할 수밖에 없는 상황이므로 독자적인 정치적 판단을 할 수 있을 정도로 정신적·신체적 자율성을 충분히 갖추었다고 보기 어렵다고 할 것이므로, 선거권의 연령을 19세 이상으로 공직선거법에서 규정한 것은 합헌이다." 라고 판시하여 선거권 행사는 일정한 수준의 정치적인 판단능력이 전제되어야 한다고 보았음(헌재 2013. 7. 25, 2012헌마174).

▶ 이에 반하여 "우리 사회는 그 이전까지의 변화와 비교할 수 없을 정도로 엄청난 변화를 겪었고, 이러한 변화는 청소년을 포함한 국민의 정치적 의식수준도 크게 고양시켰으므로 중등교육을 마칠 연령의 국민은 독자적인 정치적 판단

● 헌법의 개정 (6)

▶ 능력이 있다고 보아야 한다. 그런데 중등교육을 마치는 연령인 18세부터 19세의 사람은 취업문제나 교육문제에 지대한 관심을 갖게 되고, 정보통신, 특히 인터넷의 발달에 가장 친숙한 세대로서 정치적·사회적 판단능력이 크게 성숙하게 되므로 독자적인 정치적 판단능력을 갖추었다고 보아야 한다. 병역법이나 근로기준법 등 다른 법령들에서도 18세 이상의 국민은 국가와 사회의 형성에 참여할 수 있는 정신적·육체적 수준에 도달하였음을 인정하고 있고, 18세를 기준으로 선거권 연령을 정하고 있는 다른 많은 국가들을 살펴보아도 우리나라의 18세 국민이 다른 국가의 같은 연령에 비하여 정치적 판단능력이 미흡하다고 볼 수는 없다. 그렇다면 18세 이상 국민이 독자적인 정치적 판단능력이 있음에도 선거권 연령을 19세 이상으로 정한 것은 18세 이상 19세에 이르지 못한 국민의 선거권 등을 침해한다."라고 앞의 헌법재판소 2012헌마174 판례에서 소수의 박한철, 김이수, 이진성 헌법재판소 재판관이 반대의견을 제시하였음.

● 헌법의 개정 (7)

▶ 다섯째, 이렇게 국민의 찬성을 얻은 때에는 헌법 개정이 확정되며, 대통령은 즉시 공포해야 함(헌법 제130조 제3항). 만약 대통령이 즉시 공포하지 않는다면 이는 국회로부터 탄핵소추의 사유가 됨.

▶ 헌법개정권력도 헌법제정권력과 같이 자연법적 한계, 법원리적 한계, 이데올로기(＝정치적 사상이나 이념)적 한계, 국제법적 한계가 있음. 이 밖에 헌법의 개정절차규정에 위반해서 헌법개정을 하면 안 되는 '실정법적' 한계가 있음.

▶ 헌법의 핵심에 해당하는 민주공화국, 국민주권원리, 기본권의 보장, 자유민주적 기본질서, 권력분립주의, 국제평화주의, 의회주의, 법치주의, 복수정당제도, 사유재산제도, 사법권과 헌법재판권의 독립성, 지방자치제도 및 사회적 시장경제질서(수정자본주의에 따른 혼합경제체제질서) 등은 헌법의 개정대상이 될 수 없음.

생활 속의 헌법탐험

(2주-2번째 강의)

● 헌법의 기본원리에 대한 개관

▶ '대한민국 헌법의 기본원리'란 대한민국 헌법의 근간에 해당되는 원리나 원칙으로, 대한민국이라는 국가적 공동체가 향후 지속되어 나갈 방향을 총체적으로 제시함.

▶ 헌법은 모든 법령('법률과 명령'의 줄임)의 해석이나 법령의 흠결(부족하거나 누락되어 있는 부분)을 보충할 때에 기준규범으로 기능하는바, 이러한 헌법상 기본 원리로는 국민주권원리, 자유민주주의원리, 법치국가원리, 문화국가원리 및 사회(복지)국가원리 등이 있음.

● 헌법의 기본원리 중 국민주권원리 (1)

▶ 대한민국 헌법 제1조에서 국가의 정책방향을 최종적으로 결정할 수 있는 권력 또는 권위는 오직 대한민국 국민에게 있음을 명문화하여 '국민주권원리'가 대한민국 헌법에 있어 가장 기본적(기초적)인 원리임을 명시적으로 규정하고 있음. 이러한 국민주권원리는 대한민국 헌법상 국민대표제도(대통령 or 국회의원 선거 등), 정당제도, 지방자치제도, 권력분립제도, 헌법재판소제도 등을 통하여 구현됨.

▶ 현재 대한민국 헌법상 국민주권주의는 직접민주주의의 한 실현방법으로 헌법의 개정(헌법개정안은 국회가 의결한 후 30일 이내에 국민투표에 붙여 국회의원 선거권자 과반수의 투표와 투표자 과반수의 찬성을 얻어야 한다 – 헌법 제130조 제2항)과 주요 국가정책에 대한 국민투표(대통령은 필요하다고 인정할 때에는 외교·국방·통일 기타 국가안위에 관한 중요정책을 국민투표에 붙일 수 있다 – 헌법 제72조)가 허용되고 있을 뿐, '국민발안'이나 '국민소환'은 허용되지 않음.

● 헌법의 기본원리 중 국민주권원리 (2)

▶ 이러한 국민주권원리에 대해 대한민국 헌법재판소는 국민주권에 대해 "헌법 제1조는 국민적 합의로 국가권력을 조직하고 그 국민의 기본권을 최대한으로 보장한다(헌법 제10조)는 국민주권론의 원칙을 채택하여 국민에게 선언하고, 헌법전문은 각인의 기회를 균등히 보장하고 자유민주적 기본질서를 더욱 확고히 하는 헌법을 국민이 제정하고 그 헌법을 국민투표에 의하여 개정한다고 밝히고 있다. 헌법은 국민적 합의에 의해 제정된 국민생활의 최고 도덕규범이며 정치생활의 가치규범으로서 정치와 사회질서의 지침을 제공하고 있기 때문에 민주사회에서는 헌법의 규범을 준수하고 그 권위를 보존하는 것을 기본으로 한다. 헌법의 해석은 헌법이 담고 추구하는 이상과 이념에 따른 역사적, 사회적 요구를 올바르게 수용하여 헌법적 방향을 제시

● 헌법의 기본원리 중 국민주권원리 (3)

▶ 하는 헌법의 창조적 기능을 수행하여 국민적 욕구와 의식에 알맞은 실질적 국민주권의 실현을 보장하는 것이어야 한다. … 국민주권론은 현실적으로 보면 구체적인 주권의 행사는 투표권 행사인 선거를 통하여 이루어지는 것이다. 실질적 국민주권을 보장하기 위하여 유권자들이 자기들의 권익과 전체국민의 이익을 위해 적절하게 주권을 행할 수 있도록 민주적인 선거제도가 마련되어야 하고, 국민 각자의 참정권을 합리적이고 합헌적으로 보장하는 선거법을 제정하지 않으면 안 된다. … 유권자에게 사회발전에 부응해 갈 수 있도록 주권의 행사를 실질적으로 할 수 있게 제도와 권리를 보장하여 새로운 정치질서를 형성해 갈 수 있게 하는 것이 우리 헌법상의 국민주권을 실질화하는 것이며, 우리 헌법전문과 본문의 원칙에 부합되는 것이다"라고 판시하였다(헌재 1989. 9. 8, 88헌가6).

● 대한민국과 미국, 독일, 프랑스 헌법 1조의 내용 (1)

▶ 이렇듯 대한민국 헌법 제1조에서는 국민주권원리에 대해 규정하고 있음.

▶ 참고: 대한민국과 미국, 독일, 프랑스 헌법 1조의 내용에 대한 동영상 자료는 https://youtu.be/Bt5fUTDBVqw.

▶ (1) 대한민국 헌법 1조 : ① 대한민국은 민주공화국이다. ② 대한민국의 주권은 국민에게 있고, 모든 권력은 국민으로부터 나온다.

▶ (2) 미국 헌법 1조 : 의회는 종교를 새롭게 만들거나 자유로운 종교의 활동을 금지하거나, 언론 및 출판의 자유와 평화로운 집회의 권리 및 고통의 구제를 위하여 정부에 청원할 수 있는 권리를 제한하는 어떠한 법률도 만들 수 없다.

▶ (3) 독일 헌법 1조 : ① 인간의 존엄성은 불가침이다. 모든 국가권력은 인간의 존엄성을 존중하고 보호할 의무를 진다.

● 대한민국과 미국, 독일, 프랑스 헌법 1조의 내용 (2)

▶ ② 독일 국민은 인간의 존엄성 불가침·불가양의 인권을 세계의 모든 인류 공동체와 평화 및 정의의 기초로 인정한다.

▶ ③ 다음에 열거하는 기본권은 직접 적용되는 법으로서 입법권·행정권·사법 권을 구속한다.

▶ (4) 프랑스 헌법 1조: ① 프랑스는 비종교적·민주적·사회적·불가분적 공화 국이다. 프랑스는 출신·인종·종교에 따른 차별 없이 모든 시민이 법률 앞 에서 평등함을 보장한다. 프랑스는 모든 신념을 존중한다. 프랑스는 지방분 권으로 이루어진다.

▶ ② 법률이 정하는 바에 따라 남성과 여성의 평등한 선거직과 선출직 및 직 업적·사회적 직책에 동등한 진출을 보장한다.

● 헌법의 기본원리 중 자유민주주의원리 (1)

▶ 대한민국 헌법은 전문에서 "자유 민주적 기본질서를 더욱 확고히 하여"라고 규정하고 있고, 헌법 제1조 제1항에서는 "대한민국은 민주공화국이다."라고 규정하고 있으며, 헌법 제4조에서는 온 국민의 염원인 통일정책도 "민주적 기본질서에 입각"할 것을 규정하여 민주주의가 우리 헌법의 기본원리로 작 용하고 있음을 밝히고 있음.

▶ 이러한 민주주의에 대한 정의는 다양하겠지만, 국민의 정치참여에 의한 자 유·평등·정의라는 인류의 보편적 이념을 실현시키려는 국민의 통치형태로 파악됨.

▶ 이러한 민주주의 원리에 대해 대한민국 헌법재판소는 "우리 헌법의 전문 과 본문의 전체에 담겨있는 최고 이념은 국민주권주의와 자유민주주의에 입각한 입헌민주헌법의 본질적 기본원리에 기초하고 있다. 기타 헌법상의

● 헌법의 기본원리 중 자유민주주의원리 (2)

▶ 제원칙도 여기에서 연유되는 것이므로, 이는 헌법전을 비롯한 모든 법령해석의 기준이 되고, 입법형성권 행사의 한계와 정책결정의 방향을 제시하며, 나아가 모든 국가기관과 국민이 존중하고 지켜가야 하는 최고의 가치규범이다."라고 판시함(헌재 1989. 9. 8, 88헌가6).

▶ 또한 자유 민주주의 원리에 대해 대한민국 헌법재판소는 "자유민주적 기본질서에 위해를 준다 함은 모든 폭력적 지배와 자의적 지배 즉, 반국가단체의 일인독재 내지 일당독재를 배제하고 다수의 의사에 의한 국민의 자치, 자유·평등의 기본원칙에 의한 법치주의적 통치질서의 유지를 어렵게 만드는 것으로서 구체적으로는 기본적 인권의 존중, 권력분립, 의회제도, 복수정당제도, 선거제도, 사유재산과 시장경제를 골간으로 한 경제질서 및 사법권의 독립 등 우리의 내부체재를 파괴·변혁시키려는 것이다."라고 판시함(헌재 1990. 4. 2, 89헌가113).

● 헌법의 기본원리 중 자유민주주의원리 (3)

▶ 독일 연방헌법재판소는 자유민주주의 원리에 대해 "자유민주주의란 모든 폭력적이고 자의적인 지배를 배제하고, 결정시마다 다수의사와 자유 및 평등에 의한 국민의 자기결정을 바탕으로 하는 법치국가적 통치질서를 뜻한다."라고 판시함(BverfGe 2, 1(12)).

▶ 이러한 자유민주주의를 구체적으로 실현하는 방법으로 전 세계적으로 근대국가 이후에 '영토의 광역성'과 '인구의 과다성'으로 인하여 대의제(간접민주제)를 원칙으로 하여 민주주의를 실현하고 있음.

▶ 이렇듯 우리나라도 헌법 제41조 제1항에서 "국회는 국민의 보통·평등·직접·비밀선거에 의하여 선출된 국회의원으로 구성한다."라는 규정과 헌법 제67조 제1항에서 "대통령은 국민의 보통·평등·직접·비밀선거에 의하여 선출한다."라고 규정하여 원칙적으로 대의제를 헌법에서 채택하고 있음.

▶ 다만 예외적으로 헌법 72조와 130조 2항에서 직접민주제를 채택하고 있음.

● 헌법의 기본원리 중 법치주의원리 (1)

▷ 법치주의란 국가가 국민의 자유와 권리를 제한하거나 의무를 부여할 때에 국회에서 제정한 법률에 근거가 있어야 한다는 것을 뜻한다. 헌법 제37조 제2항은 "국민의 모든 자유와 권리는 국가안전보장·질서유지 또는 공공복리를 위하여 필요한 경우에 한하여 법률로써 제한할 수 있으며, 제한하는 경우에도 자유와 권리의 본질적인 내용을 침해할 수 없다."라고 법치주의의 원칙을 명시적으로 규정함.

▷ 따라서 이러한 법치주의의 원리에 의하면 국민의 기본권을 제한하거나 국민에게 어떤 새로운 의무를 부과하는 법률을 만들고 시행하기 위해서는 대의기관인 국회에 의해 헌법과 국회법에 따라야 하고, 행정부도 행정권을 행사할 때 헌법과 법률에 따라야 하며, 사법부의 사법권과 헌법재판소의 헌법재판권도 헌법과 법률에 따라 행사되어야 함.

● 헌법의 기본원리 중 법치주의원리 (2)

▷ 이러한 법치주의 원리와 관련하여 대한민국 헌법재판소는 "오늘날의 법치주의는 국민의 권리·의무에 관한 사항은 법률로써 정해야 한다는 형식적 법치주의에 그치는 것이 아니라 그 법률의 목적과 내용 또한 기본권 보장의 헌법이념에 부합되어야 한다는 실질적 법치주의를 의미하며, 헌법 제38조, 제59조가 선언하는 조세법률주의도 이러한 실질적 법치주의를 뜻하는 것이므로, 비록 과세요건이 법률로 명확히 정해진 것일지라도 그것만으로는 충분한 것이 아니고 조세법의 목적이나 내용이 기본권 보장의 헌법이념과 이를 뒷받침하는 헌법상의 제 원칙에 합치되지 아니하면 아니 된다."라고 판시함(헌재 1992. 2. 25, 90헌가69).

▷ 그리고 대한민국 헌법재판소는 법치주의 원리에 대해 "헌법은 법치주의를 그 기본원리의 하나로 하고 있으며, 법치주의는 행정작용에 국회가 제정한 형식적 법률의 근거가 요청된다는 법률유보를 그 핵심적 내용의 하나로 하

● 헌법의 기본원리 중 법치주의원리 (3)

▶ 고 있다. 그런데 오늘날 법률유보원칙은 단순히 행정작용이 법률에 근거를 두기만 하면 충분한 것이 아니라, 국가공동체와 그 구성원에게 기본적이고도 중요한 의미를 갖는 영역, 특히 국민의 기본권실현에 관련된 영역에 있어서는 행정에 맡길 것이 아니라 국민의 대표자인 입법자 스스로 그 본질적 사항에 대하여 결정하여야 한다는 요구까지 내포하는 것으로 이해하여야 한다(이른바 의회유보원칙). … 헌법 37조 2항에서 '법률로써'라고 한 것은 국민의 자유나 권리를 제한하는 행정작용의 경우 적어도 그 제한의 본질적인 사항에 관한 한 국회가 제정하는 법률에 근거를 두는 것만으로 충분한 것이 아니라 국회가 직접 결정함으로써 실질에 있어서도 법률에 의한 규율이 되도록 요구하고 있는 것으로 이해하여야 한다."라고 판시함(헌재 1999. 5. 27, 98헌바70).

● 헌법의 기본원리 중 법치주의원리 (4)

▶ 또한 대한민국 헌법재판소는 "기존의 법에 의하여 형성되어 이미 굳어진 개인의 법적 지위를 사후입법을 통하여 박탈하는 것 등을 내용으로 하는 '진정소급입법'은 원칙적으로 개인의 신뢰보호와 법적 안정성을 내용으로 하는 법치국가원리에 의할 때 헌법적으로 허용되지 않지만, 특단의 사정이 있는 경우에 해당하는 기존의 법을 변경하여야 할 공익적 필요는 심히 중대한 반면에 그 법적 지위에 대한 개인의 신뢰를 보호하여야 할 필요가 상대적으로 정당화될 수 없는 경우에는 예외적으로 허용될 수 있다(헌재 1989. 3. 17, 88헌마1). 이러한 진정소급입법이 예외적으로 허용되는 경우로는 ① 일반적으로 국민이 소급입법을 예상할 수 있었을 때, ② 법적 상태가 불확실하고 혼란스러웠거나 하여 보호할 만한 신뢰의 이익이 적은 경우일 때, ③ 소급입법에 의한 당사자의 손실이 없거나 아주 경미한 경우일 때, ④ 신뢰보호의 요청에 우선하는 심히 중대한 공익상의 사유가 소급입법을 정당화하는

● 헌법의 기본원리 중 법치주의원리 (5)

▶ 경우를 들 수 있다. 즉 매우 중대한 공익이 존재하는 예외적인 경우에만 그러한 진정소급입법은 정당화될 수 있다. 또한 진정소급입법을 헌법적으로 정당화할 수 있는 이러한 예외사유가 존재하는지 여부는 특별법과 같이 신체의 자유에 대한 제한과 직결되는 등 중요한 기본권에 대한 침해를 유발하는 입법에 있어서는 더욱 엄격한 기준으로 판단하여야 할 것이다."라고 판시함(헌재 1996. 2. 16, 96헌가2).

▶ 이 밖에 대한민국 헌법재판소는 "과거에 이미 개시되었지만 아직 완결되지 않고 진행과정에 있는 사실 또는 법률관계와 그 법적 효과에 장래적으로 개입하여 법적 지위를 사후에 침해하는 부진정소급입법은 원칙적으로 구법질서에 기대했던 당사자의 신뢰보호보다도 광범위한 입법권자의 입법형성권이 우선하는 것이 허용된다."라고 판시함(헌재 1996. 2. 16, 96헌가2; 헌재 2001. 4. 26, 99헌바55).

생활 속의 헌법탐험

(2주-3번째 강의)

● 헌법의 기본원리 중 문화국가원리 (1)

▶ 우리나라는 건국헌법 이래 문화국가의 원리를 헌법의 기본원리로 채택하고 있는바, 헌법상 문화국가원리를 보장하고 실현하기 위해 헌법 전문에서 "…문화의 모든 영역에 있어서 각인의 기회를 균등히 하고"라고 규정하고 있고, 헌법 제9조에서 "국가는 전통문화의 계승·발전과 민족문화의 창달에 노력하여야 한다."라고 규정하고 있으며, 헌법 제69조에서 "대통령은 취임에 즈음하여 다음의 선서를 한다. 나는 헌법을 준수하고 국가를 보위하며 조국의 평화적 통일과 국민의 자유와 복리의 증진 및 민족문화의 창달에 노력하여 대통령으로서의 직책을 성실히 수행할 것을 국민 앞에 엄숙히 선서합니다."라고 규정하고 있음.

▶ 대한민국 헌법재판소는 이러한 문화국가원리에 대해 "헌법은 문화국가를 실현하기 위하여 보장되어야 할 정신적 기본권으로 양심과 사상의 자유, 종교의 자유, 언론·출판의 자유, 학문과 예술의 자유 등을 규정하고 있는바, 개별성·

● 헌법의 기본원리 중 문화국가원리 (2)

▶ 고유성·다양성으로 표현되는 문화는 사회의 자율영역을 바탕으로 한다고 할 것이고, 이들 기본권은 견해와 사상의 다양성을 그 본질로 하는 문화국가원리의 불가결의 조건이라고 할 것이다."라고 판시함(헌재 2000. 4. 27, 98헌가16·98헌마429(병합)).

▶ 또한 대한민국 헌법재판소는 문화국가원리에 대해 "문화국가원리는 국가의 문화국가실현에 관한 과제 또는 책임을 통하여 실현되는바, 국가의 문화정책과 밀접 불가분의 관계를 맺고 있다. 과거 국가 절대주의 사상의 국가관이 지배하던 시대에는 국가의 적극적인 문화간섭정책이 당연한 것으로 여겨졌다. 그러나 오늘날에 와서는 국가가 어떤 문화현상에 대하여도 이를 선호하거나, 우대하는 경향을 보이지 않는 불편부당(不偏不黨)의 원칙이 가장 바람직한 정책으로 평가받고 있다. 오늘날 문화국가에서의 문화정책은 그 초점이 문화가 생겨날 수 있는 문화풍토를 조성하는데 두어야 한다.

● 헌법의 기본원리 중 문화국가원리 (3)

▶ 문화국가원리의 이러한 특성은 문화의 개방성 내지 다원성의 표지와 연결되는데, 국가의 문화육성의 대상에는 원칙적으로 모든 사람에게 문화 창조의 기회를 부여한다는 의미에서 모든 문화가 포함된다. 따라서 엘리트 문화뿐만 아니라 서민문화, 대중문화도 그 가치를 인정하고 정책적인 배려의 대상으로 하여야 한다."라고 판시함(헌재 2004. 5. 27, 2003헌가1·2004헌가4(병합)).

▶ 참고로 대한민국 헌법재판소는 문화국가원리에 대해 "공연관람자 등이 예술 감상에 의한 정신적 풍요를 느낀다면 그것은 헌법상의 문화국가원리에 따라 국가가 적극 장려할 일이지, 이것을 일정한 집단에 의한 수익으로 인정하여 그들에게 경제적 부담을 지우는 것은 헌법 9조의 문화국가이념에 역행하는 것이다."라는 의견이 제시된 적이 있음(헌재 2003. 12. 18, 2002헌가2 에서 헌법재판소 재판관 하경철, 권 성, 김효종, 송인준이 위헌이견).

헌법의 기본원리 중 사회(복지)국가원리 (1)

▶ 대한민국 헌법은 전문에서 "모든 사회적 폐습과 불의를 타파하며 모든 영역에 있어서 각인의 기회를 균등히 하고 … 안으로는 국민생활의 균등한 향상을 기하고"라는 규정과 헌법 10조에서 "모든 국민은 인간으로서의 존엄과 가치를 가지며 행복을 추구할 권리를 가진다."라는 규정을 바탕으로 헌법 31조에서 교육을 받을 권리, 헌법 32조에서 최저임금제의 보장, 헌법 34조에서 인간다운 생활보장과 생활무능력자의 보호 등을 통해 국가의 복지 실현에 대한 책무를 규정함.

▶ 대한민국 헌법재판소는 이러한 사회(복지)국가원리에 대하여 "사회국가(복지국가)원리에 대해 헌법은 34조 1항에서 모든 국민의 '인간다운 생활을 할 권리'를 사회적 기본권으로 규정하면서, 2항 내지 6항에서 특정한 사회적 약자와 관련하여 '인간다운 생활을 할 권리'의 내용을 다양한 국가의 의무를 통하여 구체화하고 있다. 우리 헌법은 사회국가원리를 명문으로 규정

헌법의 기본원리 중 사회(복지)국가원리 (2)

▶ 하고 있지는 않지만, 헌법의 전문, 사회적 기본권의 보장(헌법 31조 내지 36조), 경제 영역에서 적극적으로 계획하고 유도하고 재분배하여야 할 국가의 의무를 규정하는 경제에 관한 조항(헌법 119조 2항 이하) 등과 같이 사회국가원리 내지 복지국가원리의 구체화된 여러 표현을 통하여 사회국가원리를 수용하였다. 사회국가란 한마디로 사회정의의 이념을 헌법에 수용한 국가, 사회현상에 대하여 방관적인 국가가 아니라 경제·사회·문화의 모든 영역에서 정의로운 사회질서의 형성을 위하여 사회현상에 관여하고 간섭하고 분배하고 조정하는 국가이며, 궁극적으로는 국민 각자가 실제로 자유를 행사할 수 있는 그 실질적 조건을 마련해 줄 의무가 있는 국가이다. … 국가는 사회적 기본

● 헌법의 기본원리 중 사회(복지)국가원리 (3)

▶ 권에 의하여 제시된 국가의 의무와 과제를 언제나 국가의 현실적인 재정·경제능력의 범위 내에서 다른 국가과제와의 조화와 우선순위결정을 통하여 이행할 수밖에 없다. 그러므로 사회적 기본권은 입법과정이나 정책결정과정에서 사회적 기본권에 규정된 국가목표의 무조건적인 최우선적 배려가 아니라 단지 적절한 고려를 요청하는 것이다. 이러한 의미에서 사회적 기본권은 국가의 모든 의사결정과정에서 사회적 기본권이 담고 있는 국가목표를 고려하여야 할 국가의 의무를 의미한다."라고 판시함(헌재 2002. 12. 18, 2002헌마52).

▶ 이러한 사회(복지)국가원리에 대한 동영상 자료는
https://youtu.be/z2q9TC7YbIk 참조.

● 헌법의 기본제도 중 정당제도 (1)

▶ '정당'이란 국민의 이익을 위하여 책임 있는 정치적 주장이나 정책을 추진하고 공직선거의 후보자를 추천 또는 지지함으로써 국민의 정치적 의사형성에 참여함을 목적으로 하는 국민의 자발적 조직임.

▶ 대한민국 헌법과 정당법상 정당의 개념적 특징에 대해 대한민국 헌법재판소는 "① 국가와 자유민주주의 또는 헌법질서를 긍정할 것, ② 공익의 실현에 노력할 것, ③ 선거에 참여할 것, ④ 정강이나 정책을 가질 것, ⑤ 국민의 정치적 의사형성에 참여할 것, ⑥ 계속적이고 공고한 조직을 구비할 것, ⑦ 구성원들이 당원이 될 수 있는 자격을 구비할 것 등을 들 수 있다."라고 판시함(헌재 2006. 3. 30, 2004헌마246).

▶ 정당의 기능과 과제에 대해 대한민국 헌법재판소는 "오늘날 국민은 개인의 다양한 이익과 욕구를 집결, 선별하고 조정하는 집단을 통해서 비로소 자신을 정치적으로 발현할 수 있는 기능성에 있기 때문에 정당은 민주적 의사

● 헌법의 기본제도 중 정당제도 (2)

▶ 형성을 위한 불가결한 요소다. 오늘날의 의회민주주의는 정당의 존재 없이
는 기능할 수 없다는 점에서 정당은 국민과 국가를 잇는 연결매체로서 민주
적 질서의 중요한 구성부분이다. 정당은 정치권력에 영향을 행사하려는 모
든 중요한 세력, 이익, 시도 등을 인식하고 이를 취합 및 선별하여 내부적으
로 조정을 한 후 국민이 선택할 수 있는 정책을 형성하는 기능을 한다. 사회
의 다양한 견해가 선택 가능한 소수의 대안으로 집결되고 선별되는 과정을
거친 뒤에야 비로소 국민에 의한 선거가 가능하다. 바로 이러한 기능을 담
당하는 것이 정당이므로, 선거를 준비하는 기관으로서 정당 없이는 선거가
치러질 수 없다. 정당은 국민의 정치적 의사형성과정에 참여할 뿐만 아니
라, 정부와 국회의 주요 핵심 공직을 선출하고 임면하는데 결정적인 역할
을 하고 의회와 정부 등 정치적 지도기관의 정책과 결정에 영향을 미치는

● 헌법의 기본제도 중 정당제도 (3)

▶ 요소다(민주적 의사형성과정의 개방성을 보장하기 위하여 정당설립의 자유
를 최대한으로 보호하려는 헌법 제8조의 정신에 비추어 볼 때 정당의 설립
및 가입을 금지하는 법률조항은 이를 정당화하는 사유의 중대성에 있어서
적어도 '민주적 기본질서에 대한 위반'에 버금가는 것이어야 한다고 판단된
다. 다시 말하면 오늘날의 의회민주주의가 정당의 존재 없이는 기능할 수
없다는 점에서 심지어 '위헌적인 정당을 금지해야 할 공익'도 정당설립의 자
유에 대한 입법적 제한을 정당화하지 못하도록 규정한 것이 헌법의 객관적
인 의사라면 입법자가 그 외의 공익적 고려에 의하여 정당설립금지조항을
도입하는 것은 원칙적으로 헌법에 위반된다).

● 헌법의 기본제도 중 정당제도 (4)

▶ 이렇듯 정당은 정부와 국회의 주요 핵심 공직을 선출하고 임면하는데 결정적인 역할을 하고 의회와 정부 등 정치적 지도기관의 정책과 결정에 영향을 행사함으로써, 국가의사형성에 결정적 영향을 미친다."라고 판시함(헌재 1999. 12. 23, 99헌마135).

▶ 이렇듯 정당은 국민과 국가의 중개자로서 정치적 도관(導管)의 기능을 수행하여 주체적·능동적으로 국민의 다원적 정치의사를 유도·통합함으로써 국가정책의 결정에 직접 영향을 미칠 수 있는 규모의 정치적 의사를 형성하고 있음. 이와 같이 정당은 오늘날 대중민주주의에 있어서 국민의 정치의사형성의 담당자이며 매개자이자 민주주의에 있어서 필수불가결한 요소이기 때문에 정당의 자유로운 설립과 활동은 민주주의 실현의 전제조건이라고 할 수 있음. 오늘날 민주주의에서 차지하는 정당의 이러한 의의와 기능을 고려하여 우리 헌법은

● 헌법의 기본제도 중 정당제도 (5)

▶ 정당을 일반적인 결사의 자유로부터 분리하여 제8조에 독자적으로 규율하여 정당의 특별한 지위를 강조하고 있음(헌재 2004. 3. 25, 2001헌마710).

▶ 헌법 제8조에서는 정당에 대해 "제1항: 정당의 설립은 자유이며, 복수정당제는 보장된다. 제2항: 정당은 그 목적·조직과 활동이 민주적이어야 하며, 국민의 정치적 의사형성에 참여하는데 필요한 조직을 가져야 한다. 제3항: 정당은 법률이 정하는 바에 의하여 국가의 보호를 받으며, 국가는 법률이 정하는 바에 의하여 정당운영에 필요한 자금을 보조할 수 있다. 제4항: 정당의 목적이나 활동이 민주적 기본질서에 위배될 때에는 정부는 헌법재판소에 그 해산을 제소할 수 있고, 정당은 헌법재판소의 심판에 의하여 해산된다."라고 규정하고 있음.

▶ 헌법 제8조는 제1항의 규정은 국민 누구나가 원칙적으로 국가의 간섭을 받지 아니하고 정당을 설립할 권리를 국민의 기본권으로서 보장하면서, 정당 설립

● 헌법의 기본제도 중 정당제도 (6)

▷ 의 자유를 보장한 것의 당연한 법적 산물인 복수정당제를 제도적으로 보장하고 있음. 그리고 헌법 제8조 제1항은 단지 정당설립의 자유만을 명시적으로 규정하고 있지만, 헌법 제21조의 결사의 자유와 마찬가지로 정당설립의 자유만이 아니라 누구나 국가의 간섭을 받지 아니하고 자유롭게 정당에 가입하고 정당으로부터 탈퇴할 수 있는 자유를 함께 보장함. 정당의 설립만이 보장될 뿐 설립된 정당이 언제든지 다시 금지될 수 있거나 정당의 활동이 임의로 제한될 수 있다면 정당설립의 자유는 사실상 아무런 의미가 없기 때문임. 따라서 정당설립의 자유는 당연히 정당의 존속과 정당활동의 자유도 보장하는 것임(헌재 1999. 12. 23, 99헌마135).

▷ 헌법 제8조 제2항은 정당의 내부질서가 민주적이 아니거나 국민의 정치적 의사형성과정에 참여하기 위하여 갖추어야 할 필수적인 조직을 갖추지 못한

● 헌법의 기본제도 중 정당제도 (7)

▷ 정당은 자유롭게 설립되어서는 안 된다는 요청을 하고 있음. 그리고 입법자가 정당설립과 관련하여 형식적 요건을 설정할 수는 있으나, 일정한 내용적 요건을 구비해야만 정당을 설립할 수 있다는 소위 '허가절차'는 헌법적으로 허용되지 아니함(헌재 1999. 12. 23, 99헌마135).

▷ 헌법 제8조 제3항의 규정에 의하여 정당에게 주어지는 보조금을 배분 받을 권리는 보조금의 액수, 지급기준 및 대상, 용도 등에 관한 구체적 사항이 법률에 규정됨으로써 비로소 구체적인 법적 권리로 형성되므로, 입법자는 정당에 대한 보조금의 배분기준을 정함에 있어 입법정책적인 재량권을 가지나 합리적인 이유 없이 정당을 불평등하게 취급해서는 안 됨(헌재 2006. 7. 27, 2004헌마655).

● 헌법의 기본제도 중 정당제도 (8)

▶ 정당의 해산에 관한 헌법 제8조 제4항은 민주주의를 파괴하려는 세력으로부터 민주주의를 보호하려는 소위 '방어적 민주주의'의 한 요소로, 헌법은 정당의 금지를 민주적 정치과정의 개방성에 대한 중대한 침해로서 이해하여 오로지 제8조 제4항의 엄격한 요건 하에서만 정당설립의 자유에 대한 예외를 허용하고 있음(헌재 1999. 12. 23, 99헌마135).

▶ 정당법상 정당은 5 이상의 시·도당이 없거나 각 시·도당에서 1천명 이상의 당원이 없을 때와 최근 4년간 임기만료에 의한 국회의원선거나 임기만료에 의한 지방자치단체의 장 선거나 시·도의회의원선거에 참여하지 아니한 때 및 임기만료에 의한 국회의원선거에 참여하여 의석을 얻지 못하고 유효투표 총수의 100분의 2 이상을 득표하지 못한 때에는 당해 선거관리위원회는 그 등록을 취소함.

● 2주 강의 연습문제

▶ 아래 1개의 (   ) 안에 들어갈 낱말의 정답이 맞으면 퀴즈 점수 1점 부과 !

▶ 정답을 작성한 기회는 단 1번 뿐이니, 신중하게 작성하여 제출하길 바랍니다.

▶ 2주 강의의 퀴즈 문제

▶ 다음의 빈칸에 들어갈 알맞은 낱말을 쓰시오.

▶ 대한민국 헌법 제8조상 정당설립의 자유는 헌법 제21조상 (   )의 자유에 대해 특별법적 규정에 해당한다.

● 2주 강의 정리하기

▶ 1. 헌법제정권력의 성격 여섯 개는 무엇인지 정리하기.

▶ 2. 헌법의 개정절차(국회의결, 제안, 공포, 국민투표, 공고)를 앞의 순서부터 어떻게 되는지 정리하기.

▶ 3. 헌법개정권력의 한계 다섯 개는 무엇인지 정리하기.

▶ 4. 대한민국의 헌법상 기본원리에 해당되는 다섯 개는 무엇인지 정리하기.

▶ 5. 정당의 헌법적 기능은 무엇인지 정리하기.

▶ 6. 정당이 당해 선거관리위원회로부터 등록이 취소되는 네 개의 경우는 무엇인지 정리하기.

생활 속의 헌법탐험

(3주-1번째 강의)

● 3주 강의 학습의 목표

수강생들이 2주에서 이미 학습한 정당제도를 제외한 공무원제도와 선거제도 등 헌법상의 다양한 기본제도에 대한 기초적인 지식을 습득할 수 있도록 하여, 향후 수강생들이 생활 속의 헌법적 다양한 사례와 쟁점에 대한 지식을 습득할 수 있도록 하는 것에 3주 강의의 학습 목표가 있음.

● 3주 강의 학습의 개요

▶ 수강생들이 3주에 학습할 강의의 개요는 공무원제도, 선거제도, 공직선거법 상 기탁금제도, 교육제도, 지방자치제도, 혼인과 가족제도 등 헌법의 다양한 기본제도에 대해 각각 강의함.

● 헌법의 기본제도 중 공무원제도 (1)

▶ 공무원이란 직접 또는 간접적으로 국민에 의하여 선출 또는 임용되어 국가나 공공단체와 공법상의 근무관계를 맺고 공공적 업무를 담당하고 있는 사람들을 뜻함(헌재 1992. 4. 28, 90헌바27·34, 36·42, 44·46, 92헌바15(병합)).

▶ 공무원의 종류에는 국가공무원과 지방공무원이 있는바, 전자는 국가로부터 임용되어 각 국가기관에서 근무하면서 보수를 국가에게 받고 국가공무원법의 적용을 받는 공무원을 뜻하는 반면에 후자는 지방자치단체로부터 임용되어 각 지방자치단체에서 근무하면서 보수를 지방자치단체에게 받고 지방공무원법의 적용을 받는 공무원을 뜻함.

▶ 국가공무원법과 지방공무원법상 공무원은 크게 경력직공무원과 특수경력직공무원으로 분류됨.

● 헌법의 기본제도 중 공무원제도 (2)

▶ 이 중에서 '경력직공무원'이란 실적과 자격에 따라 임용되고 그 신분이 보장되며 평생토록 공무원으로 근무할 것이 예정되는 공무원을 말하며, 그 종류로는 다음과 같음.

▶ ① '일반직공무원'은 기술, 연구 또는 행정 일반에 대한 업무를 담당하며, 직군(職群), 직렬(職列)별로 분류되는 공무원을 뜻함.

▶ ② '특정직공무원'은 법관, 검사, 외무공무원, 경찰공무원, 소방공무원, 교육공무원, 군인, 군무원, 헌법재판소 헌법연구관, 국가정보원의 직원과 특수분야의 업무를 담당하는 공무원으로서 다른 법률에서 특정직공무원으로 지정하는 공무원을 뜻함.

▶ ③ '기능직공무원'은 기능적인 업무를 담당하며 그 기능별로 분류되는 공무원을 뜻함.

● 헌법의 기본제도 중 공무원제도 (3)

▶ '특수경력직공무원'이란 경력직공무원 외의 공무원을 말하며, 그 종류로는 다음과 같음.

▶ ① '정무직공무원'은 선거로 취임하거나 임명할 때 국회의 동의가 필요한 공무원과 고도의 정책결정 업무를 담당하거나 이러한 업무를 보조하는 공무원으로서 법률이나 대통령령(대통령실의 조직에 관한 대통령령만 해당한다)에서 정무직으로 지정하는 공무원을 뜻함.

▶ ② '별정직공무원'은 특정한 업무를 담당하기 위하여 별도의 자격 기준에 따라 임용되는 공무원으로서 법령에서 별정직으로 지정하는 공무원을 뜻함.

▶ ③ '계약직공무원'은 국가와의 채용 계약에 따라 전문적인 지식이나 기술이 요구되거나 임용에 신축성 등이 요구되는 업무에 일정 기간 종사하는 공무원을 뜻함.

● 헌법의 기본제도 중 공무원제도 (4)

▶ 공무원은 각종 노무의 대가로 얻는 수입에 의존하여 생활하는 사람이라는 점에 비추어 볼 때 통상적인 의미의 근로자적인 성격을 지니고 있으므로, 헌법 제33조 제2항도 공무원의 근로자적 성격을 인정하는 것을 전제로 규정하고 있음. 그러나 다른 한편으로 공무원은 그 임용주체가 궁극에는 주권자인 국민 또는 주민이기 때문에 국민 전체에 대하여 봉사하고 책임을 져야 하는 특별한 지위에 있고, 그가 담당한 업무가 국가 또는 공공단체의 공공적인 일이어서 특히 그 직무를 수행함에 있어서 공공성, 공정성, 성실성 및 중립성 등이 요구되기 때문에 일반 근로자와는 달리 특별한 근무관계에 있는 사람임.

▶ 따라서 대한민국 헌법 7조 1항에서 "공무원은 국민전체에 대한 봉사자이며, 국민에 대해 책임을 진다."라고 규정되어 있고, 헌법 7조 2항에서 "공무원의

● 헌법의 기본제도 중 공무원제도 (5)

▶ 신분과 정치적 중립성은 법률이 정하는 바에 의하여 보장된다."라고 규정한
취지는 공무원의 신분을 정권교체 등 외부의 영향을 받지 아니하게끔 어떤
경우에도 정당한 이유와 적법한 절차에 따르지 아니하고는 그 의사에 반하
여 해임 등의 불이익처분을 당하지 아니하도록 하는 등 두텁게 보장하고 있
음(헌재 1992. 4. 28, 90헌바27·34, 36·42, 44·46, 92헌바15(병합)).

▶ 이는 공무원이 집권세력의 논공행상의 제물이 되는 엽관제도(獵官制度)를
지양하고, 정권교체에 따른 국가 작용의 중단과 혼란을 예방하며 일관성 있
는 공무수행의 독자성 및 영속성을 유지하기 위하여 헌법과 법률로써 공무
원의 신분을 보장하려는 공직구조에 관한 제도, 독자성 및 영속성을 유지

● 헌법의 기본제도 중 공무원제도 (6)

▶ 하기 위하여 헌법과 법률로써 공무원의 신분을 보장하려는 공직구조에 관한
제도, 즉 직업공무원제도를 보장한 것임.

▶ 이렇듯 공무원에 대해서 헌법적 차원에서 근로에 대해 보장해 주어 모든 공
무원은 어떤 특정한 정당이나 특정한 상급자를 위하여 충성하는 것이 아니
고 국민전체에 대한 공복으로서(헌법 제7조 제1항) 법에 따라 그 소임을 다
할 수 있게 됨(헌재 1992. 11. 12, 91헌가2).

▶ 국가공무원이든 지방공무원이든 공무원은 모두 성실 의무, 복종의 의무, 직
장 이탈 금지의 의무, 친절 및 공정의 의무, 종교중립의 의무, 비밀 엄수의
의무, 청렴의 의무, 품위 유지의 의무, 영리 업무 및 겸직 금지의 의무, 정치
운동 금지의 의무, 사실상 노무에 종사하는 공무원을 제외한 공무원의 집단
행위 금지의 의무 등이 있음.

● 헌법의 기본제도 중 선거제도 (1)

▷ '선거'란 오늘날 대의제 하에서 헌법 제1조의 국민주권을 실현시켜 주는 필수적인 주권에 대한 의사 표현임.

▷ 즉, 선거는 주권자인 국민이 그 주권을 행사하는 통로이므로, 선거제도는 ① 국민의 의사를 제대로 반영하고, ② 국민의 자유로운 선택을 보장하여야 하며, ③ 정당의 공직선거 후보자의 결정과정이 민주적이어야 하고, 그렇지 않으면 민주주의의 원리 또는 국민주권의 원리에 부합한다고 볼 수 없음(헌재 2001. 7. 19, 2000헌마91·112·134(병합)).

▷ 선거는 국민이 주권자로서 직접 국가의사를 형성하는 가장 중요한 수단이 된다는 기능도 있지만, 대의기관구성권과 국가의사결정권의 분리(헌법 제41조, 제67조 등), 국가의사 결정권의 자유위임(제46조 제1항) 등을 근간으로 하는 대한민국 헌법이 추구하는 대의민주주의의 통치질서에서 선거는

● 헌법의 기본제도 중 선거제도 (2)

▷ 주권자인 국민이 그들의 대의기관을 구성하는 민주적인 방법인 동시에 통치기관으로 하여금 민주적 정당성을 확보하게 함으로써 대의민주주의를 실현하고 책임정치를 보장하는 수단이라는 데 그 본질적인 기능이 있음. 따라서 대의민주주의를 실현하는 수단으로서 선거제도를 입법자가 구체적으로 형성함에 있어서는 국민의 의사가 대의기관의 구성에 굴절 없이 반영되고, 선거를 통하여 구성된 대의기관이 행사하는 권한에 상응하는 크기의 민주적 정당성이 부여될 수 있는 제도적 장치를 마련하는 것이 무엇보다도 중요하다고 할 것임(헌재 2003. 8. 21, 2001헌마687·691(병합)).

● 헌법의 기본제도 중 선거제도 (3)

▶ 대한민국 헌법 제41조 제1항에서는 "국회는 국민의 보통, 평등, 직접, 비밀선거에 의하여 선출된 국회의원으로 구성한다."라고 규정되어 있고, 헌법 제67조 제1항에서는 "대통령은 국민의 보통, 평등, 직접, 비밀선거에 의하여 선출한다."라고 규정되어 있음.

▶ 이렇듯 대한민국 헌법에서는 보통, 평등, 직접, 비밀선거의 원칙 네 가지만 선거의 기본원칙으로 규정하고 있음.

▶ 그러나 헌법재판소는 자유선거의 원칙도 대한민국 헌법상 명시적 규정은 없지만 선거의 기본원칙에 포함된다고 판시함(헌재 1989. 9. 8, 88헌가6).

▶ 이러한 자유선거의 원칙도 대한민국 헌법상 선거의 기본원칙에 포함된다고 보는 것이 타당함.

● 헌법의 기본제도 중 선거제도 (4)

▶ 1. 보통선거의 원칙 : '보통선거의 원칙'의 반대 개념은 '제한선거의 원칙'으로, 보통선거의 원칙이란 선거권자의 능력, 재산, 사회적 지위, 인종, 성별, 종교, 교육을 받은 정도 등에 의한 차별을 하지 않고, 성년자라면 누구라도 당연히 선거권과 피선거권을 부여하는 것을 뜻함.

▶ 따라서 선거권자의 국적이나 선거인의 의사능력 등 선거권 및 선거제도의 본질상 요청되는 사유에 의한 내재적 제한을 제외하고 보통선거의 원칙에 위배되는 선거권 제한 입법을 하기 위해서는 기본권 제한입법에 관한 헌법 제37조 제2항의 규정에 따라야 함(헌재 1999. 1. 28, 97헌마253·270(병합)).

▶ 헌법재판소는 "… 실질적 주권행사인 선거와 입후보의 자유마저 무력화시킬 수 있고 대다수의 국민이 쉽게 조달할 수 없는 과다한 기탁금액을 기준으로

● 헌법의 기본제도 중 선거제도 (5)

▶ 입후보의 기회를 제한함으로써 국회에 진출할 수 있는 길을 봉쇄하고, 차등선거의 유물을 외국의 입법례에도 있다고 하여 보통선거제 하에서는 있을 수 없는 불평등한 선거법 조항을 만들어 국민의 참정권을 지나치게 제한하고 있다면 헌법에 보장된 실질적인 국민주권과 국민대표제의 본질을 침해하는 것이라고 아니할 수 없다."라고 판시함(헌재 1989. 9. 8, 88헌가6).

▶ 2. **평등선거의 원칙** : '평등선거의 원칙'의 반대 개념은 '차등선거의 원칙'으로, 평등선거의 원칙이란 헌법 제11조 제1항의 평등의 원칙이 선거제도에 적용된 것으로서, 투표의 수적 평등, 즉 1인 1표 원칙(one man, one vote)과 투표의 성과가치의 평등, 즉 1표의 투표가치가 대표자선정이라는 선거의 결과에

● 헌법의 기본제도 중 선거제도 (6)

▶ 대하여 기여한 정도에 있어서도 평등하여야 한다는 원칙(one vote, one value)을 그 내용으로 할 뿐만 아니라(헌재 1995. 12. 27, 95헌마224·239·285·373(병합)), 일정한 집단의 의사가 정치과정에서 반영될 수 없도록 차별적으로 선거구를 획정하는 소위 게리맨더링('게리맨더링(Gerrymandcring)'이란 어느 특정한 후보자에게 유리하게 하여 당선될 수 있게 하거나 어느 특정한 정당이 의석을 더 많이 차지할 수 있도록 본래의 지리적인 구역의 모습과 다르게 기형적인 모양으로 선거구를 획정 또는 분할하는 것을 뜻함)에 대한 부정을 의미하기도 함. 따라서 대의제 민주주의에 있어서의 선거제도를 구체화하는 데에 있어서는 무엇보다도 선출된 대표자를 통하여 국민의 정치적 의사가 공정하고도 효과적으로 반영되도록 하는 것이 중요하다고 할 것임(헌재 1998. 11. 26, 96헌마74·83·111(병합)).

● 헌법의 기본제도 중 선거제도 (7)

▶ 대한민국 헌법재판소는 평등선거의 원칙과 관련하여 선거구의 획정 또는 분할에 따른 인구편차의 상하에 대해 "상한 인구수와 하한 인구수의 비율이 2 : 1을 넘어 인구편차를 완화하는 것은 지나친 투표가치의 불평등을 야기하는 것으로, 이는 대의민주주의의 관점에서 바람직하지 아니하고, 국회를 구성함에 있어 국회의원의 지역대표성이 고려되어야 한다고 할지라도 이것이 국민주권주의의 출발점인 투표가치의 평등보다 우선시 될 수는 없다. 특히, 현재는 지방자치제도가 정착되어 지역대표성을 이유로 헌법상 원칙인 투표가치의 평등을 현저히 완화할 필요성이 예전에 비해 크지 아니하다. 또한 인구편차의 허용기준을 완화하면 할수록 과대 대표되는 지역과 과소 대표되는 지역이 생길 가능성 또한 높아지는데, 이는 지역정당구조를 심화시키는 부작용을 야기할 수 있다. 같은 농ㆍ어촌 지역 사이에서도 나타날

● 헌법의 기본제도 중 선거제도 (8)

▶ 수 있는 이와 같은 불균형은 농ㆍ어촌 지역의 합리적인 변화를 저해할 수 있으며, 국토의 균형발전에도 도움이 되지 아니한다. 나아가 인구편차의 허용기준을 점차로 엄격하게 하는 것이 외국의 판례와 입법추세임을 고려할 때 우리도 인구편차의 허용기준을 엄격하게 하는 일을 더 이상 미룰 수 없다. 이러한 사정들을 고려할 때, 현재의 시점에서 헌법이 허용하는 인구편차의 기준을 인구편차 상하 2 : 1을 넘어서지 않는 것으로 봄이 타당하다. 따라서 심판대상 선거구 구역표 중 인구편차 상하 2 : 1의 기준을 넘어서는 선거구에 관한 부분은 위 선거구가 속한 지역에 주민등록을 마친 청구인들의 선거권 및 평등권을 침해한다."라고 판시함(2014. 10. 30, 2012헌마190ㆍ192ㆍ211ㆍ262ㆍ325, 2013헌마781, 2014헌마53(병합)).

생활 속의 헌법탐험

(3주-2번째 강의)

● 헌법의 기본제도 중 선거제도 (9)

▶ 3. 직접선거의 원칙 : '직접선거의 원칙'의 반대 개념은 '간접선거의 원칙'으로, 직접선거의 원칙이란 선거의 결과가 선거권자의 투표에 의하여 직접 결정될 것을 요구하는 원칙으로, 국회의원 선거와 관련하여 살펴보면 국회의원의 선출이나 정당의 의석획득이 중간 선거인이나 정당 등에 의하여 이루어지지 않고 선거권자의 의사에 따라 직접 이루어져야 함을 의미함(헌재 2001. 7. 19, 2000헌마91·112·134(병합)).

▶ 이에 대해 헌법재판소는 "비례대표의원의 선거는 지역구 의원의 선거와는 별도의 선거이므로 이에 관한 유권자의 별도의 의사표시, 즉 정당명부에 대한 별도의 투표가 있어야 함에도 현행제도는 정당명부에 대한 투표가 따로 없으므로, 결국 비례대표의원의 선출에 있어서는 정당의 명부작성행위가 최종적·결정적인 의의를 지니게 되고, 선거권자들의 투표행위로써 비례대표의원이 선출은 직접·결정적으로 좌우할 수 없으므로, 직접선거의 원칙에 위배된다."라고 판시함(헌재 2001. 7. 19, 2000헌마91·112·134(병합)).

헌법의 기본제도 중 선거제도 (10)

▶ '비밀선거의 원칙'의 반대 개념은 '공개선거의 원칙'으로, 비밀선거의 원칙이란 선거인이 해당 선거에서 제3자에게 해당 선거 후보자 중 누구를 선택했는지(뽑았는지)를 알 수 없게 하는 것을 뜻함.

▶ 이와 관련하여 공직선거법상 투표의 비밀은 보장되어야 한다고 규정하고 있음. 그리고 선거인은 투표한 후보자의 성명이나 정당명을 누구에게도 또한 어떠한 경우에도 진술할 의무가 없으며, 누구든지 선거일의 투표마감시각까지 이를 질문하거나 그 진술을 요구할 수 없다고 규정하고 있음. 다만, 텔레비전방송국·라디오방송국·신문 등의 진흥에 관한 법률 제2조 제1호 가목 및 나목에 따른 일간신문사가 선거의 결과를 예상하기 위하여 선거일에 투표소로부터 50미터 밖에서 투표의 비밀이 침해되지 않는 방법으로 질문하는 경우에는 그러하지 아니하며 이 경우에 투표의 마감시각까지 그 경위와 결과를 공표할 수 없다고 규정하고 있음. 또한 선거인은 자신이 기표한 투표

헌법의 기본제도 중 선거제도 (11)

▶ 지를 공개할 수 없으며, 공개된 투표지는 무효로 한다고 규정하고 있음.

▶ 4. 자유선거의 원칙 : '자유선거의 원칙'의 반대 개념은 '강제선거의 원칙'으로, 자유선거의 원칙이란 민주국가의 선거제도에 내재하는 법 원리인 것으로서, 국민주권의 원리와 의회민주주의의 원리 및 참정권에 관한 규정에서 그 근거를 찾을 수 있음. 이러한 자유선거의 원칙은 선거의 전 과정에 요구되는 선거권자의 의사형성의 자유와 의사실현의 자유를 말하고, 구체적으로는 투표의 자유, 입후보의 자유, 나아가 선거운동의 자유를 뜻함.

▶ 공직선거법상 "공무원 기타 정치적 중립을 지켜야 하는 자(기관·단체를 포함한다)는 선거에 대한 부당한 영향력의 행사 기타 선거결과에 영향을 미치는 행위를 하여서는 아니된다."라고 규정하여 공무원의 선거 중립의무에 대해 규정하고 있음.

● 헌법의 기본제도 중 선거제도 (12)

▶ 공직선거에서 '대표제'란 선거시 대표를 결정하거나 의원의 정수를 배분하는 방식을 뜻하며, '선거구제'란 지역에 따라 선거인단을 나누는 방식을 뜻함.

▶ 이러한 '대표제'에는 한 선거구에서 유권자의 다수표를 얻은 선거후보자만 국민 대표로 당선된 것으로 보아 유권자의 소수표를 얻은 선거후보자는 국민 대표가 될 수 없는 '다수대표제'와 한 선거구에서 2인 이상의 국민 대표를 선출할 수 있어 유권자의 소수표를 얻은 선거후보자도 국민 대표가 될 수 있는 '소수대표제'가 있음.

▶ 이러한 '선거구제'에는 한 선거구에서 1명의 대표자를 선출하는 제도인 소선거구제와 한 선거구에서 2-4명의 대표자를 선출하는 제도인 중선거구제 및 한 선거구에서 5명 이상의 대표자를 선출하는 제도인 대선거구제가 있음.

● 헌법의 기본제도 중 선거제도 (13)

▶ 공직선거법상 19세 이상의 국민은 대통령 및 국회의원의 선거권이 있는 반면, 선거일 현재 5년 이상 국내에 거주하고 있는 40세 이상의 국민은 대통령의 피선거권이 있고, 25세 이성의 국민은 국회의원의 피선거권이 있으며, 선거일 현재 계속하여 60일 이상 해당 지방자치단체의 관할구역에 주민등록이 되어 있는 주민으로서 25세 이상의 국민은 그 지방의회의원 및 지방자치단체의 장의 피선거권이 있음.

▶ 공직선거법상 임기만료에 의한 선거의 선거일은 1) 대통령 선거의 경우에는 그 임기만료일 전 70일 이후 첫 번째 수요일, 2) 국회의원 선거의 경우에는 그 임기만료일 전 50일 이후 첫 번째 수요일, 3) 지방의회 의원 및 지방자치단체의 장의 선거의 경우에는 그 임기만료일 전 30일 이후 첫 번째 수요일임. 4) 만약 이러한 선거일이 국민생활과 밀접한 관련이 있는 민속절 또는 공휴일인 때와 선거일 전일이나 그 다음날이 공휴일인 때에는 그 다음 주의 수요일이 선거일이 됨.

● 헌법의 기본제도 중 선거제도 (14)

▷ 공직선거법상 정당이 선거 후보자를 추천하는 때에는 민주적인 절차에 따라야 하고, 정당이 비례대표 국회의원 선거 및 비례대표 지방의회의원 선거에 후보자를 추천하는 때에는 그 후보자 중 100분의 50 이상을 여성으로 추천하되, 그 후보자명부의 순위의 매 홀수에는 여성을 추천해야 하며, 정당이 임기만료에 따른 지역구 국회의원 선거 및 지역구 지방의회의원 선거에 후보자를 추천하는 때에는 각각 전국 지역구 총수의 100분의 30 이상을 여성으로 추천하도록 노력해야 함.

▷ 공직선거법상 정당이 임기만료에 따른 지역구 지방의회의원 선거에 후보자를 추천하는 때에는 지역구 시·도의원 선거 또는 지역구 자치구·시·군 의원 선거 중 어느 하나의 선거에 국회의원지역구(군 지역을 제외됨)마다 1명 이상을 여성으로 추천해야 함.

● 선거 기탁금의 납부 및 반환 문제 (1)

▷ 1. 선거 기탁금의 납부의 내용 : 공직선거법상 후보자등록을 신청하는 자는 등록신청시에 후보자 1명마다 다음 각 호의 기탁금을 중앙선거관리위원회 규칙으로 정하는 바에 따라 관할 선거구 선거관리위원회에 납부해야 함.

▷ 1) 대통령 선거는 3억원, 2) 국회의원 선거는 1천500만원, 3) 시·도의회의원 선거는 300만원, 4) 시·도지사 선거는 5천만원, 5) 자치구·시·군의 장 선거는 1천만원, 6) 자치구·시·군의원 선거는 200만원임.

▷ 2. 선거 기탁금의 반환의 내용 : 관할 선거구 선거관리위원회는 다음 각 호의 구분에 따른 금액을 선거일 후 30일 이내에 기탁자에게 반환함.

▷ 1) 대통령 선거, 지역구 국회의원 선거, 지역구 지방의회의원 선거 및 지방자치단체의 장 선거

▷ 가) 후보자가 당선되거나 사망한 경우와 유효투표총수의 100분의 15 이상을 득표한 경우에는 기탁금 전액

● 선거 기탁금의 납부 및 반환 문제 (2)

▷ 나) 선거 후보자가 유효투표 총수의 100분의 10 이상 100분의 15 미만을 득표한 경우에는 기탁금의 100분의 50에 해당하는 금액

▷ 3. 선거 후보자의 기탁금 납부제도 자체에 대한 검토

▷ 공직선거법상 기탁금 제도는 선거에 있어서 선거 후보자로 하여금 일정금액을 기탁하게 하고 선거 후보자가 선거에서 일정수준의 득표를 하지 못할 때에는 선거 후보자가 납부해 놓은 기탁금의 전부 또는 일부를 국고로 귀속시킴으로써 선거 후보자의 무분별한 난립을 방지하여 선거의 과열 현상을 억제해 주고, 입후보자의 선거 참여의 성실성을 확보해 주며, 선거 당선자에게 가급적 다수표를 몰아주어 정국의 안정도 기하고 아울러 선거 후보자의 성실성을 담보하려는 취지에서 생겨난 것임(헌재 1989. 9. 8, 88헌가6; 헌재 1991. 3. 11, 91헌마21).

● 선거 기탁금의 납부 및 반환 문제 (3)

▷ 이와 관련하여 대한민국 헌법재판소는 "공직선거법상 국회의원 입후보 기탁금의 목적은 후보자 난립의 저지를 통하여 선거관리의 효율성을 꾀하는 한편, 불법행위에 대한 제재금의 사전확보에 있는바, 이러한 목적은 선거관리의 차원에서 나오는 것으로서 순수히 행정적인 공익임에 반하여 이로 인하여 제한되는 국민의 권익은 피선거권이라는 대단히 중요한 기본권임에 비추어, 기탁금제도 자체는 합헌이다."라고 판시함(헌재 2001. 7. 19, 2000헌마91·112·134(병합)).

▷ 이에 대해 대한민국 헌법재판소는 "선거의 신뢰성과 공정성을 확보하고, 유권자가 후보자선택을 용이하게 하며, 입법권과 국정의 통제 및 감시권한에 상응하는 민주적 정당성을 부여하기 위하여 후보자에게 기탁금의 납부를

● 선거 기탁금의 납부 및 반환 문제 (4)

▶ 요구하는 것은 필수불가결한 입후보 요건의 설정이라 할 것이다."라고 판시함(헌재 2003. 8. 21, 2001헌마687·691(병합)).

▶ 이와 관련하여 대한민국 헌법재판소는 "기탁금제도는 금전적 제재를 통하여 후보자의 무분별한 난립을 방지하고 아울러 당선자에게 되도록 다수표를 몰아주어 민주적 정당성을 부여하는 한편 후보자의 성실성을 담보하려는 취지에서 생겨난 것이다."라고 판시함(헌재 2004. 3. 25, 2002헌마383).

▶ 즉, 선거에 있어 수많은 후보자가 난립할 경우 선거가 과열·혼탁해질 수 있고, 불법선거운동의 감시나 투개표 등 선거사무관리가 어려워질 것이며, 표의 분산으로 당선자의 득표수가 적게 됨으로써 민주적 정당성이 약화될 것임. 그리고 선거비용의 증가로 국가경제에 부담이 될 것임. 따라서 선거법상 기탁금

● 선거 기탁금의 납부 및 반환 문제 (5)

▶ 제도는 선거에 입후보하려는 자로 하여금 미리 일정한 금액을 기탁하게 하고 선거결과 일정수준의 득표를 하지 못할 경우 기탁금을 국고에 귀속시키는 등의 방법으로 금전적 제재를 가하여 무분별한 후보난립을 방지하여 선거를 효율적이고 공정하게 운영할 수 있게 하며, 당선자에게 다수표를 획득할 수 있도록 제도적으로 보장해 주어 선거의 신뢰성과 정치적 안정을 확보하기 위한 것이라는 점에서 헌법상 타당한 제도임.

▶ 한편 선거법상의 기탁금 제도 대신에 유권자의 추천제도를 통해 당선가능성이 없는 불성실한 후보자를 사전에 가릴 수 있다고 생각해 볼 수도 있음.

▶ 그러나 이러한 선거법상의 기탁금 제도를 유권자의 추천제도로 대체하자는 생각은 진지하지 못한 유권자의 추천을 유발하거나 추천을 받기 위한 기간 동안의 사전선거운동으로 불법적인 타락선거가 될 위험성이 있어 선거법상의 기탁금제도를 전적으로 대체할 수 있는 방법이 될 수는 없다고 할 것임.

● 선거 기탁금의 납부 및 반환 문제 (6)

▶ 즉, 선거법상 일정 금액의 기탁금 납부 대신 일정수의 유권자의 추천제도는 만약 사람들이 많이 모이는 장소에 매일 나와서 선거에 입후보하기 위한 추천을 받는다면 그리 어렵지 않을 것이고, 선거에 입후보하기 위한 유일한 방법인 일정 수의 유권자의 추천을 받기 위해 선거가 사전에 과열·혼탁해질 우려가 있으며, 유권자의 추천을 받는다는 명분 하에 사전선거운동을 할 수도 있음. 따라서 현행 선거법에서처럼 선거에 입후보하기 위해서 일정 수의 유권자의 추천을 필요로 하는 것 외에도 일정액의 기탁금을 납부하도록 하는 것은 선거의 입후보자의 공무담임권의 최소한의 제한이라고 보아 선거법상 기탁금 제도는 합헌적 제도로 보는 것이 타당함.

▶ 4. 선거 후보자의 기탁금 액수(금액)에 대한 검토

● 선거 기탁금의 납부 및 반환 문제 (7)

▶ 선거법상 기탁금제도 자체는 합헌이라고 하더라도 기탁금의 액수가 지나치게 너무 과다하여 선서의 입후보자에게 경제직인 이유에서 정치적인 의사형성에의 참여가능성이 제한된다면 이는 헌법상 보통선거의 원칙에 위반되어 타당하지 않음.

▶ 그러나 선거 후보자의 선거 참여에 대한 진지성을 제고시키고, 선거권자로 하여금 선택할 선거 후보자를 적정한 수로 제한해 주며, 선거가 금권선거나 과열선거 또는 혼탁선거가 되지 않도록 사전에 이를 방지해 주는 정도에 해당하며 선거시 사회 및 경제적 상황에 따른 어느 정도의 고액의 기탁금은 헌법적으로 타당한 것으로 볼 것임.

생활 속의 헌법탐험

(3주-3번째 강의)

● 선거 기탁금의 납부 및 반환 문제 (8)

▶ 5. 선거 후보자의 기탁금의 반환에 대한 검토

▶ 선거법상 기탁금 제도 자체의 정당성이 인정되는 이상 그 기탁금의 국고귀속 규정도 위헌이라고 할 수 없음(헌재 1995. 5. 25, 92헌마269).

▶ 그리고 무분별한 후보의 난립을 방지하기 위하여 득표율이 일정한 수준에 미달한 후보자에 대하여 기탁금으로부터 선전벽보 및 선거공보의 작성비용을 보전하고 그 잔액에 대하여 이를 국가에 귀속시키는 제도는 기탁금 반환에 필요한 득표율을 지나치게 높게 규정하였다고 볼 수 없음(헌재 1997. 5. 29, 96헌마143).

▶ 다만, 기탁금 반환에 필요한 득표수는 프랑스 하원 투표수의 20분의 1 이상, 상원 투표수의 10분의 1 이상(개별후보자) 또는 20분의 1(명부후보자), 이스라엘 유효투표수의 100분의 1 이상, 뉴질랜드 당선자 득표수의 4분의 1 이상,

● 선거 기탁금의 납부 및 반환 문제 (9)

▷ 호주 하원 당선자 득표수의 5분의 1 이상 또는 상원 당선자 득표수의 10분의 1 이상, 파키스탄 하원 투표수의 8분의 1 이상 또는 상원 1표 이상 득표만 하면 반환하고 있듯이 다른 나라에서 기탁금이 반환되는 조건을 살펴보면 명목상의 소액의 기탁금에 대해서 상당히 경미한 득표만 하면 모두 반환하도록 하고 있음(헌재 1989. 9. 8, 88헌가6).

▷ 대한민국의 선거법상 위의 외국의 경우처럼 경미한 수준에서 선거 기탁금의 반환기준을 규정하는 것이 최소한의 진지성과 함께 최대한의 참여를 필수조건으로 하는 선거의 민주정치적 기능을 함께 고려한 입법정책적 방안이라고 생각함. 따라서 향후 대한민국의 선거법상 기탁금의 반환조건의 정도를 현행보다 좀 더 완화하여 규정하는 것이 바람직함.

● 헌법의 기본제도 중 지방자치제도 (1)

▷ 1. 지방자치제도의 의미

▷ '지방자치제도'란 일정한 지역을 단위로 일정한 지역의 주민이 그 지방주민의 복리에 관한 사무·재산관리에 관한 사무·기타 법령이 징하는 사무(헌법 제117조 제1항)를 그들 자신의 책임 하에서 자신들이 선출한 기관을 통하여 직접 처리하게 함으로써 지방자치행정의 민주성과 능률성을 제고하고 지방의 균형 있는 발전과 아울러 국가의 민주적 발전을 도모하는 제도를 뜻함(헌재 1991. 3. 11, 91헌마21).

▷ 2. 지방자치제도의 기능

▷ 지방자치는 국민자치를 지방적 범위 내에서 실현하는 것이므로, 지방시정(市政)에 직접적인 관심과 이해관계가 있는 지방주민으로 하여금 스스로 다스리게 한다면 자연히 민주주의가 육성·발전될 수 있다는 소위 '풀뿌리 민

● 헌법의 기본제도 중 지방자치제도 (2)

▶ 주주의'를 그 이념적 배경으로 하고 있는바, 지방자치제도는 현대 입헌민주국가의 통치원리인 권력분립 및 통제·법치주의·기본권보장 등의 제원리를 주민의 직접적인 관심과 참여 속에서 구현시킬 수 있어 바로 자율과 책임을 중시하는 자유민주주의 이념에 부합되는 것이므로, 국민(주민)의 자치의식과 참여의식만 제고된다면 권력분립원리의 지방차원에서의 실현을 가져다 줄 수 있을 뿐만 아니라(지방분권) 지방의 개성 및 특징과 다양성을 국가전체의 발전으로 승화시킬 수 있고, 나아가 헌법상 보장되고 있는 선거권·공무담임권(피선거권) 등 국민의 기본권의 신장에도 크게 기여할 수 있는 제도임. 이렇듯 지방자치제도는 민주정치의 요체이며, 현대의 다원적 복합사회가 요구하는 정치적 다원주의를 실현시키기 위한 제도적 장치로서, 주민의 자발적인 참여·협조로 지역 내의 행정관리·주민복지·재산관리·

● 헌법의 기본제도 중 지방자치제도 (3)

▶ 산업진흥·지역개발·문화진흥·지역민방위 등 그 지방의 공동관심사를 자율적으로 처결해 나간다면 국가의 과제도 그만큼 감축되는 것이고, 주민의 자치역량도 아울러 배양되어 국민주권주의와 자유민주주의 이념구현에 크게 이바지할 수 있을 것임(헌재 1991. 3. 11, 91헌마21).

▶ 3. 지방자치제도의 내용

▶ 헌법 제117조 제1항에서는 "지방자치단체는 주민의 복리에 관한 사무를 처리하고 재산을 관리하며, 법령의 범위 안에서 자치에 관한 규정을 제정할 수 있다."라고 규정되어 있고, 헌법 제117조 제2항에서는 "지방자치단체의 종류는 법률로 정한다."라고 규정되어 있음. 한편 헌법 제118조 제1항에서는 "지방자치단체에 의회를 둔다."라고 규정되어 있고, 헌법 제118조 제2항에서

● 헌법의 기본제도 중 지방자치제도 (4)

▷ 는 "지방의회의 조직, 권한, 의원선거와 지방자치단체의 장의 선임방법 기타 지방자치단체의 조직과 운영에 관한 사항은 법률로 정한다."라고 규정되어 있음.

▷ 지방자치법상 지방자치단체는 법령의 범위 안에서 그 사무에 관하여 조례를 제정할 수 있음. 다만 주민의 권리 제한 또는 의무 부과에 관한 사항이나 벌칙을 정할 때에는 법률의 위임이 있어야 함.

▷ 이에 대해 대한민국 대법원은 "지방자치법 제22조에서 말하는 '법령의 범위 안'이라는 의미는 '법령에 위반되지 아니하는 범위 안'이라는 의미로 풀이되는 것으로서, 특정 사항에 관하여 국가 법령이 이미 존재할 경우에도 그 규정의 취지가 반드시 전국에 걸쳐 일률적인 규율을 하려는 것이 아니라, 각 지방자치단체가 그 지방의 실정에 맞게 별도로 규율하는 것을

● 헌법의 기본제도 중 지방자치제도 (5)

▷ 용인하고 있다고 해석될 때에는 조례가 국가 법령에서 정하지 아니하는 사항을 규정하고 있다고 하더라도 이를 들어 법령에 위반되는 것이라고 할 수가 없다."라고 판시함(대법원 2000. 11. 24, 2000추29).

▷ 그리고 지방자치법상 지방자치단체의 장은 법령이나 조례가 위임한 범위에서 그 권한에 속하는 사무에 관하여 규칙을 제정할 수 있음.

▷ 지방자치법상 지방자치단체에는 지방의회를 두며, 지방의회의원은 주민이 보통, 평등, 직접, 비밀선거에 따라 선출함.

▷ 이렇게 지방자치법상 선출된 지방의회의 의원의 임기는 4년으로, 지방의원에게는 매월 의정활동비 등의 비용을 지급함.

● 헌법의 기본제도 중 지방자치제도 (6)

▶ 지방자치법상 지방의회는 매년 2회 정례회를 개최하고, 총선거 후 최초로 집회되는 임시회는 지방의회 사무처장·사무국장·사무과장이 지방의회의원 임기 개시일부터 25일 이내에 소집하며, 지방의회의장은 지방자치단체의 장이나 재적의원 3분의 1 이상의 의원이 요구하면 15일 이내에 임시회를 소집해야 함.

▶ 그리고 지방자치법상 지방의회의 임시회 소집은 집회일 3일 전에 공고해야 하고, 다만 긴급할 때에는 그러하지 아니함.

▶ 또한 지방자치법상 지방의회는 재적의원 3분의 1 이상의 출석으로 개의하고, 의결 사항은 지방자치법에 특별히 규정된 경우 외에는 재적의원 과반수의 출석과 출석의원 과반수의 찬성으로 의결하며, 의장은 의결에서 표결권을 가지고, 찬성과 반대가 같으면 부결된 것으로 보게 됨.

● 헌법의 기본제도 중 지방자치제도 (7)

▶ 지방자치법상 지방의회에 제출된 의안은 회기 중에 의결되지 못한 것 때문에 폐기되지 않고, 지방의회의원의 임기가 끝나는 경우에는 폐기되며, 지방의회에서 부결된 의안은 같은 회기 중에 다시 발의하거나 제출할 수 없음.

▶ 지방자치법상 지방자치단체에는 지방자치단체의 집행기관으로 특별시에 특별시장, 광역시에 광역시장, 특별자치시에 특별자치시장, 도와 특별자치도에 도지사를 두고, 시에 시장, 군에 군수, 자치구에 구청장을 각각 두게 됨.

▶ 지방자치법상 지방자치단체의 장은 주민이 보통, 평등, 직접, 비밀선거에 따라 선출하며, 지방자치단체의 장의 임기는 4년으로 하고, 지방자치단체의 장의 계속 재임은 3기에 한함.

● 헌법의 기본제도 중 교육제도 (1)

▶ 1. 교육의 개념과 목적

▶ '교육'이란 학생들의 건전한 지식과 인격의 신장을 목표로 하여 그들을 지도하고 가르치는 것을 뜻함(헌재 1997. 12. 24, 95헌바29·97헌바6(병합)).

▶ 교육은 홍익인간의 이념 아래 모든 국민으로 하여금 인격을 도야(陶冶)하고 자주적 생활능력과 민주시민으로서 필요한 자질을 갖추게 함으로써 인간다운 삶을 영위하게 하고 민주국가의 발전과 인류공영의 이상을 실현하는 데에 이바지하게 함을 목적으로 하고(교육기본법 제2조), 교육은 교육 본래의 목적에 기하여 운영 및 실시되어야 하며, 어떠한 정치적, 파당적, 기타 개인적 편견의 선전을 위한 방편으로 이용되어서는 안 됨(교육법 제6조 제1항).

▶ 2. 교육의 기능

● 헌법의 기본제도 중 교육제도 (2)

▶ 헌법 전문과 제1장 총강에서 우리나라는 자유롭고 문화적인 민주복지국가를 이룩하여 항구적인 세계평화와 인류공영에 이바지함을 그 이념으로 하고 있음을 밝히고 있는바, 이러한 헌법이념의 실현은 국민 각자의 자각과 노력이 뒷받침되어야 비로소 가능한 것이므로, 궁극에는 교육의 힘에 의존할 수밖에 없고, 이러한 헌법이념을 실현하는 기능을 가진 교육은 그 목적이 국민 개개인의 타고난 저마다의 소질을 계발하여 인격을 완성하게 하며, 자립하여 생활할 수 있는 능력을 증진시킴으로써 그들로 하여금 인간다운 생활을 누릴 수 있도록 함과 아울러 평화적이고 민주적인 국가 및 사회의 형성자로서 세계평화와 인류공영에 이바지하도록 함에 있음(헌재 1991. 7. 22, 89헌가106).

▶ 오늘날 우리 사회의 높은 교육열과 상급학교의 진학률, 학부모들의 공적·사적 교육비에 대한 부담의 증가 등 제반사정을 고려하면 의무교육제도는

● 헌법의 기본제도 중 교육제도 (3)

▷ 국민에 대하여 보호하는 자녀들을 취학시키도록 한다는 의무부과의 면보다는 국가에 대하여 인적·물적 교육시설을 정비하고 교육환경을 개선하여야 한다는 의무부과의 측면이 보다 더 중요한 의미가 있음(헌재 1991. 2. 11, 90헌가27).

▷ 헌법 제31조 제4항은 "교육의 자주성·전문성·정치적 중립성 및 대학의 자율성은 법률이 정하는 바에 의하여 보장된다."라고 규정하는 한편 헌법 제31조 제6항에서는 교육제도 및 교원지위의 법정주의를 규정하고 있는바, 이는 교육의 자주성 등을 보장함과 아울러 교육의 물적 기반이 되는 교육제도와 교육의 인적기반으로서 가장 중요한 교원의 지위에 관한 기본적인 사항을 국민의 대표기관인 입법부에서 제정하는 법률로 정하도록 한 것임(헌재 1997. 12. 24, 95헌바29·97헌바6(병합)).

● 헌법의 기본제도 중 교육제도 (4)

▷ 헌법 제31조 제6항은 "학교교육 및 평생교육을 포함한 교육제도와 그 운영, 교육재정 및 교원의 지위에 관한 기본적인 사항은 법률로 정한다."라고 규정하여 교육의 물적 기반이 되는 교육제도와 함께 교육의 인적 기반으로서 가장 중요한 교원의 모든 지위에 관한 기본적인 사항을 정하는 것은 국민의 대표기관인 입법부의 권한으로 규정하고 있음.

▷ 헌법 제31조 제4항은 "교육의 자주성·전문성·정치적 중립성 및 대학의 자율성은 법률이 정하는 바에 의하여 보장된다."라고 규정하여 교육의 자주성·대학의 자율성을 보장하고 있는바, 이는 대학에 대한 공권력 등 외부세력의 간섭을 배제하고 대학구성원 자신이 대학을 자주적으로 운영할 수 있도록 함으로써 대학인으로 하여금 연구와 교육을 자유롭게 하여 진리탐구와 지도적 인격의 도야라는 대학의 기능을 충분히 발휘할 수 있도록 하기 위한 것임.

● 헌법의 기본제도 중 혼인과 가족제도 (1)

▶ 혼인과 가족제도에 대해 대한민국 헌법재판소는 "헌법 제36조 제1항은 '혼인과 가족생활은 개인의 존엄과 양성의 평등을 기초로 성립되고 유지되어야 하며, 국가는 이를 보장한다.'라고 규정하고 있다. 이러한 헌법 제36조 제1항은 혼인과 가족생활을 스스로 결정하고 형성할 수 있는 자유를 기본권으로서 보장하고, 혼인과 가족에 대한 제도를 보장한다. 그리고 헌법 제36조 제1항은 혼인과 가족에 관련되는 공법 및 사법의 모든 영역에 영향을 미치는 헌법원리 내지 원칙규범으로서의 성격도 가지는바, 이는 적극적으로는 적절한 조치를 통해서 혼인과 가족을 지원하고 제삼자에 의한 침해 앞에서 혼인과 가족을 보호해야 할 국가의 과제를 포함하며, 소극적으로는 불이익을 야기하는 제한조치를 통해서 혼인과 가족을 차별하는 것을 금지해야 할 국가의 의무를 포함한다."라고 판시함(헌재 2002. 8. 29, 2001헌바82).

● 헌법의 기본제도 중 혼인과 가족제도 (2)

▶ 또한 헌법 제36조 제1항은 혼인제도와 가족제도에 관한 헌법 원리를 규정한 것으로서, 혼인세도와 가족세도는 인간의 존엄성 존중과 민주주의의 원리에 따라 규정되어야 함을 천명한 것이라 볼 수 있음. 따라서 혼인에 있어서도 개인의 존엄과 양성의 본질적 평등의 바탕 위에서 모든 국민은 스스로 혼인을 할 것인가 하지 않을 것인가를 결정할 수 있고 혼인을 함에 있어서도 그 시기는 물론 상대방을 자유로이 선택할 수 있는 것이며, 이러한 결정에 따라 혼인과 가족생활을 유지할 수 있고, 국가는 이를 보장해야 함(헌재 1997. 7. 16, 95헌가6·13(병합) 결정).

● 3주 강의 연습문제

▶ 아래 객관식 문제의 정답에 해당되는 번호를 선택하여 정답이 맞으면 퀴즈 점수 1점 부과 !

▶ 정답을 작성할 기회는 단 1번 뿐이니, 신중하게 작성하여 제출하길 바랍니다.

▶ 3주 강의의 퀴즈 문제

▶ 다음 선거의 5개 원칙 중 헌법에 명시적 규정은 없지만 반드시 준수해야 되는 선거원칙의 번호를 선택하시오.

▶ ① 비밀선거의 원칙   ② 직접선거의 원칙   ③ 평등선거의 원칙   ④ 보통선거의 원칙   ⑤ 자유선거의 원칙

● 3주 강의 정리하기

▶ 1. 공무원의 이중적 지위는 무엇인지 정리하기.

▶ 2. 공직 선거의 5개의 기본원칙에 대한 반대 개념은 각각 무엇인지 정리하기.

▶ 3. 6개의 공직 선거의 종류에 따른 기탁금의 액수는 각각 어떻게 되는지 정리하기.

▶ 4. 공직 선거에서 2개의 기탁금이 반환되는 조건과 범위는 어떻게 되는지 정리하기.

▶ 5. 공직 선거에서 기탁금 제도 자체가 합헌인 이유는 무엇인지 3개 이상 정리하기.

▶ 6. 지방자치법상 지방자치단체가 법률의 위임이 있어야 그 사무에 관한 조례를 제정할 수 있는 3개의 경우는 무엇인지 정리하기.

생활 속의 헌법탐험

(4주-1번째 강의)

● 4주 강의 학습의 목표

수강생들이 헌법상 기본권의 개념 및 종류와 내용 등에 대한 기초적인 지식을 습득할 수 있도록 하여, 수강생들 각자 대한민국 국민의 한 사람으로 자신과 타인의 기본권을 보호하고, 기본권 침해 방지의 사고를 갖출 수 있게 하며, 생활 속의 헌법적 다양한 사례와 쟁점에 대한 지식을 습득할 수 있도록 하는 것에 4주 강의의 학습 목표가 있음.

● 4주 강의 학습의 개요

▶ 수강생들이 4주에 학습할 강의의 개요는 기본권의 개념, 기본권의 주체, 대한민국 헌법상 보장(보호)되는 인간의 존엄과 가치 및 행복추구권 등 기본권의 종류와 내용에 대해 각각 강의함.

● 기본권의 개념 (1)

▷ '기본권(Grundrecht)'이란 한 국가 내에서 천부인권 사상에 바탕을 둔 근본 규범인 헌법에 의해 보장되는 국민 등의 기본적인 권리(성문화된 인권)를 뜻함.

▷ 이러한 개념의 기본권은 전 세계 국가의 헌법전에서 최초로 규정된 것은 1849년의 독일의 프랑크프루트 헌법이고, 이후 1919년의 독일의 바이마르 헌법에서 독일인의 기본적 권리와 의무 부분에서 기본권이라는 용어가 사용되었으며, 현재 독일 기본법 제1조에서 기본권이란 용어가 계속 사용되고 있음.

▷ 이렇듯 독일에서 그 용어의 사용이 시작된 기본권이라는 용어는 전 세계에 영향을 미쳐 독일 이외의 다른 국가들에서 기본권이라는 용어가 쓰이고 있음. 대한민국도 여기에 속함.

● 기본권의 개념 (2)

▷ 한편 '인권'이란 인간의 권리로, 오로지 사람으로 태어나고 존재한다는 이유만으로 민족, 국가, 인종, 장소, 시간 등에 관계없이 사람이라면 그 누구나 태어나면서부터 당연히(마땅히) 누리고 향유할 수 있는 자연적 또는 생래적인 천부적 권리를 뜻함.

▷ 이러한 인간이 인간으로서 당연히 누리는 권리인 인권이라는 개념은 1776년 6월 12일 미국의 '버지니아 권리장전'과 1789년 8월 26일 프랑스의 '인간 및 시민의 권리 선언(프랑스 인권선언)'에서 선언됨.

▷ '프랑스 인권선언'이란 프랑스 혁명에 의해 전국가적 자연법 사상의 영향 하에 자유와 평등 등은 시공간을 초월한 인간의 생래적인 천부적 권리임을 선언한 것으로, 1789년 8월 26일에 프랑스의 제헌 국민의회에서 채택됨.

▷ 이러한 프랑스 인권선언은 전문과 17개조의 본문으로 규정되어 있음.

● 기본권의 개념 (3)

▶ 이 중에서 주요 규정인 프랑스 인권선언 제1조부터 제3조까지 살펴보면 "제 1조: 인간은 권리에 있어서 자유롭고 평등하게 태어나 생존한다. 사회적 차별은 공동 이익을 근거로 해서만 있을 수 있다. 제2조: 모든 정치적 결사의 목적은 인간의 자연적이고 소멸될 수 없는 권리를 보전함에 있다. 그 권리란 자유, 재산, 안전, 그리고 압제에의 저항 등이다. 제3조: 모든 주권의 원리는 본질 적으로 국민에게 있다. 어떠한 단체나 개인도 국민으로부터 명시적으로 유래하지 않는 권리를 행사할 수 없다."라고 규정됨.

▶ 대한민국의 국가인권위원회법 제2조 제1호에서 "인권이란 대한민국 헌법 및 법률에서 보장하거나 대한민국이 가입, 비준한 국제인권조약 및 국제관습법 (포로의 살해금지와 그 인도적 처우에 관한 전시국제법상의 기본원칙, 외교관의 대우에 관한 국제법상의 원칙, 국내문제 불간섭의 원칙 등)에서 인정하는 인간으로서의 존엄과 가치 및 자유와 권리를 말한다."라고 규정하고 있음.

● 기본권의 주체 (1)

▶ 1. 국민

▶ 대한민국 헌법상 기본권의 주체는 원칙적으로 모든 대한민국 국민임. 즉, 대한민국 국민이라면 당연히 그 성별이나 학력 또는 나이 또는 재산의 정도, 심신상실의 여부, 수형자인지의 여부 등에 상관없이 모두 대한민국 헌법상 기본권의 주체가 된다(기본권 보유능력이 있다)고 할 것임. 왜냐하면 헌법은 원칙적으로 해당 국가의 국민의 기본권을 최대한 보장하기 위해서 존재하는 최고의 법규범이기 때문임.

▶ 2. 외국인

▶ 외국인은 대한민국 헌법상의 국민과 같은 인간에 속하기 때문에 기본권의 성격이 당연히 인간으로서 누릴 수 있는 기본권일 경우에는 대한민국이 국민과 유사한 지위에 있다고 보아 이를 헌법상 보장해 주어야 하는 것이 타당함.

● 기본권의 주체 (2)

▶ 참고로, 기본권의 주체가 될 수 있는 능력을 뜻하는 기본권 보유능력은 기본권의 향유능력 또는 기본권의 귀속능력과 같은 뜻임. 이러한 기본권 보유(향유)능력은 어디까지나 최상위의 법규범인 헌법상의 권리를 보유(향유)하는 능력을 뜻하므로, 법률인 민법상의 권리능력의 범위와 일치하지 않으며, 법률인 형법상 자격정지라는 형벌로 박탈할 수 없음(정종섭, 헌법학원론, 2015, 314면). 그리고 이러한 기본권 보유(향유)능력은 국민이라면 누구나 가지는 것이므로, 미성년자인 국민이든 심신상실자인 국민이든 수형자인 국민이든 상관 없이 보유함(권영성, 헌법학원론, 2009, 313면).

▶ 한편 기본권의 주체가 특정한 기본권을 실제로 행사할 수 있는 능력을 뜻하는 기본권의 행사능력은 기본권의 행위능력과 같은 뜻임. 선거권이나 피선거권 등과 같이 특정한 기본권을 현실적으로 행사하기 위해서는 일정한 연령등의 요건을 요구하는 경우가 있음(권영성, 위의 책, 313면).

● 기본권의 주체 (3)

▶ 예를 들면, 대한민국 헌법상 인간의 존엄과 가치, 행복추구권, 평등권 및 양심의 자유 등의 전통적인 자유권 및 기타의 생래적인 천부적 인권에 속하는 것은 외국인도 그 주체가 될 수 있다고 할 것임.

▶ 다만 대한민국 헌법상 직업선택의 자유, 토지소유권과 광업권 등의 재산권, 선거권과 공무담임권, 사회권적 기본권 등 기본권의 성질에 의해 외국인에게 그 제한을 할 수 있음.

▶ 이 밖에 외국인에게 출국의 자유는 인정되지만, 어떤 외국과의 특별한 조약이 없는 한 그 나라의 외국인에게 우리나라가 입국을 허가할 의무는 없음.

▶ 참고로 대한민국 헌법재판소는 "근로의 권리는 생활의 기본적인 수요를 충족시킬 수 있는 생활수단을 확보해 주고, 나아가 인격의 자유로운 발현과 인간의 존엄성을 보장해 주는 것으로서 사회권적 기본권의 성격이 강하므로,

● 기본권의 주체 (4)

▶ 이에 대한 외국인의 기본권 주체성을 전면적으로 인정하기는 어렵다."라고 판시함(헌재 2007. 8. 30, 2004헌마670).

▶ 이와 관련하여 대한민국 헌법재판소는 "외국인에게 모든 기본권이 무한정 인정될 수 있는 것이 아니라, 원칙적으로 '국민의 권리'가 아닌 '인간의 권리'의 범위 내에서만 인정될 것인바, 인간의 존엄과 가치 및 행복추구권 등 '인간의 권리'는 외국인도 그 주체가 될 수 있다."라고 판시함(헌재 2001. 11. 29, 99헌마494).

▶ 3. 법인

▶ 법인은 사법인의 경우에 영리와 비영리를 가리지 않고, 사단법인과 재단법인뿐만 아니라 기타의 인적 결사체도 인간만이 누릴 수 있는 생명권, 신체의 자유, 양심의 자유 등을 제외한 평등권, 거주·이전의 자유, 언론·출판의 자유, 재산권, 청구권적 기본권 등을 누릴 수 있음.

● 기본권의 주체 (5)

▶ 그러나 국가나 지방자치단체 등의 공법인이나 국가기관은 원칙직으로 기본권의 주체가 될 수 없음. 즉, 국가나 국가기관 또는 국가조직의 일부나 공법인은 기본권의 '수범자'이지 기본권의 주체로서 그 '소지자'가 아니고, 오히려 국민의 기본권을 보호 내지 실현해야 할 책임과 의무를 지니고 있는 지위에 있을 뿐임(헌재 1994. 12. 29, 93헌마120).

▶ 법인의 기본권 주체성에 대하여 대한민국 헌법재판소는 "우리 헌법은 법인의 기본권 향유능력을 인정하는 명문의 규정을 두고 있지 않지만, 본래 자연인에게 적용되는 기본권규정이라도 언론·출판의 자유, 재산권의 보장 등과 같이 성질상 법인이 누릴 수 있는 기본권을 당연히 법인에게도 적용하여야 한 것으로 본다."라고 판시함(헌재 1991. 6. 3, 90헌마56).

● 기본권의 종류에 대한 개관 (1)

▷ 기본권의 내용을 기준으로 한 기본권의 종류를 크게 나누어 보면 인간으로서의 존엄과 가치 및 행복추구권과 평등권, 신체의 자유와 언론 및 출판의 자유 및 재산권 등의 자유권적 기본권, 선거권과 공무담임권의 참정권적 기본권, 인간다운 생활을 할 권리와 근로 3권 및 환경권 등의 사회권적 기본권, 청원권과 국가배상청구권 및 범죄피해자구조청구권 등의 청구권적 기본권으로 나눌 수 있음.

● 기본권의 종류에 대한 개관 (2)

▷ 1. 대한민국 헌법 제10조는 모든 기본권 보장의 종국적 목적(기본이념)이라 할 수 있는 인간의 본질과 고유한 가치인 개인의 인격권과 행복추구권을 보장하고 있음(헌재 1990. 9. 10, 89헌마82).

▷ 이러한 대한민국 헌법 제10조는 모든 기본권이 종국에 추구하고자 하는 이념적 기초(바탕)가 되는 포괄적 기본권이라고 할 것임.

생활 속의 헌법탐험

(4주-2번째 강의)

● 기본권의 종류에 대한 개관 (3)

▶ 2. 대한민국 헌법 제11조의 평등권은 국민의 기본권 보장에 관한 우리나라 헌법의 최고 원리로서, 국가가 입법을 하거나 법을 해석 및 집행함에 있어 따라야 할 기준인 동시에 국가에 대하여 합리적 이유 없이 불평등한 대우를 하지 말 것과 평등한 대우를 요구할 수 있는 모든 국민의 권리로서 국민의 기본권 중의 기본권임(헌재 1989. 1. 25, 88헌가7).

▶ 대한민국 헌법 제12조에서는 신체의 자유에 대해, 헌법 제13조에서는 죄형 법정주의에 대해, 헌법 제14조에서는 거주 및 이전의 자유에 대해, 헌법 제 15조에서는 직업(선택)의 자유에 대해, 헌법 제16조에서는 주거의 자유에 대해, 헌법 제17조에서는 사생활의 비밀과 자유(프라이버시권)에 대해, 헌법 제18조에서는 통신의 자유에 대해, 헌법 제19조에서는 양심의 자유에 대해, 헌법 제20조에서는 종교의 자유에 대해, 헌법 제21조에서는 의사 표현

기본권의 종류에 대한 개관 (4)

▶ 의 자유인 언론 및 출판의 자유와 집회 및 결사의 자유에 대해, 헌법 제22조에서는 학문의 자유와 예술의 자유에 대해, 헌법 제23조 제1항과 제2항에서는 재산권의 보장에 대해 각각 규정하고 있음.

▶ 이러한 종류의 자유권적 기본권들은 주로 국가의 침해나 간섭으로부터 방어적 권리로서의 성격을 가지고 있음.

▶ 대한민국 헌법 제24조에서는 선거권에 대해, 헌법 제25조에서는 공무담임권에 대해, 헌법 제72조와 제130조에서는 국민투표권에 대해 각각 규정하고 있는바, 이러한 기본권들은 오늘날 민주정치에 있어서 국민이 개별적으로 국가의사의 형성과정에 참여하거나 국가기관을 구성하며 국가 공권의 행사를 통제 내지 견제할 수 있도록 능동적으로 정치에 참여할 수 있도록 해 주는 '참정권적 기본권'에 대해 헌법에서 규정하여 보호(보장)해 주고 있음.

기본권의 종류에 대한 개관 (5)

▶ 대한민국 헌법 제12조 제6항에서는 구속적부심사청구권에 대해, 헌법 제23조 제3항에서는 재산상의 공용침해에 따른 손실보상청구권에 대해, 헌법 제26조에서는 청원권에 대해, 헌법 제27조에서는 재판청구권에 대해, 헌법 제28조에서는 형사보상청구권에 대해, 헌법 제29조에서는 국가배상청구권에 대해, 헌법 제30조에서는 범죄피해자구조청구권에 대해 각각 규정하고 있는바, 이러한 기본권들은 국민이 다른 권리나 이익을 확보하기 위하여 적극적으로 국가에 대해 특정한 행위를 요구할 수 있는 적극적 성격의 '청구권적 기본권'에 대해 헌법에서 규정하여 보호(보장)해 주고 있음.

▶ 대한민국 헌법 제31조에서는 교육을 받을 권리에 대해, 헌법 제32조에서는 근로의 권리에 대해, 헌법 제33조에서는 근로자의 단결권, 단체교섭권, 단체행동권에 대해, 헌법 제34조에서는 인간다운 생활을 할 권리 및 사회보장

● 기본권의 종류에 대한 개관 (6)

▶ (청소년, 여성, 노인, 장애인의 사회복지 포함)에 대해, 헌법 제35조에서는 환경권에 대해, 헌법 제36조에서는 혼인 및 가족생활과 모성의 보호 및 보건에 대해 각각 규정하고 있는바, 이러한 기본권들은 국민들의 생활에 필요한 제반 여건을 국가권력이 적극적으로 관여하여 확보하여 보호해 줄 것을 국가에 요청할 수 있는 권리인 '사회적(생존권적) 기본권'에 대해 헌법에서 규정하여 보호(보장)해 주고 있음.

▶ 대한민국 헌법 제37조 제1항에서는 헌법 제10조부터 제36조까지 열거되지 아니한 국민의 자유와 권리도 경시해서는 안 된다고 규정하여 헌법이 제정 및 개정될 때에 예상할 수는 없었지만, 시대의 변화에 의한 각종 정치, 경제, 사회, 문화적인 환경과 가치의 변화에 따라 특별히 헌법적으로 보호해 주어야 할 새로운 생활영역과 관련된 기본권을 보장해 주고 있음.

● 기본권의 종류에 대한 개관 (7)

▶ 대한민국 헌법 제37조 제1항에서는 "국민의 자유와 권리는 헌법에 열거되지 아니한 이유로 경시되지 아니한다."라고 규정하고 있는바, 이 때 경시되어서는 안 되는 권리를 밝혀주는 기준이 바로 헌법 제10조의 인간의 존엄과 가치이며, 이러한 헌법 제10조의 인간의 존엄과 가치를 실현하기 위해 필요한 권리라고 판단될 때에는 비록 그 권리가 헌법에 명시적으로 열거되어 있지 않더라도 국가는 기본권으로 보호해 주어야 함.

▶ 이렇듯 대한민국 헌법 제10조부터 제36조까지는 헌법에서 보호(보장)하고 있는 기본권의 종류에는 어떤 것이 있는지에 대해 규정하고 있고, 헌법 제37조 제1항에서는 국가가 헌법 제10조부터 제36조까지 열거되어 있지 않은 기본권이라도 경시하지 않고 보호(보장)해 주겠다는 것을 규정하고 있음.

● 기본권의 종류와 내용 (1)

▶ 1. 인간의 존엄과 가치

▶ 대한민국 헌법 제10조에서 뜻하는 인간상에 대해서 대한민국 헌법재판소는 "자신이 스스로 선택한 인생관과 사회관을 바탕으로 사회공동체 안에서 각자의 생활을 자신의 책임 아래 스스로 결정하고 형성하는 성숙한 민주시민으로서, 이는 사회와 고립된 주관적 개인이나 공동체의 단순한 구성분자가 아니라 공동체에 관련되고 공동체에 구속되어 있기는 하지만 그로 인하여 자신의 고유가치를 훼손당하지 아니하고 개인과 공동체의 상호연관 속에서 균형을 잡고 있는 인격체다."라고 판시함(헌재 1998. 5. 28, 96헌가5; 헌재 2003. 10. 30, 2002헌마518).

▶ 대한민국 헌법 제10조가 보장하고 있는 인간으로서의 존엄과 가치는 우리나라 기본권의 이념적·정신적 출발점이며, 모든 기본권의 가치적인 핵심규정인바, 헌법 제10조는 인간으로서의 존엄과 가치를 핵으로 하는 헌법상의 기본권 보장이 다른 헌법규정을 기속하는 최고의 헌법 원리임을 규정하고 있음

● 기본권의 종류와 내용 (2)

▶ (헌재 2010. 2. 25, 2008헌가23; 헌재 1992. 10. 1, 91헌마31).

▶ 대한민국 헌법 제10조의 인간의 존엄과 가치의 주체는 자연인이므로, 자연인이 아닌 법인이나 기타 단체 등은 그 주체가 될 수 없음.

▶ 대한민국 헌법 제10조의 인간의 존엄과 가치 조항으로부터 도출되는 기본권의 예로는 생명권, 명예권, 성명권, 초상권 등의 일반적 인격권을 들 수 있음.

▶ 이 중에서 먼저 '생명권'에 대해 대한민국 헌법재판소는 "인간의 생명은 고귀하고, 이 세상에서 그 무엇과도 바꿀 수 없는 존엄한 인간존재의 근원이다. 이러한 생명권은 비록 헌법에 명문의 규정이 없다 하더라도 인간의 생존본능과 존재목적에 바탕을 둔 선험적이고 자연법적인 권리로서 헌법에 규정된 모든 기본권의 전제로서 기능하는 기본권 중의 기본권이다."라고 판시함(헌재 1996. 11. 28, 95헌바1).

● 기본권의 종류와 내용 (3)

▶ 그리고 태아의 생명권에 대해 대한민국 헌법재판소는 "모든 인간은 헌법상 생명권의 주체가 되며, 형성 중의 생명인 태아에게도 생명에 대한 권리가 인정되어야 한다. 따라서 태아도 헌법상 생명권의 주체가 되며, 국가는 헌법 제10조에 따라 태아의 생명을 보호할 의무가 있다."라고 판시하여(헌재 2008. 7. 31, 2004헌바81) 태아는 기본권의 주체가 될 수 있다고 밝힘.

▶ 다만 대한민국 헌법재판소는 "일반적인 임신의 경우라면 수정란이 모체에 착상되어 원시선이 나타나는 그 시점의 배아 상태에 이르지 않은 배아인 초기배아(아직 모체에 착상되거나 원시선이 나타나지 않은 이상)의 경우 현재의 과학기술 수준에서 모태 속에서 수용될 때 비로소 독립적인 인간으로의 성장가능성을 기대할 수 있다는 점 등을 고려할 때 기본권 주체성을 인정하기 어렵다."라고 판시하여(헌재 2010. 5. 27, 2005헌마346) 아직 원시선이 나타나지 않은 초기배아는 생명권의 주체가 될 수 없다고 밝힘.

● 기본권의 종류와 내용 (4)

▶ 다음으로 '명예권'에 대해 대한민국 헌법재판소는 "헌법 제10조로부터 도출되는 일반적 인격권에는 개인의 명예에 관한 권리도 포함될 수 있으나, 명예는 사람이나 그 인격에 대한 사회적 평가, 즉 객관적·외부적 가치평가를 말하는 것이지 단순히 주관적·내면적인 명예감정은 포함되지 않는다."라고 판시함(헌재 2005. 10. 27, 2002헌마425).

▶ 그리고 '성명권'에 대해 대한민국 대법원은 "이름(성명)은 특정한 개인을 다른 사람으로부터 식별하는 표지가 됨과 동시에 이를 기초로 사회적 관계와 신뢰가 형성되는 등 고도의 사회성을 가지는 일방, 다른 한편 인격의 주체인 개인의 입장에서는 자기 스스로를 표시하는 인격의 상징으로서의 의미를 가지는 것이고, 나아가 이름에서 연유되는 이익들을 침해받지 아니하고 자신의 관리와 처분아래 둘 수 있는 권리인 성명권의 기초가 되는 것이며, 이러

● 기본권의 종류와 내용 (5)

▷ 한 성명권은 헌법상의 행복추구권과 인격권의 한 내용을 이루는 것이어서 자기결정권의 대상이 되는 것이므로 본인의 주관적인 의사가 중시되어야 하는 것이다.”라고 판시함(대법원 2005. 11. 16, 2005스26).

▷ 또한 '초상권'에 대해 대한민국 대법원은 “사람은 누구나 자신의 얼굴 기타 사회통념상 특정인임을 식별할 수 있는 신체적 특징에 관하여 함부로 촬영 또는 그림 묘사되거나 공표되지 아니하며 영리적으로 이용당하지 않을 권리를 가지는데, 이러한 초상권은 헌법 제10조 제1문에 의하여 헌법적으로도 보장되고 있는 권리이다.”라고 판시함(대법원 2006. 10. 13, 2004다16280).

▷ 2. 행복추구권

▷ 헌법 제10조의 '행복추구권'이란 소극적으로는 사람이 고통과 불쾌감이 없는 상태를 추구할 권리를 뜻하고, 적극적으로는 사람이 만족감을 느끼는 상태를

● 기본권의 종류와 내용 (6)

▷ 추구할 수 있는 권리라고 할 것인바, 행복이라는 개념 자체가 역사적인 조건이나 때와 장소에 따라 그 개념이 달라질 수 있으며, 행복을 느끼는 정신적 상태는 개인의 생활환경이나 생활조건, 인생관, 가치관에 따라 각기 다르다고 할 것이어서 일률적으로 정의하기 어려움(헌재 1997. 7. 16, 95헌가6·13(병합)).

▷ 헌법 제10조의 행복추구권의 법적 성격에 대해 자연권적 권리이며, 헌법 제10조의 인간으로서의 존엄과 가치의 존중 규정과 밀접 불가분의 관계가 있고, 헌법에 규정되어 있는 모든 개별적, 구체적 기본권은 물론 그 이외에 헌법에 열거되지 아니하는 모든 자유와 권리까지도 그 내용으로 하는 포괄적 기본권이라고 할 것임(헌재 1997. 7. 16, 95헌가6·13(병합)).

▷ 그러나 헌법 제10조의 행복추구권은 국민이 행복을 추구하기 위하여 필요한 급부를 국가에게 적극적으로 요구할 수 있는 것을 내용으로 하는 것이

● 기본권의 종류와 내용 (7)

▶ 아니라, 국민이 행복을 추구하기 위한 활동을 국가권력의 간섭 없이 자유롭게 할 수 있다는 포괄적인 의미의 자유권으로서의 성격만을 가진다고 할 것임(헌재 1995. 7. 21, 93헌가14).

▶ 그리고 헌법 제10조의 행복추구권은 다른 기본권에 대한 보충적 기본권으로서의 성격을 지니므로, 만약 공무담임권이라는 우선적으로 적용되는 기본권이 존재하여 그 침해여부를 판단하게 되면 헌법 제10조의 행복추구권의 침해 여부는 독자적으로 판단할 필요가 없다고 할 것임(헌재 2000. 12. 14, 99헌마112·137(병합)).

▶ 한편 헌법 제10조의 인간의 존엄과 가치 조항은 헌법에서 명확히 규정되어 있지 않은 사람의 인격 형성과 관련된 권리를 보호하는 기능을 하며, 헌법 제10조의 행복추구권 조항은 헌법에서 명확히 규정되어 있지 않은 사람의

● 기본권의 종류와 내용 (8)

▶ 인격 형성이나 인격적 성격과 크게 연관되어 있지 않은 '일반적인 행동자유권'과 '개성의 자유로운 발현권' 및 '자기결정권' 등의 근거가 되는 기본권인 점에서 구별됨.

▶ 이 중에서 '일반적 행동자유권'이란 개인이 행위를 할 것인가의 여부에 대하여 자유롭게 결단하는 것을 전제로 하여 이성적이고 책임감 있는 사람이라면 자기에 관한 사항은 스스로 처리할 수 있을 것이라는 생각에서 인정되는 것임. 일반적 행동자유권에는 적극적으로 자유롭게 행동을 하는 것은 물론 소극적으로 행동을 하지 않을 자유(부작위의 자유)도 포함되는 것으로서 법률행위의 영역에 있어서는 계약의 체결을 강요받지 않을 자유인 계약자유의 원칙이 포함됨(헌재 2005. 12. 22, 2004헌바64).

생활 속의 헌법탐험

(4주-3번째 강의)

● 기본권의 종류와 내용 (9)

▶ '일반적 행동자유권'은 모든 행위를 할 자유와 행위를 하지 않을 자유로 가치 있는 행동만 그 보호영역으로 하는 것은 아닌 것으로, 그 보호영역에는 개인의 생활방식과 취미에 관한 사항도 포함되며, 여기에는 위험한 스포츠를 즐길 권리와 같은 위험한 생활방식으로 살아갈 권리도 포함됨(헌재 2003. 10. 30, 2002헌마518).

▶ '개성의 자유로운 발현권'은 상당수 헌법 제10조의 행복추구권의 구체적인 표현으로서 일반적인 행동자유권과 함께 행복추구권 안에 포함됨(헌재 1991. 6. 3, 89헌마204).

▶ 헌법상 '자기결정권'이란 자기의 사적인 사항인 결혼, 이혼, 출산, 피임, 낙태 등 인생의 전반에 걸친 설계에 관한 사항과 생명연장치료의 거부, 자살, 장기이식 등 삶과 죽음에 관한 사항 및 머리모양, 복장, 등산, 수영, 흡연, 음주 등 개인의 생활방식이나 취미에 관한 사항, 그리고 혼전성교, 혼외성교 등 성인 간의 합의에 의한 성적행동에 관한 사항 등에 관하여 스스로 자유롭게 설정하고 그 설정에 따라 행동할 수 있있는 권리를 뜻함

● 기본권의 종류와 내용 (10)

▶ (김주현, 자기결정권과 그 제한, 헌법논총 제7집, 헌법재판소, 1996, 30면).

▶ 인격 형성이나 인격적 성격과 크게 연관되어 있지 않은 '일반적인 행동자유권'과 '개성의 자유로운 발현권' 및 '자기결정권' 등의 근거가 되는 기본권인 점에서 구별됨.

▶ 헌법 제10조의 행복추구권의 주체는 인간의 존엄과 가치와 같이 인간의 권리에 속한다고 할 것이므로, 자연인(국민과 외국인이 포함됨)은 그 주체가 될 것이지만, 법인이나 기타 단체는 그 주체가 될 수 없음.

▶ 3. 평등권

▶ 헌법 제11조 제1항은 "모든 국민은 법 앞에 평등하다."라고 규정하여 모든 개인에게 기회의 균등 또는 평등의 원칙을 선언하고 있는바, 이러한 평등의 원칙은 국민의 기본권 보장에 관한 우리 헌법의 최고원리로서 국가가 입법을 하거나 법을 해석 및 집행함에 있어 따라야 할 기준인 동시에 국가에 대하여 합리적 이유 없이 불평등한 대우를 하지 말 것과 평등한 대우를

● 기본권의 종류와 내용 (11)

▶ 요구할 수 있는 모든 국민의 권리로서, 국민의 기본권 중의 기본권임(헌재 1989. 1. 25, 88헌가7).

▶ 대한민국 헌법 제11조 제1항에서 '법'이란 모든 법규범을 의미하므로, 성문법, 불문법, 헌법, 법률, 행정입법, 자치법규, 국제법규범 등을 포함한다.

▶ 대한민국 헌법 제11조 제1항에서 '법 앞에'란 행정부나 사법부에 의한 법적용상의 평등만을 의미하는 것이 아니고, 입법권자에게 정의와 형평의 원칙에 합당하게 합헌적으로 법률을 제정하도록 하는 것을 명하는 법 내용상의 평등을 의미하고 있기 때문에 그 입법 내용이 정의와 형평에 반하거나 자의적으로 이루어진 경우에는 평등권 등의 기본권을 본질적으로 침해한 입법권의 행사로서 위헌성을 면하기 어렵다고 할 것임(헌재 1989. 5. 24, 89헌가37·96(병합)).

● 기본권의 종류와 내용 (12)

▶ 대한민국 헌법 제11조 제1항에서 보장하는 '평등'의 의미는 일체의 차별적 대우를 부정하는 절대적 평등을 의미하는 것이 아니라 입법과 법의 적용에 있어서 합리적인 근거가 없는 차별을 해서는 안 된다는 상대적 평등을 뜻하므로, 합리적 근거가 있는 차별 또는 불평등은 평등의 원칙에 반하지 않게 됨(헌재 1999. 5. 27, 98헌바26).

▶ 대한민국 헌법재판소는 적극적 평등실현조치와 같은 의미로 "잠정적 우대조치란 종래 사회로부터 차별을 받아 온 일정집단에 대해 그동안의 불이익을 보상하여 주기 위하여 그 집단의 구성원이라는 이유로 취업이나 입학 등의 영역에서 직·간접적으로 이익을 부여하는 조치를 뜻한다."라고 판시함(헌재 1999. 12. 23, 98헌마363).

▶ 대한민국 헌법 제12조 제1항 전문에서 "모든 국민은 신체의 자유를 가진다."라는 규정에 의해 신체의 자유를 보장하고 있는 것은 신체의 안정성이

● 기본권의 종류와 내용 (13)

▶ 외부로부터의 물리적인 힘이나 정신적인 위험으로부터 침해당하지 아니할 자유와 신체활동을 임의적이고 자율적으로 할 수 있는 자유를 뜻함(헌재 1992. 12. 24, 92헌가8).

▶ 즉, 대한민국 헌법상 신체의 자유는 정신적 자유권과 함께 헌법이념의 핵심인 헌법 제10조의 인간의 존엄과 가치를 구현하기 위한 가장 기본적인 자유임. 따라서 헌법은 12조에서 모든 국민의 신체의 자유보장을 선언하고 그 보장원리로서 적법절차·죄형법정주의·고문금지·사전영장의 원칙·변호인의 조력을 받을 권리 등을 규정하고 있음. 즉, 헌법 13조에서는 일사부재리(一事不再理)의 원칙(이중처벌금지의 원칙), 소급입법금지의 원칙, 연좌제의 금지를 규정하고 있고, 헌법 제27조 제1항에서는 신속한 재판을 받을 권리와 함께 동법 동조 제4항에서는 형사피고인의 무죄 추정의 원칙을 규정함으로써 헌법 제12조의 신체의 자유의 보상을 위하여 세심한

● 기본권의 종류와 내용 (14)

▷ 배려를 하고 있음(헌재 1992. 4. 14, 90헌마82).

▷ 대한민국 헌법 제12조의 신체의 자유의 향유 주체는 그 기본권의 성질상 법인에게는 인정될 수 없고, 국민과 외국인을 포함한 자연인에게만 인정됨.

▷ 대한민국 헌법 제12조 제1항에서의 "모든 국민은 신체의 자유를 가진다. 누구든지 법률에 의하지 아니하고는 체포 · 구속 · 압수 · 수색 또는 심문을 받지 아니하며, 법률과 적법한 절차에 의하지 아니하고는 처벌 · 보안처분 또는 강제노역을 받지 아니한다."라는 규정과 헌법 제13조 제1항 전문에서의 "모든 국민은 행위시의 법률에 의하여 범죄를 구성하지 아니하는 행위로 소추되지 아니하며…"라는 규정에 의해 죄형법정주의를 규정하고 있는바, 이러한 헌법 규정들을 근거로 형법 제1조 제1항은 "범죄의 성립과 처벌은 행위시의 법률에 의한다."라고 규정하고 있는바, 이렇듯 죄형법정

● 기본권의 종류와 내용 (15)

▷ 주의는 자유주의, 권력분립, 법치주의 및 국민주권의 원리에 입각한 것임(헌재 1991. 7. 8, 91헌가4).

▷ 이러한 죄형법정주의로부터 파생되는 원칙으로는 성문법주의, 형벌불소급의 원칙, 명확성의 원칙, 절대적 부정기형 선고 금지의 원칙, 유추해석 금지의 원칙이 있음.

▷ 대한민국 헌법 제13조 제1항은 "모든 국민은 … 동일한 범죄에 대하여 거듭 처벌받지 아니한다."라고 하여 '이중처벌금지의 원칙'을 명시적으로 규정하고 있는바, 이 원칙은 한번 판결이 확정되면 동일한 사건에 대해서는 다시 심판할 수 없다는 '일사부재리의 원칙'이 국가형벌권의 기속원리로 헌법상 선언된 것임.

▷ 대한민국 헌법 제13조 제3항에서 "모든 국민은 자기의 행위가 아닌 친족의 행위로 인하여 불이익한 처우를 받지 아니한다."라고 규정하여 헌법상 연좌제를 금지하고 있음.

● 기본권의 종류와 내용 (16)

▶ 대한민국 헌법 제12조 제1항에서 "… 법률과 적법한 절차에 의하지 아니하고는 처벌·보안처분 또는 강제노역을 받지 아니한다."라고 규정하고 있는 바, 이러한 헌법상의 적법절차원칙은 1987년 10월 29일에 제9차 개정의 현행헌법에서 처음으로 영미법계의 국가에서 국민의 인권을 보장하기 위한 기본원리의 하나로 발달되어 온 적법절차의 원칙을 도입하여 헌법에 명문화한 것으로, 역사적으로 볼 때 적법절차의 원칙은 1215년의 영국의 마그나 카르타(대헌장) 제39조, 1335년의 에드워드 3세 제정법률, 1628년의 권리청원 제4조를 거쳐 1791년의 미국 연방수정헌법 5조 제3문과 1868년의 미국 연방수정헌법 14조에 명문화되어 모든 국가작용을 지배하는 일반원리로 해석·적용되는 중요한 원칙으로서, 오늘날에는 독일기본법 제104조 등 대륙법계의 국가에서도 이에 상응하여 일반적인 법치국가원리로 정립된 것임(헌재 1992. 12. 24, 92헌가8).

● 기본권의 종류와 내용 (17)

▶ 이러한 적법절차원칙 중에서 '적법'이란 절차의 적법성뿐만 아니라 절차의 적정성까지 보장되어야 한다는 뜻으로, 이 원칙은 형식적인 절차뿐만 아니라 실체적 법률내용이 합리성과 정당성을 갖춘 것이어야 한다는 실질적 의미로 확대 해석이 되고 있으며, 이러한 적법절차의 원칙을 법률의 위헌여부에 관한 심사기준으로서 그 적용대상을 형사소송절차에 국한하지 않고 모든 국가작용 특히 입법작용 전반에 대해 문제된 법률의 실체적 내용이 합리성과 정당성을 갖추고 있는지의 여부를 판단하는 기준으로 적용하고 있음(헌재 1989. 9. 8, 88헌가6).

▶ 대한민국 헌법 제12조 제2항에서 "모든 국민은 고문을 받지 아니하며, 형사상 자기에게 불리한 진술을 강요당하지 아니한다."라고 규정하여 형사사법기관이 피의자나 피고인에게 자백 등을 받기 위하여 가하는 폭력행위 즉, 고문을 금지하고 있음.

● 기본권의 종류와 내용 (18)

▶ 이렇듯 대한민국 헌법 제12조 제2항에서 진술거부권을 보장하고 있는 이유는 피고인 또는 피의자의 인권을 실체적 진실발견이나 사회정의의 실현이라는 국가이익보다 우선적으로 보호함으로써 인간의 존엄성과 가치를 보장하고 비인간적인 자백의 강요와 고문을 근절시키고, 피고인 또는 피의자와 검사 사이에 무기평등을 도모하여 공정한 재판의 이념을 실현하려는 데 있음. 이러한 진술거부권은 현재 피의자나 피고인으로서 수사 또는 공판절차에 계속 중인 자 뿐만 아니라 장차 피의자나 피고인이 될 자에게도 보장되며, 형사절차뿐만 아니라 행정절차나 국회에서의 조사절차 등에서도 보장됨. 또한 진술거부권은 고문 등 폭행에 의한 강요는 물론 법률로써도 진술을 강요당하지 아니함을 의미함(헌재 1990. 8. 27, 89헌가118).

▶ 이와 관련하여 대한민국 헌법재판소는 "헌법 제12조 제2항은 진술거부권을 보장하고 있으나, 여기서 '진술'이라 함은 생각이나 지식, 경험사실을 정신

● 기본권의 종류와 내용 (19)

▶ 작용이 일환인 언어를 통하여 표출하는 것을 의미하는데 반해, 1995년 1월 5일에 개정된 구 도로교통법 제41조 제2항에 규정된 음주측정은 호흡측정기에 입을 대고 호흡을 불어 넣음으로써 신체의 물리적, 사실적 상태를 그대로 드러내는 행위에 불과하므로, 이를 두고 진술이라 할 수 없어 주취운전의 혐의자에게 호흡측정기에 의한 주취 여부의 측정에 응할 것을 요구하고 이에 불응할 경우 처벌한다고 하여도 이는 형사상 불리한 진술을 강요하는 것에 해당한다고 할 수 없기 때문에 도로교통법 제41조 제2항은 헌법 제12조 제2항의 진술거부권조항에 위배되지 아니한다."라고 판시함(헌재 1997. 3. 27, 96헌가11).

▶ '영장주의'란 체포·구속·압수 등의 강제처분을 함에 있어서는 사법권 독립에 의하여 그 신분이 보장되는 법관이 발부한 영장에 의하지 않으면 안 된다는 원칙으로, 영장주의의 본질은 헌법상 신체의 자유를 침해하는 강제처분

● 기본권의 종류와 내용 (20)

▶ 을 함에 있어서는 중립적인 법관이 구체적인 판단을 거쳐 발부한 영장에 의해야만 한다는 것에 있음(헌재 1997. 3. 27, 96헌바28·31·32(병합)).

▶ 대한민국 헌법 제12조 제3항에서 "체포, 구속, 압수 또는 수색을 할 때에는 적법한 절차에 따라 검사의 신청에 의하여 법관이 발부한 영장을 제시하여야 한다. 다만 현행범인인 경우와 장기 3년 이상의 형에 해당하는 죄를 범하고 도피 또는 증거인멸의 염려가 있을 때에는 사후에 영장을 청구할 수 있다."라고 규정하여 적법절차의 원칙과 함께 영장주의를 밝히고 있음.

▶ 대한민국 헌법 제12조 제4항에서 "누구든지 체포 또는 구속을 당한 때에는 즉시 변호인의 조력을 받을 권리를 가진다. 다만 형사피고인이 스스로 변호인을 구할 수 없을 때에는 법률이 정하는 바에 의하여 국가가 변호인을 붙인다."라는 규정과 형사소송법 제30조 제1항에서 "피고인 또는 피의자는

● 기본권의 종류와 내용 (21)

▶ 변호인을 선임할 수 있다."라는 규정 등에 의한 헌법상의 기본권인 변호인의 조력을 받을 권리는 형사절차에서 피의자 또는 피고인이 검사 등 수사·공소기관과 대립되는 당사자의 지위에서 변호인 또는 변호인이 되려는 자와 사이에 충분한 접견교통에 의하여 피의사실이나 공소사실에 대하여 충분하게 방어할 수 있도록 함으로써 피고인이나 피의자의 인권을 보장하려는데 그 제도의 취지가 있음(헌재 1998. 8. 27, 96헌마398).

▶ 따라서 형사사건에 있어 변호인의 조력을 받을 권리는 피의자나 피고인을 불문하고 보장됨(헌재 2008. 9. 25, 2007헌마1126).

▶ 피의자나 피고인이 체포나 구속을 당한 때 및 불구속 피의자나 피고인에게 모두 수사절차의 개시에서부터 재판절차의 종료에 이르기까지 변호인을 옆에 두고 조언과 상담을 구하기 위한 변호인의 조력을 받을 권리는 모두 인정됨(헌재 2004. 9. 23, 2000헌마138).

● 4주 강의 연습문제

▶ 아래의 문제의 지문이 맞는 것이면 O 표시를, 틀린 것이면 X 표시를 하시오. 정답이 맞으면 퀴즈 점수 1점 부과 !

▶ 정답을 작성할 기회는 단 1번 뿐이니, 신중하게 작성하여 제출하길 바랍니다.

▶ 4주 강의의 퀴즈 문제

▶ 대한민국 헌법 제12조 제1항에서 " … 법률과 적법한 절차에 의하지 아니하고는 처벌·보안처분 또는 강제노역을 받지 아니한다."라고 규정하고 있는 바, 동 규정에서의 적법절차원칙은 형사상의 절차뿐만 아니라 입법작용 등 모든 국가작용에 적용된다.

● 4주 강의 정리하기

▶ 1. 기본권과 인권의 차이점은 무엇인지 1개 이상 정리하기.

▶ 2. 외국인이 국민에 비해 많은 제한을 받는 기본권은 무엇인지 1개 이상 정리하기.

▶ 3. 법인이 누릴 수 없는 기본권은 무엇인지 1개 이상 정리하기.

▶ 4. 대한민국 헌법 제10조의 인간의 존엄과 가치 규정 및 행복추구권 규정에서 파생되어 나오는 기본권은 무엇인지 각각 1개 이상 정리하기.

▶ 5. 죄형법정주의로부터 파생되는 원칙 5개는 무엇인지 정리하기.

생활 속의 헌법탐험

(5주-1번째 강의)

● **5주 강의 학습의 목표**

수강생들이 지난 4주에 계속 이어서 헌법상 기본권의 종류와 내용에 대한 기초적인 지식을 습득할 수 있도록 하여, 수강생들 각자 대한민국 국민의 한 사람으로 자신과 타인의 기본권을 보호하고, 기본권 침해 방지의 사고를 갖출 수 있게 하며, 생활 속의 헌법적 다양한 사례와 쟁점에 대한 지식을 습득할 수 있도록 하는 것에 5주 강의의 학습 목표가 있음.

● **5주 강의 학습의 개요**

▶ 수강생들이 5주에 학습할 강의의 개요는 대한민국 헌법상 보장(보호)되는 거주·이전의 자유, 직업의 자유, 주거의 자유, 사생활의 비밀과 자유, 개인정보자기결정권과 주민등록제도 등 기본권의 종류와 내용 등에 대해 각각 강의함.

● 기본권의 종류와 내용 (22)

▶ 대한민국 헌법 제14조의 거주·이전의 자유는 국가의 간섭없이 자유롭게 거주와 체류지를 정할 수 있는 자유로서 정치·경제·사회·문화 등 모든 생활영역에서 개성신장을 촉진함으로써 헌법상 보장되고 있는 다른 기본권들의 실효성을 증대시켜 주는 기능을 하며, 구체적으로는 국내에서 체류지와 거주지를 자유롭게 정할 수 있는 자유영역뿐만 아니라 나아가 국외에서 체류지와 거주지를 자유롭게 정할 수 있는 '해외여행 및 해외 이주의 자유'를 포함하고 덧붙여 대한민국의 국적을 이탈할 수 있는 '국적변경의 자유' 등도 그 내용에 포섭된다고 보아야 함. 따라서 해외여행 및 해외이주의 자유는 필연적으로 외국에서 체류 또는 거주하기 위해서 대한민국을 떠날 수 있는 '출국의 자유'와 외국체류 또는 거주를 중단하고 다시 대한민국으로 돌아올 수 있는 '입국의 자유'를 포함함(헌재 2004. 10. 28, 2003헌가18).

● 기본권의 종류와 내용 (23)

▶ 대한민국 헌법 제15조는 직업선택의 자유를 규정하고 있는바, 이는 자기가 선택한 직업에 종사하여 이를 영위하고 언제든지 임의로 그것을 전환할 수 있는 자유로서 민주주의·자본주의 사회에서는 매우 중요한 기본권의 하나로 인식되고 있음. 왜냐하면 직업선택의 자유는 근대 시민사회의 출범과 함께 비로소 쟁취된 기본권으로서, 중세 봉건적 신분사회에서는 인정될 수 없었던 것이며, 현대사회에서도 공산주의 국가에서는 원칙적으로 인정되지 않는 기본권이기 때문임(헌재 1993. 5. 13, 92헌마80).

▶ 여기서 '직업'이란 생활의 기본적 수요를 충족시키기 위한 계속적인 소득활동을 의미하며 그러한 내용의 활동인 한 그 종류나 성질을 불문함. 이러한 직업선택의 자유에는 직업결정의 자유, 직업종사(수행)의 자유, 전직의 자유 등이 포함되지만, 직업결정의 자유나 전직의 자유에 비하여 직업종사(수행)의 자유에 대해서는 상대적으로 더욱 넓은 법률상의 규제가 가능함(헌재 1993. 5. 13, 92헌마80).

● 기본권의 종류와 내용 (24)

▷ 대한민국 헌법 제16조에서 보장하는 주거의 자유는 개방되지 않은 사적 공간인 주거를 공권력이나 제3자에 의해 침해당하지 않도록 함으로써 국민의 사생활영역을 보호하기 위한 권리임(헌재 2014. 7. 24, 2012헌마662).

▷ 대한민국 헌법 제17조에서 "모든 국민은 사생활의 비밀과 자유를 침해 받지 아니한다."라고 규정하여 사생활의 비밀과 자유를 보장하고 있는바, 여기서 '사생활의 비밀'이란 사생활과 관련된 사사로운 자신만의 영역이 본인의 의사에 반해서 타인에게 알려지지 않도록 할 수 있는 권리를 뜻하며, '사생활의 자유'란 사회공동체의 일반적인 생활규범의 범위 내에서 사생활을 자유롭게 형성해 나가고 그 설계 및 내용에 대해서 외부로부터의 간섭을 받지 아니할 권리를 뜻함(헌재 2001. 8. 30, 99헌바92 등).

● 기본권의 종류와 내용 (25)

▷ 대한민국 헌법 제17조의 사생활의 비밀과 자유의 불가침 규정의 입법취지를 살펴보면 1980년에 제8차 헌법개정시 현대 사회가 정보화 사회로 발전하면서 개인의 사생활이 노출되는 위험이 증대하고, 국가기관이나 기업 등 각종 단체 또는 타인에 의한 개인의 사사(私事)에 관한 정보의 수집·보관 등의 과정에서 개인의 사생활이 침해되는 면이 많이 생겨 개인의 사생활을 보호해야 할 필요성이 커져 이에 개인의 사생활을 포괄적으로 보호하는 조항을 1980년 헌법의 제16조에 신설한 것이라고 할 것임. 즉, 정보기술의 발달에 따른 직접적인 기본권의 보호를 위해 기존의 고전적인 주거의 자유와 달리 대한민국 헌법 제17조의 사생활의 비밀과 자유 규정을 신설한 것이라고 할 것임(성낙인, 언론정보법, 나남출판, 1998, 486면; 한상범, 제5공화국 헌법의 특색, 고시계 제288호, 1981. 2, 18면).

● 기본권의 종류와 내용 (26)

▶ 이러한 사생활의 비밀과 자유와 관련하여 대한민국 헌법재판소는 "사람의 육체적·정신적 상태나 건강에 대한 정보, 성생활에 대한 정보와 같은 것은 인간의 존엄성이나 인격의 내적 핵심을 이루는 요소이다. 따라서 외부 세계의 어떤 이해관계에 따라 그에 대한 정보를 수집하고 공표하는 것이 쉽게 허용되어서는 개인의 내밀한 인격과 자기정체성이 유지될 수 없다. '공직자등의 병역사항 신고 및 공개에 관한 법률' 제8조 제1항 본문 가운데 '4급 이상의 공무원 본인의 질병명에 관한 부분'(이하에서 '이 사건 법률조항'이라 함)에 의하여 그 공개가 강제되는 질병명은 내밀한 사적 영역에 근접하는 민감한 개인정보로서, 특별한 사정이 없는 한 타인의 지득(知得), 외부에 대한 공개로부터 차단되어 개인의 내밀한 영역 내에 유보되어야 하는 정보이다. 이러한 성격의 개인정보를 공개함으로써 사생활의 비밀과 자유를 제한하는 국가적 조치는 엄격한 기준과 방법에 따라 섬세

● 기본권의 종류와 내용 (27)

▶ 하게 행하여지지 않으면 아니된다. 병무행정에 관한 부정과 비리가 근절되지 않고 있으며, 그 척결 및 병역부담 평등에 대한 사회적 요구가 대단히 강한 우리 사회에서 '부정한 병역면탈의 방지'와 '병역의무의 자진이행에 기여'라는 입법목적을 달성하기 위해서는 병역사항을 신고하게 하고 적정한 방법으로 이를 공개하는 것이 필요하다고 할 수 있다. 한편 질병은 병역처분에 있어 고려되는 본질적 요소이므로, 병역공개제도의 실현을 위해 질병명에 대한 신고와 그 적정한 공개 자체는 필요하다 할 수 있다. 그런데 이 사건 법률조항은 사생활 보호의 헌법적 요청을 거의 고려하지 않은 채 인격 또는 사생활의 핵심에 관련되는 질병명과 그렇지 않은 것을 가리지 않고 무차별적으로 공개토록 하고 있으며, 일정한 질병에 대한 비공개요구권도 인정하고 있지 않다. 그리하여 그 공개시 인격이나 사생활의 심각한 침해를 초래할 수 있는 질병이나 심신장애 내용까지도 예외 없이

● 기본권의 종류와 내용 (28)

▷ 공개함으로써 신고의무자인 공무원의 사생활의 비밀을 심각하게 침해하고 있다. 따라서 이 사건 법률조항이 공적 관심의 정도가 약한 4급 이상의 공무원들까지 대상으로 삼아 모든 질병명을 아무런 예외 없이 공개토록 한 것은 입법목적 실현에 치중한 나머지 사생활 보호의 헌법적 요청을 현저히 무시한 것이고, 이로 인하여 해당 공무원들의 헌법 제17조가 보장하는 기본권인 사생활의 비밀과 자유를 침해하는 것이다.”라고 판시함(헌재 2007. 5. 31, 2005헌마1139).

▷ 이후 이 사건 법률조항은 병역신고대상자가 대통령령으로 정하는 질병·심신장애 또는 처분사유로 제2국민역에 편입된 경우와 병역이 면제된 경우 중 어느 하나에 해당하면 병적증명서 발급을 신청하거나 병역사항 또는 변동사항을 신고할 때에 질병명·심신장애내용 또는 처분사유의 비공개를 요구할 수 있고, 이 경우 병무청장은 그 질병명·심신장애내용 또는 처분사유를 공개해서는 안 되는 것으로 개정됨.

● 기본권의 종류와 내용 (29)

▷ ‘개인정보자기결정권’이란 자신에 관한 정보가 언제 누구에게 어느 범위까지 알려지고 또 이용되도록 할 것인지를 그 정보주체가 스스로 결정할 수 있는 권리, 즉 정보주체가 개인정보의 공개와 이용에 관하여 스스로 결정할 권리를 뜻함(헌재 2005. 5. 26, 99헌마513 등).

▷ 이러한 개인정보자기결정권은 개인이 자신에 대한 정보를 수집한 자나 현재 그 정보를 보유한 자에게 자신의 정보에 대해 언제 누구에게 얼마만큼 줄 것인가와 사용이나 이용하도록 할 것인가 및 자신이 허락한 사용범위를 초과하거나 무단으로 제3자에게 제공할 때 또는 제3자에게 자신의 개인정보가 무방비로 노출될 위험에 처해 있을 때 등의 경우에는 그 사용이나 이용의 중지나 수정 또는 삭제 등을 원칙적으로 결정하여 요구할 수 있는 기본권임.

▷ 개인정보보호법과 정보통신망 이용촉진 및 정보보호 등에 관한 법률상

● 기본권의 종류와 내용 (30)

▶ "개인정보라 함은 생존하는 개인에 관한 정보로서…"라고 규정하고 있음.

▶ 여기서 '정보'란 특정될 수 있거나 특정이 가능한 자연인의 모든 인적 및 물적 사항을 뜻함.

▶ 이러한 정보의 개념을 바탕으로 '개인정보'란 개인의 신원을 확인 또는 파악할 수 있는 일체의 개인에 대한 정보(당해 정보만으로는 특정한 개인을 식별할 수 없더라도 다른 정보와 결합하여 쉽게 식별할 수 있는 것 포함)를 뜻함.

▶ '개인정보자기결정권'은 자기정보관리통제권, 자기정보통제권, 개인정보통제권, 정보자기결정권, 자기정보에 대한 통제권, 자기정보의 자율적 통제권, 정보의 자결권, 개인정보자결권 등의 용어로 사용되고 있음.

▶ 개인이 주체적 입장에서 자신에 대한 정보의 관리, 처분, 수정, 삭제 등의 일체를 원칙적으로 결정하거나 통제할 수 있는 권리를 뜻하는 점에서 개인정보자기결정권이나 개인정보통제권 등의 차이점은 크지 않다고 할 것임.

● 기본권의 종류와 내용 (31)

▶ 다만 자신에 관한 정보가 언제 누구에게 어느 범위까지 알려지고 또 이용되도록 할 것인지를 그 정보주체가 스스로 결정할 수 있는 권리로, 정보의 주체가 개인정보의 공개와 이용에 관하여 스스로 결정할 권리라는 점에서 '개인정보자기결정권'으로 강의함.

▶ 개인정보자기결정권은 대한민국 헌법상 명확한 근거 규정이 없는바, 이 기본권에 대한 헌법적 근거에 대해 대법원과 헌법재판소는 각각 다음과 같이 판시함.

▶ 대한민국 대법원은 "헌법 제10조와 헌법 제17조는 개인의 사생활 활동이 타인으로부터 침해되거나 사생활이 함부로 공개되지 아니할 소극적인 권리는 물론, 오늘날 고도로 정보화된 현대사회에서 자신에 대한 정보를 자율적으로 통제할 수 있는 적극적인 권리까지도 보장하려는 데에 그 취지가 있다."고 보아 개인정보자기결정권의 헌법적 근거는 헌법 제10조와

● 기본권의 종류와 내용 (32)

▶ 제17조에서 도출된다고 판시함(대법원 1998. 7. 24, 96다42789).

▶ 대한민국 헌법재판소는 "개인정보자기결정권의 헌법상 근거로는 헌법 제17조의 사생활의 비밀과 자유, 헌법 제10조 제1문의 인간의 존엄과 가치 및 행복추구권에 근거를 둔 일반적 인격권 또는 위 조문들과 동시에 우리 헌법의 자유민주적 기본질서 규정 또는 국민주권원리와 민주주의원리 등을 고려할 수 있다. 그러나 개인정보자기결정권으로 보호하려는 내용을 위 각 기본권들 및 헌법원리들 중 일부에 완전히 포섭시키는 것은 불가능하다고 할 것이므로, 그 헌법적 근거를 굳이 어느 1－2개에 국한시키는 것은 바람직하지 않다. 따라서 개인정보자기결정권은 이들을 이념적 기초로 하는 독자적 기본권으로서 헌법에 명시되지 아니한 기본권이라고 보아야 할 것이다."라고

● 기본권의 종류와 내용 (33)

▶ 판시하여 개인정보자기결정권의 헌법적 근거를 헌법 제37조 제1항에서 도출되는 기본권으로 봄(헌재 2005. 5. 26, 99헌마513 등).

생활 속의 헌법탐험

(5주-2번째 강의)

● 기본권의 종류와 내용 (34)

▶ 대한민국 헌법재판소는 "인간의 존엄과 가치, 행복추구권을 규정한 헌법 제 10조 제1문에서 도출되는 일반적 인격권 및 헌법 제17조의 사생활의 비밀과 자유에 의하여 보장되는 개인정보자기결정권은 자신에 관한 정보가 언제 누구에게 어느 범위까지 알려지고 또 이용되도록 할 것인지를 그 정보주체가 스스로 결정할 수 있는 권리이다."라고 보아 개인정보자기결정권의 헌법적 근거를 헌법 제10조와 헌법 제17조에서 도출되는 기본권으로 판시하기도 함 (헌재 2005. 7. 21, 2003헌마282).

▶ 개인정보자기결정권의 주체의 범위는 자연인으로 볼 것이므로, 법인이나 기타 단체는 포함될 수 없고, 사자(死者)도 그 주체에서 배제된다고 할 수 있음.

▶ 이 경우 자연인인 이상 국민을 포함하여 외국인이나 무국적자도 개인정보자기결정권의 주체가 된다고 할 것임.

● 기본권의 종류와 내용 (35)

▶ 개인정보자기결정권에 의해 개인정보는 정당한 목적 하에 필요한 범위에서 공정하고 합리적인 방식으로 정보주체의 분명한 인식이나 동의 하에 수집되어야 하는바, 이를 '수집제한의 원칙'이라고 함.

▶ 정보의 수집자 또는 보유자는 개인으로부터 정보를 수집하더라도 수집된 개인정보의 내용이 최근의 상황에 맞게 항상 노력하여 정보주체가 피해를 보지 않도록 해야 한다는 '정확성과 안전성의 원칙'에 따라야 함.

▶ 적법하게 수집된 개인정보를 처리할 때 그 입력이나 사용 또는 타인에게 제공시 정보주체의 식별을 최소화해야 한다는 '익명성의 원칙'에 따라야 함.

▶ 특정된 목적을 위해 수집된 개인정보는 타 기관에서 다른 목적을 위해 수집된 개인정보와 원칙적으로 통합시키지 않고, 분리된 상태로 보유해야 한다는 '정보분리의 원칙'에 따라야 함.

● 기본권의 종류와 내용 (36)

▶ 우리나라에서 2013년 2월 18일부터 인터넷상 주민등록번호의 유출로 인한 헌법상 개인정보자기결정권이 침해되는 것을 방지해 주기 위하여 인터넷 상에서 주민번호를 요구하는 것이 모두 금지되었음. 즉, 인터넷의 웹사이트에 회원으로 가입하거나 스마트폰에서 성인임을 인증할 때 이름과 주민등록번호를 입력하는 방식은 모두 2013년 2월 18일부터 불법임.

▶ 또한 정보통신망 이용촉진 및 정보보호 등에 관한 법률 상 각종 포털 사이트와 게임 사이트 등에서 인터넷상 주민번호의 수집 및 이용이 금지됨. 그 대신 아이핀이나 공인인증서의 인증 또는 휴대전화의 인증이나 이메일 주소 등을 통해 본인을 확인하는 방법으로 변경됨.

▶ 2014년에 공정거래위원회는 과거 전자상거래법상 사업자들이 거래상대방 식별을 위한 정보 중 하나로 주민등록번호를 예시하고 있었지만, 주민등록번호의 유출로 인한 소비자들의 피해가 끊이지 않고, 이메일 등이 전자

● 기본권의 종류와 내용 (37)

▶ 상거래의 상대방을 식별하기 위한 대체수단이 보편화되어 사업자의 주민등록번호를 보존하도록 했던 전자상거래법의 관련 규정은 시장상황이나 거래환경의 변화로 인하여 사회적 현실에 맞지 않다고 판단하여 삭제하였고, 전자상거래 표준약관을 개정해 백화점·홈쇼핑·오픈마켓·소셜커머스 등 인터넷 쇼핑몰에 가입할 때 이름·주민등록번호·주소·전화번호·비밀번호 등의 민감하고 내밀한 개인 정보를 요구할 수 없도록 규정했음(뉴시스, '인터넷쇼핑몰 주민번호 보존 금지' 법 개정 추진, 2014. 10. 8.자).

▶ 현행 대한민국의 주민등록법 제24조 제1항에 의하면 시장, 군수 또는 구청장은 관할 구역에 주민등록이 된 자 중 17세 이상인 자에 대하여 주민등록증을 발급하도록 규정되어 있음.

▶ 현행 대한민국의 주민등록법 제24조 제2항에 의해 발급되는 주민등록증에는 성명, 사진, 주민등록번호, 주소, 지문(指紋), 발행일, 주민등록기관이 필수적(의무적)으로 기재됨. 다만 혈액형에 대해서는 대통령령이 정하는

● 기본권의 종류와 내용 (38)

▶ 바에 따라 주민의 신청이 있으면 추가로 주민등록증에 수록(기재)할 수 있음.

▶ 이 중에서 주민등록번호는 총 13자리로 구성되어 있는바, 이러한 주민등록번호의 총 13자리 중에서 앞의 6자리 숫자는 생년월일을 나타내며, 뒤의 7자리부터 13자리까지에 대해 살펴보면 주민등록번호의 7번째 숫자는 성별을, 8번째-11번째 숫자는 최초로 주민번호를 발급받은 지역코드를, 12번째 숫자는 동일한 성을 가진 지역주민 중 접수순위를, 13번째 숫자는 오류 수정번호를 각각 나타내도록 구성되어 있음.

▶ 2007년 7월 10일에 SBS의 8시 뉴스에서 2007년 6월에 중국 남부의 휴양지 하이난다오로 신혼여행을 떠난 류 모씨의 주민등록번호 중 출생신고지역코드가 탈북자들의 정착사무소가 있는 경기도 안성의 주민등록번호 중

● 기본권의 종류와 내용 (39)

▶ 대한민국 주민등록증의 변화와 관련된 사진과 해당 자료의 출처로, 먼저 1968년 11월 21일에 박정희 대통령의 대한민국 제1호 주민등록증을 받은 사진 자료는 http://news.chosun.com/site/data/html_dir/2009/11/19/2009111901746.html 참조.

다음으로 세로모양의 종이 재질로 된 대한민국 주민등록증의 사진 자료와 이후 가로모양의 종이 재질로 된 대한민국 주민등록증의 사진 자료로는 http://blog.daum.net/magpie_kor/8366999 참조.

또한 오늘날과 같은 가로모양의 플라스틱 재질로 된 대한민국 주민등록증의 사진 자료로는 http://www.dalseo.daegu.kr/pages/civil/page.html?mc=138 참조.

● 기본권의 종류와 내용 (40)

▶ 지역코드인 '25'와 같아 류 모씨를 탈북자로 오해하여 중국 공안(경찰) 3명이 류 모씨의 부부를 강제로 하루 동안 호텔 밖으로의 외출을 일체 금지시킨 후 호텔 안에서만 머물게 한 후에 한국으로 다시 돌려보내는 사건이 발생했다고 보도하면서 이와 유사한 사례로 탈북자가 아닌 경기도 안성이나 용인 또는 김포에서 태어난 사람들도 중국에서 탈북자로 오해를 많이 받아 중국에 입국하는 것 자체가 거부되는 일이 자주 발생하고 있지만, 출입국과 관련된 문제는 해당 국가가 주관적으로 판단할 사안에 해당하므로, 대한민국은 중국에 공식적으로 이에 대한 문제를 제기할 수 없다는 내용이 방송되었음.

▶ 이러한 어이없는 일들이 발생하게 된 이유로는 대한민국 국민이면 누구나 17세 이상이 되면 강제로 개인의 나이와 성별 및 출신지역 등을 나타내는 사람을 코드화한 주민등록번호를 부여 받기 때문임.

● 기본권의 종류와 내용 (41)

▶ 즉, 주민등록번호는 그 자체로 나이와 성별 및 출신지역 등 개인의 내밀한 정보를 그의 의사와 상관없이 드러나게 하고, 한번 부여 받은 주민등록번호는 쉽게 마음대로 변경(수정)할 수 없도록 되어 있기 때문에 '개인정보자기 결정권'이라는 기본권을 부당하게 제한(침해)하는 것이 아닌가 하는 문제가 제기됨.

▶ 현행 플라스틱 재질의 주민등록증은 성명(한자 병기), 사진, 13자리의 주민등록번호, 주소변경사항, 지문 등 내밀한 개인 정보들이 많이 수록(기재)되어 있어 만약 주민등록증을 분실하게 되는 사고가 발생하거나 타인이 쉽게 열람할 수 있게 또는 엿볼 수 있도록 되어 있어 개인이 외부에 밝히고 싶지 않은 내밀한 많은 개인정보들을 범죄에 사용할 수 있게 할 수 있는 문제점이 있고, 최첨단의 인쇄 장비를 사용하거나 포토샵 등의 방법을 통해 주민등록증의 기재사항 자체를 쉽게 위조하거나 변조하여 범죄에 이용할 수 있는 문제점도 있으며, 주민등록증이 햇빛에 장시간 노출

● 기본권의 종류와 내용 (42)

▶ 되거나 가소제와 접촉시 그 표면의 기재사항이 변색이나 탈색이 되어 그 기재사항을 알아보기 힘들게 할 수 있는 문제점 등이 있다는 사유로 이명박 정부 때 주민등록번호 등의 내밀한 개인정보들은 IC 칩 안에 넣는 방식의 전자적 처리를 한 이른바 '전자주민증'을 도입하여 하여 외부로 쉽게 내밀한 개인정보들을 보이지 않도록 하여 개인의 프라이버시권을 보호하고 주민등록증의 위조나 변조를 방지하려고 추진했지만, 국회에서 관련 법안이 끝내 통과되지 못하여 폐기됨.

▶ 참고 : 주민등록증과 주민등록번호에 대해 헌법적으로 생각해 볼 수 있는 동영상 자료는 https://youtu.be/l9w56f8wAnc.

● 기본권의 종류와 내용 (43)

출처: 기본권의 종류와 내용 (43)–(61)은 이희훈, 주민등록번호에 대한 헌법적 고찰, 토지공법연구 37집 1호, 2007. 8, 373–394면 및 이희훈, 전자주민증 도입의 주민등록법 개정안에 대한 헌법적 평가, 연세대 법학연구 22집 3호, 2012. 9, 1–36면 참조.

▷ 1962년 5월에 국가재건최고회의가 우리나라에 존재하였던 1가구별 1용지의 기류부에 본적지 이외의 일정 장소에 30일 이상 주소나 거소를 정한 자에 대해 신고의무를 부과는 법률이었던 기류법을 폐지하고, 이 법률에 대한 대체법률로서 "주민의 거주관계를 파악하고 상시로 인구동태를 명확히 한다."는 취지로 주민등록법(법률 제1067호)을 제정함.

▷ '기류법'이란 우리나라가 일제 치하에 있을 때 만들어졌던 '조선기류령'을 그 전신으로 하는 법률로, 우리나라의 주민등록제도는 일본의 통치 하의 1942년 10월 15일부터 시행되었던 기류제도라는 것에서부터 비롯됨.

▷ 그러나 이때에는 주민등록증 제도는 존재하지 않았고, 1968년에 5월에 법률 제2016호로 주민등록법이 개정되면서 행정의 기본 자료가 될 수 있게 하고, 본인임을 증명해 줄 수 있는 국가신분증명 제도를 확립하기 위해 처음으로 주민등록증 제도가 도입됨.

● 기본권의 종류와 내용 (44)

▷ 이 시기의 주민등록증은 종이 재질로 된 세로 모양의 형태였고, 18세 이상의 국민에게 발급되었으며, 주민등록증의 앞면에는 성명, 사진, 12자리의 주민등록번호, 생년월일, 본적, 주소, 병역사항, 병역특기번호, 발급일자, 발급기관장, 주민등록증의 소지의무 안내, 타인의 주민등록증의 습득시 안내문이 각각 기재(수록)되어 있었고, 그 뒷면에는 주소변경사항, 직업, 좌무인 및 우무인이 각각 기재(수록)됨.

▷ 1975년 7월에 법률 제2777호로 주민등록법이 개정되면서 17세에 주민등록증을 발급받게 하였고 이를 위반시 과태료를 부과하는 규정을 두었는바, 이 시기의 주민등록증 앞면에는 '성명, 사진, 13자리의 주민등록번호, 생년월일, 본적, 주소, 병역사항, 병역특기번호, 발급일자, 발급기관장, 주민등록증의 소지의무

● 기본권의 종류와 내용 (45)

▶ 안내, 타인의 주민등록증의 습득시 안내문이 각각 기재(수록)되어 있었고, 그 뒷면에는 주소변경사항, 직업, 좌무인과 우무인'이 각각 기재(수록)됨.

▶ 1980년 12월에 법률 제3330호로 개정된 주민등록법 제17조의8 제6항에 의해 17세 이상의 주민등록증을 발급받은 자는 상시 주민등록증을 소지해야 하는 의무를 부과하였고, 동법 제17조의8 제7항에 의해 만약 주민등록증을 분실하였을 때에는 분실한 날로부터 7일 이내에 시장이나 군수에게 신고하여 주민등록증의 재발급신청을 하도록 규정됨.

▶ 1983년 10월에 주민등록증을 가로 모양의 형태로 도안을 변경하였고, 그 이전의 주민등록증은 본적이나 호주가 변경되면 매번 재발급을 받도록 했던 것을 주민등록증의 뒷면에 본적이나 호주의 변경 내용만 수정하여 기재(수록)할 수 있도록 규정했으며, 생년월일을 기재(수록)했던 부분이 삭제

● 기본권의 종류와 내용 (46)

▶ 되었고, 지문도 우무인만 날인하도록 변경됨.

▶ 즉, 이 시기의 주민등록증의 앞면에는 성명, 사진, 13자리의 주민등록번호, 본적, 주소, 병역사항, 호주의 성명, 발급일자, 발급기관장이 각각 기재(수록)되어 있었고, 그 뒷면에는 내용의 변경사항, 병역특기번호, 우무인, 타인의 주민등록증의 습득시 안내문이 각각 기재(수록)됨.

▶ 1999년 9월에 법률 제5987호로 그 당시에 위조나 변조를 하기 어려운 플라스틱 재질의 주민등록증으로 일제히 갱신되었는바, 이 시기의 주민등록증에는 그 이전의 주민등록증에 존재하였던 호주의 성명과 병역사항의 부분을 삭제하여 그 앞면에는 성명(한자 병기), 사진, 13자리의 주민등록번호, 발급일자, 발급기관장이 각각 기재(수록)되어 있었고, 그 뒷면에는 주소변경사항, 지문, 타인의 주민등록증의 습득시 안내문이 각각 기재(수록)됨.

생활 속의 헌법탐험

(5주-3번째 강의)

● 기본권의 종류와 내용 (47)

▶ 1999년 9월에 갱신된 주민등록증의 형태와 기재(수록) 사항들이 지금까지 수십 년이 넘도록 아무런 변화 없이 계속 유지되어 오고 있음.

▶ 이를 통해 대한민국에서 주민등록증은 주민등록법이 제정된 1962년 5월 당시에는 존재하지 않았다가, 1968년에 5월에 국가신분증명 제도를 확립하기 위해 처음으로 우리나라에 종이재질의 주민등록증이 발급되었음을 알 수 있음.

▶ 이후 1999년 9월에 종이 재질의 주민등록증의 기재 사항을 쉽게 위조하거나 변조하는 것을 방지하기 위해 플라스틱 재질의 주민등록증으로 일제히 갱신을 하게 되었음.

▶ 이후 이명박 정부는 최첨단 인쇄기술과 복사 및 전송기술과 포토샵 등의 전자적 기술의 발달로 약 13년간 사용해 온 현행 플라스틱 재질의 주민등록증도 위조 및 변조가 가능해져 각종 범죄에 악용되는 사례가 점차 증가

● 기본권의 종류와 내용 (48)

▶ 하고 있어 주민등록증의 수록 사항 중 내밀한 개인정보에 대해서는 향후 최첨단의 보안기술이 적용된 IC칩의 안에 수록할 필요가 있다고 보아 전자주민증을 도입하기 위한 법안과 관련 정책을 추진하였으나, 끝내 무산됨.

▶ 대한민국의 국가기관, 지방자치단체, 공공단체, 사회단체, 기업 등에서 자신의 해당 업무를 수행하면서 17세 이상의 자에 대해 민원서류나 그 밖의 서류를 접수할 때, 특정인에게 자격을 인정하는 증서를 발급할 때, 그 밖에 신분을 확인하기 위하여 성명, 사진, 주민등록번호 또는 주소를 확인할 필요가 있을 때에는 그와 관련된 별도의 증빙서류를 요구하지 않고 주민등록증을 대신 제시할 것을 요구하여 신분을 확인하고 있으며, 경찰이 범인을 체포하는 등 그 직무를 수행할 때에 17세 이상인 자의 신원이나 거주 관계를 확인할 필요가 있으면 주민등록증의 제시를 요구할 수 있음.

● 기본권의 종류와 내용 (49)

▶ 이렇듯 우리 사회에서 주민등록증은 행정의 목적으로 주민의 거주관계를 증명하는 기능을 수행할 뿐만 아니라, 일싱생활에 있어서도 개인의 신분을 쉽고 빠르게 확인해 주는 공적 증명서로 광범위하게 활용되고 있으므로, 주민등록증은 우리나라에서 시행을 할 필요성이 있음.

▶ 외국은 보통 테러방지나 자국민 보호 등 사회 안정성 확보와 함께 납세업무나 의료보험 등과 연계하여 행정의 효율성 제고를 위해 국가신분증 제도를 두고 있음.

● 기본권의 종류와 내용 (50)

▶ 행정자치부가 2004년부터 2011년까지 조사한 외국의 국가신분증의 운영 실태 자료에 의하면 조사된 전 세계 총 84개국 중 독일, 스페인, 벨기에 등의 20개국은 스마트 카드형의 IC칩을 사용하고 있음.

▶ 그리고 멕시코, 칠레 등 16개국은 바코드나 마그네틱 카드를 사용하고 있음.

▶ 이렇듯 전 세계의 총 84개국 중에서 전자신분증을 도입하여 시행하고 있는 국가는 총 36개국임.

● 기본권의 종류와 내용 (51)

▶ 이에 반하여 미국, 캐나다 등 21개국에서는 주민등록증 자체가 없고, 주민등록증 대신에 운전면허증이나 여권 등 다른 수단을 국가신분증으로 대신 운영함.

▶ 외국의 국가신분증 발급 대상의 연령을 살펴보면 국가별로 12세 이상, 17세 이상, 18세 이상 등 다양하고, 벨기에와 같은 경우에는 12세 이상의 전 국민을 대상으로 한 신분증 이외에도 12세 이하의 어린이가 원할 때에는 어린이 보호용 신분증을 별도로 발급해 주고 있으며, 국가신분증에 서명을 수록하고 있는 국가는 32개국이고, 지문을 수록하고 있는 국가는 총 30개국이며, 전자인증번호를 수록하고 있는 국가는 총 8개국으로, 국가신분증에 종교, 부모, 배우자, 혈액형, 국적, 민족 등을 수록하는 국가도 있음.

▶ 이렇듯 전 세계에서 국가신분증을 운영하고 있는 국가들 중 새로운 2000년대를 맞이하면서 기존의 종이나 플라스틱 재질의 국가신분증이 아닌 개인

● 기본권의 종류와 내용 (52)

▷ 정보 보호의 강화 및 위조나 변조의 방지를 통한 범죄에의 악용 방지 등의 목적을 실현하기 위해 IC칩 등이 탑재된 스마트 카드형의 전자신분증의 보급이 점차 증가되어 가고 있는 것이 세계적인 추세임을 알 수 있음.

▷ 전자주민증에 수록되는 개인정보의 사항은 각 국가별로 매우 다양하고, 상이하여 일괄적으로 말하기 힘들지만, 대체적으로 국가신분증에 수록되는 공통적 기재 항목을 살펴보면 성명, 생년월일, 성별, 주소, 개인 번호, 사진, 발급일, 발급기관 등을 들 수 있음.

▷ 이를 통해 국가신분증을 운영하고 있는 대다수의 전 세계 국가들이 대한민국의 주민등록증과 달리 국가신분증의 겉표면에 개인의 생년월일과 성별 및 출생지 등의 정보를 숫자로 조합해 만든 주민등록번호 자체를 두지 않고 있거나 설사 두고 있더라도 국가신분증의 겉표면에(외부에) 그대로 드러나게 하지 않고 있음을 알 수 있음.

● 기본권의 종류와 내용 (53)

▷ 스웨덴은 우리나라가 주민등록번호를 부여하듯 개인의 출생신고와 동시에 개인식별번호를 부여하고 있고, 숫자의 번호가 생년월일로 이루어져 있어 연령을 확인할 수 있도록 되어 있고, 성별구분도 가능하도록 되어 있으며, 개인식별번호의 부여와 관리체계도 국가가 직접 하고 있다는 점도 우리나라의 주민등록번호와 유사함.

▷ 이러한 스웨덴의 표준화 된(통일화 된) 개인식별번호는 조세, 사회보장, 병무행정 등에 광범위하게 사용되고 있음.

▷ 스웨덴은 오래 전부터 국가에 등록된 개인정보의 범위와 사용용도가 엄격히 한정되도록 개별법에 규정하여 개인의 정보 유출에 따른 피해의 위험성을 크게 줄이고 있음.

▷ 즉, 스웨덴은 그 개인식별번호의 사용을 명확하게 제한하고 있고, 치리 목적, 신원보안의 중요성, 기타 중요한 사유가 명확한 경우를 제외하고는 본인의

● 기본권의 종류와 내용 (54)

▶ 동의 없이 개인식별번호를 사용할 수 없도록 규정되어 있으며, 정부 또는 정부가 지명한 기관으로 하여금 개인식별번호를 사용할 수 있는 범위를 특정하도록 이미 오래 전부터 규정하고 있음.

▶ 미국의 사회보장번호는 대한민국의 주민등록번호와 같이 사회의 다양한 분야에 광범위하게 사용되고 있지만, 미국의 사회보장번호는 대한민국의 주민등록번호와 달리 개인의 필요에 의하여 신청을 했을 때 부여가 된다는 점에서 차이가 있음.

▶ 그러나 오늘날 미국에서 사회보장번호는 그 사용의 광범성 때문에 대다수의 18세 미만의 거주자와 수입이 있는 모든 성인 거주자에게 부여되고 있음.

▶ 미국에서 사회보장번호는 총 9숫자로 구성되어 있는바, 1-3의 숫자코드는 신청시의 거주지역을 나타내고, 4-5의 숫자코드는 편의에 의해 나누어진 구역의

● 기본권의 종류와 내용 (55)

▶ 숫자를 나타내며, 6-9의 숫자코드는 발급순서를 나타내는바, 이러한 점들이 대한민국의 주민등록번호가 개인의 내밀한 생년월일과 성별 및 출신지역 등의 정보를 외부로 그대로 노출되도록 하는 것과 다른 점임.

▶ 미국은 사회보장번호에 대한 특별한 보호를 위해 법으로 사회보장번호의 공개를 금지하고 있고, 법령이 정하고 있는 경우를 제외하고는 사회보장번호를 요구하는 것을 금지하고 있으며, 사회보장번호를 제공하지 않았다는 이유로 서비스 제공을 거부하지 못하도록 규정하고 있음.

▶ 독일은 1986년에 제정된 후 1999년에 개정된 개인신분증명서법 제1조 제1항에서 "16세 이상의 독일인은 개인신분증명증을 가지고 다니다가 조사권한이 있는 행정청의 요구가 있으면 이를 제시해야 한다."라는 규정에 의해 대한민국과 같이 개인이 신분증명을 해야 하고, 개인신분증명증을 가지고 다녀야 함.

● 기본권의 종류와 내용 (56)

▶ 독일의 개인신분증명서법 제1조 제2항에 의해 독일의 국가신분증에서는 개인에게 일련번호를 부여함.

▶ 그러나 독일의 개인신분증명서법 제3조 제1항에 의해 이러한 일련번호는 단순히 그 신분증에 부여되는 무작위의 일련번호일 뿐, 그 개인에 대한 어떠한 인적 사항이나 기타의 내밀한 개인정보를 나타내 주는 사항을 담을 수 없음.

▶ 그리고 독일의 개인신분증명서법 제2조 제1항에 의해 독일에서 신분증명증은 10년마다 새로 발급받아야 하는바, 신분증명서를 새롭게 발급받을 때마다 새로운 무작위의 일련번호가 부여됨.

▶ 프랑스는 중앙주민등록시스템을 운영 중에 있는바, 여기에 개인식별번호가 포함되어 있음.

▶ 그러나 대한민국과 달리 프랑스 정부는 프랑스 국민에게 개인식별번호를 강제로 부여하지 않고, 국민의 자발적인 요청에 의해 부여된다는 점에서 대한민국의 주민등록번호의 강제발급과 다름.

● 기본권의 종류와 내용 (57)

▶ 대한민국 헌법재판소는 2015년 12월 23일에 개인정보가 유출된 강모 씨 등의 5명이 자신의 해당 지방자치단체에 주민번호의 변경을 신청했다가 거부당하자 헌법재판소에 주민등록법 7조 3항에서 '시장·군수 또는 구청장은 주민에게 개인별로 고유한 등록번호(이하 "주민등록번호"라 한다)를 부여하여야 한다.'라는 규정에 의하면 주민등록번호를 부여하는 내용만 규정되어 있고, 이를 변경할 수 있다는 내용의 규정이 없고, 주민등록번호를 한 번 부여받으면 거의 변경할 수 없는 점은 자신들의 헌법상 개인정보자기결정권을 침해하는 것이라며 헌법재판소에 헌법소원심판을 청구한 사건에 대해 주민등록번호 유출 등으로 피해를 본 사람들에 대한 고려 없이 번호 변경을 허용하지 않는 것은 과도한 권리 침해한 것이라는 이유로 헌법불합치 결정을 하여, 2017년 말까지 주민등록번호를 변경할 수 있도록 해당 주민등록법 규정을 개정할 것을 판시함(헌재 2015. 12. 23, 2013헌바68·2014헌마449(병합)).

● 5주 강의 연습문제

▶ 아래 1개의 (   ) 안에 들어갈 낱말의 정답이 맞으면 퀴즈 점수 1점 부과 !

▶ 정답을 작성할 기회는 단 1번 뿐이니, 신중하게 작성하여 제출하길 바랍니다.

▶ 5주 강의의 퀴즈 문제

▶ 다음의 빈칸에 들어갈 알맞은 낱말을 쓰시오.

▶ 대한민국 헌법상 주거의 자유는 (   )라는 기본권에 대해 특별법적 규정에 해당한다.

● 5주 강의 정리하기

▷ 1. 개인정보의 수집 및 처리 등의 경우에 준수해야 되는 4가지 원칙은 무엇인지 정리하기.

▷ 2. 주민등록번호에서 뒤의 7자리는 각각 어떻게 구성되는지 정리하기.

▷ 3. 대한민국이 독일과 비교할 때 주민등록번호에서 헌법적으로 문제가 되는 것이 무엇인지 2줄 범위 안으로 정리하기.

▷ 4. 대한민국에서 주민등록법상 주민등록번호의 변경에 대한 규정이 없었던 것에 대한 헌법재판소의 판례의 주요 내용을 2줄 범위 안으로 정리하기.

생활 속의 헌법탐험

(6주-1번째 강의)

● **6주 강의 학습의 목표**

수강생들이 지난 5주에 계속 이어서 양심의 자유 등 헌법상 기본권의 종류와 내용에 대한 기초적인 지식을 습득할 수 있도록 하여, 수강생들 각자 대한민국 국민의 한 사람으로 지신과 디인의 기본권을 보호하고, 기본권 침해 방지의 사고를 갖출 수 있게 하며, 생활 속의 헌법적 다양한 사례와 쟁점에 대한 지식을 습득할 수 있도록 하는 것에 6주 강의의 학습 목표가 있음.

● **6주 강의 학습의 개요**

▶ 수강생들이 6주에 학습할 강의의 개요는 대한민국 헌법상 보장(보호)되는 통신의 자유, 양심의 자유, 종교의 자유, 표현의 자유와 언론 및 출판의 자유와 관계, 언론 및 출판의 자유의 의의와 기능 등에 대해 각각 강이하,

● 기본권의 종류와 내용 (58)

▷ 대한민국 헌법 제18조에서는 "모든 국민은 통신의 비밀을 침해 받지 아니한다"라고 규정하여 통신의 비밀보호를 그 핵심내용으로 하는 통신의 자유를 기본권으로 보장하고 있음. 통신의 자유를 기본권으로서 보장하는 것은 사적 영역에 속하는 개인간의 의사소통을 사생활의 일부로서 보장하겠다는 취지에서 비롯된 것이라 할 것임. 그런데 개인과 개인간의 관계를 전제로 하는 통신은 다른 사생활의 영역과 비교해 볼 때 국가에 의한 침해의 가능성이 매우 큰 영역이라 할 수 있음. 왜냐하면 오늘날 개인과 개인간의 사적인 의사소통은 공간적인 거리로 인해 우편이나 전기통신을 통하여 이루어지는 경우가 많은데, 이러한 우편이나 전기통신의 운영이 전통적으로 국가독점에서 출발하였기 때문임(헌재 2001. 3. 21, 2000헌바25).

▷ 이렇듯 헌법상 사생활의 비밀과 자유에 포섭될 수 있는 사적 영역에 속하는 통신의 자유를 헌법이 별개의 조항을 통해서 기본권으로 보호하고 있는 이

● 기본권의 종류와 내용 (59)

▷ 유는 이와 같이 국가에 의한 침해의 가능성이 여타의 사적 영역보다 크기 때문이라고 할 수 있음. 이에 따라 국가, 특히 수사기관에 의한 통신의 비밀에 대한 침해를 규제하기 위하여 통신비밀보호법에 일정한 종류의 범죄에만 국한하여 일정한 경우에만 통신제한조치를 허가하도록 한다든지, 통신제한조치는 원칙적으로 법원의 허가를 받아서 하도록 한다든지, 통신제한조치 등으로 취득한 내용을 법의 규정에 의하여 사용하는 경우 외에는 다른 기관

● 기본권의 종류와 내용 (60)

▶ 또는 외부에 공개하거나 누설할 수 없도록 한다든지, 통신제한조치 등의 집행으로 취득된 우편물 또는 그 내용과 전기통신의 내용을 통신제한조치의 목적이 된 범죄나 이와 관련된 범죄를 수사·소추하거나 그 범죄를 예방하기 위하여 사용하는 경우 등 일정한 경우 외에는 사용할 수 없도록 한다든지, 불법검열에 의하여 취득한 우편물이나 그 내용 및 불법감청에 의하여 지득 또는 채록된 전기통신의 내용을 재판 또는 징계절차에서 증거로 사용할 수 없도록 하는 등의 여러 제반 장치들을 마련하고 있음. 그러나

● 기본권의 종류와 내용 (61)

▶ 오늘날에 있어서는 통신기술의 발달과 광범위한 보급으로 인해 사인에 의한 통신의 비밀의 침해가능성도 점차 확대되어 가고 있는바, 아무런 통제 없이 감청설비가 대량 제조, 유통, 사용된다면 그와 같은 감청설비를 이용한 통신비밀침해행위가 사인들에 의하여 널리 이루어질 가능성이 매우 높기 때문에 통신비밀보호법에 이러한 사인에 의한 통신의 비밀에 대한 침해행위를 사전에 예방하기 위하여 감청설비를 제조·수입·판매·배포·소지·사용하거나 이를 위한 광고를 하고자 하는 자는 해당 행정부처의 장관의 인가를 받도록 규정하고 있음(헌재 2001. 3. 21, 2000헌바25).

▶ 대한민국 헌법 제19조는 "모든 국민은 양심의 자유를 가진다."라고 하여 자신의 양심에 어긋나는 신념이나 행동을 강요당하지 않고 자신의 양심에 따라 행동할 수 있는 자유로서, 여기서 말하는 '양심'이란, 세계관·인생관·주의·

● 기본권의 종류와 내용 (62)

▶ 신조 등은 물론, 이에 이르지 아니하여도 보다 널리 개인의 인격형성에 관계되는 내심에 있어서의 가치적·윤리적 판단도 포함된다고 볼 것임. 그러므로 양심의 자유에는 널리 사물의 시시비비나 선악과 같은 윤리적 판단에 국가가 개입해서는 안 되는 내심적 자유는 물론, 이와 같은 윤리적 판단을 국가권력에 의하여 외부에 표명하도록 강제받지 않는 자유 즉 윤리적 판단사항에 관한 침묵의 자유까지 포괄한다고 할 것임(헌재 1991. 4. 1, 89헌마160).

▶ 이러한 양심의 자유와 관련하여 대한민국 헌법재판소는 "헌법이 보호하려는 양심은 어떤 일의 옳고 그름을 판단함에 있어서 그렇게 행동하지 아니하고는 자신의 인격적인 존재가치가 허물어지고 말 것이라는 강력하고 진지한 마음의 소리이지, 막연하고 추상적인 개념으로서의 양심이 아니다. 음주측정요구에 처하여 이에 응하여야 할 것인지 거부해야 할 것인지 고민에 빠질 수는 있겠으나 그러한 고민은 선과 악의 범주에 관한 진지한 윤리적 결정

● 기본권의 종류와 내용 (63)

▶ 을 위한 고민이라 할 수 없으므로, 그 고민 끝에 어쩔 수 없이 음주측정에 응하였다 하여 내면적으로 구축된 인간의 양심이 왜곡·굴절된다고 할 수 없다. 따라서 도로교통법상 경찰의 음주운전 강제측정 조항은 헌법 제19조에서 보장하는 양심의 자유를 침해하는 것이라고 할 수 없다."라고 판시함(헌재 1997. 3. 27, 96헌가11).

▶ 대한민국 헌법 제19조의 양심의 자유는 크게 양심형성의 내부영역과 이를 실현하는 외부영역으로 나누어 볼 수 있으므로, 그 구체적인 보장내용에 있어서도 내심의 자유인 '양심형성의 자유'와 양심적 결정을 외부로 표현하고 실현하는 '양심실현의 자유'로 구분됨. 여기서 '양심형성의 자유'란 외부로부터의 부당한 간섭이나 강제를 받지 않고 개인의 내심영역에서 양심을 형성하고 양심상의 결정을 내리는 자유를 말하고, '양심실현의 자유'란 형성된 양심을 외부로 표명하고 양심에 따라 삶을 형성할 사유, 구체적으로는

● 기본권의 종류와 내용 (64)

▶ 양심을 표명하거나 또는 양심을 표명하도록 강요받지 아니할 자유(양심표명의 자유), 양심에 반하는 행동을 강요받지 아니할 자유(부작위에 의한 양심실현의 자유), 양심에 따른 행동을 할 자유(작위에 의한 양심실현의 자유)를 모두 포함함. 이러한 양심의 자유 중 양심형성의 자유는 내심에 머무르는 한 절대적으로 보호되는 기본권인 반면에 양심적 결정을 외부로 표현하고 실현할 수 있는 권리인 양심실현의 자유는 법질서에 위배되거나 타인의 권리를 침해할 수 있기 때문에 법률에 의하여 제한될 수 있는 상대적인 자유임(헌재 2011. 8. 30, 2008헌가22 등).

▶ 대한민국 헌법재판소는 소위 양심적 병역거부자가 입영하라는 통지를 받고도 입영기일부터 3일이 경과하도록 입영하지 아니하였다는 이유로 병역법 위반으로 처벌을 받게 된 양심적 병역거부자의 헌법상 양심의 자유 등을 침해

● 기본권의 종류와 내용 (65)

▶ 하는 것이 아닌지 여부에 대하여 "국민의 의무인 국방의 의무의 이행을 관철하고 강제함으로써 징병제를 근간으로 하는 병역제도 하에서 병역자원의 확보와 병역부담의 형평을 기하고 궁극적으로 국가의 안전보장이라는 헌법적 법익을 실현하고자 하는 것으로 그 입법목적이 정당하고, 입영을 기피하는 현역 입영대상자에 대하여 형벌을 부과함으로써 현역복무의무의 이행을 강제하고 있으므로, 이 같은 입법목적을 달성하기 위한 적절한 수단이다. 또한 병역의무와 관련하여 대체복무제를 도입할 것인지의 문제는 결국 '대체복무제를 허용하더라도 국가안보라는 중대한 공익의 달성에 아무런 지장이 없는지 여부'에 대한 판단의 문제로 귀결되는바, 남북이 대치하고 있는 우리나라의 특유한 안보상황, 대체복무제 도입시 발생할 병역자원의 손실 문제, 병역거부가 진정한 양심에 의한 것인지 여부에 대한 심사의 곤란성, 사회적 여론이 비판적인 상태에서 대체복무제를 도입

● 기본권의 종류와 내용 (66)

▶ 하는 경우 사회 통합을 저해하여 국가 전체의 역량에 심각한 손상을 가할 우려가 있는 점 및 종전 헌법재판소의 결정에서 제시한 선행조건들이 아직도 충족되지 않고 있는 점 등을 고려할 때 대체복무제를 허용하더라도 국가안보와 병역의무의 형평성이라는 중대한 공익의 달성에 아무런 지장이 없다는 판단을 쉽사리 내릴 수 없으므로, 양심적 병역거부자에 대하여 대체복무제를 도입하지 않은 채 형사처벌 규정만을 두고 있다고 하더라도 병역법상 양심을 이유로 병역 거부시 처벌하는 조항이 양심적 병역거부자의 헌법상 양심의 자유를 과다하게 침해한다고 볼 수 없다."라고 판시함(헌재 2011. 8. 30, 2008헌가22 등).

▶ 참고 : 양심적 병역거부자에 대한 병역법 위반으로 처벌하는 것에 대한 위헌성 여부와 관련된 동영상 자료는 https://youtu.be/njLbZxnS_oE.

● 기본권의 종류와 내용 (67)

▶ 대한민국 헌법재판소는 2008헌가22 등 결정에서 아래와 같은 견해를 밝힘. 즉, 병역의무와 관련하여 대체복무제를 도입할 것인지의 문제는 결국 양심적 병역거부자에게 대체복무제를 허용하더라도 국가안보란 중대한 공익의 달성에 아무런 지장이 없는지 여부에 대한 판단의 문제로 귀결되는바, 이러한 판단을 위해서는 아래에서 보는 여러 가지 사항이 검토되어야 함.

▶ 1) 대한민국의 특유한 안보상황 : 우리에겐 남한만이라도 독립된 민주국가를 세울 수밖에 없었던 헌법제정 당시의 특수한 상황이 있었고, 또 동족 간에 전면전을 했던 6·25전쟁의 생생한 기억과 더불어 휴전상태 이후 좌우의 극심한 이념대립 속에서 군비경쟁을 통하여 축적한 막강한 군사력을 바탕으로 아직까지도 남북이 적대적 대치상태에 있는 세계 유일의 분단국인 사정도 있음.

▶ 세계적으로 냉전시대가 막을 내리고 국가적 실리에 따라 다자간의 협력시대로

● 기본권의 종류와 내용 (68)

▶ 나아가고 있는 지금에도 국방·안보·북한문제에 관하여 국민들 사이에서 이념적 대립이 극심할 뿐만 아니라, 북한의 핵무기 개발, 미사일 발사 등으로 초래되는 한반도의 위기상황은 미국, 중국, 일본을 비롯한 주변국들의 외교·안보적 상황에도 큰 영향을 미치고 있으며, 특히 최근 각종의 무력 도발에서 보는 바와 같이 북한의 군사적 위협은 이제 간접적·잠재적인 것이 아니라 직접적·현실적인 것이 되고 있는 상황임. 이러한 대한민국의 특유한 안보상황을 고려할 때, 다른 나라에서 이미 대체복무제를 시행하고 있다는 것이 대한민국에도 대체복무제를 도입해야 하는 근거가 될 수 없을 뿐만 아니라, 오히려 병역의무의 예외를 인정하는 대체복무제를 도입하는 경우 국민들 사이에 이념적인 대립을 촉발함으로써 대한민국의 안보상황을 더욱 악화시킬 우려가 있다는 점을 심각하게 고려해야 함(헌재 2011. 8. 30, 2008헌가22 등).

● 기본권의 종류와 내용 (69)

▶ 2) 대체복무제 도입시 병력자원의 손실 : 양심적 병역거부자가 전체 정원에서 차지하는 비중이 미미할 뿐만 아니라 오늘날의 국방력은 전투력에 의존하는 것만도 아니고, 현대전은 정보전·과학전의 양상을 띠어 인적 병력자원이 차지하는 중요성은 상대적으로 낮아졌으므로 대체복무제를 도입하더라도 국가안보에는 지장이 없다는 주장이 있음. 그러나 국방력에 있어 인적 병력자원이 차지하는 비중은 여전히 무시할 수 없을 뿐만 아니라, 최근의 급격한 출산율 감소로 인한 병력자원의 자연감소도 감안하여야 하고, 정보전·과학전의 발달로 병력수요를 줄일 수 있다고 하더라도 그 감축규모와 정도는 군의 정보화·과학화의 현실적 실현에 달려 있으므로, 군의 정보화·과학화에 대한 기대만으로 병력자원의 손실을 감수할 수는 없음(헌재 2011. 8. 30, 2008헌가22 등).

생활 속의 헌법탐험

(6주-2번째 강의)

● 기본권의 종류와 내용 (70)

▷ 대한민국 헌법 제20조에서 "제1항: 모든 국민은 종교의 자유를 가진다. 제2항: 국교는 인정되지 아니하며, 종교와 정치는 분리된다."라고 규정하고 있는바, 헌법상 종교의 자유는 적극적으로 신앙의 자유, 종교적 행위의 자유 및 종교적 집회 · 결사의 자유의 3요소로 구성됨(헌재 2001. 9. 27, 2000헌마 159).

▷ 이 중에서 먼저 신앙의 자유는 신과 피안 또는 내세에 대한 인간의 내적 확신에 대한 자유를 말하는 것으로서, 이러한 신앙의 자유는 그 자체가 내심의 자유의 핵심이기 때문에 법률로써도 이를 침해할 수 없는 절대적 기본권임(헌재 2011. 12. 29, 2009헌마527).

▷ 그리고 종교적 행위의 자유는 종교상의 의식 · 예배 등 종교적 행위를 각 개인이 임의로 할 수 있는 등 종교적인 확신에 따라 행동하고 교리에 따라 생활할 수 있는 자유와 소극적으로는 자신의 종교적인 확신에 반하는 행위를

● 기본권의 종류와 내용 (71)

▶ 강요당하지 않을 자유 및 선교의 자유, 종교 교육의 자유 등이 포함되는바, 이 중에서 종교적 집회·결사의 자유는 종교적 목적으로 같은 신자들이 집회하거나 종교단체를 결성할 자유로서, 이러한 종교적 행위의 자유와 종교적 집회·결사의 자유는 신앙의 자유와는 달리 내심의 절대적 자유가 아니므로, 헌법 제37조 제2항에 의해 질서유지 또는 공공복리를 위해 관련 법률로써 제한할 수 있고, 이러한 제한은 헌법상 비례의 원칙이나 종교의 자유의 본질적 내용을 침해해서는 안 되는 한계가 있음(헌재 2001. 9. 27, 2000헌마159).

▶ 종교적 집회·결사의 자유는 종교를 위한 집회나 단체형성의 자유 및 그러한 집회와 단체에 참가 또는 가입하거나 그로부터 자유롭게 탈퇴할 수 있는 자유를 뜻하며, 종교의 자유는 소극적으로 무신앙의 자유, 종교적 행사나 종교적 집회 및 결사 또는 선교활동 등을 강제받지 아니할 자유를 포함함(권영성, 헌법학원론, 2009, 486－487면).

● 기본권의 종류와 내용 (72)

▶ 대한민국 대법원은 "사립힉교는 국, 공립학교와는 달리 종교의 자유의 내용으로서 종교교육 내지는 종교선전을 할 수 있고, 학교는 인적, 물적 시설을 포함한 교육시설로써 학생들에게 교육을 실시하는 것을 본질로 하며, 특히 대학은 헌법상 자치권이 부여되어 있으므로 사립대학은 교육시설의 질서를 유지하고 재학관계를 명확히 하기 위하여 법률상 금지된 것이 아니면 학사관리, 입학 및 졸업에 관한 사항이나 학교시설의 이용에 관한 사항 등을 학칙 등으로 제정할 수 있으며, 또한 1997년 12월 13일에 법률 제5437호로 교육기본법 부칙 제2조에 의해 폐지된 구 교육법시행령 제55조는 학칙을 학교의 설립인가신청에 필요한 서류의 하나로 규정하고, 동법 시행령 제56조 제1항은 학칙에서 기재하여야 할 사항으로 '교과와 수업일수에 관한 사항', '고사(또는 시험)와 과정수료에 관한 사항', '입학, 편입학, 퇴학, 전학, 휴학,

● 기본권의 종류와 내용 (73)

▶ 수료, 졸업과 상벌에 관한 사항' 등을 '규정하고 있으므로, 사립대학은 종교 교육 내지 종교선전을 위하여 학생들의 신앙을 가지지 않을 자유를 침해하지 않는 범위 내에서 학생들로 하여금 일정한 내용의 종교교육을 받을 것을 졸업요건으로 하는 학칙을 제정할 수 있다. 기독교 재단이 설립한 사립대학이 학칙으로 대학예배의 6학기 참석을 졸업요건으로 정한 경우에 기독교 재단이 설립한 대학교의 대학예배는 목사에 의한 예배뿐만 아니라 강연이나 드라마 등 다양한 형식을 취하고 있고 학생들에 대하여도 예배시간의 참석만을 졸업의 요건으로 할 뿐 그 태도나 성과 등을 평가하지는 않는 사실 등에 비추어 볼 때, 기독교 재단이 설립한 대학교의 예배는 복음 전도나 종교인 양성에 직접적인 목표가 있는 것이 아니고 신앙을 가지지 않을 자유를 침해하지 않는 범위 내에서 학생들에게 종교교육을 함으로써 진리·사랑에 기초한 보편적 교양

● 기본권의 종류와 내용 (74)

▶ 인을 양성하는 데 목표를 두고 있다고 할 것이므로, 대학예배에의 6학기 참석을 졸업요건으로 정한 기독교 재단이 설립한 대학교의 학칙은 헌법상 종교의 자유에 반하는 위헌무효의 학칙이 아니다."라고 판시함(대법원 1998. 11. 10, 96다37268).

▶ 그리고 종교의 자유와 관련하여 대한민국 대법원은 "헌법상 종교의 자유에는 자기가 신봉하는 종교를 선전하고 새로운 신자를 규합하기 위한 선교의 자유가 포함되고, 선교의 자유에는 다른 종교를 비판하거나 다른 종교의 신자에 대하여 개종을 권고하는 자유도 포함되는바, 종교적 선전과 타 종교에 대한 비판 등은 동시에 표현의 자유의 보호대상이 되는 것이나, 그 경우 종교의 자유에 관한 헌법 제20조 제1항은 표현의 자유에 관한 헌법 제21조 제1항에 대해 특별규정의 성격을 갖는다고 할 것이므로, 종교적 목적을 위한 언론과 출판의 경우에는 그 밖의 일반적인 언론과 출판에 비하여 고도

● 기본권의 종류와 내용 (75)

▶ 의 보장을 받게 되고, 특히 그 언론과 출판의 목적이 다른 종교나 종교집단에 대한 신앙교리 논쟁으로서 같은 종파에 속하는 신자들에게 비판하고자 하는 내용을 알리고 아울러 다른 종파에 속하는 사람들에게도 자신의 신앙교리 내용과 반대 종파에 대한 비판의 내용을 알리기 위한 것이라면 그와 같은 비판할 권리는 최대한 보장받아야 할 것인바, 그로 인하여 타인의 명예 등 인격권을 침해하는 경우에 종교의 자유 보장과 개인의 명예 보호라는 두 법익을 어떻게 조정할 것인지는 그 비판행위로 얻어지는 이익, 가치와 공표가 이루어진 범위의 광협(廣狹), 그 표현방법 등 그 비판행위 자체에 관한 제반 사정을 감안함과 동시에 그 비판에 의하여 훼손되거나 훼손될 수 있는 타인의 명예 침해의 정도를 비교 고려하여 결정하여야 한다.”라고 판시함(대법원 2007. 4. 26, 2006다87903).

● 기본권의 종류와 내용 (76)

▶ 대한민국 헌법재판소는 “종교적 행위의 자유는 신앙의 자유와는 달리 절대적 자유가 아니라 질서유지, 공공복리 등을 위하여 제한할 수 있는 것으로서 사법시험 제1차시험과 같은 대규모 응시생들이 응시하는 시험의 경우 그 시험장소는 중·고등학교 건물을 임차하는 것 이외에 특별한 방법이 없고 또한 시험관리를 위한 2,000여 명의 공무원이 동원되어야 하며 일요일 아닌 평일에 시험이 있을 경우 직장인 또는 학생 신분인 사람들은 결근, 결석을 하여야 하고 그 밖에 시험당일의 원활한 시험관리에도 상당한 지장이 있는 사정이 있는바, 이러한 사정을 참작한다면 피청구인이 사법시험 제1차 시험 시행일을 일요일로 정하여 공고한 것은 국가공무원법 제35조에 의하여 다수 국민의 편의를 위한 것이므로 이로 인하여 청구인의 종교의 자유가 어느 정도 제한된다 하더라도 이는 공공복리를 위한 부득이한 제한으로 보아야 할 것이고 그 정도를 보더라도 비례의 원칙에 벗어난 것으로

● 기본권의 종류와 내용 (77)

▷ 볼 수 없고 청구인의 종교의 자유의 본질적 내용을 침해한 것으로 볼 수도 없다. 또한 기독교 문화를 사회적 배경으로 하고 있는 구미 제국과 달리 우리나라에서는 일요일은 특별한 종교의 종교의식일이 아니라 일반적인 공휴일로 보아야 할 것이고 앞서 본 여러 사정을 참작한다면 사법시험 제1차 시험 시행일을 일요일로 결정한 것은 합헌이다."라고 판시함(헌재 2001. 9. 27, 2000헌마159).

▷ 대한민국 대법원은 종교의 자유와 관련하여 "정교분리 원칙상 국공립학교에서의 특정종교를 위한 종교교육은 금지되나 사립학교에서의 종교교육 및 종교지도자 육성은 선교의 자유의 일환으로서 보장되는 것이고, 교육법 제81조는 능력에 따라 균등하게 교육을 받을 권리를 규정한 구 헌법 제29조 제1항과 마찬가지로 신앙, 성별, 사회적 신분, 경제적 지위 등에 의한 불합리한 차별을

● 기본권의 종류와 내용 (78)

▷ 금지하는 것일 뿐이므로, 교육기관이 학교설립인가를 받았다고 하여 종교지도자의 양성을 위한 종교교육을 할 수 없게 되는 것도 아니다."라고 판시함(대법원 1989. 9. 26, 87도519).

▷ 또한 대한민국 대법원은 종교의 자유와 관련하여 "종교의 자유에는 자기가 신봉하는 종교를 선전하고 새로운 신자를 규합하기 위한 선교의 자유가 포함되고 선교의 자유에는 다른 종교를 비판하거나 다른 종교의 신자에 대하여 개종을 권고하는 자유도 포함되는바, 종교적 선전이나 타 종교에 대한 비판 등은 동시에 표현의 자유의 보호대상이 되는 것이나, 그 경우 종교의 자유에 관한 헌법 제20조 제1항은 표현의 자유에 관한 헌법 제21조 제1항에 대하여 특별 규정의 성격을 갖는다고 할 것이므로, 종교적 목적을 위한 언론·출판의 경우에는 그 밖의 일반적인 언론·출판에 비하여 보다 고도의 보

● 기본권의 종류와 내용 (79)

▷ 장을 받게 된다. 다른 종교나 종교집단을 비판할 권리는 최대한 보장받아야 할 것인데, 그로 인하여 타인의 명예 등 인격권을 침해하는 경우에 종교의 자유 보장과 개인의 명예보호라는 두 법익을 어떻게 조정할 것인지는 그 비판행위로 얻어지는 이익, 가치와 공표가 이루어진 범위의 광협, 그 표현 방법 등 그 비판행위 자체에 관한 제반 사정을 감안함과 동시에 그 비판에 의하여 훼손되거나 훼손될 수 있는 타인의 명예 침해의 정도를 비교·고려하여 결정하여야 한다. 노회의 회장, 서기 또는 그 노회 소속 교회의 목사, 장로인 자들이 다른 교단 소속의 기도원 운영자를 비판한 행위 및 그에 맞선 기도원 운영자의 광고행위가, 각 관계자들의 지위, 비판행위로 얻어지는 이익, 공표가 이루어진 상대방 범위의 광협, 그 표현 방법, 비판 내용 및 명예침해의 정도 등에 비추어, 다소 과장되거나 부적절한 표현을 사용한

● 기본권의 종류와 내용 (80)

▷ 바가 있다고 하더라도 그 행위는 근본적으로 종교적 비판의 표현행위에 해당되어 위법성이 없다."라고 판시함(대법원 1996. 9. 6, 96다19246).

▷ 그리고 대한민국 대법원은 종교의 자유와 관련하여 "종교의 자유는 인간의 정신세계에 기초를 둔 것으로서 인간의 내적 자유인 신앙의 자유를 의미하는 한도 내에서는 밖으로 표현되지 아니한 양심의 자유에 있어서와 같이 제한할 수 없는 것이지만 그것이 종교적 행위로 표출되는 경우에 있어서는 대외적 행위의 자유이기 때문에 질서유지를 위하여 당연히 제한을 받아야 하며 공공복리를 위하여서는 법률로써 이를 제한할 수도 있다. 세칭 '승리제단' 교주가 신도들로부터 헌금 명목으로 금원을 교부 받은 것을 사기죄에 해당한다."라고 판시함(대법원 1995. 4. 28, 95도250).

▷ 이 밖에 대한민국 대법원은 종교의 자유와 관련하여 "고등학교 평준화 정책에

● 기본권의 종류와 내용 (81)

▶ 따른 학교 강제배정제도가 위헌이 아니라고 하더라도 여전히 종립학교(종교단체가 설립한 사립학교)가 가지는 종교교육의 자유 및 운영의 자유와 학생들이 가지는 소극적 종교행위의 자유 및 소극적 신앙고백의 자유 사이에 충돌이 생기게 된다. 고등학교 평준화정책 및 교육 내지 사립학교의 공공성, 학교법인의 종교의 자유 및 운영의 자유가 학생들의 기본권이나 다른 헌법적 가치 앞에서 가지는 한계를 고려하고, 종립학교에서의 종교교육은 필요하고 또한 순기능을 가진다는 것을 간과하여서는 아니 되나 한편으로 종교교육으로 인하여 학생들이 입을 수 있는 피해는 그 정도가 가볍지 아니하며 그 구제수단이 별달리 없음에 반하여 학교법인은 제한된 범위 내에서 종교의 자유 및 운영의 자유를 실현할 가능성이 있다는 점을 감안하면, 비록 종립학교의 학교법인이 국·공립학교의 경우와는 달리 종교교육을 할 자유와 운영의 자유를 가진다고 하더라도, 그 종립학교가

● 기본권의 종류와 내용 (82)

▶ 공교육체계에 편입되어 있는 이상 원칙적으로 학생의 종교의 자유, 교육을 받을 권리를 고려한 대책을 마련하는 등의 조치를 취하는 속에서 그러한 자유를 누린다고 해석하여야 한다. 고등학교 평준화정책에 따라 학생 자신의 신앙과 무관하게 입학하게 된 학생들을 상대로 종교적 중립성이 유지된 보편적인 교양으로서의 종교교육의 범위를 넘어서서 학교의 설립이념이 된 특정의 종교교리를 전파하는 종파교육 형태의 종교교육을 실시하는 경우에는 그 종교교육의 구체적인 내용과 정도, 종교교육이 일시적인 것인지 아니면 계속적인 것인지 여부, 학생들에게 그러한 종교교육에 관하여 사전에 충분한 설명을 하고 동의를 구하였는지 여부, 종교교육에 대한 학생들의 태도나 학생들이 불이익이 있을 것을 염려하지 아니하고 자유롭게 대체과목을 선택하거나 종교교육에 참여를 거부할 수 있었는지 여부 등의 구체적인 사정을 종합적으로 고려하여

● 기본권의 종류와 내용 (83)

▶ 사회공동체의 건전한 상식과 법감정에 비추어 볼 때 용인될 수 있는 한계를 초과한 종교교육이라고 보이는 경우에는 위법성을 인정할 수 있다."라고 판시함(대법원 2010. 4. 22, 2008다38288).

생활 속의 헌법탐험

(6주-3번째 강의)

● 기본권의 종류와 내용 (84)

▷ 대한민국 헌법 제21조에서는 "제1항: 모든 국민은 언론 및 출판의 자유와 집회 및 결사의 자유를 가진다. 제2항: 언론 및 출판에 대한 허가나 검열과 집회 및 결사에 대한 허가는 인정되지 아니한다. 제3항: 통신 및 방송의 시설기준과 신문의 기능을 보장하기 위하여 필요한 사항은 법률로 정한다. 제4항: 언론 및 출판은 타인의 명예나 권리 또는 공중도덕이나 사회윤리를 침해하여서는 아니된다. 언론 및 출판이 타인의 명예나 권리를 침해한 때에는 피해자는 이에 대한 피해의 배상을 청구할 수 있다."라고 규정하고 있음.

▷ 대한민국 헌법 제21조 제1항은 언론 및 출판의 자유와 집회 및 결사의 자유의 보장에 대한 총론적 규정이고, 헌법 제21조 제2항은 언론 및 출판에 대한 허가제나 검열제의 금지 및 집회 및 결사에 대한 허가제의 금지를 규정하고 있으며, 헌법 제21조 제3항은 언론기관시설법정주의에 대해 규정

● 기본권의 종류와 내용 (85)

▷ 하고 있고, 헌법 제21조 제4항은 언론 및 출판의 자유의 한계를 규정하고 있음.

▷ 대한민국 헌법 제21조 제1항은 넓게 보아 의사표현의 자유의 보장을 규정하고 있는바, 이는 개인적(개별적) 의사의 표현인 언론 및 출판의 자유와 집단적 의사 표현인 집회 및 결사의 자유를 헌법에서 보장한다는 것을 뜻함.

▷ 즉, 헌법 제21조에서 보장하고 있는 표현의 자유는 전통적으로는 사상 또는 의견의 자유로운 표명할 수 있는 자유를 뜻하는 발표의 자유와 그것을 타인에게 전파할 수 있는 자유를 뜻하는 전달의 자유를 뜻하는바, 이렇듯 표현의 자유는 헌법 제17조의 사생활의 비밀과 자유, 헌법 제19조의 양심의 자유, 헌법 제20조의 종교의 자유, 헌법 제22조의 학문과 예술의 자유 등 정신적인 자유를 외부적으로 표현하는 자유를 뜻하므로, 이러한

● 기본권의 종류와 내용 (86)

▷ 여러 헌법상의 정신적 기본권들과 상호 밀접한 관련성이 있음(헌재 1989. 9. 4, 88헌마22).

▷ 이러한 자유로운 의사표명의 자유와 전파의 자유에는 자신의 신원을 누구에게도 밝히지 아니한 채 익명 또는 가명으로 자신의 사상이나 견해를 표명하고 전파할 익명표현의 자유도 보호된다고 할 것임(헌재 2010. 2. 25, 2008헌마324 등).

▷ 사상 또는 자유로운 의사표명은 자유로운 의사를 형성할 수 있을 것을 전제로 하는바, 이러한 자유로운 의사의 형성은 충분한 정보에의 접근이 보장됨으로써 비로소 가능한 것임. 이를 '알 권리'라고 함. 그리고 이와 동시에 자유로운 의사표명의 자유는 자유로운 수용 또는 접수와 불가분의 관계에 있다고 할 것이므로, 정보에의 접근·수집·처리의 자유(알 권리)는 표현의 자유에 당연히 포함되는 것으로 보아야 함. 이와 관련하여 인권에

● 기본권의 종류와 내용 (87)

▶ 관한 세계선언 제19조는 "모든 사람은 모든 수단에 의하여 국경을 초월하여 정보와 사상을 탐구하거나 입수 또는 전달할 자유를 갖는다."라고 규정하여 알 권리를 명문으로 규정하고 있음(헌재 1989. 9. 4, 88헌마22).

▶ 이 밖에 표현의 자유에 있어 의사표현 또는 전파의 매개체는 어떠한 형태이건 가능하며 그 제한이 없는바, 인터넷 게시판은 인터넷에서 의사를 형성 및 전파하는 매체로서의 역할을 담당하고 있으므로, 의사의 표현 및 전파 형식의 하나로서 인정된다고 할 것임(헌재 2010. 2. 25, 2008헌마324 등).

▶ 참고로, 표현의 자유는 전 세계적으로 살펴볼 때 인간의 역사에서 가장 야만적인 범죄가 발생한 제2차 세계대전이 끝난 후에 개인의 자유와 권리를 상세히 진술한 최초의 기록이자 인권과 근본적인 자유가 모든 사람과 모든

● 기본권의 종류와 내용 (88)

▶ 장소에서 적용된다는 내용을 최초로 인정한 세계인권선언 제19조에서 "모든 사람은 의견과 표현의 자유에 관한 권리를 가진다. 이 권리는 간섭받지 않고 의견을 가질 자유와 모든 매체를 통하여 국경에 관계없이 정보와 사상을 추구하고, 접수하고, 전달하는 자유를 포함한다."라고 규정하여 표현의 자유를 보장하였음.

▶ 이러한 세계인권선언 이후에 1966년 12월에 제21차 국제연합 총회는 국제인권규약을 채택하여 1976년 1월 3일에 경제적, 사회적, 문화적 권리에 관한 국제규약(International Covenant on Economic, Social and Cultural Rights: ICESCR)과 같은 해 3월 23일에 시민적, 정치적 권리에 관한 국제규약(International Covenant on Civil and Political Rights: ICCPR) 등을 발효하였고, 이 시민적, 정치적 권리에 관한 국제규약 제19조 제2항에서 "모든 사람은 표현의 자유에 대한 권리를 가진다. 이 권리는 구두, 서면 또는

● 기본권의 종류와 내용 (89)

▷ 인쇄, 예술의 형태 또는 스스로 선택하는 기타의 방법을 통하여 국경에 관계없이 모든 종류의 정보와 사상을 추구하고 접수하며 전달하는 자유를 포함한다."라고 규정하여 정치적 의사표현을 포함한 표현의 자유를 보장함.

▷ 대한민국에서 현재 이러한 표현의 자유 중 언론, 출판의 자유와 관련된 법률로는 방송법, 방송통신발전 기본법, 방송통신위원회의 설치 및 운영에 관한 법률, 뉴스통신 진흥에 관한 법률, 신문 등의 진흥에 관한 법률, 잡지 등 정기간행물의 진흥에 관한 법률, 언론중재 및 피해구제 등에 관한 법률 등이 있음.

▷ 참고 : 이러한 언론의 자유에 대한 관련 동영상 자료는
https://youtu.be/PMvQAIhc4oo 참조.

● 기본권의 종류와 내용 (90)

▷ 대한민국 헌법 제21조 제3항에서 통신·방송의 시설기준과 신문의 기능을 보장하기 위하여 필요한 사항을 법률로 정하도록 한 것은 일정한 통신·방송시설기준을 구비한 자에 대해서만 통신·방송사업을 허가하는 허가제가 허용될 여지를 주는 한편 통신·방송사업에 대한 시설기준을 법률로 정하도록 함으로써 행정부에 의한 통신·방송사업 허가제의 자의적 운영이 방지되도록 하며, 신문은 본질적으로 자유로워야 하지만, 공정하고 객관적인 보도를 통하여 민주적 여론형성에 기여하고 국민의 알 권리를 충족시켜야 한다는 점에서 자유에 상응하는 공적 기능을 수행할 수 있도록 필요한 사항을 법률로 정하도록 하여 언론기관의 설립에 대한 자유를 제한하여 언론기관의 난립으로 인한 피해를 방지해 주고 있음. 따라서 동 규정은 다원화된 현대 정보산업사회에서 언론·출판이 가지는 사회적 의무와 책임에 대해 규정한 것이라고 할 것임(헌재 1998. 2. 27, 96헌마2).

● 기본권의 종류와 내용 (91)

▷ 헌법 제21조 제1항에 규정되어 있는 '언론'이란 담화, 토론, 연설, 방송, 영화, 가요 등 구두에 의한 사상이나 의견의 표명 및 전달을 뜻하고, '출판'이란 문서, 도화, 사진, 신문, 잡지 등 정기간행물, 서적, 소설 등 문자나 형상에 의한 사상이나 의견의 표명 및 전달을 뜻함(권영성, 헌법학원론, 2009, 491면).

▷ 즉, 헌법 제21조에서 규정하고 있는 언론 및 출판의 자유 즉, 표현의 자유는 전통적으로 사상 또는 의견의 자유로운 표명(발표의 자유)과 그것을 전파할 자유(전달의 자유)를 의미하는 것으로서, 이러한 의사표현 및 전파의 자유에 있어서 의사표현 또는 전파의 매개체는 어떠한 형태이건 가능하며 그 제한이 없다. 즉, 담화, 연설, 토론, 연극, 방송, 음악, 영화, 가요 등과 문서, 소설,시가, 도화, 사진. 조각. 서화 등 모든 형상의 의사표현 또는 의사전파의 매개체를 포함함(헌재 1993. 5. 13, 91헌바17).

● 기본권의 종류와 내용 (92)

▷ 또한 광고물도 사상, 지식, 정보 등을 불특정다수인에게 전파하는 것으로서 언론 및 출판의 자유에 의한 보호를 받는 대상이 되고(헌재 1998. 2. 27, 96헌바2), 상업적 광고표현도 언론 및 출판의 자유의 보호 대상이 되며(헌재 2000. 3. 30, 99헌마143), 텔레비전 방송광고 역시 언론 및 출판의 자유의 보호의 대상이 됨(헌재 2008. 6. 26, 2005헌마506).

▷ 대한민국 헌법 제21조 제1항에서 보장하고 있는 표현의 자유는 사상 또는 의견의 자유로운 표명(발표의 자유)과 그것을 전파할 자유(전달의 자유)를 의미하는 것으로서, 그러한 의사의 '자유로운' 표명과 전파의 자유에는 자신의 신원을 누구에게도 밝히지 아니한 채 익명 또는 가명으로 자신의 사상이나 견해를 표명하고 전파할 익명표현의 자유도 포함됨(헌재 2010. 2. 25, 2008헌마324). 그리고 표현의 자유에 있어 의사표현 또는 전파의 매개체는

● 기본권의 종류와 내용 (93)

▶ 어떠한 형태이건 가능하며 그 제한이 없는바, 인터넷게시판은 인터넷에서 의사를 형성·전파하는 매체로서의 역할을 담당하고 있으므로 의사의 표현·전파 형식의 하나로서 인정됨(헌재 2010. 2. 25, 2008헌마324 등).

▶ 대한민국 헌법상 언론·출판의 자유는 먼저 인간이 그 생활 속에서 지각하고 사고한 결과를 자유롭게 외부에 표출하고 타인과 소통함으로써 스스로 공동사회의 일원으로 포섭되는 동시에 자신의 인격을 발현하는 가장 유효하고도 직접적인 수단으로서 기능함.

▶ 즉, 언론·출판의 자유는 개인이 언론·출판의 활동을 통하여 자기의 인격을 형성하는 개인적 가치인 자기실현의 수단임과 동시에 사회 구성원으로서 평등한 배려와 존중을 기본원리로 공생·공존관계를 유지하고 정치적 의사결정에 참여하는 사회적 가치인 자기통치를 실현하는 수단으로 기능함.

● 기본권의 종류와 내용 (94)

▶ 이렇듯 언론·출판의 자유는 개인이 인간으로서의 존엄과 가치를 유지하고, 행복을 추구하며, 국민주권을 실현하는데 필수불가결한 것으로, 오늘날 민주국가에서 국민이 가지고 있는 가장 중요한 기본권 중의 하나임(헌재 1992. 2. 25, 89헌가104).

▶ 그리고 대한민국 헌법상 언론·출판의 자유는 민주체제에 있어서 불가결의 본질적 요소로서 기능함. 왜냐하면 사회구성원이 자신의 사상과 의견을 자유롭게 표현할 수 있다는 것이야말로 모든 민주사회의 기초이며, 사상의 자유로운 교환을 위한 열린 공간이 확보되지 않는다면 민주정치는 결코 기대할 수 없기 때문임. 따라서 민주주의는 사회 내에 여러 다양한 사상과 의견이 자유로운 교환과정을 통하여 여과 없이 사회 구석구석에 전달되고 자유로운 비판과 토론이 활발하게 이루어질 때에 비로소 그 꽃을 피울 수

● 기본권의 종류와 내용 (95)

▷ 있게 됨. 만약 이러한 헌법적 기능을 하는 언론·출판의 자유가 보장되지 않는다면 사상은 억제되고 진리는 더 이상 존재하지 않게 될 것임. 문화의 진보는 한때 공식적인 진리로 생각되었던 오류가 새로운 믿음에 의해 대체되고 새로운 진리에 자리를 양보하는 과정 속에서 이루어짐. 진리를 추구할 권리는 우리 사회가 경화되지 않고 민주적으로 성장해가기 위한 원동력이며 불가결의 필요조건인 것임(헌재 1998. 4. 30, 95헌가16).

▷ 헌법 제21조 제1항은 "모든 국민은 언론·출판의 자유와 집회·결사의 자유를 가진다."고 규정하여 언론의 자유를 보장하고 있는바, 언론의 자유에 신문의 자유와 같은 언론매체의 자유가 포함됨은 물론이다. 신문은 그 취재와 보도를 통하여 정치·경제·사회·문화 등 다양한 분야에서 일상적인 커뮤니케이션을 매개하고 있고, 특히 민주주의 정치과정에서 정치적 의사를

● 기본권의 종류와 내용 (96)

▷ 형성·전파하는 매체로서 중요한 역할을 담당함. 신문의 자유는 개인의 주관적 기본권으로서 보호될 뿐만 아니라, '자유 신문'이라는 객관적 제도로서도 보장되고 있음. 객관적 제도로서의 '자유 신문'은 신문의 사경제적·사법적 조직과 존립의 보장 및 그 논조와 경향, 정치적 색채 또는 세계관에 있어 국가권력의 간섭과 검열을 받지 않는 자유롭고 독립적인 신문의 보장을 내용으로 하는 한편, 자유롭고 다양한 의사형성을 위한 상호 경쟁적인 다수 신문의 존재는 다원주의를 본질로 하는 민주주의사회에서 필수불가결한 요소가 됨(헌재 2006. 6. 29, 2005헌마165 등).

▷ 이와 같이 신문은 본질적으로 자유로워야 하지만, 공정하고 객관적인 보도를 통하여 민주적 여론형성에 기여하고 국민의 알 권리를 충족시켜야 한다는 점에서 자유에 상응하는 공적 기능을 아울러 수행하게 됨(헌재 2002. 7. 18, 2001헌마605).

● 6주 강의 연습문제

▶ 아래의 문제를 읽고 O or X 표시 중 1개를 선택하여 정답이 맞으면 퀴즈 점수 1점 부과 !

▶ 정답을 작성할 기회는 단 1번 뿐이니, 신중하게 작성하여 제출하길 바랍니다.

▶ 6주 강의의 퀴즈 문제

▶ 평소 결석을 자주하는 법대생 A씨는 친구들과 저녁에 여러 잔의 술을 마신 후에 혼자 직접 운전을 하고 가던 중 경찰의 음주측정을 받게 되자, A씨는 경찰이 음주측정을 강제하는 것은 대한민국 헌법 제19조에서 보장하고 있는 양심의 자유를 침해하는 것이라고 주장하면서 거부하였다.

▶ 대한민국 헌법재판소의 판례에 의할 때 A씨의 이러한 생각이 맞는 것으로 생각되면 O 표시를, A씨의 이러한 생각이 틀린 것으로 생각되면 X 표시를 하시오.

● 6주 강의 정리하기

▶ 1. 통신비밀보호법상 수사기관에 의한 통신의 비밀에 대한 침해를 규제하기 위한 방법은 무엇인지 2개 이상 정리하기.

▶ 2. 대한민국 헌법재판소가 소위 양심적 병역거부는 대한민국 헌법상 양심의 자유를 침해하지 않는다고 판시하였는바, 이렇게 판시한 근거는 무엇인지 2 개 이상 정리하기.

▶ 3. 대한민국 헌법재판소가 종교의 자유와 관련하여 합헌이라고 판시한 사건은 무엇인지 2개 이상 정리하기.

▶ 4. 대한민국 헌법 제21조 제1항은 크게 2개로 나누면 어떻게 구성되어 있는지 정리하기.

▶ 5. 대한민국 헌법상 언론 및 출판의 자유의 기능 2개는 무엇인지 정리하기.

생활 속의 헌법탐험

(7주-1번째 강의)

● **7주 강의 학습의 목표**

수강생들이 지난 6주에 계속 이어서 언론 및 출판의 자유 등 헌법상 기본권의 종류와 내용에 대한 기초적인 지식을 습득할 수 있도록 하여, 수강생들 각자 대한민국 국민의 한 사람으로 자신과 타인의 기본권 을 보호하고, 기본권 침해 방지의 사고를 갖출 수 있게 하며, 생활 속의 헌법적 다양한 사례와 쟁점에 대한 지식을 습득할 수 있도록 하는 것에 7주 강의의 학습 목표가 있음.

● **7주 강의 학습의 개요**

▶ 수강생들이 7주에 학습할 강의의 개요는 언론 및 출판의 자유의 주요 내용과 제한 원칙 및 표현의 음란성 요건과 음란한 표현의 규제 관련 입법과 판례 등에 대해 각각 강의함.

● 기본권의 종류와 내용 (97)

▶ 1. 언론 및 출판의 자유의 주요 내용 :

▶ 1) 사상·의사(의견) 표현(표명)·전파(전달)의 자유 ― 민주정치에 있어서 정치활동은 사상·의사(의견)의 자유로운 표현(표명)과 교환을 통하여 이루어지는 것이므로, 언론·출판의 자유가 보장되지 않는 상황에서 민주주의는 시행될 수 없고, 표현의 자유가 보장되어 있지 않은 나라는 엄격한 의미에서 민주국가라 하기 어려움. 따라서 헌법 제21조의 언론·출판의 자유에는 사상 내지 의사(의견)의 자유로운 표현(표명)과 전파(전달)의 자유가 포함되고 이러한 전파(전달)의 자유에는 보급의 자유가 포함됨(헌재 1992. 11. 12, 89헌마88).

▶ 2) 알 권리 ― '알 권리'란 국민이 일반적으로 정보에 접근하고 수집·처리함에 있어서 국가권력의 방해를 받지 않음을 보장하고, 의사형성이나 여론 형성에 필요한 정보를 적극적으로 수집하며, 수집에 대한 방해의 제거를 청구할 수 있는 권리임(헌재 1991. 5. 13, 90헌마133).

● 기본권의 종류와 내용 (98)

▶ 이러한 알 권리를 명문으로 규정한 헌법은 전 세계적으로 독일의 경우를 제외하고는 거의 찾아보기 힘든바, 독일 기본법 제5조 제1항에서 "누구든지 언어·문서 및 도형으로 자유로이 의사를 표현하고 유포하며 일반적으로 접근할 수 있는 정보원으로부터 방해를 받지 아니하고 알 권리를 가진다."라고 하여 명문으로 알 권리를 규정하고 있음.

▶ 한편 우리나라는 공공기관의 정보공개에 관한 법률 제1조에서 "이 법은 공공기관이 보유, 관리하는 정보에 대한 국민의 공개청구 및 공공기관의 공개의무에 관하여 필요한 사항을 정함으로써 국민의 알 권리를 보장하고 국정에 대한 국민의 참여와 국정운영의 투명성을 확보함을 목적으로 한다."라고 명시적으로 정보공개청구권으로서의 알 권리를 규정하고 있을 뿐, 우리나라는 헌법에서 알 권리를 명문으로 규정하고 있지 않음.

기본권의 종류와 내용 (99)

▶ 이러한 알 권리와 관련하여 대한민국 헌법재판소는 "정보에의 접근, 수집, 처리의 자유 즉, 알 권리는 표현의 자유에 당연히 포함되는 것으로 보아야 하는 것이다."라고 판시하여 알 권리의 헌법적 근거를 헌법 제21조의 표현의 자유에서 찾음(헌재 1989. 9. 4, 88헌마22).

▶ 그리고 대한민국의 대법원도 "국민의 알 권리, 특히 국가정보에의 접근의 권리는 우리 헌법상 기본적으로 표현의 자유와 관련하여 인정되는 것이다." 라고 판시하여 알 권리의 헌법적 근거를 헌법 제21조의 표현의 자유에서 찾음(대법원 1999. 9. 21, 97누5114).

▶ 헌법 제21조는 언론 및 출판의 자유, 즉 표현의 자유를 규정하고 있는데, 이 자유는 전통적으로 사상 또는 의견의 자유로운 표명(발표의 자유)과 그것을 전파할 자유(전달의 자유)를 의미하는 것으로서 사상 또는 의견의 자유로운 표명은 자유로운 의사의 형성을 전제로 한다. 자유로운 의사의 형성은

기본권의 종류와 내용 (100)

▶ 정보에의 접근이 충분히 보장됨으로써 비로소 가능한 것이며, 그러한 의미에서 정보에의 접근·수집·처리의 자유, 즉 '알 권리'는 표현의 자유와 표리 일체의 관계에 있으며, 자유권적 성질과 청구권적 성질을 공유하는 것임. 여기서 자유권적 성질이란 일반적으로 정보에 접근하고 수집·처리함에 있어서 국가권력의 방해를 받지 아니한다는 것을 뜻하며, 청구권적 성질을 의사형성이나 여론 형성에 필요한 정보를 적극적으로 수집하고 수집의 방해를 제거하는 것을 청구할 수 있다는 것을 의미하는 바, 이는 정보수집권 또는 정보공개청구권으로 나타남. 나아가 현대사회가 고도의 정보화 사회로 이행해감에 따라 알 권리는 한편으로 생활권적 성질까지도 획득해 나가고 있음(헌재 1991. 5. 13, 90헌마133).

▶ 3) 언론매체 접근·이용권(액세스(Access)권) — '액세스권'을 협의로 볼 때 언론매체나 매스미디어에 의해 명예훼손이나 비판(비난) 또는 인신공격 등

● 기본권의 종류와 내용 (101)

▷ 을 받은 국민이 그 언론매체나 매스미디어를 상대로 이러한 자기와 관련 있는 보도에 대해 반박(반론)을 하거나 해명을 요구할 수 있는 권리를 뜻함(성낙인, 헌법학, 2015, 1154면). 이러한 협의의 액세스권과 관련하여 언론중재 및 피해구제 등에 관한 법률에서 정정보도청구권, 반론보도청구권, 추후보도청구권에 대해 규정하고 있음.

▷ 그리고 '액세스권'을 광의로 볼 때 국민이 자신의 사상이나 의견을 표현(표명)하기 위하여 다양한 언론매체나 매스미디어에 자유롭게 접근하여 그 언론매체를 이용할 수 있는 권리를 뜻함(권영성, 헌법학원론, 2009, 499면). 이러한 광의의 액세스권과 관련하여 대한민국 방송법상 시청자의 권익을 보호하기 위하여 시청자위원회를 두도록 규정하고 있음.

▷ '반론보도청구권'이란 방송이나 신문 또는 정기간행물 등의 언론사와 인터넷 뉴스서비스 사업자 및 인터넷 멀티미디어 방송사업자(이하에서 "언론사

● 기본권의 종류와 내용 (102)

▷ 등"으로 줄임)의 사실적 주장에 관한 언론 보도나 기사 등으로 인히여 피해를 입은 자가 그 언론보도의 내용에 관한 반론보도를 언론사 등에 청구할 수 있는 권리를 뜻함.

▷ 그리고 반론보도청구권의 대상이 된 언론사 등의 보도 내용은 허위임을 그 요건으로 하지 않고, 반론보도의 내용도 반드시 진실임을 증명할 필요가 없음(대법원 2009. 1. 15, 2008그193).

▷ 대한민국 대법원은 반론보도청구권과 관련하여 "반론보도 청구인이 스스로 반론보도청구의 내용이 허위임을 알았을 때에는 반론보도청구권을 행사할 정당한 이익이 없음. 즉, 반론제도가 본래 반론보도내용의 진실 여부를 요건으로 하지 않는 것이어서 허위반론의 위험을 감수하는 것은 불가피하더라도 반론보도 청구인에게 거짓말할 권리까지 부여하는 것은 아니고, 반론보도 청구

● 기본권의 종류와 내용 (103)

▷ 인 스스로 허위임을 인식한 반론보도의 내용을 게재하는 것은 반론보도청구권이 가지는 피해자의 권리구제라는 주관적 의미나 올바른 여론의 형성이라는 객관적 제도로서의 의미 어느 것에도 기여하지 못하여 반론보도청구권을 인정한 헌법적 취지에도 부합되지 않는 것으로서, 이를 정당화할 아무런 이익이 존재하지 아니하는 반면에 이러한 반론으로부터 자유로울 언론기관의 이익은 그만큼 크다고 할 수 있기 때문에 허위임을 인식한 반론보도청구는 허용되지 않는다."라고 판시함(대법원 2006. 11. 23, 2004다50747).

▷ 이렇듯 반론보도청구권은 피해자에게 보도된 사실적 내용에 대하여 반론기회를 허용함으로써 피해자의 인격을 보호하고 공정한 여론형성에 참여할 수 있게 하여 언론보도의 공정성과 객관성을 향상시킴으로써 제도로서의 언론보장을 더욱 충실하게 할 수 있게 하려는데 있음. 즉, 반론보도청구권은

● 기본권의 종류와 내용 (104)

▷ 언론기관이 특정인의 일반적 인격권을 침해한 경우에 피해를 받은 개인에게 신속·적절하고 대등한 방어를 할 수 있게 해 주고, 공격 내용과 동일한 효과를 갖도록 보도된 매체 자체를 통하여 방어 주장의 기회를 보장해 주며, 독자의 입장에서 볼 때 언론기관이 시간적 제약 아래 일방적으로 수집 및 공급하는 정보에만 의존하기보다는 상대방의 반대주장까지 들어야 비로소 올바른 판단을 내릴 수 있기 때문에 반론보도청구권이 진실발견과 올바른 여론형성을 할 수 있도록 해 준다는 점에 의해 이러한 기능을 하는 반론보도청구권을 인정할 필요가 있음(헌재 1991. 9. 16, 89헌마165).

▷ 언론중재 및 피해구제 등에 관한 법률상 언론사 등의 고의나 과실 또는 위법성을 필요로 하지 아니하며, 언론사 등의 보도 내용의 진실 여부와 상관없이 반론보도청구를 할 수 있음.

● 기본권의 종류와 내용 (105)

▶ 언론중재 및 피해구제 등에 관한 법률상 '정정보도청구권'이란, 언론사 등의 사실적 주장에 관한 언론보도 등이 진실하지 않아서 피해를 입은 자는 해당 언론보도 등이 있음을 안 날부터 3개월 이내에 당해 언론사 등을 상대로 그 언론보도 등의 내용에 관한 정정보도를 청구할 수 있는 권리를 뜻함.

▶ 그리고 언론중재 및 피해구제 등에 관한 법률상 이러한 정정보도청구권의 행사는 해당 언론보도 등이 있은 후로부터 6개월이 지났을 때에는 정정보도를 청구할 수 없고, 정정보도청구권을 행사할 때에도 언론사 등의 고의나 과실 또는 위법성을 필요로 하지 않음.

▶ 또한 언론중재 및 피해구제 등에 관한 법률상 정정보도청구는 언론사 등의 대표자에게 서면으로 하여야 하며, 청구서에는 피해자의 성명, 주소, 전화번호 등의 연락처를 적고, 정정의 대상인 언론보도 등의 내용 및 정정을 청구

● 기본권의 종류와 내용 (106)

▶ 하는 이유와 청구하는 정정보도문을 명시해야 함. 다만 인터넷신문 및 인터넷뉴스서비스의 언론보도 등의 내용이 해당 인터넷 홈페이지를 통하여 계속 보도 중이거나 매개 중인 경우에는 그 내용의 정정을 함께 청구할 수 있음.

▶ 이러한 정정보도청구를 받은 언론사 등의 대표자는 3일 이내에 그 수용 여부에 대한 통지를 청구인에게 발송해야 하고, 이 경우에 정정의 대상인 언론보도 등의 내용이 방송이나 인터넷신문, 인터넷뉴스서비스 및 인터넷 멀티미디어 방송의 보도과정에서 성립한 경우에는 해당 언론사 등이 그러한 사실이 없었음을 입증하지 아니하면 그 사실의 존재를 부인하지 못함.

▶ 그리고 언론사 등이 이러한 정정보도청구를 수용할 때에는 지체 없이 피해자 또는 그 대리인과 정정보도의 내용 및 크기 등에 관하여 협의한 후, 그 청구를 받은 날부터 7일 내에 정정보도문을 방송하거나 게재해야 함. 다만

● 기본권의 종류와 내용 (107)

▶ 신문 및 잡지 등 정기간행물의 경우 이미 편집 및 제작이 완료되어 부득이할 때에는 다음 발행 호에 이를 게재해야 함.

▶ 이 밖에 언론중재 및 피해구제 등에 관한 법률상 '추후보도청구권'이란 언론사 등에 의한 언론보도 등에 의해 범죄혐의가 있거나 형사상의 조치를 받았다고 보도 또는 공표된 자가 그에 대한 형사절차가 무죄판결 또는 이와 동등한 형태로 종결되었을 때에 그 사실을 안 날부터 3개월 이내에 언론사 등에 이 사실에 관한 추후보도의 게재를 청구할 수 있는 권리를 뜻하며, 이러한 추후보도에는 청구인의 명예나 권리 회복에 필요한 설명 또는 해명이 포함되어야 함.

생활 속의 헌법탐험

(7주-2번째 강의)

● 기본권의 종류와 내용 (108)

▶ 2. 언론 및 출판의 자유의 제한 원칙 :

▶ 1) 사전제한(억제)금지의 원칙 — '사전제한(억제)금지의 원칙'이란 어느 특정한 개인이 의사표현을 할 수 있는지의 여부를 국가기관이 미리 사전에 결정하는 것은 허용되지 않는다는 뜻으로(양건, 헌법강의, 2012, 486면), 대한민국 헌법 제21조 제2항에서 "언론과 출판에 대한 허가나 검열과 집회와 결사에 대한 허가는 인정되지 아니한다."라고 규정하고 있어 허가나 검열의 형태로 언론·출판의 자유를 제한하지 못한다는 것임.

▶ 즉, 헌법 제21조 제2항에서 뜻하는 '검열'은 그 명칭이나 형식과 관계없이 실질적으로 행정권이 주체가 되어 사상이나 의견 등이 발표되기 이전에 예방적 조치로서 그 내용을 심사, 선별하여 발표를 사전에 억제하는, 즉 허가받지 아니한 것의 발표를 금지하는 제도를 뜻하고, 이러한 사전검열은 법률에 의하더라도 불가능함(헌재 2005. 2. 3, 2004헌가8).

● 기본권의 종류와 내용 (109)

▶ 이렇듯 헌법 제21조 제2항에서 언론 및 출판에 대한 사전검열금지를 규정한 이유에 대해 대한민국 헌법재판소는 "사전검열이 허용될 경우에는 행정기관이 집권자에게 불리한 내용의 표현을 사전에 억제함으로써 이른바 관제의견이나 지배자에게 무해한 여론만을 허용하는 결과를 초래할 염려가 있기 때문에 절대적으로 금지된다."라고 판시함(헌재 2008. 6. 26, 2005헌마506).

▶ 그러나 대한민국 헌법재판소는 "사전검열금지의 원칙은 모든 형태의 표현에 대한 사전적 규제를 금지하는 것은 아니고, 의사표현의 발표 여부가 오로지 행정권의 허가에 달려있는 사전심사만을 금지하는 것을 뜻한다. 따라서 검열은 일반적으로 허가를 받기 위한 표현물의 제출의무의 존재, 행정권이 주체가 된 사전심사절차의 존재, 허가를 받지 아니한 의사표현의 금지 및 심사절차를 관철할 수 있는 강제수단의 존재의 요건을 갖춘 사전심사절차의 경우에만 금지되는 것이다."라고 판시함(헌재 2005. 2. 3, 2004헌가8).

● 기본권의 종류와 내용 (110)

▶ 2) 명확성의 원칙 ― 표현의 자유를 규제하는 입법에 있어서 '명확성의 원칙'은 특별히 중요한 의미를 가지는바, 현대 민주사회에서 표현의 자유가 국민주권주의의 이념의 실현에 불가결한 존재인 점에 비추어 볼 때 불명확한 규범에 의한 표현의 자유의 규제는 헌법상 보호받는 표현에 대한 위축효과(Chilling Effect)를 수반하고, 그로 인해 다양한 의견, 견해, 사상의 표출을 가능케 하여 이러한 표현들이 상호 검증을 거치도록 한다는 표현의 자유의 본래의 기능을 상실케 함. 즉, 무엇이 금지되는 표현인지가 불명확한 경우에 자신이 행하고자 하는 표현이 규제의 대상이 아니라는 확신이 없는 기본권주체는 대체로 규제를 받을 것을 우려해서 표현행위를 스스로 억제하게 될 가능성이 높음. 따라서 표현의 자유를 규제하는 법률은 규제되는 표현의 개념을 세밀하고 명확하게 규정할 것이 헌법적으로 요구됨(헌재 1998. 4. 30, 95헌가16).

● 기본권의 종류와 내용 (111)

▶ 그리고 어떤 법규범이 명확한지의 여부는 그 법규범이 수범자에게 법규의 의미와 내용을 알 수 있도록 공정한 고지를 하여 예측가능성을 주고 있는지 여부 및 그 법규범이 법을 해석·집행하는 기관에게 충분한 의미와 내용을 규율하여 자의적인 법해석이나 법집행이 배제되는지의 여부, 즉 예측가능성 및 자의적인 법집행의 배제가 확보되는지의 여부에 따라 이를 판단할 수 있는바, 법규범의 의미와 내용은 그 문언뿐만 아니라 입법목적이나 입법취지, 입법연혁, 법규범의 체계적 구조 등을 종합적으로 고려하는 해석방법에 의하여 구체화하게 됨. 따라서 어떤 법규범이 명확성의 원칙에 위반되는지의 여부는 이러한 해석방법에 의해 그 의미와 내용을 합리적으로 파악할 수 있는 해석기준을 얻을 수 있는지의 여부에 달려 있다고 할 것임(헌재 2009. 5. 28, 2006헌바109 등).

● 기본권의 종류와 내용 (112)

▶ 3) 명백하고 현존하는 위험의 원칙 ─ '명백하고 현존하는 위험의 원칙'이란 장래에 해악을 가져올 경향이 있다는 사유만으로 표현을 제한할 수는 없고, 중대한 해악을 가져올 명백하고 현존하는 위험이 있어야만 표현을 제한할 수 있다는 것을 뜻함(양건, 헌법강의, 2012, 498면).

▶ 여기서 '명백'이란 표현과 해악의 발생 사이에 긴밀한 인과관계가 존재하는 경우를 뜻하고, '현존'이란 해악의 발생이 시간적으로 근접하고 있는 경우를 뜻하며, '위험'이란 공공의 이익에 대한 위협의 발생을 뜻함(성낙인, 헌법학, 2015, 1146면).

▶ 이에 대해 헌법재판소는 1990년 4월에 "표현의 자유는 민주주의의 제도적 토대라고 할 수 있어 헌법에서 보장된 여러 기본권 가운데에서도 특히 중요한 기본권이며, 그러기에 의사표현에 대하여 형벌을 과하는 법률은 최고도의 명확성이 요구될 뿐더러 그 의사표현행위를 처벌하기 위해서는 그것이

● 기본권의 종류와 내용 (113)

▶ 장래에 있어 국가나 사회에 단지 해로운 결과를 가져올 수 있는 성향을 띠었다는 것만으로는 부족하고, 법률에 의하여 금지된 해악을 초래할 명백하고도 현실적인 위험성이 입증된 경우에 한정되어야 한다. … 국가보안법 제7조 제1항 소정의 찬양·고무·동조 그리고 이롭게 하는 행위 모두가 곧바로 국가의 존립·안전을 위태롭게 하거나 또는 자유민주적 기본질서에 위해를 줄 위험이 있는 것이 아니므로 그 행위일체를 어의대로 해석하여 모두 처벌한다면 합헌적인 행위까지도 처벌하게 되어 위헌이 되게 된다는 것은 앞서 본 바이다. 그렇다면 그 가운데서 국가의 존립·안전이나 자유민주적 기본질서에 무해한 행위는 처벌에서 배제하고, 이에 실질적 해악을 미칠 명백한 위험성이 있는 경우로 처벌을 축소·제한하는 것이 헌법 전문·제4조·제8조 제4항·제37조 제2항에 합치되는 해석일 것이다. 이러한 제한해석은 표현의

● 기본권의 종류와 내용 (114)

▶ 자유의 우월적 지위에 비추어 당연한 요청이라 하겠다. 여기에 해당되는가의 여부는 국가보안법 제7조 제1항 소정의 행위와 위험과의 근접 정도도 기준이 되겠지만 특히 해악이 크냐 작으냐의 정도에 따라 결정함이 합당할 것이다."라고 판시함(헌재 1990. 4. 2, 89헌가113).

▶ 4) 이중기준의 원칙 — '이중기준의 원칙'이란 언론 및 출판의 자유 등 정신적 자유권은 경제적 자유권보다 상대적으로 우월하므로, 그 제한 및 규제에 있어 경제적 기본권의 규제입법에 관한 합헌성 판단의 기준보다 엄격한 기준을 적용해야 한다는 것을 뜻함(임병국, 언론법제와 보도, 2002, 105면).

▶ 이러한 이중기준의 원칙에 대해 헌법재판소는 1991년 6월에 "재산적·경제적 권리에 관한 합헌성의 판단기준은 신체 및 정신작용과 관련된 인신보호를 위한 기본권 등에 대한 제한의 합헌성 판단기준이 엄격하게 적용되는 것과

● 기본권의 종류와 내용 (115)

▷ 는 달리 관대하게 적용됨으로써 국가의 재량의 범위를 비교적 넓게 인정하는 것이 현대국가의 추세이며, 이것이 이중기준의 원칙이다."라고 판시함(헌재 1991. 6. 3, 89헌마204).

▷ 5) 비례의 원칙 — 헌법 제37조 제2항에 근거한 비례의 원칙은 모든 기본권을 제한하는 입법의 한계 원리에 해당하므로, 표현의 자유를 제한하는 입법도 이 원칙을 준수해야 함(헌재 2009. 5. 28, 2006헌바109 등).

▷ 즉, 비례의 원칙은 국가가 국민의 기본권을 제한하는 내용의 입법활동을 함에 있어서 준수하여야 할 기본원칙 내지 입법활동의 한계를 의미하는 것으로서, 국민의 기본권을 제한하려는 입법 목적의 달성을 위하여 그 방법이 효과적이고 적절하여야 하며(방법의 적절성), 입법권자가 선택한 기본권 제한의 조치가 입법의 목적달성을 위해 설사 적절하다 할지라도 보다 완화된

● 기본권의 종류와 내용 (116)

▷ 형태나 방법을 모색함으로써 기본권의 제한은 필요 최소한도에 그치도록 하여야 하며(피해의 최소성), 그 입법에 의하여 보호하려는 공익과 침해되는 사익을 비교형량 할 때 보호되는 공익이 더 커야 한다(법익의 균형성)는 헌법상의 원칙임. 이러한 요건이 충족될 때 국가의 입법작용에 비로소 정당성이 인정되고, 그에 따라 국민의 수인(受忍)의무가 생겨나는 것으로서, 이러한 요구는 오늘날 법치국가의 원리에서 당연히 추출되는 확고한 원칙임(헌재 1990. 9. 3, 89헌가95).

▷ 대한민국 헌법상 언론 및 출판의 자유는 헌법이 예정하고 있듯이 결코 무제한적인 자유가 아닌바, 헌법상 언론 및 출판의 자유가 보장되더라도 그로 인해 공동체의 존립 자체가 파괴되거나 공동체에 소속되어 있는 다른 구성원들의 인신성과 인격이 파괴되는 것을 허용하는 것은 아니므로, 헌법 제21조 제4항과 헌법 제37조 제2항에 의해 법률로 헌법상의 언론 및 출판의 자유를 제한할 수 있도록 규정하고 있음. 그러나 국가는 단순히 어떤 표현이

● 기본권의 종류와 내용 (117)

▶ 가치없거나 유해하다는 주장만으로 그 표현에 대한 규제를 정당화시킬 수는 없음. 왜냐하면 그 표현의 해악을 시정하는 1차적 기능은 시민사회 내부에 존재하는 사상의 경쟁메커니즘에 맡겨져 있기 때문임. 다만 대립되는 다양한 의견과 사상의 경쟁메커니즘에 의하더라도 그 표현의 해악이 처음부터 해소될 수 없는 성질의 것이거나 또는 다른 사상이나 표현을 기다려 해소되기에는 너무나 심대한 해악을 지닌 표현은 헌법상 언론 및 출판의 자유에 의한 보장을 받을 수 없고, 국가에 의한 내용 규제가 광범위하게 허용됨(헌재 1998. 4. 30, 95헌가16).

▶ 헌법 제22조 제1항에서 "모든 국민은 학문과 예술의 자유를 가진다."라고 규정되어 있고, 헌법 제21조 제1항에서 "모든 국민은 언론·출판의 자유를 가진다."라고 규정되어 있는바, 예술의 영역에 속하는 문학, 영화, 도화 등에 대한 표현의 자유를 기본권으로 보장하고 있음. 그러나 헌법 제21조 제4항에서 "언론·출판은 공중도덕이나 사회윤리를 침해하여서는 아니된다."라고

● 기본권의 종류와 내용 (118)

▶ 규정되어 있고, 헌법 제37조 제2항에서 "국민의 모든 자유와 권리는 공공복리를 위하여 필요한 경우에 한하여 법률로써 제한할 수 있으며, 제한되는 경우에도 자유와 권리의 본질적인 내용을 침해할 수 없다."라고 규정되어 있어 문학, 영화, 도화 등에 대한 표현의 자유도 공중도덕이나 사회윤리를 침해하는 경우에는 이를 제한할 수 있도록 규정되어 있음. 이러한 헌법 규정들에 따라 건전한 성적 풍속 내지 성도덕을 보호하기 위하여 형법 제243조에서는 음란한 문서를 판매한 자를, 그리고 형법 제244조에서는 음란한 문서를 제조한 자를 각 처벌하도록 규정하고 있음. 따라서 문학, 영화, 도화 등의 예술작품이라고 하더라도 무한정의 표현의 자유를 누려 어떠한 성적 표현도 가능하다고 할 수는 없고, 그 것이 건전한 성적 풍속이나 성도덕을 침해하는 경우에는 형법의 제243조와 제244조 등의 규정에 의해 형사처벌을 받게 됨(대법원 1995. 6. 16, 94도2413).

● 기본권의 종류와 내용 (119)

▶ 언론 및 출판의 자유와 음란성 요건 및 관련 입법 규정

▶ (1) 음란의 개념 : 형법 제243조와 제244조 등의 처벌 규정에서 '음란'이란 평가적, 정서적 판단을 요하는 규범적 구성요건 요소인바, 일반 보통인의 성욕을 자극하여 성적 흥분을 유발하고 정상적인 성적 수치심을 해하여 성적 도의관념에 반하는 것을 뜻하는 것으로서, 헌법상 보호되지 않는 성적 표현을 가리킴. 여기서 '헌법상 보호되지 않는 성적 표현'이란 인간존엄 내지 인간성을 왜곡하는 노골적이고 적나라한 성표현으로서, 오로지 성적 흥미에만 호소할 뿐 전체적으로 보아 하등의 문학적, 예술적, 과학적 또는 정치적 가치를 지니지 않은 것으로서, 사회의 건전한 성도덕을 크게 해칠 뿐만 아니라 사상의 경쟁메커니즘에 의해서도 그 해악이 해소되기 어려워 언론 및 출판의 자유에 의한 보장을 받지 않음(헌재 1998. 4. 30, 95헌가16).

● 기본권의 종류와 내용 (120)

▶ (2) 음란성의 요건 : 형법 제243조의 음화 등 반포 및 제작 등의 죄 및 형법 제244조의 음화 등 제조 등의 죄에 해당하는 '음란한 문서'라 함은 일반 보통인의 성욕을 자극하여 성적 흥분을 유발하고 정상적인 성적 수치심을 해하여 성적 도의관념에 반하는 것을 가리키고, 문서의 음란성의 판단에 있어서는 당해 문서의 성에 관한 노골적이고 상세한 묘사 서술의 정도와 그 수법, 묘사 서술이 문서 전체에서 차지하는 비중, 문서에 표현된 사상 등과 묘사 서술과의 관련성, 문서의 구성이나 전개 또는 예술성, 사상성 등에 의한 성적 자극의 완화의 정도, 이들의 관점으로부터 당해 문서를 전체로서 보았을 때 주로 독자의 호색적 흥미를 돋우는 것으로 인정되느냐의 여부 등의 여러 점을 검토하는 것이 필요한바, 이들의 사정을 종합해 고려해 볼 때 ① 그 시대의 건전한 사회통념에 비추어 ② 그것이 공연히 성욕을 자극하여

● 기본권의 종류와 내용 (121)

▶ 흥분시키는 동시에 ③ 일반인의 정상적인 성적 정서와 선량한 사회풍속을 해칠 가능성이 있으며, ④ 선량한 성적 도의관념에 반하는 것이라고 할 수 있는가의 여부에 따라 결정되어야 함(대법원 1990. 10. 16, 90도1485).

▶ 이러한 견지에서 대한민국 대법원은 "… 소설 '즐거운 사라'는 미대생인 여주인공 '사라'가 성에 대한 학습요구의 실천이라는 이름 아래 벌이는 자유분방하고 괴벽스러운 섹스행각 묘사가 대부분을 차지하고 있는데, 그 성희의 대상도 미술학원 선생, 처음 만난 유흥가 손님, 여중 동창생 및 그의 기둥서방, 친구의 약혼자, 동료 대학생 및 대학교수 등으로 여러 유형의 남녀를 포괄하고 있고, 그 성애의 장면도 자학적인 자위행위에서부터 동성연애 등 아주 다양하며, 그 묘사방법도 매우 적나라하고 장황하게 구체적이고 사실적이며, 자극적이고 선정적으로 묘사하고 있어 이 소설은 때와 장소, 상대방을

● 기본권의 종류와 내용 (122)

▶ 가리지 않는 다양한 성행위를 선정적 필치로 노골적이고 자극적으로 묘사하고 있을 뿐만 아니라 그러한 묘사부분이 양적 및 질적으로 문서의 중추를 차지하고 있으며, 그 구성이나 전개에 있어서도 문예성, 예술성, 사상성 등에 의한 성적 자극완화의 정도가 별로 크지 아니하여 주로 독자의 호색적 흥미를 돋구는 것으로밖에 인정되지 아니하므로, 이 소설은 작가가 주장하는 '성 논의의 해방과 인간의 자아확립'이라는 전체적인 주제를 고려하더라도 형법상 음란한 문서에 해당되는 것으로 볼 수밖에 없고, 오늘날 성이 개방된 추세에 비추어 보아도 이 소설은 그 헌법적 한계를 벗어나는 것임이 분명하다."라고 판시함(대법원 1995. 6. 16, 94도2413).

▶ 그리고 대한민국 대법원은 "… 이 사진들은 모델의 의상 상태, 자세, 촬영 배경, 촬영 기법이나 예술성 등에 의하여 성적 자극을 완화시키는 요소는 발견할 수 없고, 오히려 사진 전체로 보아 선정적 측면을 강조하여 주로

기본권의 종류와 내용 (123)

▶ 독자의 호색적 흥미를 돋구는 것으로서, 일반 보통인의 성욕을 자극하여 성적 흥분을 유발하고 정상적인 성적 수치심을 해하는 것이며, 성적 도의관념에 반하는 것에 해당하므로, 이 사진첩에 남자 모델이 전혀 등장하지 아니하고 남녀 간의 정교 장면에 관한 사진이나 여자의 국부가 완전히 노출된 사진이 수록되어 있지 않다는 것만으로 달리 볼 수 없어서 이 사진첩들을 음란한 도화라고 판단한 원심의 조치는 정당하다."라고 판시함(대법원 1997. 8. 22, 97도937).

▶ 또한 대한민국 대법원은 "… 그림과 동영상은 미술교사인 피고인 김OO이 교사생활 틈틈이 제작하였다가 자신의 홈페이지를 개설하면서 거기에 게시한 자신의 미술작품과 사진 및 동영상의 일부인바, … '??'라는 제목의 사진은 임신하여 만삭인 피고인의 처와 피고인이 벌거벗은 몸으로 나란히 서 있는 모습을 정면 가까이에서 촬영한 것으로, 두 사람의 벌거벗은 모습이

기본권의 종류와 내용 (124)

▶ 화면에 뚜렷하게 정면으로 가득하게 드러나 있고, 사진의 전체적인 구도를 볼 때 피고인과 그의 처의 벌거벗은 몸 외에 별다른 배경이 없어 사진을 보는 사람이 두 나신의 사진이 바로 현직교사요 홈페이지 개설자인 피고인과 그 처 본인의 것임을 인식하면서 그 벌거벗은 남녀의 모습에 집중하게 되어 있는 점 등을 고려해 볼 때 피고인의 예술적인 제작 의도였다고 해서 꼭 홈페이지 개설자 본인 부부의 나신을 그렇게 적나라하게(얼굴이나 성기 부분 등을 적당히 가리지도 않은 채) 드러내 보여야 할 논리적 필요나 제작기법상의 필연성이 있다고 보기 어렵고, '??'이라는 일련의 작품의 예술성으로 인하여 위 사진을 처벌대상으로 삼을 수 없을 정도로 그 음란성이 완화되었다고 보기는 어려워 일반인들이 작가의 의도와는 달리 오히려 성적 수치심을 느끼거나 호색적 흥미를 갖게 되기가 쉽게 되어 있는 점 등을 종합해 볼 때

● 기본권의 종류와 내용 (125)

▷ 이 사진은 피고인이 주장하고 있는 바와 같은 표현의도와 예술성, 그리고 오늘날 우리 사회의 다분히 개방된 성 관념에 비추어 보더라도 음란하다고 보지 않을 수 없다."라고 판시함(대법원 2005. 7. 22, 2003도2911).

▷ (3) 음란성 관련 입법 규정의 주요 내용

▷ 1) 형법상 음란물 관련 처벌 규정의 주요 내용

▷ 형법 제243조에서 "음란한 문서, 도화, 필름 기타 물건을 반포, 판매 또는 임대하거나 공연히 전시 또는 상영한 자는 1년 이하의 징역 또는 500만원 이하의 벌금에 처한다."라고 규정되어 있는바, 여기서 '음란한 문서, 도화, 필름'은 예시적 규정으로서, 동 규정의 '기타 물건'에는 음란한 성적 행위를 표현한 미술, 조각, 사진, 영화, 포스터, 녹음테이프, 비디오테이프, 컴퓨터 프로그램 등이 포함됨. 그러나 사람의 신체는 물건이 아니므로 동 규정에서

● 기본권의 종류와 내용 (126)

▷ 음란한 물건에 포함되지는 않고, 그 대신 형법 제245조의 공연음란죄에 해당될 수 있음. 그리고 동 규정에서 '반포'란 불특정 다수인에게 무상으로 교부하는 것을 뜻하고, '판매'란 불특정 다수인에게 유상으로 양도하는 행위를 뜻하며, '임대'란 유상으로 대여하는 행위를 뜻하고, '공연히 전시 또는 상영'이란 불특정 다수인이 관람할 수 있는 상태에 두는 것을 뜻함(임병국, 언론법제와 보도, 2002, 280-281면).

▷ 그리고 형법 제244조에서 "제243조의 행위에 공할 목적으로 음란한 물건을 제조, 소지, 수입 또는 수출한 자는 1년 이하의 징역 또는 500만원 이하의 벌금에 처한다."라고 규정되어 있음. 이와 관련하여 대한민국 대법원은 "… 침대 위에 비스듬이 위를 보고 누워있는 천연색 여자 나체화 카드 사진이 비록 명화집에 실려 있는 그림이라고 하더라도 이것을 예술, 문학, 교육 능 공공의 이익을 위해 이용하는 것이 아니고, 성냥갑 속에 넣어 판매할 목적으

● 기본권의 종류와 내용 (127)

▶ 로 그 카드 사진을 복사 제조하거나 시중에 판매하였다고 한다면 이는 그 명화를 모독하여 음화에 해당된다고 할 것이므로, 이를 음화라고 본 원심판단은 정당하며, 피고인들이 이 그림의 음란성을 인식하지 못하였더라도 그 음란성의 유무는 그 그림 자체로서 객관적으로 판단해야 할 것이고, 그 제조자나 판매자의 주관적인 의사에 따라 좌우되는 것은 아니라고 할 것이며, 그 음화의 제조 내지 판매죄의 범의성립에 있어서도 그러한 그림이 존재한다는 것과 이를 제조나 판매하고 있다는 것을 인식하고 있으면 되고, 그 이상 더 나아가서 그 그림이 음란한 것인가 아닌가를 인식할 필요는 없다고 할 것이다."라고 판시함(대법원 1970. 10. 30, 70도1879).

▶ 2) 정보통신망 이용촉진 및 정보보호 등에 관한 법률상 음란물 관련 처벌 규정 : 정보통신망 이용촉진 및 정보보호 등에 관한 법률상 "누구든지 정보통신망을 통하여 다음 각 호의 어느 하나에 해당하는 정보를 유통하여서는 아니

● 기본권의 종류와 내용 (128)

▶ 된다. 1. 음란한 부호·문언·음향·화상 또는 영상을 배포·판매·임대하거나 공공연하게 전시하는 내용의 정보"라고 규정되어 있음.

▶ 같은 법에서 "다음 각 호의 어느 하나에 해당하는 자는 1년 이하의 징역 또는 1천만원 이하의 벌금에 처한다. 2. 제44조의7 제1항 제1호를 위반하여 음란한 부호·문언·음향·화상 또는 영상을 배포·판매·임대하거나 공공연하게 전시한 자"라고 규정하여, 온라인 매체에 의해 제작 및 유통되는 음란물에 대해 형사처벌을 하는 규정을 두고 있음.

▶ 여기서 '음란한 부호 등을 공공연하게 전시하였다'라는 뜻은 인터넷상에서 음란한 내용의 파일들을 직접 게시하였거나 이와 동일시할 수 있는 정도의 행위 즉 음란한 내용의 파일들을 직접 링크시키는 행위 등에 한정된다고 할 것임. 따라서 자신이 관리하는 인터넷 사이트에 음란한 내용의 파일들이

● 기본권의 종류와 내용 (129)

▷ 존재하는 주소를 바로 연결할 수 있도록 링크 사이트를 개설한 행위는 음란한 부호 등을 전시한 것과 동일시할 수 있는 형태의 행위라고 볼 수 없다고 할 것임(수원지방법원 1999. 12. 12, 98고단5874).

▷ 3) 성폭력범죄의 처벌 등에 관한 특례법상 음란물 관련 처벌 규정 : 성폭력범죄의 처벌 등에 관한 특례법상 "자기 또는 다른 사람의 성적 욕망을 유발하거나 만족시킬 목적으로 전화, 우편, 컴퓨터, 그 밖의 통신매체를 통하여 성적 수치심이나 혐오감을 일으키는 말, 음향, 글, 그림, 영상 또는 물건을 상대방에게 도달하게 한 사람은 2년 이하의 징역 또는 500만원 이하의 벌금에 처한다."라고 규정되어 있고, 같은 법에서 "제13조 제1항: 카메라나 그 밖에 이와 유사한 기능을 갖춘 기계장치를 이용하여 성적 욕망 또는 수치심을 유발할 수 있는 다른 사람의 신체를 그 의사에 반하여 촬영하거나 그 촬영물

● 기본권의 종류와 내용 (130)

▷ 을 반포, 판매, 임대 또는 공공연하게 전시, 상영한 자는 5년 이하의 징역 또는 1전만원 이하의 벌금에 처한다. 제13조 제2항: 영리를 목적으로 제1항의 촬영물을 정보통신망 이용촉진 및 정보보호 등에 관한 법률 제2조 제1항 제1호의 정보통신망을 이용하여 유포한 자는 7년 이하의 징역 또는 3천만원 이하의 벌금에 처한다."라고 규정되어 있음.

▷ 위와 같은 성폭력범죄의 처벌 등에 관한 특례법 규정에서는 '성적 수치심이나 혐오감을 일으키는 …' 또는 '성적 욕망 또는 수치심을 유발할 수 있는 …' 이라고 규정하고 있어, 형법 제243조와 제244조에서의 '음란한 표현'보다는 좀 더 넓은 성적 표현물에 대해 규제하고자 하는 것이 입법자의 의도임을 알 수 있음.

▷ 4) 아동·청소년의 성보호에 관한 법률상 음란물 관련 처벌 규정 : 아동·청소년의 성보호에 관한 법률상 "'아동·청소년 이용 음란물'은 아동·청소년 또는 아동·청소년으로 인식될 수 있는 사람이나 표현물이 등장하여 제4호의

● 기본권의 종류와 내용 (131)

▶ 어느 하나에 해당하는 행위를 하거나, 그 밖의 성적 행위를 하는 내용을 표현하는 것으로서, 필름, 비디오물, 게임물 또는 컴퓨터나 그 밖의 통신매체를 통한 화상, 영상 등의 형태로 된 것을 말한다."라고 규정되어 있고, 같은 법에서 "아동, 청소년이용 음란물을 제작, 수입 또는 수출한 자는 5년 이상의 유기징역에 처한다. 영리를 목적으로 아동, 청소년이용 음란물을 판매, 대여, 배포하거나 이를 목적으로 소지, 운반하거나 공연히 전시 또는 상영한 자는 7년 이하의 징역에 처한다. 자신이 관리하는 정보통신망에서 아동, 청소년이용 음란물을 발견하기 위하여 대통령령으로 정하는 조치를 취하지 아니하거나 발견된 아동, 청소년이용 음란물을 즉시 삭제하고, 전송을 방지 또는 중단하는 기술적인 조치를 취하지 아니한 온라인 서비스 제공자는 3년 이하의 징역 또는 2천만원 이하의 벌금에 처한다. 아동, 청소년이용 음란물을 배포하거나 공연히 전시 또는 상영한 자는 3년 이하의 징역 또는 2천

● 기본권의 종류와 내용 (132)

▶ 만원 이하의 벌금에 처한다. 제5항: 아동, 청소년이용 음란물을 소지한 자는 2천만원 이하의 벌금에 처한다. 아동, 청소년이용 음란물을 제작할 것이라는 정황을 알면서 아동, 청소년을 아동, 청소년이용 음란물의 제작자에게 알선한 자는 1년 이상 10년 이하의 징역에 처한다."라고 규정되어 있는바, 이 규정들을 통해 아동과 청소년을 이용한 음란물, 즉 아동 포르노의 근절을 위해 이러한 음란물의 제작과 판매 및 소지 등의 행위에 대해 형사처벌을 하는 규정을 두고 있음.

▶ 이러한 법 규정들과 관련하여 대한민국 헌법재판소는 "아동, 청소년의 성보호에 관한 법률상 청소년이용 음란물의 제작 등 행위를 처벌하는 규정을 두는 이유는 공중도덕이나 사회윤리의 차원에서 청소년의 성을 보호한다는 정당한 입법목적에 그 기초를 두고 있는바, 청소년의 성의 상품화, 즉 청소년의

● 기본권의 종류와 내용 (133)

▶ 성매매 및 이의 알선행위, 청소년을 이용하여 음란물을 제작·배포하는 행위 및 청소년에 대한 성폭력행위 등 청소년에 대한 성적 착취가 심각한 사회문제로 대두되면서 이로부터 청소년을 보호·구제하여 이들의 인권을 보장하고 건전한 사회구성원으로 성장할 수 있도록 한다는 아동·청소년의 성보호에 관한 법률의 입법목적에 따라 청소년에 대한 성적 착취의 대표적인 사례인 청소년을 이용한 필름, 비디오테이프, 컴퓨터 기타 통신매체를 통한 영상 등의 음란물 제작행위에 대하여 처벌을 강화하려는 이유에서 입법이 이루어진 것이다."라고 판시함(헌재 1998. 4. 30, 95헌가16).

● 7주 강의 연습문제

▶ 아래의 문제를 읽고 아래 질문의 (   )에 대한 들어갈 정답이 맞으면 퀴즈 점수 1점 부과 !

▶ 정답을 작성할 기회는 단 1번 뿐이니, 신중하게 작성하여 제출하길 바랍니다.

▶ 7주 강의의 퀴즈 문제

▶ 협의(좁은 의미)의 액세스권의 3개에는 정정보도청구권과 반론보도청구권 이외에 (   )이 있다.

● **7주 강의 정리하기**

▶ 1. 반론보도청구권과 정정보도청구권의 차이점은 무엇인지 1개 이상 정리하기.

▶ 2. 반론보도청구권과 정정보도청구권의 절차상 공통점은 무엇인지 2개 이상 정리하기.

▶ 3. 언론 및 출판의 자유의 제한시 준수되어야 하는 기본 원칙 5개 중에서 3개 이상 정리하기.

▶ 4. 대한민국 대법원이 판결에서 밝힌 음란성의 요건 4개에 대해 모두 정리하기.

▶ 5. 정보통신망 이용촉진 및 정보보호 등에 관한 법률상 인터넷에 음란물의 게시와 관련하여 처벌받는 경우와 처벌을 받지 않는 경우는 무엇인지 각각 1개씩 정리하기.

생활 속의 헌법탐험

(8주-1번째 강의)

● 8주 강의 학습의 목표

수강생들이 지난 7주에 계속 이어서 언론 및 출판의 자유의 주요 내용 중 보도의 자유의 의의와 제한 및 취재의 자유의 의의와 취재원 비닉권에 대한 헌법적 검토, 언론·출판의 자유와 명예훼손, 셧다운제도에 대한 헌법적 검토에 대한 기초적인 지식을 습득할 수 있도록 하여, 수강생들 각자 대한민국 국민의 한 사람으로 자신과 타인의 기본권을 보호하고, 기본권 침해 방지의 사고를 갖출 수 있게 하며, 생활 속의 헌법적 다양한 사례와 쟁점에 대한 지식을 습득할 수 있도록 하는 것에 8주 강의의 학습 목표가 있음.

● 8주 강의 학습의 개요

▶ 수강생들이 8주에 학습할 강의의 개요는 보도의 자유의 의의와 제한 및 취재의 자유의 의의와 취재원 비닉권의 의의와 헌법적 검토 및 언론·출판의 자유와 명예훼손, 인터넷게임에 대한 셧다운제도의 의의와 관련 입법이 주요 내용 및 헌법적 검토 등에 대해 각각 강의함.

● 보도의 자유의 의의 (1)

▷ 대한민국 헌법 제21조 제1항의 언론 및 출판의 자유에는 신문이나 잡지 또는 방송 등 각종 매스컴에 의해 뉴스 등을 보도할 자유인 '보도의 자유'가 포함됨(김철수, 헌법학개론, 2007, 846면).

▷ 여기서 '보도의 자유'란 인쇄매체 또는 전파나 통신매체에 의해 어떠한 의사를 표현하고 사실을 전달함으로써 여론형성에 참여할 수 있는 자유를 뜻함(임병국, 언론법제와 보도, 2002, 403면).

▷ 이러한 보도의 자유가 헌법상 보장됨으로써 언론매체는 법률로써 금지되는 것을 제외하고 모든 문제에 대해 공평하고 사실에 입각하여 보도할 수 있게 되며, 보도의 자유 안에는 뉴스 등을 보도할 자유와 신문 등의 발행의 자유 및 신문 등을 배포할 자유가 포함됨(임병국, 앞의 책, 81-82면).

▷ 그리고 보도의 자유는 취재의 자유 없이는 실질적으로 확립될 수가 없기 때문에 보도의 자유는 취재의 자유를 포함함(성낙인, 헌법학, 2015, 1158면).

● 보도의 자유의 의의 (2) 및 보도의 자유의 제한 (1)

▷ 즉, 보도는 언론매체가 수집한 정보와 이에 기한 평가적 의사를 신문이나 방송 등의 매체를 통해 불특정 다수인에게 알리는 행위로서, 이러한 언론매체의 보도행위는 다양한 정보를 수집하는 취재행위와 반포행위를 통해 결국 이루어지므로, 보도의 자유는 취재의 자유를 포함한다고 보는 것이 타당함(김옥조, 미디어법, 2012, 265면).

▷ 한편 보도의 자유는 의사표현의 자유와 달라서 평가적인 의사표현 뿐만 아니라 단순한 사실의 전달도 포함하고 있으며, 의사표현과 사실전달의 수단으로 인쇄매체 또는 전파나 통신매체가 이용됨(임병국, 앞의 책, 403면).

▷ 보도의 자유가 각종 언론 및 출판매체를 통해 사회 내의 여러 다양한 의견들을 나타낼 수 있게 하여 국민들 사이에서 비교적 자유롭고 건전하게 여론을 형성하여 민주주의의 발전에 기여할 수 있도록 하기 위해서는 신문이나 잡지 또는 방송 등 언론매체가 막강한 권력이나 거대한 자본으로부터

● 보도의 자유의 제한 (2) 및 취재의 자유의 의의 (1)

▶ 자유로워야 할 것이며, 그 스스로의 독자적인 조직과 형태를 갖추어 유지 및 발전해 나가야 할 것임. 이러한 사유로 대한민국 헌법 제21조 제3항에서 통신·방송·신문 등의 언론매체시설에 대한 법정주의를 규정하고 있음. 이에 따라 신문 등의 진흥에 관한 법률과 방송법에서는 언론매체의 설립과 그 시설기준 등에 대해 일정한 제한을 하고 있음(정종섭, 헌법학원론, 2015, 606면).

▶ 그리고 행정권은 기자 등의 취재 및 보도행위를 정당한 사유 없이 원칙적으로 제한할 수 없으며, 국가의 기밀이나 개인의 프라이버시 등의 법익 보호를 위한 목적 하에 헌법 제37조 제2항에 의한 과잉금지의 원칙에 위반되지 않는 범위 내에서 일정한 제한을 할 수 있을 뿐임.

▶ '취재의 자유'란 누구든지 자기가 필요로 하는 정보를 자유로이 수집할 수 있는 자유로, 현대사회의 특수사정에 기인하여 제도적으로 헌법 제21조 제1항의

● 취재의 자유의 의의 (2)

▶ 언론·출판의 자유를 수탁 받은 언론매체가 정보의 원천에 자유롭게 접근하여 취재할 수 있어야 하고, 특히 공공적인 정보원에 대해서는 더욱 적극적으로 정보공개의 의무를 이행하도록 요구할 수 있는 자유를 뜻함. 그리고 취재의 자유는 알 권리에 기초하여 공사(公私)의 사회집단에 대하여 사회의 관심과 이해가 걸려 있는 정보를 발굴하기 위하여 정보수용자의 공익을 합리적으로 판단하면서 그에 상당한 방법을 개발할 수 있는 자유까지 포함함(유일상, 취재의 자유와 기밀보호의 한계, 방송연구 제43집, 1996. 12, 287면).

▶ 오늘날 대한민국 헌법 제21조의 언론·출판의 자유의 존재의의는 헌법 제21조에 언론·출판의 자유의 자유가 보장되어 사상 또는 의견을 자유롭게 표명할 수 있을 때 개개인은 인간으로서의 존엄과 가치를 유지하여 자신의 인격을 발현할 수 있다는 점과 민주시민으로서 국정에 참여하고 인간다운 생활을 영위하기 위해 합리적이고 건설적인 사상이나 의견의 형성이 불가

● 취재의 자유의 의의 (3) 및 취재원 비닉권에 대한 헌법적 검토 (1)

▶ 피한바, 이러한 사상이나 의견의 형성이 가능하게 하려면 국가나 사회로부터 필요한 정보를 넓게 수집할 수 있는 기회가 마련되어야 함(권영성, 헌법학원론, 2009, 492면).

▶ 이러한 취재의 자유와 관련하여 기자에게 재판 등에서 취재원에 대한 진술을 거부할 수 있는 권리인 취재원 비닉권(秘匿權) 또는 취재원 묵비권(默祕權)(이하에서 '취재원 비닉권'으로 줄임)을 헌법상 인정할 것인지의 문제가 있음(이하에서 취재원 비닉권에 대한 헌법적 검토 부분에 대한 것은 이희훈, 취재원 비닉권과 취재원 보호 입법에 대한 연구, 연세대 법학연구 제18집 제4호, 2008. 12, 259－293면 참조).

▶ '취재원 비닉권'이란 언론매체의 종사자로서 일정한 정보를 수집한 자가 자신이 수집한 정보의 출처 즉, 정보의 기초가 되는 내용이나 정보제공자의 이름 등을 비밀로 할 수 있는 권리 또는 검찰의 수사과정이나 법원의 재판과정에서 이에 대한 증언을 요구 받았을 때 이를 거부할 수 있는 권리를 뜻함(계희열, 헌법학(중), 2007, 445면).

● 취재원 비닉권에 대한 헌법적 검토 (2)

▶ 즉, 취재원 비닉권은 국민에 대한 정보전파의 목적으로 내적 신뢰관계를 통하여 취재한 취재원의 공개를 당하지 않을 권리를 의미함(성낙인, 앞의 책, 1159면).

▶ 언론기관의 기자 등이 취재원을 비닉해야 하는 이유로 다음과 같이 크게 세 가지의 사유를 들 수 있음.

▶ 첫째, 만약 언론기관의 기자 등이 익명을 조건으로 정보를 제공한 취재원의 신원을 밝힌다면 취재원은 '익명언론권'이라는 취재원 자신의 표현의 자유라는 헌법적 이익을 침해 받는 결과가 되기 때문임(임병국, 앞의 책, 473면).

▶ 둘째, 취재원 비닉권이 헌법상 보장되지 않는다면 취재원이 일정한 후환이 따르거나 보복 또는 처벌 등으로 인한 경제적·사회적 불이익을 받을 우려

가 있어 그는 기자에게 정보의 제공을 꺼리게 될 것임(계희열, 앞의 책, 445면).
이에 취재원의 신원을 밝힌 기자는 마치 신용이 없는 상인과 같이 되어 다시
는 정보를 얻기 어려워져 정보의 자유로운 유통을 막아 결국 국민의 알 권리

● 취재원 비닉권에 대한 헌법적 검토 (3)

▶ 가 축소되거나 봉쇄되어 보도의 자유가 침해될 수 있기 때문임(성낙인, 취재의
자유와 취재원 비닉권, 고시계 제487호, 1997. 9, 141면; 유일상, 미국의 취재원 보호법
과 주요판례, 세계언론법제동향 제7집, 2000. 7, 9－10면; 임병국, 앞의 책, 472면). 즉,
기자의 자유로운 보도를 위해서 그리고 이를 통해 국민의 알 권리를 보장하
기 위해서는 헌법상 취재원 비닉권을 보장할 필요가 있음.

▶ 셋째, 취재원에 대한 진술의 강제는 언론기관으로 하여금 뉴스 취재에 전심
전력해야 하는 인력과 자원을 낭비하게 하고 정부로부터 독립된 언론기관의
위상에도 문제를 주며, 취재의 활동을 위축시켜 언론기관의 바탕을 무너뜨
려 결국 언론·출판의 자유를 해치게 되기 때문임(지성우, 언론기관의 취재원보
호권에 관한 연구, 성균관법학 제15권 제2호, 2003. 10, 12면).

▶ 이에 반하여 헌법상 취재원을 비닉권을 인정해서는 안 되고, 반드시 취재원
을 밝히도록 해야 한다는 이유로는 다음과 같이 크게 세 가지의 사유를 들
수 있음.

▶ 첫째, 만약 헌법상 취재원 비닉권을 인정한다면 재판절차에 있어 공정한

● 취재원 비닉권에 대한 헌법적 검토 (4)

▶ 재판의 실현과 실체적 진실의 발견을 위해 당해 사건의 증인으로부터 특히, 사건을 취재한 기자로부터 당해 사건에 대하 증언을 들어야만 현실적인 필요성이 있을 때 사법상 실체적 진실발견이 대단히 어려워져 '재판의 공정성 확보'라는 또 다른 중요한 헌법적 가치를 보장할 수 없고 침해될 수 있기 때문임(계희열, 앞의 책, 445면; 지성우, 앞의 글, 12면).

▶ 둘째, 만약 헌법상 취재원 비닉권을 인정한다면 기자가 목격하지 않은 사실을 마치 목격한 것처럼 전달할 수 있어 부정직하고 부정확한 사실을 전달할 수 있게 할 뿐만 아니라 언론이 정보의 출처를 애매하게 표시할 수 있어 독자들로 하여금 정보의 가치를 추측하는 단서를 박탈하게 되어 그 정보의 가치를 정확히 알지 못한 채 수용할 수 있어 진실 되지 않은 정보를 마치 진실된 정보인 것처럼 왜곡하거나 조작할 수 있기 때문에 이러한 위험을 방지하여 보도의 질을 높이고, 거짓이 아닌 정보를 보도할 수 있게 하여 진정

● 취재원 비닉권에 대한 헌법적 검토 (5)

▶ 으로 언론·출판의 자유를 실현할 수 있도록 하기 위해서는 헌법상 취재원 비닉권을 부정하여 적극적으로 취재원을 밝히게 할 필요가 있기 때문임(지성우, 앞의 글, 12-13면).

▶ 셋째, 언론인과 취재원 사이에 자발적으로 담합하여 취재원의 편에서 어떤 정책이나 의사결정을 위해 여론의 동향을 살펴볼 때 특정의 매체를 선정하여 이러한 기사자료를 'Off the Record(취재원에게서 입수한 정보를 참고만 할 뿐, 기사화하지 않는 것으로 비보도나 보도의 금지를 뜻함)'의 형태로 제공한 후, 여론의 추이가 긍정적일 때에는 공식적인 기자회견을 통해 이러한 내용을 공식적으로 확인하고, 여론의 추이가 부정적일 때에는 취재원이 이러한 정보를 부정하여 취재원은 자신의 의지에 의해 여론을 호도할 수 있게 되는바, 이렇게 될 때에 언론기관은 취재원의 선전도구로 전락하여(지성우, 앞의 글, 13면) 진정으로 언론·출판의 자유를 실현할 수 없게 되기 때문임.

● 취재원 비닉권에 대한 헌법적 검토 (6)

▶ 생각건대, 대한민국 헌법 제21조의 언론·출판의 자유에 의하여 개인은 자유롭게 형성된 의견을 공권력의 부당한 간섭 없이 표명하거나 전달할 수 있게 되고, 공권력은 개인의 의견 형성을 강제하거나 의사표현의 과정을 지배해서는 안 됨. 이에 따라 개인은 사회의 구성원으로서 타인과의 관계에서 인격을 실현할 수 있게 되며, 사회구성원 간에 대의과정에 자유로운 의사소통에 의하여 개인의 의사를 투입시켜 민주주의를 실현할 수 있음(전광석, 한국헌법론, 2015, 361면).

▶ 헌법상 언론기관의 기자들로 하여금 취재원에 대한 보호의 책임을 다할 수 있게 해야 취재원이 경제적·사회적 불이익을 받게 될 걱정이 없어 밝히기 힘든 정보까지 풍부하게 밝혀 보도의 자유를 최대한 보장할 수 있게 되어 민주주의를 실현할 수 있게 될 것임. 그리고 국민의 알 권리는 여론의 자유로운 형성을 위한 전제임과 동시에 민주정치의 필수불가결한 요소인바, 헌법상 취재원 비닉권을 보장해서 풍부하고 다양한 정보가 자유롭게 흐를 수

● 취재원 비닉권에 대한 헌법적 검토 (7)

▶ 있게 하여 국민이 주권자로서 국정에 참여할 수 있는 기초를 제공해주어 진정으로 민주주의를 실현시킬 수 있도록 해야 할 것임(지성우, 앞의 글, 14면). 이러한 사유로 취재원 비닉권을 헌법상 보장하는 것이 타당함. 이러한 견지에서 독일 연방헌법재판소는 취재원 비닉권 또는 편집의 비밀은 취재의 자유 또는 자유로운 언론·출판에 불가결한 내용에 속한다고 판시함(BVerfGE 25, 296(304); BVerfGE 36, 193(204); BVerfGE 64, 108(11) 등).

▶ 이러한 사유로 헌법상 취재원 비닉권의 존재 의의나 본질은 취재원이나 언론 기자의 사적인 이익을 보호해 주는 기능도 있지만 이러한 기능보다는 공중에 대한 자유로운 정보의 유통을 확보할 수 있게 하고 나아가 국민이 국가 내에서 발생된 다양한 각종 정보들을 올바르게 알고 국가권력에 대해 정확한 판단을 내릴 수 있도록 하는 국민의 알 권리의 공익을 보호해 주는 기능을 한다고 보는 것이 타당함.

● 취재원 비닉권에 대한 헌법적 검토 (8)

▶ 취재원 비닉권은 국회에서의 조사절차, 법원에서의 민·형사절차, 경찰과 검찰에서의 압수나 수색과 같은 수사절차 등 모든 절차에 보장되는 것으로 폭넓게 인정하는 것이 바람직함. 그리고 취재원 비닉권은 취재원의 구체적인 성명이나 주소, 취재원과의 의사소통을 했던 내용, 취재의 메모, 필름 등 취재원의 신원이 밝혀질 수 있는 일체의 사항을 그 보호대상으로 보는 것이 바람직함. 따라서 한 번 공표된 것이거나 공중 앞에서 취재된 것 등은 취재원 비닉권의 객체가 되지 않는다고 보는 것이 타당함. 또한 취재원 비닉권의 객체로 보호 대상이 되는 정보로는 취재한 정보 중 이미 기사화된 정보 이외에도 아직 기사화 되지 않고 기자가 소지하고 있는 정보도 포함되는 것으로 넓게 보는 것이 바람직함(장석권, 현대 헌법과 보도의 자유, 단국대 법학논총 제13집, 1985. 4, 18면; 지성우, 앞의 글, 16-17면).

▶ 한편 취재원 비닉권도 헌법 제37조 제2항에 의해 국가안전보장이나 질서유지 또는 공공복리를 위하여 관련 법률에 의해 과잉금지의 원칙에 위반되지 않는 범위 내에서 제한할 수 있음.

● 취재원 비닉권에 대한 헌법적 검토 (9)

▶ 대한민국 형사소송법 제149조에서는 "변호사, 변리사, 공증인, 공인회계사, 세무사, 대서업자, 의사, 한의사, 치과의사, 약사, 약종상, 조산사, 간호사, 종교의 직에 있는 자 또는 이러한 직에 있던 자가 그 업무상 위탁을 받은 관계로 알게 된 사실로서 타인의 비밀에 관한 것은 증언을 거부할 수 있다. 단, 본인의 승낙이 있거나 중대한 공익상 필요 있는 때에는 예외로 한다."라고 규정하여 직무상의 비밀과 증언거부권에 대해 규정하고 있음.

▶ 그리고 같은 법 제112조에서는 "변호사, 변리사, 공증인, 공인회계사, 세무사, 대서업자, 의사, 한의사, 치과의사, 약사, 약종상, 조산사, 간호사, 종교의 직에 있는 자 또는 이러한 직에 있던 자가 그 업무상 위탁을 받아 소지 또는 보관하는 물건으로 타인의 비밀에 관한 것은 압수를 거부할 수 있다. 난,

그 타인의 승낙이 있거나 중대한 공익상 필요가 있는 때에는 예외로 한다."
라고 규정하여 직무상의 비밀을 보장하기 위하여 압수를 거부할 수 있는

● 취재원 비닉권에 대한 헌법적 검토 (10)

▶ 권리를 규정하고 있는바, 여기에 언론 기자는 포함되어 있지 않음. 따라서 현행 대한민국의 형사소송법의 해석상 언론 기자가 법정에서 증언을 거부하면 형사소송법 제151조−제152조와 제161조에 의해 일정한 제재를 받게 됨.

▶ 한편 민사소송법 제315조 제1항에서는 "증인은 다음 각호 가운데 어느 하나에 해당하면 증언을 거부할 수 있다. 1. 변호사·변리사·공증인·공인회계사·세무사·의료인·약사, 그 밖에 법령에 따라 비밀을 지킬 의무가 있는 직책 또는 종교의 직책에 있거나 이러한 직책에 있었던 사람이 직무상 비밀에 속하는 사항에 대하여 신문을 받을 때, 2. 기술 또는 직업의 비밀에 속하는 사항에 대하여 신문을 받을 때"라고 규정하여 직무상의 비밀과 증언거부권에 관하여 규정하여 형사소송법보다는 다소 완화된 규정을 두고 있음.

▶ 생각건대, 언론 기자와 정보제공자 간에 취재원을 공개하지 않는다는 강한

● 취재원 비닉권에 대한 헌법적 검토 (11)

▶ 신뢰관계가 형성되어 있어야 정확한 정보가 제공될 것임. 즉, 언론 기자가 취재원을 공개한다면 그 후 정보의 수집에 상당히 곤란을 겪거나 아예 불가능해질 수도 있음. 또한 취재원을 비공개 하는 것이 사회적으로 언론 기자의 의무라는 점을 고려할 때 언론 기자의 취재원은 민사소송법 제315조 제1항 제2호에서의 '직업의 비밀'에 속하는 것으로 보는 것이 타당함(박용상, 언론이 사법에 미치는 영향, 근대사법 백주년기념 심포지엄: 언론과 사법 결과보고서, 법원행정처, 1995. 6, 151면).

▶ 이에 향후 우리나라는 취재원 비닉권을 헌법상 인정하는 것이 바람직하며, 이러한 전제 하에, 취재원 비닉권을 인정하고 있는 독일 연방형사소송법

(StPO) 제53조 제1항 제5호에서 "정기간행물 기타 방송의 준비·제작·배포에 직업적으로 종사하고 있거나 종사하였던 자는 관련 기사나 기타 기록 및 전달이 편집활동을 위하여 문제되었던 범위 내에서 증언을 거부한 경우에는 정당화된다."라는 규정과 이와 유사한 내용의 독일 연방민사소송법(ZPO)

● 취재원 비닉권에 대한 헌법적 검토 (12)

▷ 제383조 제1항 제5호 규정 및 우리나라에서 1980년 12월에 제정했던 언론기본법 제8조 제1항에서 "언론인은 공표사항의 필자, 제보자 또는 그 자료의 보유자의 신원이나 공표내용의 기초가 된 사실에 관하여 진술을 거부할 수 있다."라는 규정과 같이 취재원 비닉권을 원칙적으로 명확히 보장해 주는 구체적인 입법을 신설(마련)하는 것이 바람직함(이희훈, 앞의 글, 284–285면).

▷ 다만 취재원 비닉권에 대한 예외적 제한, 즉 취재원에 대한 공개 여부의 결정은 해당 사건의 성질, 양태, 중요성, 요증 사실과 취재원과의 관련성 및 취재원의 공개가 장래 취재의 자유에 미칠 영향의 정도 및 취재원을 밝힐 필요성(임병국, 앞의 책, 482면) 등을 종합적으로 고려하여 결정할 수 있도록 하는 것이 바람직함.

생활 속의 헌법탐험

(8주-2번째 강의)

● 언론·출판의 자유와 명예훼손 (1)

▶ 인간은 타인으로부터 인격체로 인정받고 그 가치에 적합한 대우를 받을 때에 사회에서 적절한 생활을 영위해 나가고 발전해 나갈 수 있는바, 언론매체의 취재나 보도에 의해 어떤 사람이 자신의 인격적 가치를 침해 받았을 때에는 사회의 구성원으로서 생활해 나가고 발전해 나갈 가능성도 침해 받게 됨(임병국, 언론법제와 보도, 2002, 143면).

▶ 이에 대한민국 형법 제307조부터 제311조까지에서는 명예훼손 및 모욕에 대한 형사처벌 규정을 두고 있음.

▶ 이 중에서 대한민국 형법 제308조의 사자(死者)에 대한 명예훼손죄와 형법 제311조의 모욕죄는 피해자의 고소가 있어야 공소를 제기할 수 있는 친고죄로 형법에서 규정하고 있고, 형법 제307조의 명예훼손죄와 형법 제309조의 출판물 등에 의한 명예훼손죄는 피해자의 명시적 의사에 반하여 공소를 제기할 수 있는 반의사불벌죄로 규정되어 있음.

▶ 이하에서 먼저 명예의 의의와 보호법익 및 주체에 대해 살펴본 후, 형법

● 언론·출판의 자유와 명예훼손 (2)

▶ 제307조부터 제309조까지의 각 명예훼손죄의 성립요건 및 형법 제310조의 명예훼손죄에 대한 위법성 조각사유에 대해 검토함.

▶ '명예'의 사전적 의미는 세상에 널리 인정받아 얻은 좋은 평판이나 이름을 뜻하는바, 법적인 의미로는 사람의 가치에 대한 사회적 평가(김옥조, 미디어법, 2012, 386면) 또는 사람이 사회생활에서 가지는 가치를 뜻함(임병국, 앞의 책, 143면).

▶ 그리고 대한민국 대법원은 1992년 10월에 "민법 제764조에서 말하는 명예훼손이란 사람의 사회적 평가를 저하시키는 행위를 말하고, 단순히 주관적으로 명예감정이 침해되었다고 주장하는 것만으로는 명예훼손이 되지 않는다고 할 것이다."라고 판시하였는바(대판 1992. 10. 27, 92다756), 이를 통해 형법과 민법 등의 법에서 보호 또는 보장하고 있는 명예의 보호법익으로 자기의 인격적 가치에 대한 자기 자신의 주관적 평가나 감정을 뜻하는 '명예감정'

● 언론·출판의 자유와 명예훼손 (3)

▶ 은 포함될 수 없다는 것을 알 수 있음. 그리고 사람이 가지고 있는 인격의 내부적 가치를 뜻하는 '내적 명예'도 사람으로서 누구나 당연히 가지게 되는 인격적 가치로서 타인의 침해에 의해 훼손될 수 있는 성질이 아니므로, 형법과 민법 등의 법에서 보호 또는 보장하고 있는 명예의 보호법익으로 볼 수 없음(임병국, 앞의 책, 144면).

▶ 따라서 대한민국의 형법과 민법에서 '명예'란 사람의 품성, 덕행, 명예, 신용 등에 대해 세상으로부터 받는 객관적·사회적인 평가를 뜻하는 '외적 명예'로 보는 것이 타당함(대판 1988. 6. 14, 87다카1450).

▶ 이러한 사유로 자기 자신이 본인에 대한 평가가 침해되었다고 생각하더라도 사회적인 평가가 객관적으로 낮아지지 않았다면 형법상 명예훼손죄가 성립되지 않음. 또한 자신의 인격적 가치에 대한 주관적인 감정이 상했다는 사유만으로 형법상 명예훼손죄가 성립되지 않으며, 예를 들면 범죄행위로

● 언론·출판의 자유와 명예훼손 (4)

▷ 인하여 얻어진 악명 등과 같은 사회적으로 부정적인 평가가치는 명예훼손의 범위에 속하지 않음(김옥조, 앞의 책, 386면).

▷ 한편 명예의 주체는 사람인바, 모든 자연인은 인격적 가치를 가지므로 자연인은 모두 명예의 주체가 됨. 따라서 자연인인 이상 태아, 유아, 정신병자, 범죄자, 실종선고를 받은 자 등도 명예의 주체가 된다고 할 것이고, 죽은 사람도 민·형사상 명예의 주체가 될 수 있다고 할 것이며, 법인이나 기타 단체도 명예의 주체가 될 수 있음. 따라서 정당, 노동조합, 주식회사, 병원, 종교단체 등도 명예의 주체가 될 수 있음(임병국, 앞의 책, 145면).

▷ 대한민국 형법 제307조 제1항에서 "공연히 사실을 적시하여 사람의 명예를 훼손한 자는 2년 이하의 징역이나 금고 또는 5백만원 이하의 벌금에 처한다."라고 규정되어 있고, 동법 동조 제2항에서 "공연히 허위의 사실을 적시하

● 언론·출판의 자유와 명예훼손 (5)

▷ 여 사람의 명예를 훼손한 자는 5년 이하의 징역, 10년 이하의 자격정지 또는 1천만원 이하의 벌금에 처한다."라고 규정되어 있음. 여기서 먼저 '공연히'라는 공연성에 대해 살펴보면 대한민국 형법 제307조에서의 '공연히'란 '불특정 또는 다수인이 인식할 수 있는 상태'라고 할 것이며, 비밀이 잘 보장되어 외부에 전파될 염려가 없는 경우가 아니라면 비록 개별적으로 한 사람에 대하여 타인의 명예를 훼손하는 사실을 유포하였더라도 그 한 사람이 타인에게 그 타인이 또 다른 제3자에게 등 연속하여 여러 명에게 그 사실을 유포하여 그 유포한 사실이 외부에 전파될 가능성이 있다면 형법 제307조에서의 공연성이 있다(전파성의 이론)고 할 것임(대판 1968. 12. 24, 68도1569).

▷ 이와 달리 전파될 가능성이 없다면 특정한 한 사람에 대한 사실의 유포는 대한민국 형법상 공연성을 결한다고 할 것임. 이에 따라 기자가 아닌 보통 사람에게 사실을 적시할 경우에는 그 자체로서 적시된 사실이 외부에 공표

● 언론·출판의 자유와 명예훼손 (6)

▶ 되는 것이므로, 그 때부터 곧 전파가능성을 따져 대한민국 형법 제307조의 공연성의 여부를 판단해야 하겠지만, 그와는 달리 기자를 통해 사실을 적시하는 경우에는 실제로 기사화되어 보도되어야만 적시된 사실이 외부에 공표된다고 보아야 할 것이므로, 기자가 취재를 한 상태에서 아직 기사화하여 보도하지 아니한 경우에는 전파가능성이 없다고 할 것이어서 같은 법 제307조의 공연성이 없다고 보는 것이 타당함(대판 2000. 5. 16, 99도5622).

▶ 다음으로 같은 법 제307조의 '사실의 적시' 중 '사실'이란 가치판단이나 평가를 내용으로 하는 의견표현에 대치되는 개념으로, 시간과 공간적으로 구체적인 과거 또는 현재의 사실관계에 관한 보고 내지 진술을 의미하는 것이며, 그 표현내용이 증거에 의한 입증이 가능한 것을 뜻하고, 판단할 진술이 사실인가 또는 의견인가를 구별함에 있어서는 언어의 통상적 의미와 용법,

● 언론·출판의 자유와 명예훼손 (7)

▶ 입증 가능성, 문제된 말이 사용된 문맥, 그 표현이 행하여진 사회적 정황 등 전체적인 정황을 고려하여 판단해야 함(대판 1997. 4. 25, 96도2910).

▶ 그리고 사람의 사회적 가치나 평가를 저하시킬만한 사실이라면 무엇이든 상관없이 대한민국 형법상 명예훼손죄의 구성요건에 해당될 수 있으며, 사실은 반드시 악의를 가지고 할 필요는 없고, 이미 알려진 사실이더라도 이를 타인에게 적시함으로써 더욱 명예를 침해하는 것이라면 형법상 명예훼손죄에 해당될 수 있음(임병국, 앞의 책, 152면).

▶ 또한 대한민국 형법 제307조에서의 '사실의 적시' 중 '적시'란 피해자가 구체적으로 특정되어 있어야 한다는 뜻으로, 적시된 사실은 이로써 특정인의 사회적 가치 내지 평가가 침해될 가능성이 있을 정도로 구체성을 띠어야 함(대판 2000. 2. 25, 98도2188).

▶ 다만 그 특정을 함에 있어서 반드시 사람의 성명을 명시하여야만 하는 것은

● 언론·출판의 자유와 명예훼손 (8)

▶ 아니고, 사람의 성명을 명시하지 않은 경우라도 그 표현의 내용을 주위 사정과 종합해 볼 때 그 표시가 누구를 지목하는가를 알아차릴 수 있을 정도이면 피해자가 특정, 즉 적시되었다 할 것이며, 아울러 직업, 학력, 지연, 출신 등에서 유래하는 공통성을 가지는 사람들의 집단에 대하여 그 집단에 속하는 일부 구성원들에게만 해당될 수 있는 명예훼손 사실이 보도된 경우 그 보도로 인하여 그 집단에 속한 구성원 개개인 모두에 대하여 명예훼손이 성립하는지는 그 집단에 속한 구성원의 수(집단의 크기), 그 집단을 다른 집단이나 단체와 구별하게 하는 구성원들 사이의 공통 요소, 보도 내용 등을 종합하여 판단해야 함. 그리고 방송 등 언론 매체의 명예훼손 행위와 관련하여 적시된 사실이 진실이라고 믿을 상당한 이유가 있는지의 여부는 그 방송에 신속성이 요청되는지와 그 방송의 근거가 된 자료가 믿을 만한지 및 피해자와의 대면 등 진실 확인이 용이한가 하는 점을 종합적으로 고려하여

● 언론·출판의 자유와 명예훼손 (9)

▶ 판단해야 함. 또한 언론의 보도로 어느 집단 혹은 단체에 대한 명예훼손이 이루어졌을 때에 그 명예훼손은 집단 혹은 단체의 개별 구성원에 이르러서는 그 비난의 정도가 희석되어 집단이나 단체의 개별 구성원에 대해서까지 사회적 평가가 저하되었다고 보기 어려운 경우가 많기 때문에 원칙으로는 집단이나 단체 자체에 대한 명예훼손만이 문제될 뿐, 그 집단이나 단체의 개별 구성원에 대한 명예훼손까지 인정되지는 않는다고 보아야 할 것이며, 그 집단의 크기와 구성원의 수, 조직 체계, 대외적인 구성원의 개성의 부각 정도 등에 비추어 집단이나 단체의 개별 구성원에 대한 사회적 평가까지 아울러 저하되었다고 볼 수 있는 특별한 사정이 있는 경우에만 개별 구성원에 대한 명예훼손을 인정할 수 있음(서울지법 2000. 10. 18, 99가합95970).

▶ 그리고 여기서 사실을 적시하는 방법에는 제한이 없으므로, 연극이나 소설에

● 언론·출판의 자유와 명예훼손 (10)

▶ 의하든, 언어나 문서 또는 도화에 의하든, 신문이나 잡지 또는 라디오나 텔레비전 등에 의하든 묻지 않음(임병국, 앞의 책, 154−155면).

▶ 이 밖에 형법상 명예훼손죄가 성립하기 위해서는 타인의 명예를 훼손하는데 적합한 사실을 적시한다는 고의가 있어야 하는바, 미필적 고의도 여기에 해당하며, 명예훼손의 목적이나 비방의 목적이 있어야만 하는 것은 아님(임병국, 앞의 책, 155면).

▶ 한편 대한민국 형법 제308조에서 "공연히 허위의 사실을 적시하여 사자(死者)의 명예를 훼손한 자는 2년 이하의 징역이나 금고 또는 5백만원 이하의 벌금에 처한다."라고 규정되어 있는바, 죽은 사람에 대해 허위의 사실이 아닌 진실한 사실을 적시한 때에는 대한민국 형법 제308조에 의한 사자의 명예훼손죄가 성립되지 않음.

▶ 이에 대해 대한민국 대법원은 1983년 10월에 "형법상 사자의 명예훼손죄는

● 언론·출판의 자유와 명예훼손 (11)

▶ 사자에 대한 사회적·역사적 평가를 보호법익으로 하는 것이므로, 그 구성요건으로서의 사실의 적시는 허위의 사실일 것을 요하는바, 피고인이 사망자의 사망사실을 알면서도 망인(亡人)은 사망한 것이 아니고 빚 때문에 도망 다니면서 죽은 척 하는 나쁜 놈이라고 장례식장에서 타인에게 말한 것은 공연히 허위의 사실을 적시한 행위로서 이는 형법상 사자의 명예를 훼손하였다고 볼 것이다."라고 판시함(대판 1983. 10. 25, 83도1520).

▶ 대한민국 형법 제309조 제1항에서 "사람을 비방할 목적으로 신문, 잡지 또는 라디오 기타 출판물에 의하여 제307조 제1항의 죄를 범한 자는 3년 이하의 징역이나 금고 또는 7백만원 이하의 벌금에 처한다."라고 규정되어 있고, 같은 법 제309조 제2항에서 "제1항의 방법으로 제307조 제2항의 죄를 범한 자는 7년 이하의 징역, 10년 이하의 자격정지 또는 1천 5백만원 이하의 벌금에 처한다."라고 규정되어 있음.

● 언론·출판의 자유와 명예훼손 (12)

▷ 여기서 먼저 대한민국 형법 제309조 제1항의 '기타 출판물'이란 사실 적시의 방법으로 출판물 등을 이용하는 경우에 그 성질상 다수인이 견문할 수 있는 높은 전파성과 신뢰성 및 장기간의 보존가능성 등 피해자에 대한 법익침해의 정도가 더욱 크다는 점에서 그 가중처벌의 이유가 있으므로, 그것이 등록·출판된 제본 인쇄물이나 제작물은 아니라고 할지라도 적어도 그와 같은 정도의 효용과 기능을 가지고 사실상 출판물로 유통·통용될 수 있는 외관을 가진 인쇄물로 볼 수 있어야 하는바(대판 1998. 10. 9, 97도158), 대한민국 형법 제309조 제1항의 '기타 출판물'에는 영화, DVD, 비디오테이프, 카세트테이프, 인터넷 등이 포함됨(김옥조, 앞의 책, 401면).

▷ 그리고 대한민국 형법 제309조 제1항의 '비방'이란 뜻은 정당한 이유 없이 상대방을 깎아내리거나 헐뜯는 것을 의미하며, '비방할 목적'이란 상대방의 사회적인 평가를 객관적으로 저하시킬 것을 의도하고 이를 행위의 주요

● 언론·출판의 자유와 명예훼손 (13)

▷ 동기로 삼는 것을 뜻함(김옥조, 앞의 책, 401면).

▷ 이에 대해 대한민국 대법원은 1998년 10월에 "형법 제309조 제1항의 '사람을 비방할 목적'이란 가해의 의사 내지 목적을 요하는 것으로서, 공공의 이익을 위한 것과는 행위자의 주관적 의도의 방향에 있어 서로 상반되는 관계에 있다고 할 것이므로, 형법 제310조의 공공의 이익에 관한 때에는 처벌하지 아니한다는 규정은 사람을 비방할 목적이 있어야 하는 형법 제309조 제1항 소정의 행위에 대해서는 적용되지 아니하고, 그 목적을 필요로 하지 않는 형법 제307조 제1항의 행위에 한하여 적용되는 것이며, 적시한 사실이 공공의 이익에 관한 것인 경우에는 특별한 사정이 없는 한 비방 목적은 부인된다고 봄이 상당하고, 이러한 경우에는 형법 제307조 제1항 소정의 명예훼손죄의 성립 여부가 문제될 수 있고, 이에 대해서는 다시 형법 제310조에 의한 위법성 조각 여부가 문제로 될 수 있다."라고 판시함(대판 1998. 10. 9, 97도158).

언론·출판의 자유와 명예훼손 (14)

▷ 한편 신문 등 언론매체의 어떠한 표현행위가 명예훼손과 관련하여 문제가 될 때 그 표현이 사실을 적시하는 것인가, 아니면 단순히 의견 또는 논평을 표명하는 것인가, 또는 의견 또는 논평을 표명하는 것이라면 그와 동시에 묵시적으로라도 그 전제가 되는 사실을 적시하고 있는 것인가 그렇지 아니한가의 구별은 당해 기사의 객관적인 내용과 아울러 일반의 독자가 보통의 주의로 기사를 접하는 방법을 전제로 기사에 사용된 어휘의 통상적인 의미, 기사의 전체적인 흐름, 문구의 연결 방법 등을 기준으로 판단해야 하고, 여기에다가 당해 기사가 게재된 보다 넓은 문맥이나 배경이 되는 사회적 흐름 등도 함께 고려해야 함(대판 2000. 2. 25, 98도2188).

▷ 대한민국 형법 제310조에서 "형법 제307조 제1항의 행위가 진실한 사실로서 오로지 공공의 이익에 관한 때에는 처벌하지 아니한다."라고 규정되어 있는바, 공연히 사실을 적시하여 사람의 명예를 훼손한 행위가 대한민국 형법

언론·출판의 자유와 명예훼손 (15)

▷ 제310조에 의해 위법성이 조각되어 처벌받지 않기 위해서는 적시된 사실이 객관적으로 볼 때 공공의 이익에 관한 것으로서 행위자도 공공의 이익을 위하여 그 사실을 적시한 것이어야 되며, 그 적시된 사실이 진실한 것이거나 적어도 행위자가 그 사실을 진실한 것으로 믿었고, 또 그렇게 믿을 만한 상당한 이유가 있어야 함(대판 1994. 8. 26, 94도237).

▷ 여기서 먼저 대한민국 형법 제310조에서 '진실한 사실'이란 그 내용 전체의 취지를 살펴볼 때 중요한 부분이 객관적 사실과 합치되는 사실이라는 의미로서 세부에 있어 진실과 약간 차이가 나거나 다소 과장된 표현이 있더라도 무방함. 그리고 대한민국 형법 제310조에서 '오로지 공공의 이익에 관한 때'란 적시된 사실이 객관적으로 볼 때 공공의 이익에 관한 것으로서 행위자도 주관적으로 공공의 이익을 위하여 그 사실을 적시한 것이어야 함. 또한 대한민국 형법 제310조에서 '공공의 이익에 관한 때'란 널리 국가나 사회 기타 일반

● 언론·출판의 자유와 명예훼손 (16)

▶ 다수인의 이익에 관한 것뿐만 아니라 특정한 사회집단이나 그 구성원 전체의 관심과 이익에 관한 것도 포함하는 것이고, 적시된 사실이 공공의 이익에 관한 것인지 여부는 당해 적시 사실의 내용과 성질, 당해 사실의 공표가 이루어진 상대방의 범위, 그 표현의 방법 등 그 표현 자체에 관한 제반 사정을 감안함과 동시에 그 표현에 의하여 훼손되거나 훼손될 수 있는 명예의 침해 정도 등을 비교·고려하여 결정해야 하며, 행위자의 주요한 동기 내지 목적이 공공의 이익을 위한 것이라면 부수적으로 다른 사익적 목적이나 동기가 내포되어 있더라도 대한민국 형법 제310조의 적용을 배제할 수 없음(대판 1998. 10. 9, 97도158).

▶ 이와 관련하여 서울 고등법원은 1993년 2월에 "국세청장의 보도자료 제공에 의하여 게재된 신문기사의 내용이 원고의 명예를 훼손하는 경우에 있어서도, 그 보도자료 및 기사의 내용이 공공의 이해에 관한 것으로서 오로지 공익을 위한 것이고, 그 내용이 진실한 것이거나 또는 비록 그 내용이 진실한 것은 아니지만 국세청장이 이를 진실로 인정한 것에 관하여 상당한 이유가

● 언론·출판의 자유와 명예훼손 (17)

▶ 있는 경우에는 귀책사유로서의 고의 또는 과실이 흠결되고 그 위법성이 조각된다고 할 것임. 여기서 '진실한 것으로 믿은 데 상당한 이유가 있는 경우'란 현대 사회에 있어서의 언론매체가 갖는 사회적 영향력의 광범위성과 그 전파속도의 신속성 및 일단 언론매체에 의하여 개인의 명예가 훼손된 후에는 그 실질적 회복이 지극히 곤란한 점과 사생활의 비밀을 보호하고 있는 대한민국 헌법 제17조의 입법취지 등에 비추어 볼 때 통상적으로 하여야 할 조사를 다한 후 합리적 의심이 불식될 정도의 단계에서 얻어진 믿음이어야 할 것이다."라고 판시함(서울고법 1993. 2. 25, 92나32878).

▶ 이 밖에 서울 지방법원은 1991년 12월에 "타인의 명예를 훼손하는 행위를 하였을 경우 그것이 공공의 이익에 관한 사항으로서 그 목적이 오로지 공공의 이익을 위한 것일 때에는 진실한 사실이라는 증명이 있거나 그러한 증명이

● 언론·출판의 자유와 명예훼손 (18)

▶ 없었더라도 행위자가 그것을 진실이라고 믿을 만한 상당한 이유가 있는 경우에는 위법성이 조각된다 할 것이고, 정치인, 연예인과 같은 공적존재의 행위는 언론매체에서 상대적으로 자유로운 보도와 비판 및 평가의 대상이 된다 하겠지만, 이 경우에도 신문에 비하여 신속성의 요청이 덜한 잡지에 인신공격의 표현으로 비난하는 내용의 기사를 게재함에 있어서는 기사내용의 진실여부에 대하여 미리 충분한 조사 활동을 거쳐야 할 것이고, 기사의 내용 중에 "…라고 한다."와 같은 전문적인 표현을 사용하더라도 결과에 있어서는 통상의 기사와 크게 다름이 없다고 할 것이므로, 그 소문이나 전문내용의 진실여부에 관하여도 통상적인 표현을 사용한 기사와 동등하게 조사 및 확인해야 한다. 따라서 피고인 이O복과 현O는 상당한 발행 부수를 가진 여성동아 잡지의 편집책임자과 기자로서 한 개인의 일신에 관한 기사를 취재 및 작성함에 있어서는 적어도 직접 당사자를 면담하고 소문을 직접 뒷받침할 수 있는 충분한 자료를 수집하여야 할 것인바, 이O복과 현O는 별다른

● 언론·출판의 자유와 명예훼손 (19)

▶ 조사 활동은 하지 않고 이미 피해자의 명예를 훼손하였다는 이유로 피해자로부터 명예훼손소송이 제기된 피고인 유O종의 이야기만 듣고 이를 근거 있는 소문인 것처럼 기사화한 것이 인정되므로, 피고인 이O복과 현O의 피해자에 대한 기사 게재행위는 오로지 공공의 이익을 위한 것을 기사내용의 진실성을 신빙할 만한 상당한 이유가 있을 때에 해당하지 않는다고 볼 것이다."라고 판시함(서울지법 1991. 12. 24, 91노5416).

생활 속의 헌법탐험

(8주-3번째 강의)

● 셧다운제의 의미와 문제점 (1)

▶ 대한민국에서 2011년에 16세 미만의 청소년들이 심야시간(자정-오전 6시) 동안에 인터넷(온라인)게임에 접속할 수 없도록 하는 것을 주요 골자로 하는 이른바 '셧다운제'를 본격적으로 시행하였음.

▶ 이러한 셧다운제에 의해 헌법상 16세 미만의 청소년들의 일반적 행동자유권이라는 기본권과 16세 미만의 청소년을 둔 학부모의 자녀교육권 및 인터넷 게임 제공자들의 직업수행의 자유라는 기본권을 침해하는 것이 아닌지의 문제 및 셧다운제는 국내에서 스마트폰 등의 모바일 게임 사업자를 제외한 유독 인터넷상의 PC게임을 제공하는 사업자만을 규제하고 있어 국내에서도 유독 인터넷상의 PC게임 사업자와 외국에서 인터넷 게임을 제공하는 사업자를 셧다운제의 규제 대상에서 제외하는 등의 이유로 헌법상의 평등권을 침해하는 것이 아닌지 헌법적으로 검토할 필요가 있음.

● 셧다운제의 의미와 문제점 (2)

▶ 대한민국 및 전 세계적으로 인터넷의 이용과 사용이 널리 보편화됨에 따라 인터넷상의 게임도 오락활동의 하나로 자리잡게 되었지만, 인터넷의 이용이 급격히 증가하면서 인터넷상의 게임에 중독되거나 며칠 동안 식사를 하지 않을 정도로 과몰입 하는 증상이 있는 청소년이 자살을 하거나 게임을 그만 둘 것을 말한 어머니를 자신에게 잔소리를 했다는 이유로 잔인하게 살해를 하거나 옆방에 있는 아기를 게임을 이유로 계속 돌보지 않아 아기가 굶어서 방치되어 죽는 등의 인터넷 게임과 관련된 많은 사건들이 우리나라에서 계속 발생하는 등 인터넷의 게임 중독 내지 과몰입 현상의 심각성의 문제가 우리나라에서 문제시 됨.

▶ 이에 정부는 법 제도적 차원에서 이러한 그릇된 인터넷상의 게임 중독에 대한 문제점을 예방하고 치유하며 대처하기 위하여 여러 방안들이 제시됨.

● 셧다운제의 의미와 문제점 (3)

▶ 이렇듯 인터넷상의 게임에 대한 중독 현상을 예방하고 치유하며 이에 대체하기 위한 여러 법 제도적 방안들 중의 하나가 특정 시간대에 16세 미만의 청소년에게 인터넷게임 제공을 일률적으로 금지하는 '강제적 셧다운제(이하에서 "셧다운제"로 줄임)'의 도입 및 시행이었음.

▶ 이러한 인터넷 게임에 대한 셧다운제의 구체적인 도입 논의는 대한민국에서 2010년부터 시작되었지만, 정부 부처 간에 셧다운제의 적용 연령대 및 그 적용 대상에 대해 합의가 이루어지지 않다가, 셧다운제의 적용 연령을 16세 미만의 청소년으로 규정하고, 게임 중독의 위험성이 상대적으로 불분명한 이동통신단말기기 및 휴대용 정보단말기기 등을 이용한 인터넷상의 게임에 대해서는 그 적용을 일단 유예하는 것을 조건으로 하여, 이러한 셧다운제는 2011년 5월 19일에 청소년보호법이 개정(법률 제10659호)되면서 처음 도입되었으며, 이후 2011년 9월 15일에 청소년보호법이 전부 개정되었지만, 해당 규정의 위치만 변경되었을 뿐, 그 실질적인 내용은 변경 없이 그대로 현재까지 유지되고 있음.

● 셧다운제의 주요 법적 내용 (1)

▷ 대한민국 청소년보호법 제26조 제1항에 의하면 "인터넷게임의 제공자는 16세 미만의 청소년에게 오전 0시부터 오전 6시까지 인터넷게임을 제공하여서는 아니 된다."라고 규정하고 있고, 같은 법 제59조 제5호에서는 "다음 각호의 어느 하나에 해당하는 자는 2년 이하의 징역 또는 1천만원 이하의 벌금에 처한다. 제5호: 청소년보호법 제26조를 위반하여 심야시간대에 16세 미만의 청소년에게 인터넷게임을 제공한 자"라고 규정하고 있음.

▷ 이렇듯 대한민국 청소년보호법상 셧다운제 규정에 의해 인터넷게임의 제공자가 16세 미만의 청소년에게 오전 0시부터 오전 6시까지(이하에서 '심야시간대'로 줄임) 인터넷상의 게임을 제공하는 것이 금지됨.

▷ 그리고 대한민국 청소년보호법상 셧다운제의 규정을 위반시 형사처벌을 하도록 하여 강제되고 있음.

▷ 따라서 인터넷게임 제공자는 오전 0시 이전에 인터넷게임에 접속한 16세 미만

● 셧다운제의 주요 법적 내용 (2)

▷ 청소년에 대해서는 오전 0시를 기준으로 그 이용을 중단시키고, 오전 0시부터 오전 6시 사이에 청소년의 인터넷게임에의 신규 접속을 차단하는 기술적 조치를 취하여야 하는 의무를 부담하며, 그 직접적 효과로 16세 미만 청소년은 심야시간대에 인터넷게임을 이용 및 사용할 수 없음.

▷ 각종 게임의 종류 중 게임의 이용에 인터넷 등 정보통신망에의 접속이 필요한 '인터넷게임'만이 그 적용대상임.

▷ 이러한 인터넷게임은 게임의 컨텐츠가 정보통신망을 통하여 실시간 제공되어야 수행될 수 있는 구조이므로 주로 다른 사람과 함께 게임을 형성해 나가거나 다른 사람을 상대로 게임을 진행하는 형태 또는 2인 이상이 동시에 게임에 대전의 형태로 진행되는 네트워크게임이 게임의 내부분을 사시함.

▷ 한편 개인용 컴퓨터인 PC를 이용하는 인터넷게임이 아니라, 이동통신 단말

● 셧다운제의 주요 법적 내용 (3)

▶ 기기나 휴대용 정보 단말기기를 이용하는 인터넷게임의 경우 중독의 우려가 상대적으로 적다고 보아 청소년보호법 부칙 등에서 그 적용을 유예하고 있음.

▶ 따라서 원칙적으로 게임의 시작 및 실행을 위하여 인터넷이나 네트워크 등 정보통신망에의 접속이 필요한 게임이라면 게임 기기 또는 게임물의 종류와 무관하게 모두 인터넷게임에 해당하고, 사행성게임물 등 게임산업법상의 게임물이 아닌 것 및 게임의 개시와 실행을 위하여 정보통신망에의 접속이 필요 없는 게임은 청소년보호법상의 셧다운제의 적용대상인 '인터넷게임'에 해당하지 않음.

▶ 즉, 정보통신망을 통해 제공되지 않는 게임물로 컴퓨터에 저장되어 있는 게임물, 별도의 저장장치로 다운로드 받아 이용하는 게임물로서 네트워크 기능이 없거나 그 실행에 인터넷 접속이 필요 없는 휴대기기 게임·콘솔 게임·CD게임, 오락실용 아케이드 게임은 '인터넷게임'에 해당하지 않음.

● 셧다운제의 주요 법적 내용 (4)

▶ 그러나 별도로 다운로드를 받았거나 구입한 게임이더라도 네트워크에서 다중접속으로 수행하기 위하여 인터넷에 접속하여 프로그램을 실행하는 형태의 게임물은 청소년보호법상의 규제대상인 셧다운제의 적용을 받는 '인터넷게임'에 해당함.

▶ 또한 스마트폰 등 이동통신 단말기기나 태블릿 컴퓨터 등 휴대용 정보 단말기기를 이용하는 인터넷게임 등의 경우 PC를 기반으로 하는 인터넷게임에 비하여 상대적으로 심각한 중독의 우려가 적다고 보아 청소년보호법상의 셧다운제 규정의 적용을 당분간 유예하고 있음.

▶ 이렇듯 대한민국에서 최근 인터넷게임에 대한 16세 미만의 청소년의 보호를 위한다는 목적 하에 셧다운제를 도입 및 시행하고 있음.

▶ 이러한 인터넷게임에 대한 셧다운제는 헌법상 청소년의 일반적 행동자유권과 학부모의 자녀교육권 및 인터넷게임 제공업자의 직업의 자유와 평등권을

● 셧다운제에 대한 헌법적 검토 (1)

▸ 침해하는 것이 아닌지에 대한 헌법적 문제점이 제기됨(이하에서 셧다운제에 대한 헌법적 검토 부분에 대해서는 헌재 2014. 4. 24, 2011헌마659·683(병합), 판례집 26-1(하), 192-196면).

▸ (1) 대한민국 청소년보호법상 셧다운제 관련 규정의 입법 목적의 정당성 여부 검토

▸ 청소년기는 20대 이후의 사회생활을 대비하고 전 생애에 걸쳐 필요한 지식과 소양을 습득하는 시기이고, 청소년은 미래에 국가발전을 위한 중요한 인적자원임.

▸ 한편 청소년은 자기행동의 개인적 또는 사회적인 의미에 대한 판단능력과 그 결과에 대한 책임능력이 성인에 비하여 미숙한 존재임. 따라서 청소년의 건전한 성장과 발달을 위하여 특별한 보호가 필요한바, 헌법도 국가에 대하여 청소년의 복지향상을 위한 정책을 실시할 의무를 헌법 제34조 제4항에서 부과하고 있음. 따라서 청소년보호법상 셧다운제 규정은 청소년의 과도한 인터넷게임 이용 및 그 중독 문제가 사회적으로 심각하게 대두되고 있음에도

● 셧다운제에 대한 헌법적 검토 (2)

▸ 가정 및 학교 등의 자율적인 노력만으로는 이에 대한 적절한 대처가 어렵다는 인식 하에 도입된 제도로, 국가의 청소년 보호의무의 일환으로 마련된 제도라고 하겠음.

▸ 청소년보호법상 셧다운제의 규정은 특히 심야시간대에만 그리고 16세 미만의 청소년만을 대상으로 인터넷게임의 이용만을 제한하고 규제함으로써, 정신적·육체적으로 성장 단계에 있는 16세 미만 청소년의 적절한 수면시간을 확보하고 청소년의 인터넷게임의 과몰입 또는 중독되는 현상을 방지하여 궁극적으로 청소년의 신심의 성장과 발달에 기여하며, 16세 미만 청소년의 인터넷게임 중독으로 인한 여러 사회적 문제들의 발생을 사전에 미리 예방 또는 방지하려는 것이기 때문에 그 입법목적은 정당하다고 보는 것이 타당하

다고 대한민국 헌법재판소는 2011헌마659·683(병합) 결정에서 판시함.

▶ (2) 대한민국 청소년보호법상 셧다운제 관련 규정이 지나치고 과도하게 여러 기본권들을 침해하는지 여부 검토

● 셧다운제에 대한 헌법적 검토 (3)

▶ 인터넷게임 그 자체는 오락 내지 여가활동의 일종으로 청소년에게 언제나 부정적인 영향을 미친다고 할 수 없음. 그러나 인터넷게임에 과몰입되거나 중독이 된다면 더 이상 오락 내지 여가활용의 하나로서 게임의 순기능은 기대하기 어렵고, 건강악화, 생활파괴, 우울증 등 성격변화, 현실과 가상공간의 혼동 등 육체적·정신적으로 부정적 결과를 초래할 수 있으며, 교사나 교우와의 관계, 학교수업 및 학교생활에 부정적인 영향을 끼칠 수 있음.

▶ 특히 인터넷게임은 인터넷이나 네트워크에 접속하여 현실과 다른 가상의 공간에서 동시 접속자인 다른 사람과 함께 게임을 형성해 나가거나 다른 사람을 상대로 게임을 진행하는 것이 대부분이고, 정보통신망이 연결되는 곳에서는 장소적, 시간적 제약 없이 지속적으로 게임을 즐길 수 있다는 점에서 게임자가 자발적인 의지로 중단하는 것이 쉽지 않음.

▶ 각종 조사 결과를 보면 우리나라는 초고속인터넷의 확산으로 인터넷 사용

● 셧다운제에 대한 헌법적 검토 (4)

▶ 인구가 매우 많은 편이어서 대부분의 청소년이 인터넷을 이용할 수 있는데, 청소년들이 인터넷을 이용하는 주된 이유는 정보검색이 아니라 인터넷게임으로 나타남.

▶ 또한 전체 게임시장에서 인터넷게임이 차지하는 비중은 80% 이상이고, 청소년들이 즐기는 각종 게임 중에서 인터넷게임의 이용률이 가장 높음.

▶ 한편 대부분의 청소년은 인터넷을 주로 집에서 이용하는데, 청소년 중 상당수와 학부모 중 절반 이상이 청소년 스스로 인터넷게임 이용시간의 통제가

어렵다고 인식하고 있는 것으로 나타남.

▷ 따라서 청소년의 과도한 인터넷게임의 이용에 대해서는 어느 정도 시간적 규제가 필요하다고 보여짐. 그런데 이 사건 금지조항은 청소년의 인터넷게임 이용을 전면적으로 금지하는 것이 아니라 이를 원칙적으로 허용하면서,

● 셧다운제에 대한 헌법적 검토 (5)

▷ 가정 내에서도 통제가 쉽지 않고 장시간 이용으로 이어질 수 있는 심야시간 대인 오전 0시부터 오전 6시까지로 한정하여 제한하고 있고, 그 적용대상도 청소년 중에서 초등학생 및 중학생에 해당하는 나이인 16세 미만의 자로 한정하고 있는바, 청소년을 과도한 인터넷게임 이용 및 중독 현상으로부터 보호하고 이를 예방하기 위하여 이러한 정도의 시간적 규제가 과도하다고 보기 어려움.

▷ 또한 인터넷게임 이용에 대한 과잉규제를 피하기 위하여 여성가족부장관으로 하여금 제한대상 게임물의 범위의 적절성에 대하여 2년마다 평가하여 개선 등의 조치를 하도록 하고, PC이용 인터넷게임 외에 모바일기기를 이용한 인터넷게임물의 경우 상대적으로 중독의 우려가 적다고 보아 일단 그 적용을 유예하고 있으며, 여성가족부의 인터넷게임물 고시에서 인터넷게임이라 하더라도 시험용게임물, 게임대회·전시회용 게임물, 교육·공익홍보용 게임물에 대하여는 적용을 배제하고 있는 등 청소년보호법상 셧다운제 규정에

● 셧다운제에 대한 헌법적 검토 (6)

▷ 의하여 인터넷게임 사업자의 피해를 최소화하는 장치도 마련되어 있음.

▷ 한편 인터넷게임 사업자의 측면에서 볼 때 게임산업법상 인터넷게임 사업자는 게임물 이용자의 회원가입시 실명·연령 확인 및 본인 인증 조치와 청소년의 회원가입시 친권자 등 법정대리인의 동의를 확보하는 조치를 해야 함 (게임산업법 제12조의3 제1항). 따라서 이러한 기본식인 조지를 기반으로

하여 16세 미만 청소년의 심야시간대 접속을 차단하는 기술적 조치를 추가하는 것이 비용적 측면에서 인터넷 사업자에게 큰 부담이 된다고 보기 힘듦.
▷ 그리고 청소년 본인이나 그 법정대리인의 요청이 있는 경우에는 게임의 이용방법 및 시간을 제한할 수 있는 이른바 '선택적 셧다운제'가 게임산업법에 규정되어 있는바, 이는 청소년 자신 및 그 법정대리인이 적절한 시점에 과몰입 내지 중독의 위험을 인식하고 인터넷게임의 종류 및 시간대를 임의 선택하여 인터넷게임 제공자에게 직접 그 제한을 요청하는 제도임.

● 셧다운제에 대한 헌법적 검토 (7)

▷ 그러나 이 제도는 청소년 자신이나 부모 등의 자율적 시정 노력을 전제로 하고 있는바, 현재까지 청소년이나 부모의 선택적 셧다운제의 이용률은 매우 미미한 수준으로 보고되고 있으므로, 이러한 제도 자체만으로는 과도한 인터넷게임 이용 및 중독에 대한 적절한 대처가 된다고 보기 어려움. 따라서 게임산업법상 '선택적 셧다운제'가 청소년보호법상의 셧다운제와 동일한 입법목적을 달성하기 위한 덜 제한적인 조치에 해당한다고 볼 수 없기 때문에 청소년보호법상 셧다운제는 청소년의 건전한 성장과 발달에 기여하기 위한 것이라는 해당 입법 목적의 달성을 위하여 필요한 최소한의 조치에 해당한다고 할 것이므로, 16세 미만의 청소년과 학부모 및 게임사업자의 각각의 관련기본권을 지나치게 과도하게 제한하여 위헌적 제도가 아니라고 대한민국 헌법재판소는 2011헌마659·683(병합) 결정에서 판시함.

● 셧다운제에 대한 헌법적 검토 (8)

▷ (3) 대한민국 청소년보호법상 셧다운제 관련 규정이 평등권을 침해하는지 여부 검토
▷ PC에 내장되어 있거나 모바일이나 별도의 장치로 다운로드를 받은 게임으로서, 네트워크의 기능을 이용하지 않는 게임은 인터넷게임과 달리 실시간

제공되는 정보통신망을 이용하는 것이 아니어서 다른 게임 이용자들과의 상호교류가 없기 때문에 장시간 이용의 가능성이나 중독의 우려가 상대적으로 적다고 볼 수 있음.

▶ 또한 정보통신망을 이용하지 않는 이들 게임에 대한 시간적 규제는 현실적으로 불가능함.

▶ 한편 아케이드 게임의 경우는 심야시간대에 청소년의 게임장 출입 및 이용 자체가 불가능하므로 차별적 결과가 발생하지 않음.

▶ 따라서 인터넷게임을 이용하는 경우와 인터넷게임이 아닌 다른 게임을 이용하는 경우에 대한 규제를 달리하는 것에는 합리적 이유가 있다고 할 것이므로,

● 셧다운제에 대한 헌법적 검토 (9)

▶ 이로 인하여 청소년과 학부모 및 게임사업자의 헌법상 평등권이 침해된다고 볼 수 없음.

▶ 대한민국 청소년보호법상 셧다운제 규정은 원칙적으로 모바일기기를 이용한 인터넷게임도 그 적용대상으로 하고 있는바, 향후 스마트기기의 보급 확산과 PC와 스마트기기에서 동시에 게임의 이용이 가능한 크로스플랫폼 현상 등 게임 산입을 둘러싼 환경의 변화에 따라 그 석용 여부가 변경될 수 있으므로, 현재 일부 인터넷게임에 대하여 적용이 유예되고 있다는 점만으로 청소년과 학부모 및 게임사업자의 헌법상 평등권이 침해된다고 볼 수 없음.

▶ 대한민국 청소년보호법상 셧다운제 규정에서의 규제 대상인 '인터넷게임 제공자'는 전기통신사업법에 따라 기간통신사업자로서 부가통신사업을 경영하는 경우이거나 부가통신사업자로 신고한 자를 뜻함.

▶ 이에 해외 인터넷게임 업체의 경우에는 국내에 별도의 지사 설립 등을 통해 부가통신사업자로 신고하고 제공하려는 인터넷게임에 대하여 게임산업법상

● 셧다운제에 대한 헌법적 검토 (10)

▶ 등급분류절차를 밟도록 규정되어 있는바, 정상적인 인터넷게임 제공행위를 하는 인터넷게임 제공자의 경우에는 국내 업체인지 해외 업체인지를 불문하고 대한민국 청소년보호법상 셧다운제의 적용대상이 된다는 점에서 그 차이가 없음.

▶ 따라서 대한민국 청소년보호법상 셧다운제 규정에 의하여 해외의 인터넷게임 업체에 비하여 국내의 인터넷게임 업체에 대해 차별적인 결과를 야기한다고 볼 수 없기 때문에 인터넷게임 사업주(제공자)의 헌법상 평등권이 침해된다고 볼 수 없다고 대한민국 헌법재판소는 2011헌마659·683(병합) 결정에서 판시함.

● 8주 강의 연습문제

▶ 아래 2개의 (   ) 안에 들어갈 낱말의 정답이 모두 맞으면 퀴즈 점수 1점 부과 !

▶ 정답을 작성할 기회는 단 1번 뿐이니, 신중하게 작성하여 제출하길 바랍니다.

▶ 8주 강의의 퀴즈 문제

▶ 다음의 빈칸에 들어갈 알맞은 각 낱말을 번호와 함께 각각 쓰시오.

▶ 대한민국 청소년보호법 제26조 제1항에서는 인터넷게임의 제공자에게 (①) 세 미만의 청소년에게 (②)시부터 (③)시까지 인터넷게임을 제공하여서는 안 되도록 규정하고 있다.

● 8주 강의 정리하기

▶ 1. 취재원 비닉권을 허용(인정)할 수 있는 이유(근거) 세 개는 무엇인지 정리하기.

▶ 2. 취재원 비닉권을 부정할 수 있는 이유(근거) 세 개는 무엇인지 정리하기.

▶ 3. 대한민국 형법상 위법성 조각사유에 의해 명예훼손죄로 처벌되지 않을 수 있는 요건은 무엇인지 정리하기.

▶ 4. 대한민국 청소년보호법상 셧다운제 규정에 의해 침해될 수 있는 기본권의 종류 네 개는 무엇인지 정리하기.

▶ 5. 대한민국 청소년보호법상 셧다운제 규정의 입법 목적과 지나치게 과도한 제한이 아니라고 볼 수 있는 이유(근거)는 무엇인지 3-5줄 이내로 정리하기.

생활 속의 헌법탐험

(9주-1번째 강의)

● 9주 강의 학습의 목표

수강생들이 지난 주에 계속 이어서 집회의 자유 등 헌법상 기본권의 종류와 내용에 대한 기초적인 지식을 습득할 수 있도록 하여, 수강생들 각자 대한민국 국민의 한 사람으로 자신과 타인의 기본권을 보호하고, 기본권 침해 방지의 사고를 갖출 수 있게 하며, 생활 속의 헌법적 다양한 사례와 쟁점에 대한 지식을 습득할 수 있도록 하는 것에 9주 강의의 학습 목표가 있음.

● 9주 강의 학습의 개요

▶ 수강생들이 9주에 학습할 강의의 개요는 집회 및 결사의 자유와 학문과 예술의 자유 및 영상물등급제도에 대한 주요 규정 내용과 헌법적 검토 등에 대해 각각 강의함.

● 기본권의 종류와 내용 (134)

▷ 대한민국 헌법 제21조 제1항에서 "모든 국민은 언론·출판의 자유와 집회·결사의 자유를 가진다."라고 규정하여 개인적(개별적) 의사 표현의 자유인 언론·출판의 자유와 구분하여 별도로 집단적 의사 표현의 자유인 집회의 자유라는 기본권을 보장하고 있음.

▷ 대한민국 헌법재판소는 이러한 집회의 자유의 헌법적 기능과 관련하여 "집회의 자유는 인간의 존엄성과 자유로운 인격발현을 최고의 가치로 삼는 우리 헌법질서 내에서 집회의 자유도 다른 모든 기본권과 마찬가지로 일차적으로는 개인의 자기결정과 인격발현에 기여하는 기본권이다. 인간이 타인과의 접촉을 구하고 서로의 생각을 교환하며 공동으로 인격을 발현하고자 하는 것은 사회적 동물인 인간의 가장 기본적인 욕구에 속하는 것이다. 집회의 자유는 공동으로 인격을 발현하기 위해 타인과 함께 하려는 자유, 즉 타인과 의견교환을 통하여 공동으로 인격을 발현하는 자유를 보장하고 타인으

● 기본권의 종류와 내용 (135)

▷ 로부터 고립되는 것으로부터 보호하는 기본권이다. 즉 공동의 인격발현을 위하여 타인과 함께 모인다는 것은 이미 그 자체로서 기본권에 의하여 보호될 만한 가치가 있는 개인의 자유영역인 것이다. 집회의 자유는 결사의 자유와 더불어 타인과 함께 모이는 자유를 보장하는 것이다. 집회를 통하여 국민들이 자신의 의견과 주장을 집단적으로 표명함으로써 여론의 형성에 영향을 미친다는 점에서, 집회의 자유는 표현의 자유와 더불어 민주적 공동체가 기능하기 위하여 불가결한 근본요소에 속한다. 집회의 자유는 집단적 의견표명의 자유로서 민주국가에서 정치의사형성에 참여할 수 있는 기회를 제공한다. 직접민주주의를 배제하고 대의민주제를 선택한 우리 헌법에서 일반 국민은 선거권의 행사, 정당이나 사회단체에 참여하여 활동하는 것 외에는 단지 집회의 자유를 행사하여 시위의 형태로써 공동으로 정치의사형성에 영향력을 행사하는 가능성 밖에 없다. 또한 집회의 자유는

● 기본권의 종류와 내용 (136)

▶ 사회·정치현상에 대한 불만과 비판을 공개적으로 표출케 함으로써 정치적 불만이 있는 자를 사회에 통합하고 정치적 안정에 기여하는 기능을 한다. 특히 집회의 자유는 집권세력에 대한 정치적 반대의사를 공동으로 표명하는 효과적인 수단으로서 현대사회에서 언론매체에 접근할 수 없는 소수집단에게 그들의 권익과 주장을 옹호하기 위한 적절한 수단을 제공한다는 점에서, 소수의견을 국정에 반영하는 창구로서 그 중요성을 더해 가고 있다. 이러한 의미에서 집회의 자유는 소수의 보호를 위한 중요한 기본권인 것이다. 소수가 공동체의 정치적 의사형성과정에 영향을 미칠 수 있는 가능성이 보장될 때, 다수결에 의한 공동체의 의사결정은 보다 정당성을 가지며 다수에 의하여 압도당한 소수에 의하여 수용될 수 있는 것이다. 헌법이 집회의 자유를 보장한 것은 관용과 다양한 견해가 공존하는 다원적인 '열린 사회'에 대한 헌법적 결단인 것이다."라고 판시함(헌재 2003. 10. 30, 2000헌바67 등).

● 기본권의 종류와 내용 (137)

▶ 그리고 대한민국 헌법재판소는 집회의 자유의 헌법적 보장내용에 대해 "집회의 자유는 집회의 시간, 장소, 방법과 목적을 스스로 결정할 권리를 보장한다. 집회의 자유에 의하여 구체적으로 보호되는 주요행위는 집회의 준비 및 조직, 지휘, 참가, 집회의 장소와 시간의 선택이다. 그러나 집회를 방해할 의도로 집회에 참가하는 것은 보호되지 않는다. 주최자는 집회의 대상, 목적, 장소 및 시간에 관하여 집회의 참가자는 참가의 형태와 정도, 복장을 자유로이 결정할 수 있다. 비록 헌법이 명시적으로 밝히고 있지는 않으나, 집회의 자유에 의하여 보호되는 것은 단지 '평화적' 또는 '비폭력적' 집회이다. 집회의 자유는 민주국가에서 정신적 대립과 논의의 수단으로서, 평화적 수단을 이용한 의견의 표명은 헌법적으로 보호되지만, 폭력을 사용한 의견의 강요는 헌법적으로 보호되지 않는다."라고 판시함(헌재 2003. 10. 30, 2000헌바67 등).

● 기본권의 종류와 내용 (138)

▶ 이렇듯 대한민국 헌법상 집회의 자유에서 보호되지 않는 폭력적 집회에서 '폭력'의 의미에 대해 살펴보면 집회를 행하는 사람들이 일정한 장소에 모여 그들의 공동의 의사를 국가권력을 향해 집단적으로 표현하여 대의민주주의 하에서 그들의 의사를 국가권력에 영향을 미쳐 민주주의를 실현하기 위하여 이처럼 집회자들이 일정한 장소에 모인 것 자체가 집회와 관련 없는 일반인에게는 어떤 심리적인 압력 또는 폭행을 가하는 것이 될 수 있음. 따라서 폭력의 의미를 만약에 심리적 폭력으로 이해한다면 대의민주주의 하에서 집회를 통해 자신들의 의사를 집단적으로 국가권력에 표현하여 민주주의를 실현시키려고 하는 적법한 집회마저도 헌법 제21조에서 보장하고 있는 집회의 자유에 의해 보호를 받을 수 없는 불합리한 결과를 초래할 수 있음. 따라서 헌법 제21조에서 보장하고 있는 집회의 범위를 부당하게 협소하게 만들지 않기

● 기본권의 종류와 내용 (139)

▶ 위해서는 집회의 자유에 의해 보호되지 않는 폭력적 집회에서 '폭력'의 뜻은 집회를 행할 때 사람이나 물건을 향하여 어떤 물리적인 유형력을 행사하여 사람을 다치게 하거나 물건을 상하게 하는 것으로 보는 물리적 폭력으로 이해하는 것이 헌법적으로 타당함.

▶ 참고로 미국 연방 수정헌법 제1조에서는 "의회는 종교를 새롭게 만들거나 자유로운 종교의 활동을 금지하거나, 언론 및 출판의 자유와 평화로운 집회의 권리 및 고통의 구제를 위하여 정부에 청원할 수 있는 권리를 제한하는 어떠한 법률도 만들 수 없다."라고 규정하여 헌법전에서 명문으로 평화적 집회만이 헌법상 보호됨을 규정하고 있음.

▶ 독일은 기본법 제8조 제1항에서 "모든 독일인은 신고나 허가 없이 평화롭게 그리고 무기를 휴대하지 않고 집회할 권리를 가진다."고 규정하여 평화롭지 못한 집회 즉, 폭력적 집회는 독일 기본법상 집회의 자유에 의해 보호되는 집회가 아님을 명시적으로 규정하고 있음.

● 기본권의 종류와 내용 (140)

▷ 향후 대한민국 헌법이 개정될 때 집회의 자유 관련 규정에서 집회를 행할 때 평화로운 집회만이 헌법적으로 허용된다는 것을 명확하게 각인시켜 주고 강조하기 위해서 미국과 독일의 경우처럼 규정하는 것이 바람직함.

▷ 대한민국 헌법상 집회의 자유는 개인이 일정한 장소에 모여 타인과 사적 또는 공적인 사항에 대해 각자 자신의 의사를 표현하거나 의견을 교환하여 그들의 공동의 의사를 집단적으로 표현할 수 있게 하여 개인이 사회로부터 고립되지 않도록 해 주어 개인의 인격을 발현할 수 있게 하는 헌법적 기능을 한다는 점에서 개인이 자신의 인격을 발현할 수 있게 일정한 장소에 모일 타인의 수는 자신을 제외한 1인 이상이 필요하므로, 최소한 2인 이상이 있어야 헌법 제21조 제1항에서 보장하고 있는 집회의 자유에 속하는 '집회'의 개념에 속할 수 있을 것임.

▷ 이에 대해 대한민국 대법원은 "집회 및 시위에 관한 법률 제3조에서의 집회란

● 기본권의 종류와 내용 (141)

▷ 특정 또는 불특정 다수인이 특정한 목적 아래 일시적으로 일정한 장소에 모이는 것이며, 그 모이는 장소나 사람의 다과에 제한이 없다."라고 판시함(대법원 1982. 10. 26, 82도1861).

▷ 이러한 대법원의 판결에 비추어 볼 때 특정 또는 불특정의 다수인이라고 판시하였기 때문에 적어도 1인은 배제된다고 할 것이고, 모이는 사람의 다과에는 제한이 없다고 판시하였기 때문에 1인을 제외한 2인 이상이 있으면 집회를 개최할 수 있다는 것을 나타내고 있다고 할 것임.

▷ 따라서 최소한 2인 이상이면 집회를 개최할 수 있다고 보는 것이 타당함.

▷ 그리고 시위에 대해 대한민국 집회 및 시위에 관한 법률상 "시위란 여러 사람이 공동의 목적을 가지고 도로, 광장, 공원 등 일반인이 자유로이 통행할 수 있는 장소를 행진하거나 위력(威力) 또는 기세(氣勢)를 보여, 불특정한 여러 사람의 의견에 영향을 주거나 제압(制壓)을 가하는 행위"라고 규정됨.

● 기본권의 종류와 내용 (142)

▷ 따라서 시위를 행하기 위해서는 집회 및 시위에 관한 법률상 여러 사람이 공동의 목적을 가지고 도로, 광장, 공원 등 일반인이 자유로이 통행할 수 있는 장소이어야 한다는 점 및 위력(威力) 또는 기세(氣勢)를 보여, 불특정한 여러 사람의 의견에 영향을 주거나 제압(制壓)을 가하여야 함.

▷ 한편 집회는 개인이 타인과 함께하려는 내적인 유대의사를 가지고 일정한 장소에 타인과 모여 공적 또는 사적인 사항에 대해 자신의 의사를 표현하거나 그들 상호간에 의견을 교환하여 그들의 공동의 의사를 형성하거나 형성된 공동의 의사를 집단적으로 표현하는 것을 가능하게 하여 집회자 개개인의 인격을 발현할 수 있게 해 줌.

▷ 따라서 집회를 개최할 경우에는 개인이 타인과 함께 그들의 공동의 의사를 표현할 수 있는 장소라면 그 장소가 일반인이 자유로이 통행할 수 있는 장소이든 아니든 상관없다고 할 것이며, 집회는 시위처럼 반드시 불특정한 여러 사람에게 위력이나 기세를 보일 필요가 없다고 할 것임.

● 기본권의 종류와 내용 (143)

▷ 이런 점에 비추어 살펴볼 때 집회는 시위보다 크거나 넓은 개념이라고 할 것임.

▷ 또한 '1인 시위'는 대한민국 헌법상 집회의 자유에 속하는 시위의 개념에 속하지 않음과 동시에 대한민국 집회 및 시위에 관한 법률상의 시위에 해당되지 않음.

▷ 즉, 대한민국 헌법과 집회 및 시위에 관한 법률상 보장되는 시위가 되기 위해서는 최소한 2인 이상이 있어야 할 것인바, 1인 시위는 집회가 되기 위한 다수인(최소 2인 이상)에 해당하지 않으며, 집회 및 시위에 관한 법률상 '여러 사람'에 해당되지 않음.

▷ 따라서 우리가 평상시 자주 접하게 되는 '1인 시위'라는 말은 법적으로 살펴볼 때 집회 및 시위에 관한 법률상 '다수인'이라는 요건을 결하므로, 엄밀한 의미에서 '1인 시위'라는 용어를 사용하는 것은 타당하지 않음.

▷ 이에 향후 '1인 시위'에서 '시위'라는 용어 대신 1인 시위가 뜻하는 개인의

● 기본권의 종류와 내용 (144)

▷ 적극적인 (의사)표현행위를 나타내 줄 수 있는 1인 표현, 1인 의사표현, 1인 표현행위, 1인 의사표현행위, 단독 표현행위 등이 법적으로 좀 더 타당할 것임 (이희훈, 1인 시위에 대해 바로 알기, 선문대학교 신문 256호 교수논단, 2011. 10. 4, 6면).

▷ 그리고 집회의 자유는 일차적으로 국가공권력의 침해에 대한 방어를 가능하게 하는 기본권으로서, 개인이 집회에 참가하는 것을 방해하거나 또는 집회에 참가할 것을 강요하는 국가행위를 금지하는 기본권임. 따라서 집회의 자유는 집회에 참가하지 못하게 하는 국가의 강제를 금지할 뿐만 아니라, 예컨대 집회장소로의 여행을 방해하거나, 집회장소로부터 귀가하는 것을 방해하거나, 집회참가자에 대해 검문의 방법으로 시간을 지연시켜 집회장소에 접근하는 것을 방해하거나, 국가가 개인이 집회에 참가하는 행위를 감시하고 그에 관한 정보를 수집하여 집회에 참가하고자 하는 자로 하여금

● 기본권의 종류와 내용 (145)

▷ 불이익을 두려워하여 미리 집회참가를 포기하도록 개인의 집회참가의사를 약화시키는 것 등 집회의 자유행사에 영향을 미치는 모든 조치를 금지함(헌재 2003. 10. 30, 2000헌바67 등).

생활 속의 헌법탐험

(9주-2번째 강의)

● 기본권의 종류와 내용 (146)

▶ 대한민국 헌법재판소는 집회장소와 관련하여 "집회장소는 특별한 상징적 의미를 가진다. 특정 장소가 시위의 목적과 특별한 연관성이 있기 때문에 시위장소로서 선택되는 경우가 빈번하다. 일반적으로 시위를 통하여 반대하고자 하는 대상물이 위치하거나(예컨대 핵발전소, 쓰레기 소각장 등 혐오시설) 또는 시위의 계기를 제공한 사건이 발생한 장소(예컨대 문제의 결정을 내린 국가기관 청사)에서 시위를 통한 의견표명이 이루어진다. 예컨대 여성차별적 법안에 대하여 항의하는 시민단체의 시위는 상가나 주택가에서 이루어지는 경우 큰 효과를 기대할 수 없는 반면, 국회의사당 앞에서 이루어지는 경우에는 시위효과의 극대화를 노릴 수 있다. 즉 집회의 목적·내용과 집회의 장소는 일반적으로 밀접한 내적인 연관관계에 있기 때문에, 집회의 장소에 대한 선택이 집회의 성과를 결정짓는 경우가 적지 않은 것이다. 집회가 국가권력에 의하여 세인의 주목을 받지 못하는 장소나

● 기본권의 종류와 내용 (147)

▷ 집회에서 표명되는 의견에 대하여 아무도 귀기울이지 않는 장소로 추방된다면, 기본권의 보호가 사실상 그 효력을 잃게 된다는 점에서도 집회의 자유에 있어서 장소의 중요성은 뚜렷하게 드러난다. 집회장소가 바로 집회의 목적과 효과에 대하여 중요한 의미를 가지기 때문에, 누구나 '어떤 장소에서' 자신이 계획한 집회를 할 것인가를 원칙적으로 자유롭게 결정할 수 있어야만 집회의 자유가 비로소 효과적으로 보장되는 것이다. 따라서 집회의 자유는 다른 법익의 보호를 위하여 정당화되지 않는 한, 집회장소를 항의의 대상으로부터 분리시키는 것을 금지한다."라고 판시함(헌재 2003. 10. 30, 2000헌바67 등).

▷ 한편 대한민국 집회 및 시위에 관한 법률에서는 옥외집회와 옥내집회를 구분하여 옥외집회 및 시위의 경우에만 같은 법의 여러 제한 규정을 적용하도록

● 기본권의 종류와 내용 (148)

▷ 하고 있는바, 이렇듯 같은 법에서 옥외집회와 옥내집회를 구분하는 이유는 옥외집회의 경우 외부세계, 즉 다른 기본권의 주체와 직접적으로 접촉할 수 있기 때문에 옥내집회와 비교할 때 법익충돌의 위험성이 크기 때문임. 옥외집회는 집회장소로서 도로 등 공공장소의 사용을 필요로 한다는 점에서 교통소통장애 등 일반인에게 불편을 주게 되고, 다수인에 의한 집단적 행동을 수반한다는 점에서 질서유지에 위험을 가져올 수 있으므로 집회의 자유의 행사방법과 절차에 관하여 보다 자세하게 규율할 필요가 있음. 이는 한편으로는 집회의 자유의 행사를 실질적으로 가능하게 하기 위한 것이고, 다른 한편으로는 집회의 자유와 충돌하는 제3자의 법익을 충분히 보호하기 위한 것임(헌재 2003. 10. 30, 2000헌바67 등).

▷ 대한민국 집회 및 시위에 관한 법률상 옥외집회나 시위를 주최하려는 자는 같은 법에서 요구하는 항목을 기재한 신고서를 옥외집회나 시위를 시작하기

● 기본권의 종류와 내용 (149)

▷ 720시간 전부터 48시간 전에 관할 경찰서장에게 제출하여야 함.

▷ 이러한 옥외집회에 대한 사전신고제도가 대한민국 헌법 제21조 제2항의 사전허가금지에 위배되는지에 여부에 대해 대한민국 헌법재판소는 "집회의 자유를 한층 보장하기 위하여 헌법 제21조 제2항은 '집회에 대한 허가는 인정되지 아니한다'고 규정함으로써 다른 기본권 조항과는 달리 기본권을 제한하는 특정 국가행위를 명시적으로 배제하고 있다. 그런데 집회의 자유의 행사는 다수인의 집단적인 행동을 수반하기 때문에 집단행동의 속성상 의사표현의 수단으로서 개인적인 행동의 경우보다 공공의 안녕질서나 법적 평화와 마찰을 빚을 가능성이 큰 것 또한 사실이다(헌재 1994. 4. 28, 91헌바14). 특히 옥외집회·시위는 일정한 옥외장소나 도로의 사용을 전제로 하므로 그러한 가능성이 더욱 높고, 이에 따라 사전에 집회의 자유와 다른

● 기본권의 종류와 내용 (150)

▷ 법익을 조화시킬 수 있는 제도적 장치가 요청된다. 그리하여 구 집회시위법 제6조 제1항은 옥외집회·시위를 주최하려는 자는 그에 관한 신고서를 옥외집회·시위를 시작하기 720시간 전부터 48시간 전에 관할 경찰서장에게 제출하도록 하고 있다. 이러한 사전신고는 경찰관청 등 행정관청으로 하여금 집회의 순조로운 개최와 공공의 안전보호를 위하여 필요한 준비를 할 수 있는 시간적 여유를 주기 위한 것으로서, 협력의무로서의 신고이다. 결국 구 집회시위법 전체의 규정 체제에서 보면 법은 일정한 신고절차만 밟으면 일반적·원칙적으로 옥외집회 및 시위를 할 수 있도록 보장하고 있으므로(헌재 1994. 4. 28, 91헌바14), 집회에 대한 사전신고제도는 헌법 제21조 제2항의 사전허가금지에 위배되지 않는다."라고 판시함(헌재 2009. 5. 28, 2007헌바22).

▷ 그리고 대한민국 집회 및 시위에 관한 법률상 누구든지 해가 뜨기 전이나

기본권의 종류와 내용 (151)

▶ 해가 진 후에는 옥외집회 또는 시위를 해서는 안 되도록 규정했던 것에 대하여 대한민국 헌법재판소는 "집시법 제10조 본문이 야간옥외집회를 일반적으로 금지하고 있는 이유는 야간옥외집회가 집단적인 행동으로 공공질서나 타인의 법익을 침해할 개연성이 높기 때문에 그러한 위험성을 예방할 필요가 있다는 것이다. 그러나 헌법과 집시법은 평화적인 집회만을 보호하는 것이고 집회과정에서 공공질서나 타인의 법익을 침해하는 경우에는 형법 기타의 법률에 의하여 처벌대상으로 되기 때문에 공공질서나 타인의 법익을 침해할 위험이 있다고 하여 집회를 금지할 필요가 있다고 할 수 없다. 집시법은 집단적인 폭행·협박·손괴·방화 등으로 공공의 안녕질서에 직접적인 위협을 끼칠 것이 명백한 집회 또는 시위를 금지하고, 모든 옥외집회를 48시간 전에 신고하게 하며, 옥외집회가 신고된 경우에 공공의 질서유지를 위해 필요한 경우에 질서 유지선을 설정할 수 있게 하고, 폭력집회의 사태가

기본권의 종류와 내용 (152)

▶ 발생하는 주된 이유는 야간옥외집회 자체를 불법집회로 취급하여 강제적으로 금지·해산시키려고 하는 과정에서 충돌이 생기기 때문이므로, 야간옥외집회를 합법적으로 허용하고 보호할 경우에도 야간옥외집회의 속성으로 인하여 저절로 폭력사태가 발생할 것이라고 보기 어렵다. 야간옥외라는 이유만으로 집회를 원천적으로 금지할 사유로 삼을 수는 없는 것이다. 야간옥외집회가 공공질서나 타인의 법익을 해칠 위험성이 있다고 하나, 야간옥외집회의 시간과 장소에 따라 타인의 법익을 침해할 개연성이 확실하게 인정될 경우도 있을 수 있겠지만, 모든 야간옥외집회가 항상 타인의 법익을 침해할 것이라고 볼 수 있는 것은 아니다. 야간옥외집회가 타인의 법익을 침해할 개연성이 확실하다고 인정할 수 있는 경우를 가려내어 그러한 위험성을 예방하기에 필요하고도 적절한 조치를 강구하면 되는 것이므로, 야간옥외집회의 법익침해가능성을 내세워 모든 야간옥외집회를 금지할 수는 없다.

● 기본권의 종류와 내용 (153)

▶ 집회의 주최자나 참가자가 타인에게 심각한 피해를 줄 수 있는 소음을 발생시키는 것을 금지하면서 이에 위반하는 경우에 관할경찰서장이 확성기 사용 중지 등 필요한 조치를 할 수 있도록 규정하고 있으므로, 공공질서나 타인의 법익을 침해할 위험을 방지하기 위하여 야간옥외집회를 원천적으로 금지할 필요가 있다고 볼 수 없다. 그리고 집회의 자유는 개인의 사회생활과 여론형성 및 민주정치의 토대를 이루고 소수자의 집단적 의사표현을 가능하게 하는 중요한 기본권이기 때문에 단순히 위법행위의 개연성이 있다는 예상만으로 집회의 자유를 제한할 수는 없는 것이다. 집회 과정에서 구체적인 위법행위가 현실적으로 발생하면 그 때에 현존하는 위법행위를 제재하면 되는 것이지, 그러한 위법행위가 발생하기도 전에 미리 위법상황을 예상하여 집회의 자유를 제한할 수는 없는 것이다. 야간옥외집회의 폭력행위 빈도가 주간옥외집회에 비하여 높다는 증거도 없다.

● 기본권의 종류와 내용 (154)

▶ 야간은 어두움 속에 감추어지는 은닉성을 가지지만, 현대의 도시생활에서는 야간조명이 충분하고 야간생활이 보편화·일상화되었기 때문에, 야간의 은닉성을 이유로 야간옥외집회를 전면적으로 금지하는 것은 집회의 자유를 제한하는 정도가 매우 중대함에도 불구하고 그 합리성은 아주 미약하다고 생각된다. 그리고 해가 진 후부터 해가 뜨기 전까지 옥외집회를 전면적으로 금지하면 주간에 직장에서 일하거나 학교에서 공부하는 사람들에게는 집회의 자유를 명목상의 자유에 그치게 할 것이다. 결국 집시법 제10조 본문이 야간옥외집회를 일반적·전면적으로 금지하는 것은 합리적인 사유도 없이 집회의 자유를 상당 부분 박탈하는 것이다. 야간옥외집회의 금지여부에 관한 세세적인 입법례를 살펴보면 영국, 독일, 일본, 오스트리아 등에서도 야간옥외집회를 특별히 금지하거나 행정권에 의한 '허가'의 방법으로 이를 제한하는 규정을 두고 있지 않으며, 프랑스의 경우에는 밤 11시 이후의 집회만을 금

● 기본권의 종류와 내용 (155)

▶ 지하고 있고, 러시아의 경우에도 밤 11시부터 아침 7시까지의 집회를 금지하고 있을 뿐이다. 따라서 전세계적으로 볼 때 야간옥외집회만을 특별히 금지하거나 '허가'의 방법으로 제한하는 규정을 가지고 있는 국가가 많지 않다는 점 등을 고려할 때 집시법 제10조 중 '옥외집회' 부분은 헌법 제21조 제1항에 의하여 금지되는 허가제를 규정한 것으로서 헌법에 위반된다."라고 판시함(헌재 2009. 9. 24, 2008헌가25).

▶ 집회의 자유는 현대 대의민주국가에서 민주적 공동체의 필수적 구성요소이기 때문에 고도로 보장되어야 할 기본권이지만, 다른 한편 집회의 자유는 다수인이 집단적 형태로 의사를 표현하는 것이므로 공공의 질서 내지 법적 평화와 마찰을 일으킬 가능성이 상당히 높은 것이어서, 집회의 자유에 대한 일정 범위내의 제한은 불가피할 것인바, 그러한 경우에는 헌법이 직접 금지하고 있는 허가제 이외의 방법으로 관련 법익들을 비교형량하여 그러한 법

● 기본권의 종류와 내용 (156)

▶ 익들이 실제적 조화의 원칙에 따라 모두 동시에 최대한 실현될 수 있도록 정리·정돈되어야 할 것이며, 집회의 자유를 빙자한 폭력행위나 불법행위 등은 헌법적 보호범위를 벗어난 것인 만큼, 집회 및 시위에 관한 법률, 형법, 국가보안법, 폭력행위 등 처벌에 관한 법률, 도로교통법 등에 의하여 형사처벌 되거나 민사상의 손해배상책임 등에 의하여 제재 또는 규제되어야 할 것임(헌재 2009. 9. 24, 2008헌가25).

▶ 대한민국 헌법 제21조가 규정하는 결사의 자유란 다수의자연인 또는 법인이 공동의 목적을 위하여 단체를 결성할 수 있는 자유를 말하는 것으로, 적극적으로는 ① 단체결성의 자유, ② 단체존속의 자유, ③ 단체활동의 자유, ④ 결사에의 가입·잔류의 자유를, 소극적으로는 기존의 단체로부터 탈퇴할 자유와 결사에 가입하지 아니할 자유를 내용으로 하는바, 위에서 말하는 결사란 자연인 또는 법인 의 다수가 상당한 기간 동안 공동목적을 위하여 자유의사

198 생활 속의 헌법탐험

● 기본권의 종류와 내용 (157)

▶ 에 기하여 결합하고 조직화된 의사형성이 가능한 단체를 말하는 것으로 공법상의 결사는 이에 포함되지 아니함(헌재 1996. 4. 25, 92헌바47).

▶ 대한민국 헌법상 결사의 자유에서 말하는 '결사'란 자연인 또는 법인의 다수가 상당한 기간 동안 공동의 목적을 위하여 자유의사에 기하여 결합하고 조직화된 의사형성이 가능한 단체를 말하는 것(헌재 1996. 4. 2, 92헌바47)이라고 정의하여 결사의 공동의 목적의 범위를 비영리적인 것으로 제한하지는 않았고, 결사의 개념에 공법상의 결사(헌재 1996. 4. 2, 92헌바47)나 법이 특별한 공공목적에 의하여 구성원의 자격을 정하고 있는 특수단체의 조직활동(헌재 1994. 2. 24, 92헌바43)은 해당되지 않는다고 판시한 바 있을 뿐인바, 연혁적 이유 이외에는 달리 영리단체를 결사에서 제외하여야 할 뚜렷한 근거가 없으므로, 영리단체도 헌법상 결사의 자유에 의하여 보호된다고 할 것임(헌재 2002. 9. 19, 2000헌바84).

생활 속의 헌법탐험

(9주-3번째 강의)

● 기본권의 종류와 내용 (158)

▶ 대한민국 헌법 제22조에서 "제1항: 모든 국민은 학문과 예술의 자유를 가진다. 제2항: 저작자·발명가·과학기술자와 예술가의 권리는 법률로써 보호한다."라고 규정하고 있음.

▶ 학문의 자유란 진리를 탐구하는 자유를 의미하는바, 이것은 단순히 진리탐구의 자유에 그치지 않고 탐구한 결과에 대한 발표의 자유 내지 가르치는 자유(이하에서 "수업의 자유"로 줄임) 등을 포함하는 것이라고 할 수 있음. 다만 진리탐구의 자유는 신앙의 자유와 양심형성의 자유와 같이 절대적 기본권이라고 할 수 있으나, 수업의 자유는 표현의 자유와도 밀접한 관련이 있는 것으로서 경우에 따라 대한민국 헌법 제21조 제4항 및 제37조 제2항에 따른 제약이 있을 수 있음. 물론 수업의 자유는 두텁게 보호되어야하겠지만 그것은 대학에서의 교수의 자유와 완전히 동일할 수는 없는 것이며, 대학에서는 교수의 자유가 더욱 보장되어야 하는 반면에 초·중·고

● 기본권의 종류와 내용 (159)

▷ 교에서의 수업의 자유는 제한이 가해질 수 있음. 학교교육에 있어서 교사의 가르치는 권리를 수업권이라고 한다면 그것은 자연법적으로는 학부모에게 속하는 자녀에 대한 교육권을 신탁 받은 것이고, 실정법상으로는 공교육의 책임이 있는 국가의 위임에 의한 것임. 그것은 교사의 지위에서 생기는 학생에 대한 일차적인 교육상의 직무권한(직권)이지만, 학생의 수학권의 실현을 위하여 인정되는 것으로서 양자는 상호협력관계에 있다고 하겠으나, 수학권은 헌법상 보장된 기본권의 하나로서 보다 존중되어야 하며, 그것이 왜곡되지 않고 올바로 행사될 수 있게 하기 위한 범위 내에서는 수업권도 어느 정도의 범위 내에서 제약을 받지 않으면 안 될 것임. 왜냐하면 초·중·고교의 학생은 대학생이나 사회의 일반성인과는 달리 다양한 가치와 지식에 대하여 비판적으로 취사선택할 수 있는 독자적 능력이 부족하므로 지식과 사상·가치의 자유시장에서 주체적인 판단에 따라 스스로

● 기본권의 종류와 내용 (160)

▷ 책임지고 이를 선택하도록 방치해 둘 수가 없기 때문임(헌재 1992. 11. 12, 89헌마88).

▷ 또한 대한민국 헌법 제22조 제1항에서 규정한 학문의 자유의 보호는 개인의 인권으로서의 학문의 자유 뿐만 아니라 특히 대학에서 학문연구의 자유·연구활동의 자유·교수의 자유 등도 보장하는 취지이다. 이처럼 대학에서의 학문의 자유에 대한 보장을 담보하기 위해서 대학의 자율성이 보장되어야 함. 교육의 자주성이나 대학의 자율성은 헌법 제22조 제1항이 보장하고 있는 학문의 자유의 확실한 보장수단으로 꼭 필요한 것으로서 이는 대학에게 부여된 헌법상의 기본권임. 여기서 대학의 자율은 대학시설의 관리·운영만이 아니라 전반적인 것이며 이로 인해 연구와 교육의 내용, 그 방법과 내상, 교과과정의 편성, 학생의 선발과 전형 및 특히 교원의 임면에 관한 사항도 자율의 범위에 속함(헌재 1998. 7. 16, 96헌바33 등).

● 기본권의 종류와 내용 (161)

▶ 대한민국 헌법 제22조에서는 예술의 자유를 학문의 자유와 별도로 구분하여 보장하고 있음.

▶ 여기서 '예술'이란 음악, 회화, 판화, 조각, 도자기, 공예, 디자인, 건축, 사진, 영화, 연극, 무용, 오페라, 판소리, 레이저예술, 행위예술 등 일정한 장르의 형태를 띤 표현행위에 의해 어떤 가치를 표현한 것을 의미함(정종섭, 헌법학원론, 2015, 595면).

▶ 이러한 헌법상 예술의 자유의 내용으로는 일반적으로 예술창작의 자유, 예술표현의 자유, 예술적 집회 및 결사의 자유 등이 있음. 이 중에서 '예술창작의 자유'는 예술창작활동을 할 수 있는 자유로서 창작소재, 창작형태 및 창작과정 등에 대한 임의로운 결정권을 포함한 모든 예술창작활동의 자유를 그 내용으로 함. 따라서 음반 및 비디오물로써 예술창작활동을 하는 자유도 이 예술의 자유에 포함됨. 그리고 '예술표현의 자유'는 창작한 예술품을 일반 대중에게 전시·공연·보급할 수 있는 자유임. 예술품의 보급의 자유와 관련

● 기본권의 종류와 내용 (162)

▶ 해서 예술품의 보급을 목적으로 하는 예술출판자 등도 이러한 의미의 예술의 자유를 보호 받는다고 할 것임. 따라서 비디오물을 포함하는 음반제작자도 이러한 의미에서의 예술표현의 자유를 향유한다고 할 것임. 다만 이러한 예술표현의 자유는 무제한한 기본권이 아님. 예술표현의 자유는 타인의 권리와 명예 또는 공중도덕이나 사회윤리를 침해해서는 안 됨. 그리고 국가안전보장, 질서유지 또는 공공복리를 위하여 필요한 경우에는 대한민국 헌법 제37조 제2항에 의하여 법률로써 제한할 수 있지만, 그 제한은 과잉금지의 원칙에 반하지 않는 한도 내에서 할 수 있음(헌재 1993. 5. 13, 91헌바17).

▶ 이러한 예술의 자유와 관련하여 대한민국 헌법재판소는 "영화는 예술표현의 수단이 되기도 하므로, 그 제작 및 상영은 예술의 자유를 규정하고 있는 헌법 제22조 제1항에 의해서도 보장을 받는다."라고 판시함(헌재 1996. 10. 4, 93헌가13 등).

● 기본권의 종류와 내용 (163)

▷ 그리고 대한민국 헌법재판소는 "영화의 제작·상영은 헌법 제22조에 의하여 예술의 자유로 보호된다. 영화는 문학·연기·영상·음악·미술 등이 함께 어우러져 인간의 정신활동을 표현하는 종합예술로서 그 가치와 내용은 상영과 관람이라는 방법에 의하여 공표되고 전달되는바, 영화의 자유는 영화를 제작·반포하고 상영하고 관람할 자유 등을 포함한다."라고 판시함(헌재 2008. 7. 31, 2007헌가4 결정 중 조대현 재판관 의견).

▷ 제70회 베니스 국제영화제 비경쟁 부문에 초청 받은 김기덕 감독의 영화 '뫼비우스'는 영화의 내용 중에서 아들과 어머니 사이(母子간)에 선정적인 성적 표현이 담긴 장면 등이 지나치게 비윤리적이고 반사회적인 표현에 해당된다는 이유로 영상물등급위원회(이하에서 "영등위"로 줄임)로부터 청소년에게 유해한 내용이라는 판정을 받아 2번의 '제한상영가'등급의 결정을 받아 이러한

● 기본권의 종류와 내용 (164)

▷ 제한상영가 등급의 영화를 상영할 수 있는 제한상영관이 우리나라에 단 1곳도 없어 사실상(현실적으로) 국내 개봉을 할 수 없는 상황 하에서 김기덕 필름 측은 영등위가 뫼비우스의 장면들 중에서 문제가 있다고 본 21곳의 2분 30초 정도의 영화 장면을 삭제한 후 87분 50초로 최종 편집된 영화 뫼비우스를 2013년 9월 5일에 우리나라에서 개봉하게 되었음.

▷ 이렇듯 현재 우리나라에서 영화의 제작자나 배급사 등(이하에서 '영화업자'로 줄임) 영화업자는 영화 및 비디오물의 진흥에 관한 법률(이하에서 '영비법'으로 줄임)상 일정한 영화(① 대가를 받지 아니하고 특정한 장소에서 청소년이 포함되지 아니한 특정인에 한하여 상영하는 소형영화·단편영화, ② 영화진흥위원회가 추천하는 영화제에서 상영하는 영화, ③ 국제적 문화교류의 목적으로 상영하는 영화 등 문화체육관광부장관이 등급분류가 필요하지 아니하다고 인정하는 영화)를 제외한 제작 또는 수입한 모든 영화에 대해 그 상영

● 기본권의 종류와 내용 (165)

▷ 전까지 영등위에 영비법상 상영등급을 분류 받아야만 하고, 영비법상 누구든지 이러한 규정을 위반하여 상영등급을 영등위로부터 분류 받지 아니한 영화를 상영해서는 안 되며, 만약 이를 위반했을 때에는 영비법상 3년 이하의 징역이나 3천만원 이하의 벌금에 처하도록 규정함.

▷ 영비법상 영화의 상영등급은 영화의 내용 및 영상 등의 표현 정도에 따라 다음과 같이 5개의 등급으로 분류함.

▷ 1) 전체관람가 : 모든 연령에 해당하는 자가 관람할 수 있는 영화

▷ 2) 12세 이상 관람가 : 12세 이상의 자가 관람할 수 있는 영화

▷ 3) 15세 이상 관람가 : 15세 이상의 자가 관람할 수 있는 영화

▷ 4) 청소년 관람불가 : 청소년은 관람할 수 없는 영화

● 기본권의 종류와 내용 (166)

▷ 5) 제한상영가 : 선정성·폭력성·사회적 행위 등의 표현이 과도하여 인간의 보편적 존엄, 사회적 가치, 선량한 풍속 또는 국민 정서를 현저하게 해할 우려가 있어 상영 및 광고·선전에 일정한 제한이 필요한 영화

▷ 참고 : 이러한 대한민국의 영상물등급제도에 대한 내용을 쉽게 이해할 수 있는 관련 동영상 자료는 https://youtu.be/wX5F_uq5wWY.

★ 영화는 시청각을 표현수단으로 하는 영상매체의 특수성으로 인해 일단 상영된 후에는 그 자극이나 충격이 매우 강하게 그리고 직접적으로 전달되어 그 영향력이 매우 클 뿐만 아니라, 비디오나 인터넷상의 동영상으로 인해 그 파급효과가 대단히 광범위하게 이루어질 수 있게 되어 일단 소비자에게 보급되고 난 뒤에는 이를 효율적으로 규제할 방법이 사실상 없으므로, 헌법 제37조 제2항의 공공의 안녕과 질서의 유지를 위해서 영화가 상영되거나 보급되

● 기본권의 종류와 내용 (167)

기 전에 영화의 내용을 심사하거나 규제해야 할 헌법적 필요성이 있음. 특히 청소년이 음란이나 폭력 등이 남발된 영화에 접근하는 것을 미리 차단하여 청소년을 보호해야 할 헌법적 필요성이 있음. 이렇듯 영화의 상영으로 인한 실정법 위반의 가능성을 사전에 막고, 청소년 등에 대한 상영이 부적절할 경우에 이를 유통단계에서 매우 효과적으로 통제 및 관리하기 위하여 영비법상 영화에 대한 상영등급분류제도에 의해 영화를 상영하기 전에 미리 영화의 등급을 심사하는 것은 헌법상 금지하고 있는 사전검열에 해당한다고 볼 수 없어 헌법적으로 타당한 제도라고 할 것임(헌재 1996. 10. 4, 93헌가13 등).

★ 영비법상 만약 제한상영가 등급의 영화에 관한 광고 또는 선전을 하는 자는 그 광고 또는 선전물을 제한상영관 안에 게시해야 하며, 이 경우에 당해 게시물이 제한상영관 밖에서 보이도록 해서는 안 됨. 만약 이를 위반했을 때에는 영비법상 2년 이하의 징역이나 2천만원 이하의 벌금에 처하도록 규정함.

● 기본권의 종류와 내용 (168)

▷ 그리고 영비법상 누구든지 제한상영관이 아닌 장소 또는 시설에서 제한상영가 등급의 영화를 상영해서는 안 되고, 누구든지 제한상영가 등급의 영화와 동일한 영화를 비디오물 등 다른 영상물로 제작하거나 그 제작된 영상물을 상영·판매·전송·대여하거나 시청에 제공해서는 안 되며, 만약 이를 위반했을 때에는 영비법상 3년 이하의 징역이나 3천만원 이하의 벌금에 처하도록 규정함.

▷ 제한상영관에서는 제한상영가 등급 이외의 다른 영화 등급의 영화를 상영해서는 안 되는바, 만약 이 규정을 위반했을 때에는 영비법상 2년 이하의 징역이나 2천만원 이하의 벌금에 처하도록 규정함.

▷ 영화의 내용 중에서 성적 표현에 의해 형법적으로 처벌되는 음란물에는 해당하는 정도는 아니지만 지나치게 노골적인 성적 표현물에 대해서 성인 관객을

● 기본권의 종류와 내용 (169)

▶ 중에 이를 역겹게 느끼거나 혐오감이나 불쾌감을 느낄 수 있고, 나아가 강한 폭력성 짙은 내용의 잔인한 영화의 내용이나 욕설 등이 난무하여 지나치게 거친 대사나 장면이 많은 영화에 대해 심한 혐오감이나 불쾌감을 느끼는 성인 관객이 있음.

★ 만약 우리나라에서 제한상영가 등급이 없다면 이러한 성인들이 청소년 관람불가등급에서 나타나는 일반적인 성적 표현이나 폭력적인 대사나 장면만을 염두에 두고 영화를 관람하러 갔다가 예상치 못한 지나치게 선정적이거나 매우 강한 폭력적인 장면에 무방비의 상태에서 그대로 노출되어 이로 인한 정신적 고충과 충격을 받을 것이므로, 이러한 폐단을 방지하기 위해서는 영비법에 제한상영가 등급을 두는 것 자체는 필요하다고 보는 것이 타당함.

▶ 즉, 영비법상 제한상영가 등급은 일반 국민의 법 감정에 비추어 볼 때 특히 이러한 영화의 내용을 극히 싫어하는 성인 관객들에게 형법상 '음란'에는 해당하지는 않지만, 지나치게 노골적으로 성을 묘사한 영화나 형법에 의해

● 기본권의 종류와 내용 (170)

▶ 처벌할 수는 없지만 지나치게 과도한 폭력적인 영화나 인간의 보편적 존엄에 반하는 정도의 영화라는 것을 미리 알려 주어 영화의 관람 도중에 갑자기 예상치 못한 정신적 고충이나 충격을 받지 않게 해 줄 필요성이 있다고 할 것이므로, 영비법에 제한상영가 등급을 두는 것 자체는 합헌으로 보는 것이 타당함.

● 9주 강의 연습문제

▶ 아래의 객관식 문제의 정답에 해당되는 번호를 선택하여 정답이 맞으면 퀴즈 점수 1점 부과 !

▶ 정답을 작성할 기회는 단 1번 뿐이니, 신중하게 작성하여 제출하길 바랍니다.

▶ 9주 강의의 퀴즈 문제

▶ 대한민국의 영화 및 비디오물의 진흥에 관한 법률상 영화에 대한 등급은 총 몇 개로 분류될 수 있는지 해당 번호를 선택하시오.

▶ ① 1개   ② 2개   ③ 3개   ④ 4개   ⑤ 5개

● 9주 강의 정리하기

▶ 1. 대한민국 헌법상 집회의 자유의 기능 3개가 무엇인지 간략히 정리하기.

▶ 2. 1인 시위라는 표현은 법적으로 타당하지 못한 이유는 무엇인지 1개 이상 정리하기.

▶ 3. 대한민국의 집회 및 시위에 관한 법률상 집회에 대한 사전신고제도가 합헌인 이유는 무엇인지 1-3줄 이내로 정리하기.

▶ 4. 대한민국의 영비법상 영화에 대한 등급 분류시 각 등급에 해당하는 나이는 어떻게 되는지 정리하기.

▶ 5. 만약 영화가 제한상영가 등급을 받으면 다른 등급의 영화보다 어떤 제한을 받게 되는지 3개 이상 정리하기.

▶ 6. 영화에 대해 등급분류를 행하는 것은 어떤 이유로 헌법적으로 타당한지 1-3줄 이내로 정리하기.

생활 속의 헌법탐험

(10주-1번째 강의)

● 10주 강의 학습의 목표

수강생들이 지난 9주에 계속 이어서 성적 자기결정권 등 헌법상 기본권의 종류와 내용에 대한 기초적인 지식을 습득할 수 있도록 하여, 수강생들 각자 대한민국 국민의 한 사람으로 자신과 타인의 기본권을 보호하고, 기본권 침해 방지의 사고를 갖출 수 있게 하며, 생활 속의 헌법적 다양한 사례와 쟁점에 대한 지식을 습득할 수 있도록 하는 것에 10주 강의의 학습 목표가 있음.

● 10주 강의 학습의 개요

▶ 수강생들이 10주에 학습할 강의의 개요는 성적 자기결정권의 개념과 헌법적 근거 및 제한과 대한민국의 성폭력 범죄와 관련된 주요 입법례 및 강간죄에 대한 헌법적 검토 및 부부강간죄에 대한 헌법적 평가 등에 대해 각각 강의함.

● 기본권의 종류와 내용 (171)

▶ 최근에 우리는 대한민국에서 거의 매일 매우 안타깝게도 크고 작은 각종 '성폭행'이나 '성추행' 등 성 관련 범죄 사건들에 대한 뉴스를 끊임없이 접하고 있음.

▶ 다만 여기서는 '성폭행'이란 개념을 형사상의 강간 범죄만을 뜻하는 협의적 개념으로 사용함. 왜냐하면 국어사전에 의할 때 '성폭행'이란 '강간을 완곡하게 이르는 말로, 폭행이나 협박에 의하여 피해자를 반항하지 못하게 하고, 강제적으로 성관계를 맺는 것'을 뜻하기 때문임(민중서림, 엣센스 국어사전, 2015, 1439면).

▶ 그리고 여기서 '성추행'이란 개념을 국어사전에 '강간 따위를 하거나 성희롱을 하는 짓'으로 기술되어 있는 것(민중서림, 위의 사전, 1438면)에 비추어 성추행은 성폭행이나 성희롱을 뜻하는 개념으로 사용함. 또한 '성추행'이란 건전한 상식이 있는 일반인의 성적 수치감이나 혐오감을 느끼게 하는 일체의 행위라고 보는 견해가 있음(조인섭, 성폭력 관련법, 24기 성폭력 전문상담원 교육자료집, 한국성폭력상담소, 2006. 11, 199면).

● 기본권의 종류와 내용 (172)

▶ 이에 비추어 볼 때 성추행의 개념은 그 안에 성폭행의 개념이 포함되는 보다 넓은 개념인 점을 알 수 있음.

▶ 이 밖에 대한민국 사회에서 위의 '성폭행'이나 '성추행'이란 용어 이외에도 '성폭력'이란 용어가 자주 사용되고 있는바, 대한민국에서 '성폭력'이란 용어는 1980년대 후반에 여성 및 사회단체에서 사용하기 시작했고, 우리나라에서 법적으로는 1994년에 '성폭력범죄의 처벌 및 피해자보호 등에 관한 법률'에서 공식적으로 처음 사용되었음.

▶ 다만 이 성폭력범죄의 처벌 및 피해자보호 등에 관한 법률에서는 구체적으로 '성폭력'에 대한 개념을 정의하지는 않았는바, 여기서 '성폭력'이라는 개념은 강간이나 성추행 등을 포함하는 개념으로, 상대방이 의사에 반하여 가해지는 즉, 상대방의 헌법상 보호되는 성적 자기결정권 등을 침해하는 모든 신체적, 언어적, 정신적 폭력을 뜻한다고 할 것임(조인섭, 앞의 글, 199면).

● 기본권의 종류와 내용 (173)

▶ 즉, '성폭력'이란 성을 매개로 하여 인간에게 가해지는 일체의 정신적, 신체적, 언어적 폭력을 의미하는바, 성폭력은 강간, 윤간, 강도강간 뿐만 아니라 성추행, 언어적 희롱, 음란전화 등 상대방의 의사에 반하여 가하는 성적 행위로, 모든 신체적, 언어적, 정신적 폭력을 포괄하는 매우 광범위한 개념임. 일반적으로 이러한 '성폭력'의 개념은 형사상의 강간이나 강제추행 등 신체적, 물리적인 폭력을 의미하는 것으로 받아들여지고 있고, '성희롱'은 이러한 형사상의 강간이나 강제추행 등을 제외한 가벼운 정도의 성적 행위로 받아들여지고 있음(태보영, 대학내 성폭력에 관한 연구, 인간이해 제22집, 2001. 7, 40면).

▶ 이러한 '성폭력'의 개념은 상대방의 의사와 관계없이 또는 상대방의 의사에 반하여 발생하므로, 헌법적으로 살펴볼 때 해당 성폭력 범죄에 대한 피해자의 성적 자기결정권 등의 기본권을 침해하며, 상대방에게 불쾌감이나

● 기본권의 종류와 내용 (174)

▶ 고통을 줌. 다만 최근 '성폭력'의 개념은 다양한 성적인 농담이나 음란 전화에서부터 성추행이나 강간등을 포함하는 매우 광범위하고 포괄적인 개념으로 사용되고 있음(박성혁, 하혜숙, 김보명, 대학내 성희롱, 성폭력 실태 및 예방교육 활성화 방안 연구, 교육인적자원부, 2007. 12, 15면).

▶ 다만 여기서는 '성폭력'의 개념을 성희롱의 개념을 제외한 성폭행과 성추행의 개념을 포함하는 개념으로 사용함.

▶ 대한민국 사회에서 매우 안타깝게도 이러한 각종 성폭력 범죄는 성인뿐만 아니라 아동이나 장애인 등에게까지 널리 발생하고 있고, 각종 성폭력 범죄의 가해자와 피해자의 관계도 전혀 모르는 관계에서부터 학교의 친구(동기)나 선후배 사이이거나 가까운 친족 간 또는 직장 등의 어떤 조직(단체)에서 상사나 동료 또는 이미 헤어진 연인 사이 등까지 매우 광범위하게 발생하고 있음.

● 기본권의 종류와 내용 (175)

▶ 이러한 각종 성폭력 범죄는 성폭력 범죄 피해자가 스스로 선택한 인생관 등을 바탕으로 사회공동체 안에서 각자가 독자적으로 성적 관(性的 觀)을 확립하고, 이에 따라 사생활의 영역에서 자기 스스로 내린 성적 결정에 따라 자신의 책임 하에 상대방을 선택하여 성관계를 가질 수 있는 권리 즉, 성폭력 범죄 피해자 자신의 성적행동에 대한 결정권을 뜻하는 헌법상 성적 자기결정권이라는 기본권을 침해(훼손)하는 범죄에 해당하며, 각종 성폭력 범죄 피해자의 이러한 헌법상의 성적 자기결정권을 보호하기 위해서 우리나라는 형법전에 강간죄부터 미성년자에 대한 간음 및 추행죄까지 규정하여 각각 형사 처벌을 하고 있고, 강간죄 등의 성폭력 범죄에 대한 상습범을 가중해서 처벌하고 있음.

▶ 또한 대한민국에서 날로 심각해지고 있는 각종 성폭력 범죄에 신속하고 적절하게 대응하여 성폭력 범죄 피해자의 생명과 신체의 안전을 보장하고 건

● 기본권의 종류와 내용 (176)

▶ 강한 사회질서를 확립하기 위하여 형법상 성폭력 범죄의 처벌 및 그 절차에 관한 특례를 규정하고 있는 '성폭력범죄의 처벌 등에 관한 특례법'이 2012년 9월 16일부터 법률 제11048호로 시행되고 있으며, 특히 아동이나 청소년을 각종 성폭력 범죄로부터 보호하고 아동이나 청소년이 건강한 사회구성원으로 성장할 수 있도록 하기 위하여 아동이나 청소년을 대상으로 한 각종 성폭력 범죄의 처벌과 절차에 대한 특례를 규정하고 있는 '아동·청소년의 성보호에 관한 법률'이 2012년 9월 16일부터 법률 제11048호로 시행되고 있음.

▶ 최근에 대한민국의 각종 뉴스에서 보도되었던 각종 성폭력 범죄 사건들 중 큰 사회적 문제를 일으킨 성폭력 범죄 사건의 내용과 그에 대한 처벌규정을 요약 및 정리하여 제시하면 다음과 같음.

● 기본권의 종류와 내용 (177)

▶ 1) 2013년 4월 25일에 대법원 3부는 2005년 4월에 광주 인화학교의 행정실에서 청각장애를 가진 여학생(당시 18세)의 손발을 끈으로 묶고 성폭행한 혐의(영화 '도가니'의 배경이 된 사건)등으로 기소된 광주 인화학교의 전 행정실장이었던 김모 씨에게 형법 제301조의 강간치상죄 등의 죄목으로 징역 8년을 선고함.

▶ 2) 2015년 1월 23일에 대전고등법원 형사 2부는 천안 인애학교에서 천안 특수학교 교사인 이모 씨가 제자인 지적장애 여학생 2명을 학교와 집 등에서 2010년 3월부터 약 1년여 동안 성폭행하고 또 다른 제자 4명을 성추행한 혐의 등으로 구속기소 된 이모 씨에게 성폭력 범죄의 처벌 등에 관한 특례법 제6조 제1항의 장애인에 대한 강간죄와 강제추행죄 등의 죄목으로 징역 15년을 선고함.

▶ 3) 2013년 4월 11일에 대법원 2부는 2012년 7월 12일 오전에 제주 서귀포

● 기본권의 종류와 내용 (178)

▶ 시 성산읍 시흥리 올레길 1코스에서 40대 여성 관광객을 인근의 나무 뒤편으로 끌고 가 성폭행을 시도하다가 반항하자 여성의 목을 졸라 살해한 후 시신을 훼손한 혐의로 강모 씨에게 성폭력범죄의 처벌 등에 관한 특례법 제9조 제1항의 강간 살인죄 등의 죄목으로 징역 23년을 선고함.

▶ 4) 2013년 1월 16일에 대법원 2부는 2012년 4월 1일에 수원에서 길을 지나가던 여성(27세) 곽모 씨와 고의로 부딪힌 다음 자신의 집안으로 끌고 가서 성폭행하려다 실패하자 곽모 씨를 살해한 후에 시신을 매우 잔인(잔혹)하게 훼손한 혐의로 구속기소된 우위안춘(오원춘)에게 성폭력 범죄의 처벌 등에 관한 특례법 제9조 제1항의 강간 살인죄 등의 죄목으로 무기징역을 선고함.

▶ 5) 2011년 4월 28일에 대법원 1부는 2010년 2월 24일에 부산 사상구 덕포

● 기본권의 종류와 내용 (179)

▶ 동에서 예비 여중생(당시 12세)을 납치하여 성폭행한 후에 예비 여중생이 반항하자 목을 졸라서 살해한 혐의로 구속기소 된 김모 씨에게 성폭력범죄의 처벌 및 피해자보호 등에 관한 법률(성폭력 범죄의 처벌 등에 관한 특례법이 제정되기 전의 법률) 제10조 제1항의 13세 미만 미성년자 강간 살인죄 등의 죄목으로 무기징역형을 선고함.

▶ 6) 2009년 9월 24일에 대법원 3부는 2008년 12월에 경기도 안산시 단원구의 모 상가건물 화장실에서 여자 초등학생 나영이(가명·당시 8세)를 납치하여 성폭행을 해 나영이의 생식기와 내장 상당부분을 파열시키는 중상해를 입힌 혐의로 구속기소 된 조모 씨에게 형법 제301조의 강간 상해죄의 죄목으로 12년의 징역형을 선고함.

● 기본권의 종류와 내용 (180)

▶ 7) 2014년 2월 27일에 대법원 1부는 2012년 8월 30일 새벽시간에 전남 나주에서 집에서 잠자고 있던 여자 초등학생(7세)을 이불째 납치한 후 성폭행을 해 대장을 파열시키는 등의 중상해를 입힌 혐의로 고모 씨에게 성폭력범죄의 처벌 등에 관한 특례법 제9조 제1항의 13세 미만 미성년자 강간 살인죄 등의 죄목을 근거로 무기징역형을 선고함.

▶ 8) 2012년 6월 28일에 대법원 2부는 2011년 5월 21일에 경기도 가평의 용추계곡으로 여행을 온 K대 의과대학 본과 4학년에 재학 중인 남학생 3명이 이들과 6년 동안 알고 지내온 같은 과 동기 여학생의 잠든 틈을 이용하여 이 여학생의 옷을 벗겨 집단으로 성추행한 후에 이러한 장면을 휴대전화로 촬영한 남학생인 박 모씨에게는 성폭력범죄의 처벌 등에 관한 특례법 제4조 제2항의 특수 강제추행죄 및 같은 법 제13조의 카메라 등을 이용한 촬영죄의

● 기본권의 종류와 내용 (181)

▶ 죄목으로 2년 6월의 징역형을 선고했고, 이 여학생의 옷을 벗겨 공동으로 같이 성추행한 한모 씨와 배모 씨에게는 각각 성폭력범죄의 처벌 등에 관한 특례법 제4조 제2항의 특수 강제추행죄로 1년 6월의 징역형을 선고함.

▶ 9) 2013년 6월에 서울고등법원 형사 10부는 같은 건물 내의 식당에서 일하던 외모에 관심이 많은 20대 여성에게 보톡스를 놔 주겠다고 꾀어 전신마취제와 프로포폴을 투여해 이 20대 여성의 의식을 잃게 한 후에 성폭행을 한 서울 강남구의 모 성형외과 의사 박모 씨에게 형법 제299조의 준강간죄의 혐의로 2년의 징역형을 선고함.

▶ 10) 2013년 7월 3일에 대전고등법원 형사 1부는 2012년 8월 8일에 충남 서산의 한 피자집에서 종업원으로 일하던 여대생을 성폭행한 후에 휴대전화로

● 기본권의 종류와 내용 (182)

▶ 성폭행 장면을 촬영하고, 이 성폭행 피해자인 여대생이 성폭행범인 피자가게 사장 자신 이외에 다른 남자를 만난다는 이유로 죽이겠다는 협박을 수차례 하여 결국 이 여대생 스스로 자살하도록 만든 피자집 주인 안모 씨에게 형법 제297조의 강간죄와 성폭력범죄의 처벌 등에 관한 특례법 제13조의 카메라 등을 이용한 촬영죄 등의 죄목으로 징역 9년을 선고함.

▶ 11) 2015년 8월 25일에 대구지방법원 형사 12부는 지난 2002년 1월부터 2007년 1월까지 5년 동안 대구 수성구와 남구 등의 지역에서 스타킹이나 마스크 등을 이용하여 얼굴을 숨기고 야간에 가스배관 등을 통해 혼자 사는 여성의 원룸만 골라 침입하여 총 21명의 여성들을 흉기로 위협하여 금품을 빼앗고 성폭행을 행한 김모 씨에게 성폭력범죄의 처벌 등에 관한 특례법 제4조의 특수강도강간 등의 혐의로 무기징역형을 선고함.

● 기본권의 종류와 내용 (183)

▷ 참고로 대한민국 헌법재판소는 지난 2009년 11월 26일에 구 형법 제304조의 혼인빙자간음죄 처벌 규정에 대해 개인의 성적 자기결정권 등을 침해한다는 이유로 위헌으로 판시하여(헌재 2009. 11. 26, 2008헌바58 등) 해당 구 형법상 혼인빙자간음죄 처벌 규정은 이후 폐지됨.

▷ 이렇듯 각종 성폭력 범죄들은 해당 성폭력 범죄 피해자의 헌법상 성적 자기결정권 등의 기본권을 심히 침해하는 중범죄로, 대한민국에서 2013년에 발생한 강간이나 강제추행 등의 성폭력 범죄는 총 26,919건이 발생하였고, 2013년 한 해 동안 평균적으로 성폭력 범죄가 하루에 73.8건, 한 시간에 3.1건이 발생하였는바, 6−8월인 여름에 8,451건이 발생하였고, 9−11월인 가을에 7,801건이 발생하여 여름과 가을에 약 60.37 %가 발생함(대검찰청, 범죄분석 제147호, 2014, 46면).

● 기본권의 종류와 내용 (184)

▷ 이 밖에 2013년에 발생한 성폭력 범죄의 초범은 39.2%(7,408명), 재범은 60.8%(11,470명)로 나타남.

▷ 그리고 2013년에 발생한 성폭력 범죄자 중에서 동종 전과자는 12.5%이고 이종 전과자는 87.5%로 나타났고, 동종 전과자의 경우에는 1년 이내에 재범을 하는 경우가 38.1%로 나타났으며, 성폭력 범죄의 가장 빈발한 시간대는 밤 시간대인 20:00−03:59 사이로 전체 성폭력 범죄의 42.5%로 나타남(대검찰청, 앞의 책, 45−50면).

생활 속의 헌법탐험

(10주-2번째 강의)

● 기본권의 종류와 내용 (185)

▶ 대한민국의 성폭력 범죄 관련 처벌법의 내용에 대해 형법과 성폭력범죄의 처벌 등에 관한 특례법 및 아동·청소년의 성보호에 관한 법률에서 각각 중요한 내용들에 대해 살펴보면 다음과 같음.

▶ (1) 대한민국 형법 제297조에서 "폭행 또는 협박으로 사람을 강간한 자는 3년 이상의 유기징역에 처한다."라고 규정하고 있음.

▶ 이러한 형법상의 강간죄 규정에 의해 먼저 행위주체를 살펴보면 모든 남성과 여성은 본죄의 주체가 되고, 강간죄의 객체는 사람이므로, 미혼, 기혼, 성년, 미성년이나 노인, 음행상습의 여부나 성교능력 등을 불문하고 남성이나 여성 모두 본죄의 객체가 됨.

▶ 그리고 강간죄가 성립되기 위한 행위로 '폭행 또는 협박'을 행하였을 것이 필요한바, 여기서 '폭행'은 사람에 대한 유형력의 행사를 뜻하고, 그 대상은

● 기본권의 종류와 내용 (186)

▶ 피해자인 남성이나 여성 모두 해당하며, '협박'은 해악을 고지하는 것으로 제3자를 대상으로 하는 경우도 포함함.

▶ 또한 '강간'이란 폭행이나 협박으로 상대방의 반항을 현저히 어렵게 하는 상태를 조성하고 그 의사에 반하여 상대방의 남성이나 여성의 성기에 강간범의 성기를 삽입하는 것을 뜻하는바, 간음의 의사로 폭행이나 협박을 개시한 때에 강간죄의 실행의 착수가 있는 것이며, 강간범의 성기를 피해자의 성기에 삽입시 본죄의 기수가 됨.

▶ 또한 강간죄는 폭행이나 협박에 의하여 피해자의 의사에 반하여 간음한다는 사실에 대한 인식과 의사가 있으면 고의가 있는 것으로 보며, 강간의 수단인 폭행이나 협박은 따로 범죄를 구성하지 않고, 강간죄에 포함됨.

▶ 이 밖에 피해자의 동의에 의한 간음은 강간죄를 구성하지 않고, 동일한 기회

● 기본권의 종류와 내용 (187)

▶ 에 수회 간음한 때에도 단순일죄만 성립함(이러한 형법상 강간죄의 주요 내용에 대해서는 김성돈, 형법각론, 2010, 160－162면; 김일수·서보학, 새로 쓴 형법각론, 2004, 159－162면; 박상기, 형법강의, 2010, 497－499면; 배종대, 형법각론, 2010, 250－255면; 손동권, 형법각론, 2010, 148－152면; 오영근, 형법각론, 2009, 172－177면; 이재상, 형법각론, 2010, 162－165면; 이형국, 형법각론, 2007, 214－217면; 임웅, 형법각론, 2011, 171－173면).

▶ 그리고 형법상 강간죄가 성립되기 위한 '폭행 또는 협박을 행하였을 것'에서 폭행이나 협박의 정도에 대해 법원은 보통 상대방의 반항을 불가능하게 하

▶ 〈 휴식 공간 〉

▶ 존 롤스(John Rawls) : '정의'란 정당화될 수 없는 자의적인 불평등이 없는 상태다.

▶ 마이클 샌델(Michael J. Sandel) : '정의'란 인간 존중을 바탕으로 미덕을 키우고 공동선(共同善)을 고민(고려)하는 것이다.

▶ 로널드 드워킨(Ronald Dworkin) : 사람이 자신에게 좋은 삶을 인지하고 그 삶을 존

엄성을 가지고 추구하면 그는 잘사는 것이다. 여기에서 존엄성은 자신뿐 아니라 타인의 삶의 중요성과 윤리적 책임성에 대한 존중을 말한다(로널드 드워킨, 정의론, 2015, 644면).

● 기본권의 종류와 내용 (188)

▶ 거나 현저히 곤란하게 하는 정도이어야 한다고 엄격하게 해석하는 편임.

▶ 형법 제298조의 강제추행죄의 대상은 제한이 없으므로, 남녀에 따른 성별의 구분이나 미혼과 기혼 또는 연령 등은 묻지 않고 그 대상이 되며, 법원은 보통 형법상 강제추행죄의 '폭행 또는 협박'의 정도에 대해 형법상 강간죄에서의 폭행이나 협박의 정도와는 달리 반드시 상대방의 의사를 억압할 정도의

▶ 〈 휴식 공간 〉

▶ 루돌프 폰 예링(Rudolf von Jhering) : 자신의 권리를 침해당했을 때 그 침해된 권리를 상대방에게 주장과 저항(투쟁)을 하는 사람과 평화를 위하여 자신의 권리를 포기하는 사람이 있다. 이 중에서 어떤 희생을 각오하고 그 상대방에게 저항(투쟁)을 하는 경우는 자신의 인격과 명예 및 독립을 위해서 하는 것이다. 만약 전자가 아닌 후자의 방법을 선택하는 자의 권리는 결국 소멸된다. 따라서 상대방의 잘못된 권리 침해에 대해서는 저항(투쟁)을 하는 것은 의무에 해당한다(루돌프 폰 예링, 권리를 위한 투쟁, 2007).

● 기본권의 종류와 내용 (189)

▷ 것임을 요하지 않고, 상대방의 의사에 반하는 유형력의 행사가 있는 이상 그 힘의 대소 강약을 불문하여 형법상 강제추행죄의 폭행이나 협박을 인정하고 있는 편임.

▷ 또한 사람을 고의적으로 어떤 약물을 타서 먹이거나 주입하거나 또는 술에 취하게 하는 등의 방법으로 사람을 심신상실 또는 항거불능의 상태를 이용하여 간음 또는 추행을 한 사람에게는 형법 제299조에 의해 준강간이나 준강제추행죄로 형법상 강간죄나 강제추행죄와 같이 처벌하고 있고, 형법 제300조에서는 형법 제297조 – 형법 제299조의 미수범을 처벌하고 있으며, 형법 제301조에서는 사람을 강간이나 강제추행을 하여 상해하거나 상해에 이르게 했을 때 강간상해죄 또는 강간치상죄로 처벌하고 있으며, 형법 제301조의 2에서는 사람을 강간이나 강제추행을 하여 살해하거나 사망에 이르게

● 기본권의 종류와 내용 (190)

▷ 했을 때 강간살인죄 또는 강간치사죄로 처벌하고 있음.

▷ 이 밖에 미성년자 또는 심신미약자에 대해 위계나 위력을 가하여 간음하거나 추행을 한 사람에게 형법 제302조에 의해 미성년자 등에 대한 간음죄로 처벌하고 있고, 업무나 고용 기타 관계로 인하여 자기의 보호 또는 감독을 받는 사람에 대해 위계 또는 위력으로써 간음하거나 법률에 의해 구금된 부녀를 감호하는 자가 그 사람을 간음한 경우에는 형법 제303조에서 업무상 위력 등에 의한 간음죄로 처벌하고 있으며, 형법 제305조에서 13세 미만의 사람을 간음하거나 13세 미만의 사람에게 추행을 한 자는 형법 제297조, 제298조, 제301조, 제301조의2와 같이 처벌하고 있고, 기타 상습적으로 형법 제297조, 제297조의 2, 제298조부터 제300조까지, 제302조, 제303조, 제305조의

● 기본권의 종류와 내용 (191)

▷ 죄를 범한 자는 그 죄에서 정한 형의 2분의 1까지 가중하여 처벌하고 있음.

▷ (2) 성폭력범죄의 처벌 등에 관한 특례법 제4조에서는 흉기나 그 밖의 위험한 물건을 지닌 채 또는 2인 이상이 합동하여 강간하거나 강제추행을 하거나 준강간 또는 준강제추행을 범한 경우에는 가중처벌을 하고 있음.

▷ 같은 법 제5조에서는 사실상의 관계에 의한 친족을 포함한 4촌 이내의 혈족과 인척 및 동거하는 친족관계인 사람이 강간하거나 강제추행을 하거나 준강간 또는 준강제추행을 범한 경우에 가중처벌을 하고 있음.

▷ 같은 법 제6조와 제7조에서는 각각 장애인과 13세 미만의 자에 대해 강간하거나 강제추행을 하거나 준강간 또는 준강제추행을 범하거나 유사성교행위(구강이나 항문 등 신체의 내부에 성기를 넣는 행위 또는 성기나 항문에 손가락 등 신체의 일부나 도구를 넣는 행위)를 범한 경우에 가중처벌을 하고 있음.

● 기본권의 종류와 내용 (192)

▷ 같은 법 제8조와 제9조에서 강간 등 상해죄 및 치상죄와 강간 등 살인죄 및 치사죄 및 이에 대한 미수범에 대해 처벌하고 있음.

▷ 같은 법 제10조에서는 업무, 고용이나 그 밖의 관계로 인하여 자기의 보호, 감독을 받는 사람에 대하여 위계 또는 위력으로 추행한 사람이나 법률에 따라 구금된 사람을 감호하는 사람이 그 구금된 사람을 추행한 때에는 업무상 위력 등에 의한 추행죄로 처벌하고 있음.

▷ 같은 법 제11조에서는 대중교통수단, 공연·집회 장소, 그 밖에 공중(公衆)이 밀집하는 장소에서 사람을 추행한 사람에게 1년 이하의 징역 또는 300만 원 이하의 벌금으로 처벌하는 공중밀집장소 추행죄를 규정함.

▷ 같은 법 제12조에서는 자기의 성적 욕망을 만족시킬 목적으로 공중화장실

● 기본권의 종류와 내용 (193)

▶ 등에 관한 법률 제2조 제1호부터 제5호까지에 따른 공중화장실 등 및 공중위생관리법 제2조 제1항 제3호에 따른 목욕장업의 목욕장 등 대통령령으로 정하는 공공장소에 침입하거나 같은 장소에서 퇴거의 요구를 받고 응하지 아니하는 사람은 1년 이하의 징역 또는 300만원 이하의 벌금으로 처벌하는 성적 목적을 위한 공공장소 침입죄를 규정함.

▶ 같은 법 제13조에서는 자기 또는 다른 사람의 성적 욕망을 유발하거나 만족시킬 목적으로 전화, 우편, 컴퓨터, 그 밖의 통신매체를 통하여 성적 수치심이나 혐오감을 일으키는 말, 음향, 글, 그림, 영상 또는 물건을 상대방에게 도달하게 한 사람은 2년 이하의 징역 또는 500만원 이하의 벌금으로 처벌하는 통신매체이용 음란죄를 규정함.

▶ 같은 법 제14조에서는 카메라나 그 밖에 이와 유사한 기능을 갖춘 기계장치를

● 기본권의 종류와 내용 (194)

▶ 이용하여 성적 욕망 또는 수치심을 유발할 수 있는 다른 사람의 신체를 그 의사에 반하여 촬영하거나 그 촬영물을 반포·판매·임대·제공 또는 공공연하게 전시·상영한 자는 5년 이하의 징역 또는 1천만원 이하의 벌금으로 처벌하고, 이러한 촬영이 촬영 당시에는 촬영대상자의 의사에 반하지 아니하는 경우에도 사후에 그 의사에 반하여 촬영물을 반포·판매·임대·제공 또는 공공연하게 전시·상영한 자는 3년 이하의 징역 또는 500만원 이하의 벌금으로 처벌하며, 영리를 목적으로 이러한 촬영물을 정보통신망 이용촉진 및 정보보호 등에 관한 법률 제2조 제1항 제1호의 정보통신망을 이용하여 유포한 자는 7년 이하의 징역 또는 3천만원 이하의 벌금으로 처벌하는 카메라 등 이용 촬영죄를 규정함.

● 기본권의 종류와 내용 (195)

▶ (3) 아동·청소년의 성보호에 관한 법률 제7조에서 19세 미만의 아동이나 청소년을 폭행 또는 협박으로 강간하거나 강제추행을 하거나 준강간 또는 준강제추행 행위를 범하거나 유사성교행위를 범한 경우에는 가중처벌함.

▶ 같은 법 제8조에서는 19세 이상의 사람이 장애를 가진 장애인복지법 제2조 제1항의 13세 이상의 사람을 간음 또는 추행하거나 장애를 가진 장애인복지법 제2조 제1항에 따른 장애인으로서, 신체적인 또는 정신적인 장애로 사물을 변별하거나 의사를 결정할 능력이 미약한 13세 이상의 아동·청소년을 간음하거나 장애 아동·청소년으로 하여금 다른 사람을 간음하게 하는 경우에는 3년 이상의 유기징역으로 처벌하도록 규정함.

▶ 같은 법 제11조에서는 19세 미만의 사람을 이용한 음란물을 제작·수입·수출하거나 영리를 목적으로 이러한 음란물을 판매·대여·배포·제공·소지·

● 기본권의 종류와 내용 (196)

▶ 운반·공연히 전시등을 한 경우에 처벌하도록 규정하고 있음.

▶ 같은 법 제12조부터 제14조까지 19세 미만의 사람의 성을 매매하기 위한 각종 성적 강요행위에 대해 처벌하고 있음.

▶ 같은 법 제18조에서 같은 법 제34조 제2항의 각 호에 해당하는 기관·시설 또는 단체의 장과 그 종사자가 자기의 보호·감독 또는 진료를 받는 아동·청소년을 대상으로 성범죄를 범한 경우에는 그 죄에 정한 형의 2분의 1까지 가중처벌을 하도록 규정함.

▶ 같은 법 제19조에서는 음주 또는 약물로 인한 심신장애 상태에서 아동·청소년대상 성폭력범죄를 범한 때에는 형법상 심신장애나 농아자의 경우에도 형의 감경사유의 규정을 적용하지 않을 수 있도록 규정함.

● 기본권의 종류와 내용 (197)

▷ 대한민국 헌법재판소는 성적 자기결정권의 의미나 개념에 대해 개인이 각자 자신의 성행위 여부 및 그 상대방을 결정할 수 있는 권리로 보는 견해(헌재 1990. 9. 10, 89헌마82)와 개인 스스로 선택한 인생관 등을 바탕으로 사회공동체 안에서 각자가 독자적으로 성적 가치관을 확립하고, 이에 따라 사생활의 영역에서 자기 스스로 내린 결정에 따라 자기책임으로 상대방을 선택하여 성관계를 가질 권리라고 보는 견해(헌재 2002. 10. 31, 99헌바40)가 있음.

▷ 생각건대, 대한민국 헌법상 '성적 자기결정권'이란 개인이 각자 자신의 인생관을 기초로 확립된 성적 가치관에 따라 혼자서 행할 수 있는 성적 만족 행위를 결정하고 행할 수 있는 권리를 뜻함. 그리고 헌법상 '성적 자기결정권'이란 자신의 책임 하에 마음에 드는 상대방과 자율적으로 성적 접촉이나

● 기본권의 종류와 내용 (198)

▷ 성행위의 여부를 결정할 수 있고, 성적 의사(意思)가 합치된 상대방과 그 어떤 성적 접촉이나 성행위를 행할 수 있는 권리를 뜻한다고 보는 것이 타당함(이희훈, 성적 자기결정권과 성폭력 관련 법제 및 판례에 대한 헌법적 고찰, 헌법논총 제26집, 헌법재판소, 2015, 181면).

생활 속의 헌법탐험

(10주−3번째 강의)

● 기본권의 종류와 내용 (199)

▶ 대한민국 헌법재판소는 성적 자기결정권의 헌법적 근거에 대해 "헌법 제10
조는 '모든 국민은 인간으로서의 존엄과 가치를 가지며, 행복을 추구할 권리
를 가진다. 국가는 개인이 가지는 불가침의 기본적 인권을 확인하고 이를
보장할 의무를 진다.'라고 규정하여 모든 기본권을 보장의 종국적 목적(기본
이념)이라 할 수 있는 인간의 본질이며 고유한 가치인 개인의 인격권과 행
복추구권을 보장하고 있다. 그리고 개인의 인격권과 행복추구권에는 개인의
자기운명결정권이 전제되는 것이고, 이 자기운명결정권에는 성행위여부 및
그 상대방을 결정할 수 있는 성적자기결정권이 또한 포함되어 있으며 …"라
고 판시하여(헌재 1990. 9. 10, 89헌마82; 헌재 2015. 2. 26, 2009헌바17 등),
헌법상 성적 자기결정권을 헌법 제10조의 인격권과 행복추구권으로부터 도
출된다고 봄.

● 기본권의 종류와 내용 (200)

▷ 그리고 대한민국 헌법재판소는 형법상 혼인빙자간음죄 규정에 대한 위헌
결정에서 "개인의 인격권과 행복추구권에는 개인의 자기운명결정권이 전제
되는 것이고, 이 자기운명결정권에는 성행위 여부 및 그 상대방을 결정할
수 있는 성적 자기결정권이 포함되어 있으며, 이 규정이 남성의 성적 자기
결정권을 제한하는 것은 틀림없고, 남성의 성생활이라는 내밀한 사적 생활
영역에서의 행위를 제한하므로, 헌법 제17조가 보장하는 사생활의 비밀과
자유 역시 제한한다. 한편 형법상 혼인빙자간음죄의 보호법익은 소위 '여성
의 성적 자기결정권'이고, 이 법률 조항에 의하여 침해되는 기본권도 또한
'개인의 성적 자기결정권'이다. 성적 자기결정권은 헌법상 보호되는 인격권
의 한 부분으로서, 인격권은 헌법 제10조의 인간의 존엄성과 행복추구권
및 헌법 제17조의 사생활의 비밀과 자유에 그 헌법적 기초를 두고 있다."

● 기본권의 종류와 내용 (201)

▷ 라고 판시하여(헌재 2002. 10. 31, 99헌바40 등) 헌법상 성적 자기결정권의
헌법적 근거를 헌법 제10조와 제17조라고 본 경우도 있음.

▷ 생각건대, 대한민국 헌법은 '자기결정권'이란 기본권을 명시적으로 규정하지
않고 있음. 그러나 누구나 각 개인의 삶에 대한 중요한 사적인 사안에 대해
공권력이나 기타 사인으로부터 간섭을 받음이 없이 스스로 자유롭게 결정하
고 그 결정에 따라 행동할 수 있는 권리인 자기결정권은 대한민국 헌법상
그 규정 여부에 상관없이 당연히 보장된다고 할 것임. 이러한 헌법상의 자기
결정권에는 자기 자신의 사적인 사항인 결혼, 이혼, 출산, 피임, 낙태 등 인생
의 전반에 걸친 설계에 관한 사항과 생명연장의 치료거부, 자살, 장기이식 등
삶과 죽음에 관한 사항 및 머리모양, 복장, 등산, 수영, 흡연, 음주 등 개인의
생활방식이나 취미에 관한 사항, 그리고 혼전성교, 혼외성교 등 성인 간의

● 기본권의 종류와 내용 (202)

▶ 합의에 의한 성적행동에 관한 사항 등에 관하여 스스로 자유롭게 결정하고 그 결정에 따라 행동할 수 있는 권리가 포함되어 있음(김주현, 자기결정권과 그 제한, 헌법논총 제7집, 헌법재판소, 1996. 30면). 즉, 헌법상 자기결정권에는 개인이 각자 자신의 성행위 여부 및 그 상대방을 결정할 수 있는 등의 성적 자기결정권이 포함되어 있음(헌재 1990. 9. 10, 89헌마82).

▶ 대한민국 헌법은 제10조에서 인간의 존엄과 가치 및 행복추구권을 포괄적 기본권으로서 규정한 것과는 별 개로 헌법 제12조부터 개별적 자유권 규정을 두고 있는바, 이러한 개별적 기본권 중의 하나인 사생활의 자유 중 개인의 성에 대한 스스로의 자기결정에 따라 자신의 사생활을 스스로 자율적으로 형성해 나갈 자유인 사생활의 자유를 보호하기 위하여 독일이 기본법에 일반적 인격권의 보호 규정을 두었지만 사생활의 비밀에 대한 보호

● 기본권의 종류와 내용 (203)

▶ 규정을 별도로 두지 않고 있는 것과는 달리 대한민국 헌법 제17조에서 사생활의 자유 규정을 헌법 제10조와 별도로 명시적으로 규정하고 있어 대한민국 헌법 제17조의 사생활의 자유 규정은 대한민국 헌법 제10조의 일반적 인격권 규정에 대해 특별 기본권 조항에 해당하여 개인이 자율적으로 사생활을 형성할 권리는 헌법 제10조의 일반적 인격권 규정이 아닌 헌법 제17조의 사생활의 자유 규정에 의해 우선적으로 보호된다고 볼 것임(이희훈, 앞의 글, 190 – 193면).

▶ 또한 헌법 제10조의 행복추구권은 다른 기본권에 대한 보충적 기본권으로서의 성격을 지니기 때문에(헌재 2000. 12. 14, 99헌마112) 개인의 사적 영역에 속하는 성에 대한 자율적인 자기결정에 따라 스스로 살아나가는 것은 대한민국 헌법 제10조의 행복추구권 규정에 대한 특별 기본권 규정에 해당하는

● 기본권의 종류와 내용 (204)

▷ 대한민국 헌법 제17조의 사생활의 자유 규정에 의해 성적 자기결정권이 도출되어 보호된다고 볼 것임(이희훈, 앞의 글, 194-196면).

▷ 대한민국 헌법재판소는 "개인의 성적 자기결정권은 국가적·사회적·공공복리 등의 존중에 의한 내재적 한계가 있는 것이며, 따라서 절대적으로 보장되는 것은 아닐 뿐만 아니라 헌법 제37조 제2항이 명시하고 있듯이 질서유지와 공공복리 등 공동체의 목적을 위하여 그 제한이 불가피한 경우에는 성적 자기결정권의 본질적 내용을 침해하지 않는 한도에서 법률로써 제한할 수 있다."라고 판시함(헌재 1990. 9. 10, 89헌마82).

▷ 대한민국 형법상 강간죄에서 강간의 폭행이나 협박의 정도에 대해 대한민국 대법원은 "강간죄가 성립하려면 '가해자의 폭행이나 협박은 피해자의 항거를 불가능하게 하거나 현저히 곤란하게 할 정도의 것이어야 하고', 그 폭행이나 협박이 피해자의 항거를 불가능하게 하거나 현저히 곤란하게 할 정도의

● 기본권의 종류와 내용 (205)

▷ 것이었는지의 여부는 그 폭행이나 협박의 내용과 정도는 물론 유형력을 행사하게 된 경위, 피해자와의 관계, 성교 당시와 그 후의 정황 등 모든 사정을 종합하여 판단하여야 할 것이다."라고 판시하여(대판 1990. 12. 11, 90도2224; 대판 2001. 2. 23, 2000도5395 등) 강간 피해자의 성적 자기결정권에 대해 폭넓게 보호해 주지 못하고 매우 협소하게 보호해 주는 헌법상 강간 피해자의 성적 자기결정권을 침해할 문제점이 있음.

▷ 생각건대, 강간죄의 폭행이나 협박의 정도에 대해 그 피해자에게 '강간 피해자의 항거가 불가능하거나 현저히 곤란할 정도'로 보는 것은 다음과 같은 세 가지 점에서 타당하지 않음.

▷ 첫째, 강간 피해자의 성격은 천차만별일 것인바, 강간 피해자의 평소 성격이나 생활태도 등에 따라 강간범의 갑작스런 강간행위에 의해 경악하여 몸이

● 기본권의 종류와 내용 (206)

▷ 굳어 버렸거나 또는 강간범에 대한 극도의 공포나 기타 다른 심리적인 사유로 강간행위에 대해 심히 적극적으로 저항할 수 없었거나 또는 강간 피해자가 타인의 도움을 전혀 기대하거나 이를 요청할 수 없었거나 또는 강간범이 강간 피해자보다 체력적으로 훨씬 우월하여 강간행위에 대해 저항하는 것이 무의미하여 적극적으로 강간행위에 대해 저항을 할 수 없었거나 처음부터 그 저항을 포기한 경우 등이 있을 수 있으므로(변종필, 강간죄의 폭행,협박에 관한 대법원의 해석론과 그 문제점, 비교형사법연구 제8권 제2호, 2006. 12, 151면; 조국, '아내강간'의 성부와 강간죄에서의 '폭행, 협박'의 정도에 대한 재검토, 형사정책 제13권 제1호, 2001. 6, 25 – 26면), 이러한 경우에는 당연히 강간 피해자의 헌법상의 성적 자기결정권을 침해하는 강간행위에 해당한다고 보아야 할 것임.

▷ 즉, 강간범의 강간행위에 대해 강간 피해자가 진지한 성교 거부의 의사표시를 하거나 또는 이러한 강간피해자의 진지한 성교 거부의 의사표시를 억압

● 기본권의 종류와 내용 (207)

▷ 하는 정도의 어떤 유형력의 행사가 있으면 강간죄의 폭행·협박에 해당한다고 보는 것이 성적 자기결정권이라는 기본권을 최대한 보장하려는 헌법상 기본권의 보호 이념 또는 정신에 합치함(이희훈, 앞의 글, 205면).

▷ 둘째, 형법상 강간죄를 처벌하는 입법 목적은 강간 피해자의 헌법상 성적 자기결정권을 보호하려는 것에 있음에 비추어 볼 때 강간 피해자의 성적 자기결정권을 침해하는 행위의 폭행이나 협박의 정도가 반드시 '강간 피해자의 항거를 불가능하게 하거나 현저히 곤란하게 할 정도의 것'일 필요는 없을 것임. 따라서 강간 피해자의 성적 자유의사 또는 강간 피해자의 자율적인 성적 자기결정에 반하는 행위는 그 유형과 정도를 불문하고 헌법 제17조의 사생활의 자유 규정으로부터 도출되어 보장되는 강간 피해자의 헌법상 성적 자기결정권을 침해하는 행위라고 보는 것이 형법상 강간

● 기본권의 종류와 내용 (208)

▶ 죄의 '강간 피해자의 성적 자기결정권의 자유의 보호'라는 형법상 강간죄 처벌 규정의 입법 목적에 부합하며, 헌법상 강간 피해자의 성적 자기결정권의 보호 정도를 현저히 부당하게 축소시키지 않게 되기 때문에(윤영철, 형법의 법익론 관점에서 본 부부강간의 문제, 형사정책연구 제18권 제1호, 2007. 3, 29－30면; 황성기, 강간죄에 대한 대법원 판례 비판, 성폭력 조장하는 대법원 판례 바꾸기 제9차 자료집, 2007. 3, 12－13면), 강간죄의 폭행이나 협박의 정도에 대해 강간 피해자의 진지한 성교 거부의 의사표시에 반하거나 또는 이러한 의사를 억압하는 정도의 유형력의 행사가 있으면 강간죄가 성립하는 것으로 보는 것이 타당함.

▶ 셋째, 강간죄의 폭행이나 협박의 정도에 대해 '강간 피해자의 항거가 불가능하거나 현저히 곤란할 정도'로 본다면 강간 피해자에게 강간시도에 대해 강하게 저항 내지 항거를 했음을 입증해야 할 책임을 부담시키게 되어 자칫

● 기본권의 종류와 내용 (209)

▶ 강간 피해자에게 여러 정황상 자기방어에 소홀한 점을 이유로 오히려 강간의 책임을 전가시키거나(조국, 앞의 글, 27면) 또는 강간의 피해자를 오히려 강간이라는 성폭력 범죄의 원인 제공자나 방조자로 변질시킬 위험성이 있어(변종필, 앞의 글, 152면; 한인섭, 형법상 폭행개념에 대한 이론, 형사법연구 제10호, 1998. 12, 124면) 강간 피해자의 헌법상의 성적 자기결정권을 침해할 수 있는 문제점이 있으므로, 강간 피해자의 진지한 성교 거부의 의사표시에 반하거나 또는 이러한 의사를 억압하는 정도의 유형력의 행사가 있으면 강간죄의 폭행이나 협박에 해당한다고 보는 것이 성적 자기결정권이라는 기본권을 최대한 보장하려는 헌법상 기본권 보호 이념 또는 정신에 합치하여 이에 타당함(이희훈, 앞의 글, 205－206면).

▶ 형법상 강간죄에서 강간의 폭행이나 협박의 정도에 대해 살펴보면 대규의

● 기본권의 종류와 내용 (210)

▶ 경우 1970년대까지 법원은 강간 피해자가 강간행위에 대해 모든 육체적 힘을 다해서 그리고 가능한 모든 수단을 사용하여 강간범과 싸우는 '극도의 필사적인 저항'을 했을 경우에 한하여 강간죄로 처벌되기 위한 폭행에 해당한다고 보았음(조국, 앞의 글, 20면).

▶ 그러나 이후 미국은 '강간죄 개혁운동'에 의해 모범형법전이 제정되었고, 1974년에 미시건 주에서 최초로 형법상 강간죄 규정에서 '극도의 필사적인 저항요건'을 폐지하였으며, 현재 미국의 대다수의 주 형법전에서 강간 피해자의 '극도의 필사적인 저항요건'을 폐지함. 또한 미국 법원은 어떤 여성이 원하지 않는 성적 공격에 대한 두려움으로 마비가 된 듯 꼼짝도 못하게 되어 아무런 저항을 할 수 없는 경우를 예상할 수 있을 것인바, 강간 피해자의 저항이 '극도의 필사적인 저항'이 아닌 '진지한 저항'이나 '합리적인

● 기본권의 종류와 내용 (211)

▶ 저항'의 정도만 있으면 강간죄의 성립을 인정하고 있음(윤영철, 앞의 글, 27면; 조국, 앞의 글, 21-22면).

▶ 다음으로 영국의 경우에는 1956년 성범죄법 제69장 제1조 1. 남성 또는 여성에 대한 강간죄 규정의 제2항에 의해 강간행위 당시 굳이 강간범의 폭력이나 협박이 없더라도 강간 피해자의 동의를 받지 않고 성교를 행했을 때에는 강간죄로 처벌하는 규정을 두고 있음.

▶ 그리고 독일은 독일 형법 제177조 제1항 제1-3호에서 '폭력 또는 신체나 생명에 대한 현존하는 위험으로 협박하여 강간'한 경우 이외에도 '피해자가 행위자의 공격에 대하여 보호 없이 노출되어 있는 상태를 이용하여 강간'한 경우에도 강간죄로 처벌하도록 규정하고 있는바, 강간 피해자가 가해자와의 신체적인 차이를 느껴 그 위압감에 저항을 처음부터 포기하거나 타인의

● 기본권의 종류와 내용 (212)

▷ 도움을 전혀 기대할 수 없는 경우 또는 피해자가 경악으로 몸이 굳어 버렸거나 또는 가해자에 대한 공포나 기타 다른 심리적인 이유로 저항할 능력을 상실한 경우에도 강간죄로 처벌하도록 규정하고 있음(윤영철, 앞의 글, 27면).

▷ 또한 프랑스는 프랑스 형법 제222−23조에서 '폭행이나 강제 또는 협박이나 기습의 형태'로 다른 사람에게 성적 삽입행위를 행한 일체의 행위를 형법상 강간죄로 처벌하고 있는바, 이를 통해 강간 피해자가 강간범에 대해 '끝까지 저항하였을 것'이라는 요건을 필요로 하지 않고 있음(김희균, 성폭력범 처벌의 이론: 강간죄의 구성요건 해당성, 형사정책연구 제16권 제4호, 2005. 12, 117면).

▷ 이러한 형법상 강간죄에서 강간의 폭행이나 협박의 정도에 대한 미국, 영국, 독일 및 프랑스의 주요 선진국의 입법례나 판례에 비추어 볼 때 강간 피해자의 헌법상 성적 자기결정권의 보호 정도가 우리나라의 경우보다 강하여

● 기본권의 종류와 내용 (213)

▷ 강간죄의 성립요건인 강간범의 폭행이나 협박의 정도를 우리나라의 경우보다 넓게 인정하여 강간 피해자의 헌법상 성적 자기결정권을 최대한 보호 내지 보장해 주고 있음을 우리나라에 시사해 줌(이희훈, 앞의 글, 209면).

● 10주 강의 연습문제

▶ 아래 질문에 해당하는 낱말의 정답이 맞으면 퀴즈 점수 1점 부과 !

▶ 정답을 작성할 기회는 단 1번 뿐이니, 신중하게 작성하여 제출하길 바랍니다.

▶ 10주 강의의 퀴즈 문제

▶ 다음의 질문에 해당하는 법률의 이름을 쓰시오.

▶ 최근 과학기술의 발달로 스마트폰에 내장된 초고화질 카메라를 이용하여 상대방의 동의 없이 성적 수치심을 유발하는 사진을 촬영했을 때 처벌할 수 있는 법률의 명칭은?

● 10주 강의 정리하기

▶ 1. 각종 성폭력 범죄에 대해 처벌할 수 있는 형법과 앞의 퀴즈 문제의 정답에 해당되는 법률을 제외한 기타 다른 법률의 이름에는 무엇이 있는지 2개만 정리하기

▶ 2. 성적 자기결정권의 개념에 대해 1－2줄로 정리하기.

▶ 3. 대한민국 헌법재판소의 판례에 의할 때 성적 자기결정권의 헌법적 근거를 대한민국 헌법 조항 중 어디에서 찾고 있는지 2－3개의 헌법 조항에 대해 정리하기.

▶ 4. 형법상 강간죄의 폭행이나 협박의 정도에 대해 대한민국 대법원이 강간 피해자의 항거가 불가능하거나 현저히 곤란할 정도로 보는 것에 대해 (법적으로) 어떻게 생각하는지 2－3줄로 정리하기.

생활 속의 헌법탐험

(11주-1번째 강의)

● 11주 강의 학습의 목표

수강생들이 지난 10주에 계속 이어서 성적 자기결정권과 관련된 부부강간죄, 생명권, 기본권의 제한 및 제한의 한계 등에 대한 기초적인 지식을 습득할 수 있도록 하여, 수강생들 각자 대한민국 국민의 한 사람으로 자신과 타인의 기본권을 보호하고, 기본권 침해 방지의 사고를 갖출 수 있게 하며, 생활 속의 헌법적 다양한 사례와 쟁점에 대한 지식을 습득할 수 있도록 하는 것에 11주 강의의 학습 목표가 있음.

● 11주 강의 학습의 개요

▶ 수강생들이 11주에 학습할 강의의 개요는 부부강간죄에 대한 헌법적 평가, 생명권의 의의와 입법례 및 헌법적 근거 및 주체 및 제한과 기본권의 제한 및 제한의 한계 등에 대해 각각 강의함.

● 기본권의 종류와 내용 (214)

▶ 최근 2013년 5월 16일에 대한민국 대법원은 자신의 아내를 흉기로 위협하고 아내에게 상처를 입히는 등 강제로 성관계를 하여 성폭력범죄의 처벌 등에 관한 특례법 위반으로 기소된 강모 씨(45)에게 징역 3년 6월을 선고한 원심을 확정하여 비록 법률상의 부인(아내)일지라도 남편이 폭행이나 협박 등을 통해 부인의 의사에 반하여 강제로 성관계를 맺으면 형법상 강간죄가 성립할 수 있다고 판시하여, 형법 제297조의 강간죄의 객체의 범위에 법률상의 부인을 강간죄의 객체에 포함되는 것으로 판시함(대판 2013. 5. 16, 2012도14788·2012전도252 등).

▶ 같은 판결에서 대한민국 대법원은 대법관 13명 중 2명을 제외한 11명의 대법관이 법률상 부부 사이에 민법상 동거의무가 있고, 여기에는 부부 간에 성생활을 함께 할 의무도 포함된다는 점은 인정했지만, 이러한 부부 간의

● 기본권의 종류와 내용 (215)

▶ 성생활을 함께 할 의무에 일반적으로 남편의 폭행이나 협박에 의해 강요된 성관계를 부인이 감내할 의무까지 포함되지 않는다는 점을 명확히 밝힘.

▶ 즉, 대한민국 대법원은 법적으로 혼인을 한 부부 사이이더라도 이를 이유로 부인이 헌법상 성적 자기결정권이라는 기본권을 포기한 것으로 볼 수 없고, 법적으로 혼인을 한 것이 부부 사이에 다른 일방에게 폭행이나 협박 등을 통해 성적으로 억압하거나 강제하는 삶을 참으면서 살아야 하는 과정이라고 볼 수 없으며, 혼인관계가 실질적으로 유지되는 경우에도 남편의 성폭력이 부인의 헌법상 성적 자기결정권을 심각하게 유린되는 상황이 지속되고 있음에도 국가가 부부 사이의 내밀한 성생활이라는 이유만으로 개입을 자제한다면 헌법상 인간의 존엄과 양성의 평등에 기초한 혼인생활을 보장할

● 기본권의 종류와 내용 (216)

▷ 국가의 책무를 소홀히 하는 것으로서, 필요한 경우에 국가의 형벌권을 행사하여 국가가 더 이상의 피해를 방지토록 해야 한다고 명확히 판시함.

▷ 이러한 대법원의 2012도14788·2012전도252 판결은 법률상 혼인을 한 배우자이더라도 배우자가 스스로 선택한 인생관 등을 바탕으로 사회공동체 안에서 독자적으로 성적 관(性的 觀)을 확립하고, 이에 따라 부부 간에 사생활의 영역에서 자기 스스로 내린 성적 결정에 따라 자신의 책임 하에 상대방과 성관계를 가질 수 있는 권리인 헌법상 성적 자기결정권이라는 기본권을 강하게 존중해 주고 최대한 보호해 주려는 것으로서 헌법상 타당한 판결이라고 평가됨(이희훈, 성적 자기결정권과 성폭력 관련 법제 및 판례에 대한 헌법적 고찰, 헌법논총 제26집, 헌법재판소, 2015, 210면).

▷ 한편 이렇게 부부 간에도 강간죄가 성립되어 형사처벌을 할 수 있게 함으로써,

● 기본권의 종류와 내용 (217)

▷ 부부 중 어느 일방의 혼인 중의 성적 자기결정권을 인정하여 이를 보호해 줄 수 있느냐에 대한 외국의 입법례나 판례를 살펴보면 먼저 미국은 1976년까지 부부는 하나라는 이론에 근거하여 부부간의 강간을 인정하지 않는 '결혼 강간 면제법'조항이 있었으나, 이후 1984년에 미국의 뉴욕 주 항소법원에서 혼인신고서는 아내 강간 자격증이 아니라는 판결을 내려 아내에 대한 강간을 처벌토록 하면서 한 주(州)씩 해당 '결혼 강간 면제법' 조항을 폐기하여 현재 미국은 모든 주(州)에서 부부 강간을 성폭행 범죄로 처벌하고 있음(이희훈, 앞의 글, 210−211면).

▷ 그리고 영국은 1991년에 최고법원 전원합의체 판결을 통해서 부부간에 강간 면책을 공식적으로 폐기하였으며, 1994년에 영국은 형사정의 및 공공질서법을 제정하여 부부 간의 강간을 강간죄에 포함시켜 처벌하고 있고, 독일은

● 기본권의 종류와 내용 (218)

▷ 1997년에 독일 형법에 부부강간죄를 처벌토록 규정하였으며, 프랑스는 1981년부터 부부강간죄를 일반 강간죄보다 무겁게 처벌하고 있음(이희훈, 앞의 글, 211면).

▷ 이러한 외국의 입법례나 판례의 견해에 비추어 볼 때 대한민국에서 2013년 5월 16일에 정상적인 부부사이라도 형법상 강간죄가 성립될 수 있다는 것을 대법원이 인정한 판결을 한 것은 우리나라도 이제 미국, 영국, 독일, 프랑스 등과 같이 결혼한 아내의 몸과 성을 더 이상 남편의 소유물로 보는 가부장적인 남성중심주의적 사고에서 벗어나 강간은 설사 법률상의 부부간에도 아내의 성적 자기결정권을 심히 침해하여 아내의 심각한 육체적 또는 정신적인 피해를 발생시키는 범죄행위라는 것을 명시적으로 밝힌 것으로서, 법률상의 부부간에도 아내의 헌법상 성적 자기결정권이라는 기본권을 강하게 보호해 주기 위한 판결이라는 점에서 헌법적으로 타당한 판결이라고 평가됨(이희훈, 앞의 글, 211면).

● 기본권의 종류와 내용 (219)

▷ 1. 생명권의 의의

▷ '생명'이란 아직 생존하지 않은 것과 죽음(死)에 반대되는 인간의 정신적(인격적), 신체적(육체적)인 생의 존재 상태를 뜻함. 따라서 이러한 생명의 개념에 의하면 '생명'이란 법으로 인정해 주어야만 비로소 인정되는 것이 아니라, 인간의 존재 그 자체로서 자연적으로 당연히 인정되는 것임(정종섭, 헌법학원론, 2015, 477면).

▷ 즉, 인간의 생명은 고귀한 것이므로 이 세상에서 그 무엇과도 바꿀 수 없는 존엄한 인간 존재의 근원이라고 하겠는바, 이러한 인간의 생명에 대한 권리를 '생명권'이라고 함. 이러한 생명권은 비록 헌법에 명문의 규정이 없다고 하더라도 인간의 생존본능과 존재목적에 바탕을 둔 선험적이고 자연법적인 권리로서, 헌법에 규정된 모든 기본권의 전제로서 기능하는 기본권 중의 기본권에 해당함(헌재 1996. 11. 28, 95헌바1).

● 기본권의 종류와 내용 (220)

▶ 따라서 헌법상 인간의 생명권은 최대한 존중되어야만 하고, 국가는 헌법상 용인될 수 있는 정당한 사유 없이 생명권을 박탈하는 내용의 입법 등을 해서는 안 되며, 사인(私人)의 범죄행위로 인하여 국민의 생명권이 박탈되는 것을 방지할 수 있는 입법 등을 함으로써 국민의 생명권을 최대한 보호할 의무가 있음(헌재 2010. 2. 25, 2008헌가23).

▶ 이러한 견지에서 국가는 원칙적으로 생명의 생리학적인 조건을 충족하고 있는 이상 모든 생명에 대한 가치는 같은 것으로 보아야 하므로, 어떤 생명에 대해서 이미 또는 아직 사회적 기능을 할 수 있다거나 없다는 식의 관점이나 더 이상 생존할 가치가 있는 생명이라거나 생존할 가치가 없는 생명이라는 식의 관점으로 인간의 생명의 가치에 차등을 두어서는 안 됨(권영성, 헌법학원론, 2009, 406면).

● 기본권의 종류와 내용 (221)

▶ 따라서 국가는 합리적 이유 없이 흉기 등으로 자신의 생명을 해치려고 하는 타인에 대해서는 부득이하게 이에 대해 방어하는 과정에서 그 상대방을 살해하거나(형법상 정당방위가 성립되는 경우), 둘 이상의 생명이 양립할 수 없는 경우(형법상 긴급피난이 성립되는 경우), 국가가 전시상황 하에 놓였을 때 적군을 사살하는 경우 등에는 무죄로 판단하게 되는바, 이렇게 어디까지나 극히 예외적인 상황 하에서만 생명에 대한 사회적 또는 법적 평가를 할 수 있음.

▶ 참고로, 기원 전 2세기에 그리스에서 배가 난파되어 승무원 전원이 바다에 빠지게 된 사건이 있었는바, 혼자만 매달릴 수 있는 널판지 한 조각을 붙잡고 간신히 살고 있던 한 사람이 있었는데, 다른 한 사람이 나타나 그 널판지에 같이 매달리려고 했음. 그러나 만약 두 사람이 그 널판지에 매달릴 경우에 그 널판지가 가라앉아서 둘 다 죽게 되는 경우에 다른 사람을 그

● 기본권의 종류와 내용 (222)

▶ 널판지에서 밀어내서 결국 그 사람을 물에 빠져 죽게 만들었고, 이후 널판 지에 매달려 있던 사람은 구조되어 재판을 받게 되었는데, 법원에서 무죄를 선고 받게 됨.

▶ 이것을 일명 '카르네아데스의 널판지 사건'이라고 하며, 이것이 오늘날의 긴 급피난에 해당되는 대표적인 사례임.

▶ 2. 생명권에 대한 입법례

▶ (1) 미국

▶ 1776년 6월 12일에 미국 버지니아 권리장전 제1조에서 "모든 사람은 태어나 면서부터 평등하고 자유로우며 독립적이고 천부적인 권리를 가지는바, 사람 들이 사회를 수립하는데 있어 그들의 자손으로부터 생명과 자유, 재산의 취 득과 유지, 행복과 안전을 추구할 권리를 박탈하는 것은 불가능하다."라고 규정하여 생명권을 명시적으로 보장하는 규정을 둠.

● 기본권의 종류와 내용 (223)

▶ 그리고 1776년 7월 4일에 미국 독립선언서 중에서 "… 우리들은 다음과 같 은 것을 자명한 진리로 받아들인다. 즉, 모든 사람은 평등하게 태어났고, 신 은 몇 개의 양도할 수 없는 권리를 부여하였는바, 그 권리 중에는 생명과 자 유 및 행복 추구라는 것이 있다. 이러한 권리를 확보하기 위해서 인간은 정 부를 조직했으며, 이러한 정부의 정당한 권력은 국민의 동의로부터 유래한 다. 또한 어떠한 형태의 정부이든지 간에 이러한 목적을 파괴할 때에는 언 제든지 정부를 개혁하거나 폐지하여 그들의 안전과 행복을 가져올 수 있는 가장 효과적이고 적합한 원칙에 기초를 두고 그러한 형태로 권력을 조직하 여 새로운 정부를 만드는 것은 인민의 권리다.…"라고 규정하여 명시적으로 생명권을 보장하는 규정을 둠.

● 기본권의 종류와 내용 (224)

▷ 1791년 미국 연방수정헌법 제5조에서 "누구든지 대배심에 의한 고발이나 기소가 있지 않는 한 사형에 해당하는 죄 또는 중죄에 관하여 심리를 받지 아니한다. 다만 전쟁시나 공공의 위험이 발생했을 때에 육군이나 해군 또는 민병대에서 실제 복무 중에 발생한 사건에 대해서는 예외로 한다. 그 누구든지 동일한 범행으로 생명이나 신체에 대한 위험에 거듭 빠뜨려서는 안 되고, 어느 형사사건에 대해서도 자신이 증인이 될 것을강요받아서는 안 되며, 그 누구든지 정당한 법의 절차에 의하지 아니하고는 생명, 자유 또는 재산을 박탈당하지 아니한다. 또한 사유재산은 정당한 보상 없이 공용을 위하여 수용당하지 아니한다."라는 규정과 동 헌법 제14조 제1절에서 "미국에서 출생하거나 귀화한 자 및 미국의 관할권에 속하는 모든 사람은 미국 및 그 거주하는 주의 시민이다. 그 어떤 주도 미국 시민의 특권이나 면책권을 박탈하는

● 기본권의 종류와 내용 (225)

▷ 법률을 제정하거나 시행할 수 없다. 또한 그 어떤 주도 정당한 법의 절차에 의하지 않고는 그 어떤 사람으로부터도 생명, 자유, 또는 재산을 박탈할 수 없으며, 그 관할권 내에 있는 어떠한 사람에 대해서 법률에 의한 동등한 보호를 거부하지 못한다."라고 규정하여 생명권을 명시적으로 보장하는 규정을 두고 있음.

생활 속의 헌법탐험

(11주-2번째 강의)

● 기본권의 종류와 내용 (226)

▶ (2) 일본

▶ 1946년에 일본은 일본 헌법 제13조에서 "모든 국민은 개인으로서 존중 받는다. 생명, 자유 및 행복추구에 대한 국민의 권리는 공공복리에 위반되지 않는 한 입법 기타의 국정에서 최대한 존중해야 한다."라고 규정하여 생명권을 명시적으로 보장하는 규정을 둠.

▶ (3) 세계인권선언

▶ 1948년의 세계인권선언 제3조에서 "모든 사람은 생명과 자유 및 신체의 안전을 향유할 권리를 가진다."라고 규정하여 생명권을 명시적으로 보장하는 규정을 둠.

▶ (4) 독일

▶ 1949년에 독일은 독일 기본법 제2조 제2항에서 "그 누구든지(모든 사람은) 각자 생명권과 신체를 훼손당하지 않을 권리를 갖는다. 신체의 자유는 불가침이다. 이 권리들은 법률에 근거해서만 제한될 수 있다."라고 규정하여 명시적으로 생명권을 보장하는 규정을 둠.

● 기본권의 종류와 내용 (227)

▷ (5) 시민적·정치적 권리에 관한 국제규약 B규약

▷ 1966년의 '시민적·정치적 권리에 관한 국제규약 B규약'의 제6조 제1항에서 "모든 인간은 생명에 대한 고유의 권리를 가진다. 이 권리는 법률에 의해서 보호된다. 누구라도 자의적으로 그 생명을 박탈당할 수 없다."라고 규정하여 생명권을 명시적으로 인정하는 규정을 둠.

▷ (6) 기타 국가

▷ 1992년의 슬로바키아 헌법 제15조 제1항과 1992년의 파라과이헌법 제4조 등에서도 생명권을 명시적으로 보장하는 규정을 둠.

▷ 3. 대한민국 헌법상 생명권에 대한 근거와 인간의 생명과 관련된 입법례

▷ 대한민국 헌법전에는 생명권에 대한 명시적 규정이 없는바, 대한민국 헌법에서 생명권에 대한 근거로 보는 규정에 대해 살펴보면 크게 다음과 같음.

● 기본권의 종류와 내용 (228)

▷ 첫째, 생존해 있는 사람의 생명권은 인간의 본질적 가치에 해당하므로 사람의 생명을 박탈하는 것은 곧 인간의 존엄과 가치를 침해하는 것으로 보아야 한다는 점에서 생명권은 헌법 제10조의 인간의 존엄과 가치 규정에서 찾아야 한다는 견해가 있음. 이 견해에 의하면 생명권은 인간의 본질적 가치에 속하므로, 생명의 박탈은 곧 인간의 존엄을 침해하는 것으로 봄(김철수, 헌법학신론, 2013, 431면; 정재황, 신헌법입문, 2015, 313면).

▷ 둘째, 헌법상 생명권은 먼저 헌법 제10조의 인간의 존엄과 가치 규정에서 찾을 수 있으며, 사람의 생명은 인간의 신체의 안전과 자유의 본원적 기초이므로 신체의 안전과 자유의 보장을 규정한 헌법 제12조 제1항의 신체의 자유의 규정에서 함께 찾아야 한다는 견해가 있음(성낙인, 헌법학, 2015, 1049면).

▷ 셋째, 헌법 제10조의 인간의 존엄성은 죽은 사람에게도 지용된다는 점에서 생명권의 헌법적 근거로 헌법 제10조의 인간의 존엄성 규정에서 찾는 것은

● 기본권의 종류와 내용 (229)

▶ 타당하지 않다는 점과 사람의 생명이 비록 인간의 신체를 전제로 하지만 헌법 제12조 제1항의 신체의 자유에 의해 직접 사람의 생명이 보장된다고 보는 것은 무리가 있다는 점에서 헌법상 생명권은 헌법 제37조 제1항의 헌법에 열거되지 아니한 권리에서 찾아야 한다는 견해가 있음(계희열, 헌법학(중), 2000, 239면).

▶ 넷째, 헌법상 생명권은 인간의 존엄과 가치의 핵심을 이루는 것으로 헌법상 기본권질서의 논리적인 전제이자 기초가 되므로 헌법 제10조와 사람의 신체의 자유를 규정한 헌법 제12조 제1항 및 헌법에 열거되지 아니한 권리까지도 보장해 주는 헌법 제37조 제1항에서 동시에 찾아야 한다는 견해가 있음(권영성, 헌법학원론, 2009, 407면; 정종섭, 헌법학원론, 2015, 478면).

▶ 이에 대해 대한민국 헌법재판소는 "인간의 생명은 고귀하고, 이 세상에서

● 기본권의 종류와 내용 (230)

▶ 무엇과도 바꿀 수 없는 존엄한 인간존재의 근원이다. 이러한 인간의 생명에 대한 권리는 비록 헌법에 명문의 규정이 없다고 하더라도 인간의 생존본능과 존재목적에 바탕을 둔 선험적이고 자연법적인 권리로서, 헌법에 규정된 모든 기본권의 전제로서 기능하는 기본권 중의 기본권이라 할 것이다."라고 판시함(헌재 1996. 11. 28, 95헌바1).

▶ 이렇듯 대한민국 헌법상 생명권의 헌법적 근거에 대해서는 위와 같이 여러 견해들이 있지만, 생명권을 기본권으로 헌법상 인정된다는 점은 이론과 헌법재판소 판례에서 공통됨.

▶ 생각건대, 인간의 존엄과 가치는 기본권 질서의 이념적 출발점이고 핵심적 내용이자 헌법의 존재의의에 해당하는바, 이러한 헌법 제10조의 인간의 존엄과 가치규정은 헌법의 최고원리이며, 모든 기본권의 지도 원리로서 기능

● 기본권의 종류와 내용 (231)

▷ 함. 따라서 헌법 제10조의 인간의 존엄과 가치 규정은 처음부터 어떤 기본 권이 헌법상 보호되어야 할 권리임에도 불구하고 헌법에 명문으로 열거되지 않은 경우에 이러한 기본권을 도출하는 법적 근거가 된다고 할 것인바, 이러한 점에서 대한민국 헌법상 생명권은 헌법에 명시적인 근거 규정이 없지만, 헌법 제10조의 인간의 존엄과 가치 규정을 근거로 헌법상 보장된다고 할 것임(전광석, 한국헌법론, 2015, 283–287면).

▷ 즉, 생명은 인간의 본질로서, 인간의 존엄성의 핵심적 내용으로 다른 기본권 의 가치적 및 이념적 전제가 된다는 점에서 생명권은 헌법 제10조의 인간의 존엄과 가치 규정에 그 근거가 있다고 할 것임(김문현, 사례연구 헌법, 2009, 163 면; 김학성, 헌법학원론, 2014, 379면).

▷ 4. 생명권의 주체

▷ 헌법상 생명권의 주체는 그 성질상 법인은 그 주체가 될 수 없고, 자연인인

● 기본권의 종류와 내용 (232)

▷ 이상 국민과 외국인을 불문하고 보장됨.

▷ 한편 대한민국 헌법상 생명권에서 보호하고자 하는 생명은 모든 생명이 있 는 것을 뜻하므로, 독자적인 생존능력이나 생존가능성이 있는 생명에 한해 서 헌법상 생명권을 인정할 필요가 없다는 점에서 헌법상 생명의 시기(始 期)는 민법이나 형법과 같은 법률에서의 사람의 출생시기와 반드시 동일하 게 볼 필요는 없음.

▷ 이와 관련하여 대한민국 헌법재판소는 "모든 인간은 헌법상 생명권의 주체가 되며, 형성 중의 생명인 태아에게도 생명에 대한 권리가 인정되어야 한다. 따 라서 태아도 헌법상 생명권의 주체가 되며, 국가는 헌법 제10조에 따라 태아 의 생명을 보호할 의무가 있다."라고 판시함(헌재 2008. 7. 31, 2004헌바81).

▷ 그리고 생명권의 주체라고 하더라도 자신의 생명을 함부로 하는 것에 대해

● 기본권의 종류와 내용 (233)

▷ 서는 제한을 가할 필요가 있으므로, 어떤 사람이 타인의 생명을 끝내도록 적극적으로 유도하게 되면 형법상 자살교사죄로 처벌하고, 타인의 생명을 보호감독할 의무가 있는 사람이 타인의 생명이 끝나는 것을 그대로 방치하면 형법상 자살방조죄로 처벌함. 다만 국가는 생명권의 주체가 엄격한 조건 하에서 자신의 자율적인 진지한 결단에 의해 자신의 생명을 포기하는 자살에 대해 국가가 개입하는 것은 한계가 있음. 그러나 자살은 사회적 전염성이 강하고 사회 전체에 좋지 않은 영향을 미칠 수 있기 때문에 국가는 생명을 존중하는 문화의 조성을 위한 자살예방정책과 대책을 수립해야 할 것임. 이에 대한민국에서 자살예방 및 생명존중문화 조성을 위한 법률이 제정됨 (성낙인, 앞의 책, 1050면).

● 기본권의 종류와 내용 (234)

▷ 자살예방 및 생명존중문화 조성을 위한 법률상 국민은 자살위험에 노출되거나 스스로 노출되었다고 판단될 경우에 국가 및 지방자치단체에 도움을 요청할 권리가 있고, 국민은 국가 및 지방자치단체가 자살예방정책을 수립·시행함에 있어서 적극 협조해야 하며, 자살을 할 위험성이 높은 자를 발견한 경우에는 구조되도록 조치를 취해야 함.

▷ 그리고 국가 및 지방자치단체는 자살의 위험에 노출되거나 노출될 가능성이 있다고 판단되는 자(이하 '자살위험자'라 한다)를 위험으로부터 적극 구조하기 위하여 필요한 정책을 수립해야 하고, 국가 및 지방자치단체는 자살의 사전예방, 자살 발생 위기에 대한 대응 및 자살이 발생한 후 또는 자살이 미수에 그친 후 사후대응의 각 단계에 따른 정책을 수립·시행해야 함. 또한 자살의 위해성을 일깨우고 자살예방을 위한 적극적인 사회 분위기를

● 기본권의 종류와 내용 (235)

▷ 조성하기 위하여 매년 9월 10일을 자살예방의 날로 하고, 자살예방의 날부터 1주일을 자살예방주간으로 함.

▷ 한편 인간과 인체유래물 등을 연구하거나, 배아나 유전자 등을 취급할 때 인간의 존엄과 가치를 침해하거나 인체에 위해를 끼치는 것을 방지하여 생명윤리 및 안전을 확보하기 위하여 생명윤리 및 안전에 관한 법률이 제정됨.

▷ 이러한 생명윤리 및 안전에 관한 법률상 대통령 소속으로 국가생명윤리심의위원회를 두며, 인간대상연구를 하려는 자는 인간대상연구를 하기 전에 연구계획서를 작성하여 국가생명윤리심의위원회의 심의를 받아야 하고, 누구든지 체세포복제배아 및 단성생식배아(이하에서 '체세포복제배아 등으로 줄임)를 인간 또는 동물의 자궁에 착상시켜서는 안 되며, 착상된 상태를 유지하거나 출산해서는 안 됨.

● 기본권의 종류와 내용 (236)

▷ 그리고 생명윤리 및 안전에 관한 법률상 누구든지 인간의 배아를 동물의 자궁에 착상시키거나 동물의 배아를 인간의 자궁에 착상시키는 행위를 해서는 안 되며, 누구든지 인간의 난자를 동물의 정자로 수정시키거나 동물의 난자를 인간의 정자로 수정시키는 행위, 핵이 제거된 인간의 난자에 동물의 체세포 핵을 이식하거나 핵이 제거된 동물의 난자에 인간의 체세포 핵을 이식하는 행위, 인간의 배아와 동물의 배아를 융합하는 행위, 다른 유전정보를 가진 인간의 배아를 융합하는 행위, 이러한 각 행위로부터 생성된 것을 인간 또는 동물의 자궁에 착상시키는 행위를 해서는 안 된다고 규정하고 있음.

▷ 또한 생명윤리 및 안전에 관한 법률상 누구든지 임신 외의 목적으로 배아를 생성해서는 안 되며, 누구든지 배아를 생성할 때에는 특정의 성을 선택할

● 기본권의 종류와 내용 (237)

▷ 목적으로 난자와 정자를 선별하여 수정시키는 행위, 사망한 사람의 난자 또는 정자로 수정하는 행위, 미성년자의 난자 또는 정자로 수정하는 행위(다만, 혼인한 미성년자가 그 자녀를 얻기 위하여 수정하는 경우는 제외함)를 해서는 안 되며, 금전, 재산상의 이익 또는 그 밖의 반대급부를 조건으로 배아나 난자 또는 정자를 제공 또는 이용하거나 이를 유인하거나 알선해서는 안 된다고 규정하고 있음.

▷ 이 밖에 생명윤리 및 안전에 관한 법률상 배아의 보존기간은 5년으로 하고 (동의권자가 보존기간을 5년 미만으로 정한 경우에는 이를 보존기간으로 함), 배아생성의료기관은 이러한 보존기간이 끝난 배아 중 연구의 목적으로 이용하지 아니할 배아는 폐기해야 하며, 누구든지 유전정보를 이유로 교육·고용·승진·보험 등 사회활동에서 다른 사람을 차별해서는 안 된다고 규정하

● 기본권의 종류와 내용 (238)

▷ 고 있으며, 다른 법률에 특별한 규정이 있는 경우를 제외하고는 누구든지 타인에게 유전자검사를 받도록 강요하거나 유전자 검사의 결과를 제출하도록 강요해서는 안 되도록 규정하고 있음.

▷ 대한민국 헌법은 절대적 기본권을 명문으로 인정하지 않고 있고, 헌법 제37조 제2항에서 국민의 모든 자유와 권리는 국가안전보장이나 질서유지 또는 공공복리를 위하여 필요한 경우에 한하여 법률로써 제한할 수 있도록 규정하고 있는바, 어느 개인의 생명권에 대한 보호가 곧바로 다른 개인의 생명권에 대한 제한이 될 수밖에 없는 경우에는 비록 생명이 이념적으로 절대적 가치를 지닌 것이라고 하더라도 생명에 대한 법적 평가가 예외적으로 허용될 수 있다고 할 것임. 예를 들어, 생명에 대한 현재의 급박하고 불법적인 침해의 위협에서 벗어나기 위한 정당방위로서, 그 침해자의 생명에 제한을

● 기본권의 종류와 내용 (239)

▷ 가해야 하는 경우, 모체의 생명이 상실될 우려가 있어 태아의 생명권을 제한하여야 하는 경우, 국민 전체의 생명에 대하여 위협이 되는 현재적이고 급박한 외적의 침입에 대한 방어를 위하여 부득이하게 국가가 전쟁을 수행하는 경우 등 매우 예외적인 상황 하에서 국가는 부득이하게 생명에 대한 법적인 평가를 통해 서 특정한 개인의 생명권을 제한할 수 있다고 할 것임(헌재 2010. 2. 25, 2008헌가23).

▷ 따라서 이러한 경우에는 비록 생명이 헌법 이념적으로는 절대적인 가치를 가지고 있더라도 생명에 대한 법적인 평가가 예외적으로 허용될 수밖에 없다고 할 것이므로, 헌법상 생명권 역시 헌법 제37조 제2항에 의한 제한의 대상이 된다고 보는 것이 타당함(헌재 1996. 11. 28, 95헌바1).

● 기본권의 종류와 내용 (240)

▷ 만약 헌법상의 생명권을 절대적인 기본권으로 본다면 어떠한 경우에도 생명에 대한 제한을 가할 수 없게 되는바, 둘 이상의 생명을 모두 살릴 수 없이 충돌하는 경우이거나 정당한 이유 없이 타인의 생명을 해치는 경우 등 생명에 대한 국가적 제한을 불가피하게 인정할 수밖에 없는 경우가 있으므로, 헌법상 생명권도 헌법 제37조 제2항에 의해 법률로서 과잉금지의 원칙(비례의 원칙)에 위반되지 않도록 생명권의 제한시 필요 최소한의 범위 내에서 그 제한을 할 수 있는 것으로 보아야 할 것임(정종섭, 앞의 책, 481면).

생활 속의 헌법탐험

(11주-3번째 강의)

● 기본권의 제한과 제한의 한계 (1)

▶ 국가는 국민 등의 기본권을 보호(보장)만 해 줄 수는 없고 일정한 경우에 그 제한을 행할 필요가 있음.

▶ 왜냐하면 이렇게 국민 등 기본권의 주체가 국가에게 자신의 기본권만 보호(보장)해 달라는 주장만 받아주게 되면 그것으로 인하여 국가의 안전보장이나 질서유지 또는 공공복리에 큰 해악을 끼쳐 더 이상 국가가 원활하게 운영 및 유지되어 나갈 수 없기 때문임.

▶ 예를 들어, 어떤 사람이 헌법 제23조에 의한 재산권을 더 많이 보호(보장)받기 위하여 적법한 행위로 재산 증식을 하지 않고 타인의 재물을 강압적으로 빼앗거나 또는 타인 몰래 훔치는 방법이나 또는 타인을 속이는 방법 등으로, 즉 강도나 절도행위 또는 사기행위 등을 통해 자신의 재산권을 더 많이 보호(보장)받으려는 것에 대해 국가가 아무런 제재나 제한을 가하지 않고 그대로 방치하거나 이러한 행위를 오히려 보호해 준다면 국가는

● 기본권의 제한과 제한의 한계 (2)

▶ 홉스가 말한 만인에 대한 만인의 투쟁 상태가 되어 마치 약육강식의 동물사회처럼 되어 더 이상 국가를 운영 및 유지해 나갈 수 없게 될 것이기 때문임.

▶ 따라서 국가는 국가를 계속 운영 및 유지해 나가기 위하여 부득이하게 필요한 경우에 한하여 국민대표기관인 국회에서 제정한 각종 법률 등을 통해서 국민 등의 기본권을 그 필요 최소한의 범위 내에서 어느 정도 제한할 수밖에 없음.

▶ 다만, 이렇게 국가가 국민 등의 기본권을 제한하더라도 그 제한이 기본권의 본질적 내용을 침해하지 않도록 너무 과도하거나 지나치지 않도록 그 필요한 최소의 범위 내에서 제한을 해야 하는 제한의 한계가 있음.

▶ 1. 기본권을 제한하는 입법의 목적은 국가안전보장, 질서유지, 공공복리 중의 1개 이상을 실현하기 위한 것일 것

● 기본권의 제한과 제한의 한계 (3)

▶ (1) 이러한 대한민국 헌법 제37조 제2항에서 기본권의 제한 법률이 정당화되기 위한 목적적인 요건 중의 하나인 '국가안전보장'이란 국가의 존립과 헌법의 기본질서의 유지 등을 포함하는 개념으로서, 국가의 독립, 영토의 보전, 헌법과 법률의 기능, 헌법에 의하여 설치된 국가기관의 유지 등 국가적 안전의 확보를 실현하기 위한 것을 뜻함(헌재 1992. 2. 25, 89헌가104).

▶ 이와 관련된 현행 법률로는 '국토를 참절하거나 국헌을 문란할 목적으로 폭동한 자는 다음의 구별에 의하여 처단한다. ① 수괴는 사형, 무기징역 또는 무기금고에 처한다. ② 모의에 참여하거나 지휘하거나 기타 중요한 임무에 종사한 자는 사형, 무기 또는 5년 이상의 징역이나 금고에 처한다. 살상, 파괴 또는 약탈의 행위를 실행한 자도 같다. ③ 부화 수행하거나 단순히 폭동에만 관여한 자는 5년 이하의 징역 또는 금고에 처한다.'라고 규정한

● 기본권의 제한과 제한의 한계 (4)

▶ 형법상 내란죄의 규정이나 '외국과 통모하여 대한민국에 대하여 전단을 열 게 하거나 외국인과 통모하여 대한민국에 항적한 자는 사형 또는 무기징역 에 처한다.'라고 규정한 형법상 외환유치죄 규정이나 '적국과 합세하여 대한 민국에 항적한 자는 사형에 처한다.'라고 규정한 형법상 여적죄 등의 규정 및 국가보안법과 군사기밀보호법 등이 있음.

▶ (2) 대한민국 헌법 제37조 제2항에서 기본권의 제한 법률이 정당화되기 위 한 목적적 요건 중 하나인 '질서유지'란 사회 내의 개인이나 공동체의 구성 원들이 계속해서 평화롭게 존속 및 유지해 나갈 수 있게 해 주고, 사회 구 성원 모두가 함께 안전하게 조화를 이루며 잘 살아갈 수 있도록 하기 위하 여 그에 필요한 여러 규칙을 만들고 유지해 나가는 국가 내의 자유민주적 기본질서를 포함하는 헌법적 질서와 그 밖의 사회적 안녕질서의 보호를

● 기본권의 제한과 제한의 한계 (5)

▶ 뜻함(권영성, 헌법학원론, 2009, 349면; 전광석, 한국헌법론, 2015, 258면; 정종섭, 헌법 학원론, 2015, 365면).

▶ 이와 관련된 현행 법률로는 형법상의 강도죄, 절도죄, 사기죄 등의 국가 내 의 사회 질서를 유지하기 위한 여러 처벌 규정들과 경찰법, 소방기본법, 공 직선거법, 집회 및 시위에 관한 법률, 경찰관직무집행법, 도로교통법, 경범 죄처벌법, 성매매알선 등 행위의 처벌에 관한 법률, 청소년보호법, 아동·청 소년의 성보호에 관한 법률, 풍속영업의 규제에 관한 법률, 화염병 사용 등 의 처벌에 관한 법률 등을 들 수 있음.

▶ (3) 대한민국 헌법 제37조 제2항에서 기본권의 제한 법률이 정당화되기 위 한 목적적 요건 중 하나인 '공공복리'란 국가의 모든 경제, 사회, 문화, 복지, 건강, 환경 등 사회구성원 전체의 삶의 이익을 위한 공공의 이익(국민의 생 활안전과 건강증진 및 사회경제영역의 안정과 발전 및 편의 등의 보장)을

● 기본권의 제한과 제한의 한계 (6)

▶ 뜻함(권영성, 앞의 책, 350면; 정종섭, 앞의 책, 366면).

▶ 이러한 공공복리에 대해서 대한민국 헌법은 제119조 이하의 경제에 관한 장에서 "균형 있는 국민경제의 성장과 안정, 적정한 소득의 분배, 시장의 지배와 경제력남용의 방지, 경제주체간의 조화를 통한 경제의 민주화, 균형 있는 지역경제의 육성, 중소기업의 보호육성, 소비자보호 등"의 경제영역에서의 국가목표를 명시적으로 규정함으로써 국가가 경제정책을 통하여 달성하여야 할 공익을 구체화하고 있음(헌재 1996. 12. 26, 96헌가18).

▶ 이와 관련된 현행 법률로는 국토의 계획 및 이용에 관한 법률, 건축법, 산림자원의 조성 및 관리에 관한 법률, 도로법, 하천법, 항공법, 도시공원 및 녹지 등에 관한 법률, 자연재해대책법, 문화재보호법, 전기통신사업법, 공익사

● 기본권의 제한과 제한의 한계 (7)

▶ 업을 위한 토지 등의 취득 및 보상에 관한 법률, 식품위생법 등을 들 수 있음(성낙인, 헌법학, 2015, 951면; 정종섭, 앞의 책, 366면).

▶ 2. 대한민국 헌법 제37조 제2항에 의한 기본권의 제한은 원칙적으로 '법률'의 형식으로서만 가능한바, 이때의 법률에 속하는 것으로는 다음과 같이 크게 세 가지의 경우를 들 수 있음.

▶ 첫째, '국회가 제정한 형식적 의미의 법률'로 국민 등의 기본권을 제한할 수 있음.

▶ 다만 이러한 법률은 국민의 기본권을 제한하는 법 규정이 너무 광범위하거나 애매모호한 개념을 사용하여 그 의미를 전혀 알 수 없을 정도에 해당하면 그 법규정은 막연하거나 애매하므로 무효가 된다는 원칙인 '명확성의 원칙'에 위반되면 안 됨.

▶ 둘째, '법률의 위임입법'과 '대통령의 긴급명령권이나 긴급재정·경제명령'에

● 기본권의 제한과 제한의 한계 (8)

▶ 의해 국민 등의 기본권을 제한할 수 있음.

▶ 대한민국 헌법 제76조 제1항에 의하면 대통령은 내우, 외환, 천재, 지변 또는 중대한 재정, 경제상의 위기에 있어서 국가의 안전보장 또는 공공의 안녕질서를 유지하기 위하여 긴급한 조치가 필요하고 국회의 집회를 기다릴 여유가 없을 때에 한하여 최소한으로 필요한 재정, 경제상의 처분을 하거나 이에 관하여 법률의 효력을 가지는 명령을 발할 수 있도록 규정하고 있고, 대한민국 헌법 제76조 제2항에 의하면 대통령은 국가의 안위에 관계되는 중대한 교전상태에 있어서 국가를 보위하기 위하여 긴급한 조치가 필요하고 국회의 집회가 불가능한 때에 한하여 법률의 효력을 가지는 명령을 발할 수 있도록 규정하고 있어, 이러한 대통령의 긴급명령이나 긴급재정·경제명령은 법률적 효과가 발생하므로, 이를 통하여 기존의 법률을 개폐할 수 있음.

● 기본권의 제한과 제한의 한계 (9)

▶ 참고로 대통령이 이러한 긴급명령권이나 긴급재정·경제명령권을 발한 때에는 지체 없이 국회에 보고하여 그 승인을 얻어야 하며, 이때 국회의 승인을 얻지 못한 때에는 그 처분 또는 명령은 그때부터 효력을 상실함.

▶ 이때에는 그러한 명령에 의하여 개정되거나 폐지되었던 법률은 그 명령이 승인을 얻지 못한 때부터 당연히 효력을 회복함.

▶ 셋째, 국내법상 법률과 동일한 효력을 가지는 '헌법 제60조 제1항에 의한 국회의 사전동의를 얻어서 체결해야 되는 조약(국회는 상호원조 또는 안전보장에 관한 조약, 중요한 국제조직에 관한 조약, 우호통상항해조약, 주권의 제약에 관한 조약, 강화조약, 국가나 국민에게 중대한 재정적 부담을 지우는 조약 또는 입법사항에 관한 조약의 체결·비준에 대한 동의권을 가진다)'와 포로에 관한 제네바 협정, 집단학살금지협정, 고문 기타 잔혹하고 비인도적인

● 기본권의 제한과 제한의 한계 (10)

▶ 또는 굴욕적인 처우나 형벌의 금지협약, 부전(不戰)조약, 외교관의 대우에 관한 국제법상의 원칙, 국내문제 불간섭의 원칙 등 '일반적으로 승인된 국제법규'에 의해 국민 등의 기본권을 제한 할 수 있음.

▶ 3. 대한민국 헌법 제37조 제2항에 의해 국민 등의 기본권을 합헌적으로 제한하기 위해서는 그 제한이 너무 과도하거나 광범위하여 지나치지 않는 방법으로 제한을 해야 함.

▶ 이와 관련된 원칙을 '과잉금지의 원칙(비례의 원칙)'이라고 하는바, 이 원칙은 아래와 같이 크게 세 가지로 구성됨.

▶ 첫째, 과잉금지의 원칙 안에는 먼저 국가가 국민 등의 기본권을 합헌적으로 제한하려면 해당 국민 등의 기본권을 제한하는 법률이 국가안전보장이나 질서

● 기본권의 제한과 제한의 한계 (11)

▶ 유지 또는 공공복리라는 목적을 달성하기 위하여 입법자가 선택한 방법이나 수단은 그 목적을 실현하거나 달성하기 위하여 그 방법이나 수단이 효과적이고 적절해야 한다는 것을 뜻하는 '수단의 적합성(방법의 적정성) 원칙'이 있음(헌재 1990. 9. 3, 89헌가95; 헌재 1992. 12. 24, 92헌가8).

▶ 여기서 '적합성 또는 적정성'이란 입법자가 국민 등의 기본권을 제한하는 법률에서 선택한 기본권 제한의 방법이나 수단이 국가안전보장이나 질서유지 또는 공공복리라는 목적을 달성하는데 조금이라도 기여하는가를 뜻함(양삼승, 과잉금지의 원칙, 헌법논총 제1집, 헌법재판소, 1991, 126-127면).

▶ 둘째, '최소 침해의 원칙(피해의 최소성 원칙)'이란 입법자가 국가안전보장이나 질서유지 또는 공공복리라는 목적을 달성하기 위해 적합한 여러 개의 수단이 있을 때 이러한 여러 개의 적합한 수단들 중 개인의 기본권을 가장

● 기본권의 제한과 제한의 한계 (12)

▶ 적게 제한하면서 그 법률이 달성하려는 목적을 달성할 수 있는 수단을 선택해야 한다는 것을 뜻함(헌재 2003. 8. 29, 2001헌마788 등).

▶ 이에 대해 대한민국 헌법재판소는 "비례의 원칙 중 피해의 최소성은 입법권자가 선택한 기본권 제한의 조치가 입법의 목적달성을 위하여 설사 적절하다고 할지라도 보다 완화된 형태나 방법을 모색함으로써 기본권의 제한은 그 필요한 최소한도에 그치도록 해야 한다."라고 판시함(헌재 1992. 12. 24, 92헌가8).

▶ 셋째, '법익 균형(성)의 원칙'이란 국가가 국민 등의 기본권을 제한하는 내용의 입법에 의하여 보호하려는 공익과 침해되는 사익을 비교 형량할 때 보호되는 공익이 침해되는 사익보다 더 크거나 최소한 같아야 하는 원칙을 뜻함(헌재 1992. 12. 24, 92헌가8).

● 기본권의 제한과 제한의 한계 (13)

▶ 대한민국 헌법 제37조 제2항의 후문에서 국민 등의 기본권 제한 입법이 과잉금지의 원칙에 의한 제한이더라도 그 제한에 있어서 '자유와 권리의 본질적 내용은 침해할 수 없다'고 규정하고 있어, 국민 등의 기본권을 제한할 때 기본권의 본질적 내용을 침해하는 제한을 해서는 안 되도록 규정하고 있음.

▶ 여기서 기본권의 본질적 내용은 만약 이를 제한하는 경우에는 기본권 그 자체가 무의미하여지는 경우에 그 본질적인 요소를 말하는 것으로서, 이는 개별 기본권마다 다를 수 있음(헌재 1995. 4. 20, 92헌바29).

▶ 대한민국 헌법 제37조 제2항의 규정의 체계상 국민 등 의 기본권을 제한하는 법률이 합헌인가에 대해서 먼저 과잉금지의 원칙(비례의 원칙)에 의한 심사를 행한 후에 그 다음으로 기본권의 본질적인 내용을 침해하였는지에 대한 심사를 행하게 되는 것으로 해석됨.

● 기본권의 제한과 제한의 한계 (14)

▷ 생각건대, 대한민국 헌법 제37조 제2항 후문의 기본권의 본질적인 내용의 침해금지 조항이 독자적인 의미를 가지기 위해서는 과잉금지의 원칙(비례의 원칙)에는 부합되지만 기본권의 본질적인 내용을 침해할 때라고 할 것임(성낙인, 앞의 책, 965면).

▷ 그러나 현실적(실제적)으로 이러한 과잉금지의 원칙(비례의 원칙)에 위반되지 않으면서 기본권의 본질적 내용을 침해하는 경우는 사실상 거의 존재하기 어렵기 때문에 이러한 기본권의 본질적 침해금지의 여부에 대한 논의의 실익은 크지 않다고 할 것임(정종섭, 앞의 책, 390면).

● 11주 강의 연습문제

▷ 아래 질문에 해당하는 낱말의 정답이 맞으면 퀴즈 점수 1점 부과 !

▷ 정답을 작성할 기회는 단 1번 뿐이니, 신중하게 작성하여 제출하길 바랍니다.

▷ 11주 강의의 퀴즈 문제

▷ 다음의 질문에 해당하는 월과 일을 쓰시오.

▷ 대한민국의 자살예방 및 생명존중문화 조성을 위한 법률상 매년 자살 예방 일은 언제인가?

● 11주 강의 정리하기

▶ 1. 대한민국 대법원의 판례에 의할 때 법률상의 부부이더라도 강간죄로 처벌한 것에 대해 (법적으로) 어떻게 생각하는지 2-3줄로 정리하기.

▶ 2. 대한민국 헌법상 생명권의 헌법적 근거에 대한 여러 견해들에 대해 헌법조문과 연계하여 3-4줄로 정리하기.

▶ 3. 대한민국 헌법 제37조 제2항의 국가안전보장, 질서유지, 공공복리에 각각 속하는 법률 1개씩 정리하기(총 3개).

▶ 4. 국민 등의 기본권을 제한할 수 있는 형식적 요건인 '법률'의 범위에 속하는 것은 무엇인지에 대해 3개 이상 정리하기.

▶ 5. 국민 등의 기본권을 합헌적으로 제한할 수 있는 과잉금지의 원칙(비례의 원칙)의 내용에 대해 3-6줄로 정리하기.

생활 속의 헌법탐험

(12주-1번째 강의)

• 12주 강의 학습의 목표

수강생들이 사형제도와 연명의료결정에 대한 기초적인 법적 지식을 습득할 수 있도록 하여, 수강생들 각자 대한민국 국민의 한 사람으로 자신과 타인의 기본권을 보호하고, 기본권 침해 방지의 사고를 갖출 수 있게 하며, 생활 속의 헌법적 다양한 사례와 쟁점에 대한 지식을 습득할 수 있도록 하는 것에 12주 강의의 학습 목표가 있음.

• 12주 강의 학습의 개요

▶ 수강생들이 12주에 학습할 강의의 개요는 사형의 의의와 종류, 사형제도의 연혁과 입법례 및 판례와 헌법적 평가, 연명의료결정과 관련된 미국과 대한민국의 사건 및 판례 등에 대해 각각 강의함.

사형의 의의 (1)

▷ 최근 대한민국에서 범죄의 잔혹성 때문에 사회적으로 매우 크게 화제가 되었던 극악한 살인 사건들이 발생할 때마다 사형제도에 대한 논란이 계속 되어 왔음.

▷ 이러한 사형제도에 대해 대한민국은 지난 1997년 12월 30일에 23명의 사형을 집행한 이후에 18년째 사형을 집행하지 않고 있어 국제적으로 사실상 사형폐지국으로 분류되고 있음.

▷ 2015년 9월 13일에 대한변호사협회가 발표한 전체 변호사들을 대상으로 한 2015년 9월 13일에 사형제도의 존폐에 대한 설문조사에서 사형제도에 찬성한 의견은 해당 설문 참여자인 1,426명 중에서 53%(752명)로 사형제도의 폐지 의견인 47%(671명)에 비하여 약 6% 많았는바, 이들은 흉악범 사형이 정의에 부합한다는 이유(42%), 흉악범죄에 대한 억제에 유효하다는 이유(37%), 국민의 지지(17%) 등의 이유였음. 다만 이들은 사형제도의 개선책으로

사형의 의의 (2)

▷ 사형의 구형과 사형 선고의 신중함(40%), 재심여지가 있는 사형수에 대한 일정 기간 집행유예 부과(37%), 사형 대상 범죄의 축소(13%), 사형집행의 최대한 억제(6%) 등을 밝힘. 이러한 대한변호사협회의 사형제도에 대한 설문조사는 2015년 7월에 국회의원 172명(1973년에 민청학련 사건으로 사형을 선고 받았다가 2012년 2월에 무죄 판결을 받은 유인태 국회의원이 대표 발의함)이 '사형제 폐지 법안'과 관련하여 대한민국 국회의 법제사법위원회가 대한변호사협회에 사형제도에 대한 의견제시를 요청하여 이루어짐 (http://www.focus.kr/view.php?key=20150913001631175 16).

▷ 대한민국 형법 제41조 제1호에서 형벌의 종류의 하나로서 사형을 규정하고 있는바, 사형은 인간존재의 바탕인 생명을 빼앗아 사람의 사회적 존재를 말살

● 사형의 의의 (3)

▷ 하는 형벌에 해당하므로 사람의 생명의 소멸을 가져온다는 의미에서 생명형임과 동시에 성질상 모든 형벌 중에서 가장 무거운 형벌에 해당한다는 점에서 극형에 해당되는 형벌임. 이러한 사형은 인류의 역사상 가장 오래된 역사를 가진 형벌의 하나로서, 사형은 범죄에 대한 근원적인 응보 방법이며 가장 효과적인 일반 예방법으로 사람들 사이에서 인식되어 왔는바, 대한민국에서 사형제도는 고조선의 소위 8조금법(八條禁法)에서 '상살자 이사상(相殺者 以死償)'이라고 규정된 것에서부터 그 기원을 찾을 수 있고, 현재는 형법과 기타의 특별 형법에서 형벌로 인정되어 오고 있음(헌재 1996. 11. 28, 95헌바1).

▷ 즉, 사형이란 국가가 극악한 중범죄를 저지른 범죄인의 생명을 인위적으로 영구히 제거 또는 박탈하는 형벌이므로, 사형은 생명형에 해당하면서 극형에 속하고, 자연사와 대비됨.

● 사형의 종류

▷ 현재 전 세계적으로 사형 존치국에서의 사형의 종류로는 대한민국과 중국 및 일본과 미국의 일부 주 등에서 운영 중인 '교수형'이 있고, 중국과 미국의 일부 주 등에서 운영 중인 '독극물 주사에 의한 사형'이 있으며, 미국의 일부 주에서 운영 중인 '전기에 의한 사형'이 있음.

▷ 북한과 중국 및 군형법에 의해 베트남과 대한민국, 미국의 일부 주 등에서는 '총살형'이 있고, 사우디아라비아 등에서는 '참수형'이 있으며, 이란에서는 '투석형'이 있고, 북한에서는 '화형'이 있음.

▷ 북한에서는 탈북자나 김일성, 김정일, 김정은 등 그의 집안을 모욕할 때에는 사람들에 의한 구타와 폭행에 의한 '장살'이 있음.

▷ 한편 중국과 북한 및 예멘 등은 사형의 집행시 공개적으로 처형함.

● 사형제도의 연혁 (1)

▷ 먼저 사형제도는 인류의 역사상 가장 오래된 형벌로서, 먼저 고대사회에서의 사형제도는 종교적인 신앙과 결부되어 일종의 집단의식으로서의 성격을 가지고 있었음. 이는 고대사회에서 인간의 개별적 범죄행위로 신의 분노를 야기하게 되면 신은 분노하여 인간 전체를 대상으로 재앙을 내리게 된다고 보고 이러한 원시적 사회공동체의 생존을 위협하는 신의 분노를 달래기 위해서는 범죄자의 생명을 재물로 바친다는 의식이 사형제도로 구체화되고 발전되었다고 함(김용우·최재천, 형사정책, 1998, 193면).

▷ 그리고 사형제도는 고대 원시종교의 한 형태인 토테미즘이나 애니미즘에서 "살인하지 말라"는 생명에 대한 존중을 위해 일종의 '터부(Tabu, Taboo : 금기사항)'로 정해졌으며, 이를 위반할 때 사형시키는 것으로부터 발전되었다고 함. 이러한 고대사회에서 사형의 집행방법으로 오늘날과 같은 교수형을

● 사형제도의 연혁 (2)

▷ 포함하여 참수형, 투석형, 화형, 생매장, 수장 등 비인도적인 잔인한 여러 방법들을 사용했고, 사형의 집행시 피해자의 가족이나 일반 대중 등이 볼 수 있게 했으며, 보통 공개처형의 방식에 의해 그 잔혹성을 일반 대중에게 알려 범죄에 대한 응보를 행함으로써 이를 통해 집단적인 정화의식을 행함 (Graeme Newman, 서양형벌사, 1997, 103－104면).

▷ 다음으로 인류 최초의 문명인 메소포타미아 문명의 바빌로니아 왕국의 전성기였던 BC 1792년의 함무라비 왕이 제6대 왕으로 재임하던 시절에 아카드 문자로 법 규정을 비석에 새겨 놓은 가장 오래된 실정법인 함무라비법전에서 '눈에는 눈, 이에는 이'라는 동해보복(同害報復)의 사상에 의해 형벌을 행하였는바, 이 법전 안에는 사형이 부과되는 범죄의 종류로 약 30여 개의 규

● 사형제도의 연혁 (3)

▶ 정이 있었음. 이렇듯 인류는 고대사회에서 범죄에 대한 보복과 응보로써 사형 제도를 집행했었다고 할 것임(http://news.mk.co.kr/outside/view.php?year=2007 &no=629054).

▶ 이때 사형이라는 형벌은 국가의 소수의 지배자가 다수의 피지배 계층을 통제하고 억압하기 위한 효율적인 수단으로 기능했을 것임.

▶ 이후 중세시대에는 사형제도의 전성기라고 할 만큼 사형의 집행이 많았고, 사형 집행의 방법도 여전히 잔인하였으며, 공개 처형에 의한 방법을 많이 사용함(오영근, 사형존폐의 역사적 고찰, 사형제도의 이론과 실제, 1989, 28면, 37면).

▶ 이러한 중세시대에는 절대적 왕권국가의 성립 및 유지에 따른 왕권보호를 위해 사형이 굉장히 많이 사용되었다고 할 것임(이종갑, 사형제도에 관한 일고, 인권복지연구 제3호, 2008. 4, 166면).

▶ 이후 인류가 산업혁명과 종교개혁 등을 거치면서 고대와 중세사회에서의

● 사형제도의 연혁 (4)

▶ 봉건제도는 무너져 갔고 시민계급이 성장 및 발전하게 되면서 천부인권사상을 강조하는 계몽사상이 등장하게 되었고 인도주의의 이념이 확대되면서 근대사회에서는 고대 및 중세사회에서의 잔인한 형벌권의 행사를 부정하며, 인간의 존엄과 가치에 근거한 형벌권의 행사를 요구하게 되어 사형의 숫자가 크게 감소하게 됨(이종갑, 앞의 글, 167면).

▶ 한편 대한민국은 고조선의 8조금법에서부터 동해보복사상에 의하여 사형제도를 규정하고 있었는바, 1894년의 갑오경장을 통해 같은 해 12월 27일에 칙령 제30호가 발효되어 참형과 능지처참형이 폐지되었고, 일반적인 사형방법으로 교수형을, 군형법상 사형방법으로 총살형을 각각 원칙으로 정하게 됨(박형남, 사형제도에 관한 연구, 교정복지연구 제13호, 2000. 9, 67면).

▶ 대한민국에서 사형의 집행은 1997년 12월 30일 이후로는 이루어진 적이 없

● 사형제도의 연혁 (5) 및 현황

▶ 지만 사형의 선고는 계속되고 있으며, 대한민국 헌법재판소는 사형을 형의 종류의 하나로서 규정한 형법 제41조 제1호(사형제도) 및 사형을 형벌의 하나로 규정한 살인죄 조항인 형법 제250조 제1항에 대해 지난 1996년 11월 28일에 95헌바1 결정과 2010년 2월 25일에 2008헌가23 결정에서 각각 사형제도를 합헌으로 판시함.

▶ 사형은 제2차 세계대전 이후에 전쟁과 인종의 갈등으로 인해 발생한 대량학살에 대한 반성으로 폐지론이 본격화되기 시작하였는바, 1977년의 국제사면위원회(Amnesty International)는 사형제도를 무조건 반대한다는 내용을 주요 골자로 하는 '스톡홀름선언'을 발표하였고, UN은 1989년에 사형제도 폐지의 해로 정하고, 사형의 폐지운동을 적극적으로 전개하여 1990년대 이후 전 세계 여러 국가들 간에 사형 폐지에 대한 공감대가 형성됨.

● 사형제도에 대한 입법례 (1)

▶ 대한민국 국회가 1990년 3월 16일에 비준·동의한 시민적 및 정치적 권리에 관한 국제규약(International Covenant on Civil and Political Rights) 제6조에서는 "제1호: 모든 인간은 고유한 생명권을 가진다. 이 권리는 법률에 의하여 보호된다. 어느 누구도 자의적으로 자신의 생명을 박탈당하지 아니한다. 제2호: 사형을 폐지하지 아니하고 있는 국가에 있어서 사형은 범죄 당시의 현행법에 따라서 또한 이 규약의 규정과 집단 살해죄의 방지 및 처벌에 관한 협약에 저촉되지 아니하는 법률에 의하여 가장 중한 범죄에 대해서만 선고될 수 있다. 이 형벌은 권한 있는 법원이 내린 최종 판결에 의해서만 집행될 수 있다. 제3호: 생명의 박탈이 집단 살해죄를 구성하는 경우에는 이 조의 어떠한 규정도 이 규약의 당사국이 집단 살해죄의 방지 및 처벌에 관한 협약의 규정에 따라 지고 있는 의무를 어떠한 방법으로도 위반하는 것을 허용하지 않는 것으로 해석한다. 제4호: 사형을 선고 받은

● 사형제도에 대한 입법례 (2)

▷ 사람은 누구나 사면 또는 감형을 청구할 권리를 가진다. 사형선고에 대한 일반사면, 특별사면 또는 감형은 모든 경우에 부여될 수 있다. 제5호: 사형선고는 18세 미만의 자가 범한 범죄에 대해 부과되어서는 안 되며, 또한 임산부에 대해서도 집행되어서는 안 된다. 제6호: 이 규약의 어떠한 규정도 이 규약의 당사국에 의하여 사형의 폐지를 지연시키거나 또는 방해하기 위하여 원용되어서는 안 된다.”라고 규정하여 생명권을 보호하고 있고, 사형제도는 가장 중한 범죄에 한하여 선고될 수 있으며, 미성년자에게는 사형을 부과하지 못하며 임산부에 대해서는 사형을 집행하지 못하도록 규정하고 있음.

▷ 그리고 유럽인권협약(European Convention on Human Rights) 즉, 인권 및 기본적 자유의 보호에 관한 협약(Convention for the Protection of Human

● 사형제도에 대한 입법례 (3)

▷ Rights and Fundamental Freedoms) 제2조에서 “제1호: 모든 사람의 생명권은 법에 의하여 보호된다. 어느 누구도 법에 규정된 형벌이 부과되는 범죄의 유죄 확정에 따른 법원의 판결을 집행하는 경우를 제외하고는 고의로 생명을 박탈당하지 아니한다. 제2호: 생명의 박탈이 다음과 같은 경우일 때에는 이 조에 위반하여 부과된 것으로 간주되지 아니한다. a. 위법한 폭력으로부터 사람을 보호하기 위할 때, b. 합법적으로 체포를 하거나 또는 합법적으로 구금된 자의 도주를 방지하기 위할 때, c. 폭동 또는 반란을 진압하기 위하여 합법적으로 취하여지는 행동일 때”라고 규정하여 생명권의 보호와 사형의 원칙적 금지를 규정하고 있음.

▷ 또한 미주인권협약(American Convention on Human Rights) 제4조에서 “제1호: 모든 사람은 자신의 생명을 존중받을 권리를 가진다. 이 권리는 법률에 의하여 보호되며, 일반적으로 임신의 순간부터 보호되어야 한다. 이는

● 사형제도에 대한 입법례 (4)

▶ 누구도 자의적으로 자신의 생명을 박탈당하지 아니한다. 제2호: 사형을 폐지하지 않은 국가의 경우에 사형은 가장 중대한 범죄에 대해서만 범죄행위 이전에 제정되어 그러한 형벌을 규정한 법에 따라 권한 있는 법원이 내린 확정판결에 따라서만 부과될 수 있다. 그러한 형벌의 적용은 현재 그것이 적용되지 않는 범죄에 대하여는 확대되지 아니한다. 제3호: 사형은 이를 폐지한 국가에서는 다시 도입되지 아니한다. 제4호: 어떠한 경우에도 사형은 정치적 범죄 또는 이와 관련된 범죄에 대해서는 부과되지 아니한다. 제5호: 사형은 범행시 18세 미만이나 70세 이상인 자에 대해서는 부과되지 아니하며, 임산부에게도 적용되지 아니한다. 제6호: 사형선고를 받은 모든 사람은 사면, 특사 또는 감형을 청구할 권리를 가지며, 이는 어떠한 경우에도

● 사형제도에 대한 입법례 (5)

▶ 부여될 수 있다. 사형은 그러한 청원이 담당기관에 의하여 검토되는 동안에는 집행될 수 없다."라고 규정하여 생명권을 보호하고 있고, 사형제도는 가장 중한 범죄에 한하여 선고될 수 있으며, 정치범과 미성년자 및 고령자에게는 사형을 부과하지 못하며 임산부에 대해서는 사형을 집행하지 못하도록 규정하고 있음.

▶ 이 밖에 인간과 인민의 권리에 관한 아프리카 헌장(African Charter on Human and Peoples' Rights) 제4조에서 "모든 인간은 자신의 생명과 신체의 완전성을 존중 받을 권리를 가진다. 어느 누구도 이 권리를 자의적으로 박탈당하지 아니한다."라고 규정하여 생명권의 보호에 대해 규정하고 있음.

▶ 세계인권선언 제3조에서 "모든 사람은 생명권과 신체의 자유와 안전을 누릴 권리가 있다."라고 규정하여 사형제도에 대해 명시적인 규정을 두고 있지 않지만, 사람의 생명권을 보호하는 규정을 두고 있음.

생활 속의 헌법탐험

(12주-2번째 강의)

● 사형제도에 대한 헌법적 검토 (1)

▶ 1. 사형제도에 대한 합헌론의 사유(근거)

▶ (1) 대한민국 헌법상 사형제도의 인정 규정이 있다는 점

▶ 대한민국 헌법 제12조 제1항에서 "모든 국민은 ⋯ 법률과 적법절차에 의하지 아니하고는 처벌, 보안처분 또는 강제노역을 받지 아니한다."라고 규정하고 있는바, 이 규정에서 처벌에 관한 규정을 법률에 위임하였을 뿐 그 처벌의 종류를 제한하지 않고 있고, 헌법 제110조 제4항에서 "비상계엄 하의 군사재판은 군인, 군무원의 범죄나 군사에 관한 간첩죄의 경우와 초병, 초소, 유독음식물공급, 포로에 관한 죄 중 법률이 정한 경우에 한하여 단심으로 할 수 있다. 다만 사형을 선고한 경우에는 그러하지 아니하다."라고 규정하고 있음. 이는 법률에 의하여 사형이 형벌로서 규정되고, 그 형벌조항의 적용으로 사형이 선고될 수 있음을 전제로 하여, 사형을 선고한 경우에는 비상계엄 하의 군사재판이라도 단심으로 할 수 없고, 사법절차를 통한

● 사형제도에 대한 헌법적 검토 (2)

▶ 불복이 보장되어야 한다고 해석됨. 따라서 대한민국 헌법은 이러한 헌법 규정들의 해석상 사형제도를 간접적으로 인정하고 있다고 보아야 할 것이기 때문에 사형제도는 합헌이라고 보는 견해가 있음(대판 1963. 2. 28, 62도 241; 대판 1994. 12. 19, 94초123 등).

▶ (2) 사형제도는 대한민국 헌법상 비례의 원칙에 위반되지 않는다는 점

▶ 대한민국 헌법 제37조 제2항에 의해 국민의 모든 자유와 권리는 국가안전보장, 질서유지 또는 공공복리를 위하여 필요한 경우에 한하여 법률로써 제한할 수 있도록 규정하고 있으므로, 어느 개인의 생명권에 대한 보호가 곧바로 다른 개인의 생명권에 대한 제한이 될 수밖에 없거나 또는 특정한 인간에 대한 생명권의 제한이 국민의 생명보호나 이에 준하는 매우 중대한 공

● 사형제도에 대한 헌법적 검토 (3)

▶ 익을 지키기 위하여 불가피한 경우에는 비록 생명이 이념적으로 절대적 가치를 지닌 것이더라도 생명에 대한 법적 평가가 예외적으로 허용될 수 있다고 할 것이어서, 생명권 역시 헌법 제37조 제2항에 의한 일반적 법률유보의 대상이 될 수밖에 없음. 즉, 정당한 이유 없이 타인의 생명을 부정하거나 그에 못지 아니한 중대한 공공이익을 침해한 경우에 국법은 그 중에서 타인의 생명이나 공공의 이익을 우선하여 보호할 것인가의 규준을 제시하지 않을 수 없으므로, 생명권 역시 헌법 제37조 제2항에 의해 제한이 가능한 기본권에 해당한다고 할 것이며, 생명권에 대한 제한은 곧 생명권의 완전한 박탈을 의미한다고 할 것이어서 사형이 비례의 원칙에 따라서 최소한 동등한 가치가 있는 다른 생명 또는 그에 못지 아니한 공공의 이익을 보호하기 위한 불가피성이 충족되는 예외적인 경우에만 적용되는 한,

● 사형제도에 대한 헌법적 검토 (4)

▶ 그것이 비록 생명을 빼앗는 형벌이라 하더라도 헌법 제37조 제2항 단서에 위반되는 것으로 볼 수 없어 사형제도는 헌법상 비례의 원칙에 위반되지 않아 사형제도는 합헌이라고 보는 견해가 있음. 즉, 모든 인간의 생명은 자연적 존재로서 동등한 가치를 갖는다고 할 것이나 그 동등한 가치가 서로 충돌하게 되거나 생명의 침해에 못지 아니한 중대한 공익을 침해하는 등의 경우에는 국민의 생명 등을 보호할 의무가 있는 국가로서는 어떠한 생명 또는 법익이 보호되어야 할 것인지 그 규준을 제시할 수 있는 것임. 인간의 생명을 부정하는 등의 범죄행위에 대한 불법적 효과로서 지극히 한정적인 경우에만 부과되는 사형은 죽음에 대한 인간의 본능적인 공포심과 범죄에 대한 응보욕구가 서로 맞물려 고안된 '필요악'으로서 불가피하게 선택된 것인바, 지금도 여전히 제 기능을 하고 있다는 점에서 그 목적이 정당화될 수 있음.

● 사형제도에 대한 헌법적 검토 (5)

▶ 그리고 사형은 인간의 죽음에 대한 공포의 본능을 이용한 가장 냉엄한 궁극의 형벌로서 이를 통한 일반적 범죄예방효과가 있다고 볼 수 있음. 따라서 일반적 범죄예방목적을 달성하기 위한 적합한 수단이고, 잔혹한 방법으로 다수의 인명을 살해하는 등의 극악한 범죄의 경우에 그 법익침해의 정도와 범죄자의 책임의 정도는 가늠할 수 없을 만큼 심대하며, 수많은 피해자 가족들의 형언할 수 없는 슬픔과 고통, 분노 및 일반국민이 느낄 불안과 공포, 분노까지 고려하면 이러한 극악한 범죄에 대해서 대한민국의 헌법질서가 허용하는 한도 내에서 그 불법의 정도와 책임에 상응하는 강력한 처벌을 하는 것이 정의의 실현을 위하여 필수불가결하다 할 것이므로, 가장 무거운 형벌인 사형은 이러한 정당한 응보를 통한 정의의 실현을 달성하기 위한 적합한 수단이라고 할 것임. 또한 사형이 가석방이 불가능한 종신형보다 일반적 범죄예방효과가 크다고 볼 수 있으므로, 사형을 통하여 극악한 범죄의 발생을

● 사형제도에 대한 헌법적 검토 (6)

▶ 보다 더 감소시킬 수 있어, 무고하게 살해되는 국민의 수가 사형제도의 영
  향으로 감소될 수 있으며, 잔혹한 방법으로 다수의 인명을 살해한 범죄 등
  극악한 범죄의 경우에는 범죄자에 대한 가석방이 불가능한 종신형의 선고만
  으로는 형벌로 인한 범죄자의 법익 침해의 정도가 당해 범죄로 인한 법익침
  해의 정도 및 범죄자의 책임에 미치지 못하게 되어 범죄와 형벌 사이의 균
  형성을 잃게 되어 범죄 피해자들의 가족 및 국민의 정의의 관념에 부합되지
  않게 될 것임. 따라서 사형은 그보다 완화된 형벌인 가석방이 불가능한 종
  신형에 비하여 일반적 범죄예방목적 및 정당한 응보를 통한 정의의 실현이
  라는 목적을 달성함에 있어서 더 효과적인 수단이라고 할 것이고, 이러한
  입법목적의 달성을 함에 있어서 사형과 동일한 효과를 나타내면서도 사형
  보다 범죄자에 대한 법익침해 정도가 작은 다른 형벌이 명백히 존재한다고

● 사형제도에 대한 헌법적 검토 (7)

▶ 보기 어려우므로, 사형제도는 최소 침해의 원칙에 위반된다고 할 수 없음
  (헌재 2010. 2. 25, 2008헌가23).

▶ (3) 사형제도는 대한민국 헌법 제10조의 인간의 존엄과 가치 규정에 위반되
  지 않는다는 점

▶ 사형은 형벌의 한 종류로서, 다수의 무고한 생명을 박탈하는 살인범죄 등의
  극악한 범죄에 예외적으로 부과되는 한, 사형제도는 공익의 달성을 위해 무
  고한 국민의 생명을 그 수단으로 삼는 것이 아니라 형벌의 경고기능을 무시
  하고 극악한 범죄를 저지른 자에 대해 그 중한 불법성의 정도와 책임에 상
  응하는 형벌을 부과하는 것이므로, 이는 당해 범죄자가 스스로 선택한 잔악
  무도한 범죄행위의 결과에 해당하여 이러한 형벌제도를 두고 범죄자를 오직
  사회방위라는 공익의 추구를 위한 객체로만 취급함으로써 범죄자의 인간으
  로서의 존엄과 가치를 침해한 것으로 보아 위헌이라고 할 수 없음. 또한 사

● 사형제도에 대한 헌법적 검토 (8)

▶ 〈 휴식 공간 〉

▶ 도스트예프스키는 죄와 벌, 백치, 악령, 카라마조프의 형제 등의 대작에 의해 후세의 문학과 종교적 사상에 큰 영향을 끼친 매우 유명한 러시아의 소설가로, 그는 1849년 4월, 28세 때 사회주의 혁명에 가담한 반역죄로 체포되어 사형 선고를 받고 영하 50도가 되는 겨울날 형장에 끌려와 기둥에 묶인 후 총살형을 당하기 직전에 극적으로 황제의 특별사면에 의하여 목숨을 건지게 되었는바, 생과 사를 오가며 인생의 끝을 겪게 된 경험으로 그는 남은 일생을 작품활동에 매진하여 세계 최고의 대문호가 됨.

▶ 도스트예프스키는 사형을 당하기 직전을 떠올리며 "땅에 엎드려서 입을 맞추고 눈물로 그것을 적셔라. 그러면 네 눈물이 대지의 열매를 맺어줄 것이다. 이 땅을 꾸준히 언제까지라도 사랑하라. 사는 것만으로도 이 얼마나 행복한가!"라는 유명한 말을 남김.

● 사형제도에 대한 헌법적 검토 (9)

▶ 형을 선고하는 법관이나 이를 집행하는 교도관 등은 인간의 생명을 박탈하는 사형을 선고하거나 집행하는 과정에서 인간으로서의 자책감을 가지게 될 여지가 있어 사형제도는 이들의 인간의 존엄과 가치를 위반한다는 주장에 대해서는 사형제도가 무고한 국민의 생명 보호 등 극히 중대한 공익을 보호하기 위한 것으로서, 이러한 공익을 보호하여야 할 공적 지위에 있는 법관 및 교도관 등은 다른 형벌의 적용과 집행을 하는 것과 같이 사형의 적용과 집행을 수인할 의무가 있다고 할 것임. 따라서 법관 및 교도관 등이 인간적 자책감을 가질 수 있다는 이유만으로 사형제도가 법관 및 교도관 등을 공익달성을 위한 도구로서만 취급하여 그들의 인간으로서의 존엄과 가치를 침해하는 위헌적인 형벌제도라고 볼 수 없어 사형제도는 합헌이라고 보는 견해가 있음(헌재 2010. 2. 25, 2008헌가23).

● 사형제도에 대한 헌법적 검토 (10)

▶ (4) 사형제도는 형벌 중에서 가장 큰 일반적 범죄예방효과를 가지고 있다는 점

▶ 사형은 가석방이 불가능한 종신형보다도 범죄자에 대한 법익침해의 정도가 훨씬 크고, 인간의 생존본능과 죽음에 대한 근원적인 공포감을 고려할 때 사형은 잠재적 범죄자를 포함하는 모든 국민에 대해 가석방이 불가능한 종신형보다 더 큰 위하력을 발휘하여 가장 강력한 범죄억지력을 가지고 있다고 할 것인바, 이에 입법자가 사형이 가석방이 불가능한 종신형보다 더 큰 일반적 범죄예방효과를 가지고 있다고 보아 형벌의 한 종류로 형법 등에 규정해 놓은 이상, 이러한 입법자의 판단은 존중되어야 하고, 가석방이 불가능한 종신형이 사형과 동일한 또는 오히려 더 큰 일반적 범죄예방효과를 가지므로, 가석방이 불가능한 종신형으로 사형을 대체할 수 있다는 사형제도에 대한 위헌론

● 사형제도에 대한 헌법적 검토 (11)

▶ 의 주장은 이를 인정할 만한 명백한 근거가 없는 이상 받아들일 수 없어 사형제도는 합헌이라고 보는 견해가 있음(헌재 2010. 2. 25, 2008헌가23).

▶ (5) 오판의 가능성은 철저한 증거조사와 심급제도 및 재심제도 등을 통해 해결될 수 있다는 점

▶ 인간은 완벽한 존재일 수가 없고 그러한 인간이 만들어낸 어떠한 사법제도 역시 결점이 없을 수는 없다는 점에 비추어 볼 때 형사재판에 있어서 오판의 가능성은 사법제도가 가지는 숙명적 한계라고 할 것이지 사형이라는 형벌제도 자체의 문제라고 보기 어려우므로, 오판의 가능성 및 그 회복의 문제는 피고인의 방어권을 최대한 보장하고, 철저한 증거조사절차를 거쳐 유죄를 인정하도록 하는 형사공판절차제도와 오판을 한 하급심 판결이나 확정된 판결을 시정할 수 있는 심급제도 및 재심제도 등의 제도적 장치와 그에 대한 개선을 통하여 오판의 가능성을 최소화하여 해결할 문제이므로, 사형제도는 합헌이라고 보는 견해가 있음(헌재 2010. 2. 25, 2008헌가23).

● 사형제도에 대한 헌법적 검토 (12)

▶ 〈 휴식 공간 〉

▶ 2006년 9월 14일에 강동원(정윤수 역할)과 이나영(문유정 역할)을 주인공으로 하여 개봉된 '우리들의 행복한 시간'은 사형제도에 대해 많은 생각을 해 볼 수 있도록 해 주는 영화로, 어린 시절 사촌오빠로부터 강간을 당하고 어머니로부터 보호받지 못한 상처를 평생 안고 힘겹게 살아가던 문유정이 어릴 적 친어머니로부터 버림을 당한 상처가 있고, 임신한 여자 친구의 수술비를 마련하기 위하여 잠시 범행에 가담했다가 공범이 행한 살인을 혼자서 행한 것으로 누명을 쓰게 되어 사형선고를 받게 된 정윤수를 만나서 심리상담을 하면서 둘만이 아는 상처를 조금씩 치유해 가던 중 문유정은 정윤수의 살인죄는 공범에 의해 조작된 것이라는 것을 알게 되지만, 결국 정윤수는 억울하게 사형집행이 되는바, 사형제도와 사형집행이 우리 사회에서 필요한 것인가에 대해 잔잔하게 우리에게 생각해 볼 수 있도록 해 주는 영화임.

● 사형제도에 대한 헌법적 검토 (13)

▶ 일본 최고재판소는 1948년 3월 12일에 사형에 대해 "생명은 존귀한 것으로, 한 사람의 생명은 전 지구보다도 중요하다. 사형은 모든 형벌 중에서 가장 냉엄한 형벌이며 정말 어쩔 수 없을 때에 부과할 수 있는 형벌이다. 왜냐하면 사형은 존엄한 인간존재의 근원인 생명 그 자체를 영원히 박탈하는 것이기 때문이다. 이에 따라 일본 헌법 제13조에서 모든 국민은 개인으로서 존중되며 생명에 대한 국민의 권리에 대해 최대한 존중해야 한다고 규정하고 있다. 그러나 동시에 일본 헌법 제13조에서 공공의 복지라는 기본적 원칙에 반할 때에는 생명에 대한 국민의 권리이더라도 입법상 제한이나 박탈을 할 수 있다고 할 것이며, 일본 헌법 제31조에 의해 국민 개인의 생명이더라도 법률이 정한 적법한 절차에 따라 이러한 생명을 박탈하는 형벌을 부과할 수 있다고 할 것이다. 다만, 사형을 집행하는데 있어 하형, 채형(창으로 찔러 죽이는 형벌), 효수(梟首: 목을 잘라 죽이는 형벌), 부탕(釜湯: 펄펄 끓는

● 사형제도에 대한 헌법적 검토 (14)

▶ 가마솥에 넣어 죽이는 형벌) 등의 잔혹(잔인)한 방법을 사용하도록 규정한 법률이 있다면 그 해당 법률은 일본 헌법 제36조에 반한다고 할 것이다."라고 판시함(最判, 昭 23. 3. 12, 刑集 2. 3, 191면).

▶ 또한 일본 최고재판소는 1949년 8월 18일에 사형에 대해 "사형은 사회를 구성하는 개인의 생명과 인격 등의 존중은 자기뿐만 아니라 타인에게도 같아야 하는 것으로, 일본 헌법 제13조에서 '모든 국민은 개인으로서 존중된다. 생명과 자유 및 행복추구에 대한 국민의 권리에 대해서는 공공복지에 위반되지 않는 한 입법 및 기타 국정상 최대한의 존중을 필요로 한다.'라고 규정하여 자신과 타인 등 그 누구나 모두 이 규정을 준수해야 한다. 따라서 타인의 생명을 존중하지 않고 고의로 타인의 생명을 침해한 자에게 자기의 행위에 대해 자기의 생명을 잃어야 할 형벌에 처해질 책임을 부담해야 하는 것이다."라고 판시함(日最判, 昭 24. 8. 18, 刑集 3. 9, 1478면).

생활 속의 헌법탐험

(12주-3번째 강의)

● 사형제도에 대한 헌법적 검토 (15)

▶ 2. 사형제도에 대한 위헌론의 사유(근거)

▶ (1) 대한민국 헌법상 사형제도를 인정한다고 볼 수 없다는 점

▶ 만약 대한민국 헌법 제110조 제4항 단서에 대해 간접적으로 사형제도를 인정하는 근거라는 적극적인 의미를 부여한다면 반대로 인간의 존엄과 가치를 규정한 헌법 제10조의 의의를 축소하는 것이 되며, 헌법 제110조 제4항 단서는 어떠한 경우에도 사형선고에 대한 불복절차를 인정하여 법률상 존재하는 사형의 선고를 억제하기 위한 것으로 오히려 사형제도의 심각성을 부각시킨 규정이라고 할 것임. 따라서 헌법 제110조 제4항 단서가 간접적으로 헌법상 사형제도를 인정하는 근거 규정이라고 보기 어려우므로, 사형제도는 위헌이라고 보는 견해가 있음(헌재 2010. 2. 25, 2008헌가23 결정에서 김희옥, 목영준 헌법재판소 재판관 의견).

● 사형제도에 대한 헌법적 검토 (16)

▷ (2) 사형제도는 대한민국 헌법상 비례의 원칙에 위반된다는 점

▷ 사형은 범죄자의 생명을 박탈하는 것이므로 범죄자에 대한 개선의 가능성을 포기하는 형벌인바, 형벌의 목적의 하나인 개선의 목적에 반하여 사형제도의 정당성을 인정할 수 없음. 그리고 개선이 절대적으로 불가능한 범죄인이 있을 수 있는지의 문제는 인간의 판단력만으로 결정하기에 불가능한 문제라고 할 것인바, 국가는 모든 범죄인에 대한 개선가능성을 긍정적으로 받아들여야 할 것이고, 범죄의 책임이 범죄인 개인만이 아니라 그가 속하여 있는 사회에도 있다고 보아야 한다면 범죄인에 대한 개선이라는 형벌의 한 목적을 결코 포기할 수 없는 것임. 만약 사형제도를 존치시킨다면 형벌의 목적 달성의 길을 포기하는 것으로, 사형제도의 입법 목적의 정당성은 인정할 수 없다. 그리고 사형이 인간의 죽음에 대한 공포본능을 이용한 가장 냉엄한

● 사형제도에 대한 헌법적 검토 (17)

▷ 형벌로서 그 위하력(威嚇力)을 통한 일반적 범죄예방효과를 가지느냐의 문제에 대해 많은 학자들의 실증적 연구조사에 의하면 일반적 범죄예방효과를 인정하는 견해는 소수에 불과하고 다수의 견해는 그 효과를 인정하지 않고 있음. 이렇듯 사형은 형벌의 목적의 하나인 범죄의 일반적 범죄예방의 실효를 거두고 있다고 할 수 없고, 그 효과도 무기징역형을 최고의 형벌로 정하는 경우와 비교해 볼 때 큰 차이가 있다고 할 수 없음. 따라서 사형제도는 형벌의 한 수단으로서 적정하다고 볼 수 없음. 또한 영구히 사회로부터 범죄자를 격리한다는 점에 있어서는 사형과 가석방 없는 무기징역형 간에 별다른 차이를 찾아볼 수 없으므로, 반드시 사형제도에 의하지 않더라도 가석방 없는 무기징역형 제도를 통하여 형벌의 목적을 충분히 달성할 수 있다고 할 것임. 따라서 중범죄자의 재범을 막기 위하여 사형이 꼭 필요하다고 볼 수 없고, 사형을 통해 달성하려는 사회 방위의 목적을

● 사형제도에 대한 헌법적 검토 (18)

▷ 충분히 이룰 수 있는 다른 완화된 수단이 존재함에도 불구하고 굳이 사형을 통해 범인의 생명을 박탈하는 것은 사회방위의 목적 달성을 위해 필요한 정도를 넘어 과도하게 자유와 권리를 제한하는 것이므로, 중범죄인의 생명의 박탈이라는 가장 큰 피해를 입혀 생명권을 제한하는 것은 최소 침해의 원칙에 반한다고 보아 사형제도는 위헌이라고 보는 견해가 있음(헌재 2010. 2. 25, 2008헌가23 결정에서 김종대, 조대현, 목영준 헌법재판소 재판관들의 의견).

▷ (3) 사형제도는 대한민국 헌법 제10조의 인간의 존엄과 가치 규정에 위반된다는 점

▷ 입법자가 인간의 존엄성을 유린하는 형사법의 제정을 통하여 국민의 생명과 자유를 박탈 내지 제한하거나 잔인하고 비인간적인 형벌제도를 채택하는 것은 대한민국 헌법 제10조에 위반된다고 할 것임. 즉, 극악한 중범죄를 저지

● 사형제도에 대한 헌법적 검토 (19)

▷ 른 인간임을 스스로 포기한 범죄인도 여전히 인간으로서의 존엄과 가치를 가지고 있는 인간이라는 존재에 해당하는바, 유사 범죄의 일반적 범죄예방 효과라는 목적의 달성을 위해서 비인간적인 형벌로서의 사형은 다른 자유형과는 달리 사형선고를 받은 자에게 개과천선을 할 수 있는 도덕적 자유조차 남겨주지 아니하는 형벌제도로서 개인을 전적으로 국가 또는 사회 전체의 이익을 위한 단순한 수단 내지 대상으로 보아 사형수의 인간의 존엄과 가치를 침해하는 것임. 또한 사형제도는 양심에 반하여 법규정에 의해 사형을 언도해야 하는 법관 및 자신의 양심에 반하여 직무상 불가피하게 사형을 집행하는 교도관 등의 양심의 자유와 인간으로서의 존엄과 가치를 침해하는 비인간적인 형벌제도가 사형이라는 점에서 사형은 위헌이라고 보는 견해가 있음(헌재 1996. 11. 28, 95헌바1 결정에서 김진우 헌법재판소 재판관의 견해).

● 사형제도에 대한 헌법적 검토 (20)

▷ (4) 사형제도는 형벌 중에서 일반적 범죄예방효과를 가지고 있지 않다는 점

▷ 사형의 범죄에 대한 일반적 범죄예방효과는 하나의 학문적 가설일 뿐이지 과학적으로 입증된 바가 없고, 형벌의 본질이 응보에서 교육으로 옮겨가고 있는 추세임을 감안할 때 사형을 인정한다는 것은 결국 국가가 범죄인의 사회복귀를 위한 교화와 개선의 노력을 스스로 포기하는 것으로서, 국가가 살인행위를 비난하면서도 스스로 사람의 생명을 박탈하는 것은 이를 정당화시키는 모순에 빠지게 되는 결과가 됨. 그리고 중범죄자를 사형시킴으로써 다른 사람의 중범죄도 일반적으로 예방할 수 있다는 주장에 대해 아직껏 확실히 실증된 연구결과가 없다는 점에서 사형제도는 위헌이라고 보는 견해가 있음(헌재 2010. 2. 25, 2008헌가23 결정에서 조대현 헌법재판소 재판관의 견해).

● 사형제도에 대한 헌법적 검토 (21)

▷ (5) 사형제도는 오판의 가능성이 있다는 점

▷ 재판도 하나의 제도로서 법관이라는 사람의 존재가 행하는 것이기 때문에 오판의 가능성을 절대적으로 배제할 수 없는바, 오판이 시정되기 이전에 사형이 집행되었을 경우에는 비록 후일에 오판임이 판명되더라도 인간의 생명을 원상으로 복원시킬 수는 없는 것이므로 영원히 구제될 수 없는 결과를 초래한다는 점에서 사형제도는 위헌이라고 보는 견해가 있음(헌재 1996. 11. 28, 95헌바1 결정에서 김진우, 조승형 헌법재판소 재판관들의 견해).

▷ 참고 : 사형제도에 대한 찬반(합헌론과 위헌론) 토론에 대한 동영상 자료는 https://youtu.be/DDZL KDuxfP0.

● 연명의료결정 관련 사건 (1)

▶ 2012년 10월 1일에 미국에서 연명의료결정과 관련된 사건이 미국 언론을 뜨겁게 달구었는바, 이 사건은 2011년 가을 뉴욕 마라톤에 출전하기 위해 훈련하다가 쓰러진 후에 뇌종양의 판정을 받고 투병하다가 미국의 노스 쇼어(North Shore) 병원에서 뇌종양에 대해 특별한 개선치료를 하는 것이 아니라, 매일 몰핀과 수면제로 하루하루 연명해가고 있었던 환자 이성은 씨가 치료의 고통을 견디기 힘들다며 인공호흡기를 떼어낼 것을 원한다고 노스 쇼어 병원 측에 전하여 노스 쇼어 병원은 그녀의 인공호흡기를 떼어내어 죽을 수 있게 하려고 했지만, 그녀의 가족들이 이에 반대하면서 노스 쇼어 병원 측과 법정소송을 하게 되었고, 2012년 9월 28일에 1심 법원이 노스 쇼어 병원 측의 손을 들어주는 판결을 내리자, 그녀의 가족들은 이에 불복하여 항소하면서 이런 내용의 기사가 미국 뉴욕 타임즈 등 미국의 각종 언론매체에 의해 미국 전역에 보도되어 미국 내에서 '성인 환자의 연명의료결정에

● 연명의료결정 관련 사건 (2)

▶ 대해 그의 가족들이 관여할 수 있는지의 문제와 불치병에 걸린 사람은 반드시 의식이 있을 때 연명의료결정의 시행 여부에 대한 분명한 입장을 밝혀두어야 하는지의 문제' 등에 대한 논쟁이 미국 사회에서 크게 일어났음 (http://www.newsis.com/pict_detail/view.html?pictid=NISI20121124_0007380091).

▶ 이후 2014년 11월 3일에 미국의 CNN방송은 같은 해 11월 1일에 악성 뇌종양 말기로 6개월 밖에 살지 못한다는 의사로부터 시한부 진단을 선고 받고 미국의 캘리포니아 주의 샌프란시스코에서 말기 환자가 의사로부터 약물을 처방 받아 자살하는 것을 법적으로 허용(인정)해 주고 있는 미국의 오리건 주도 이사한 29일의 여성인 브리트니 메이나드 씨가 남은 6개월 정도의 생존 가능한 삶을 고통 속에서 연명하는 것보다 그녀의 가족들이 지켜보는 가운데 담담한 최후를 맞이하고 싶다는 그녀의 희망에 의해 결국 그녀의 남편

● 연명의료결정 관련 사건 (3)

▶ 옆에서 그녀 스스로 약물을 먹고 목숨을 끊었다고 크게 보도하였음. 그녀는 이렇게 사망하기 전에 이와 같은 그녀의 결심을 담은 비디오 동영상을 유튜브에 올려 세상에 알렸고 이 동영상은 약 1,100만 건 이상의 조회수를 기록하면서 최소한의 품위와 가치를 지키면서 죽을 수 있는 존엄사의 필요성을 다시 한번 전 세계에 환기시켜 주면서 전 세계의 이목을 끌었음. 이러한 그녀의 결심과 행동에 대해 미국의 존엄사 지지 시민단체인 '연민과 선택(Compassion &Choices)'은 페이스북을 통해 "메이나드가 가까운 가족과 사랑하는 이들에 둘러싸여 조용히 평화롭게 죽음을 맞이했고, 미국 내 캘리포니아와 미국의 다른 주에서 연명의료결정을 긍정적으로 검토시켜 주는 계기가 되었음. 미국 내 종교 지도자들과 의사협회에서는 이와 같은 환자의 무의미한 연명치료행위를 중단하는 것(이하에서 연명의료결정'으로 약칭함)에

● 연명의료결정 관련 사건 (4)

▶ 대해 반대하여 미국의 캘리포니아 주의 경우에 지난 1992년과 2005년 및 2007년에 이른바 존엄사법의 제정이 무산된 적이 있음. 이러한 브리트니 메이나드 씨의 연명의료결정에 대한 결심과 행동으로 인하여 회생 가능성이 없는 환자들에게 환자 스스로 죽음의 결정권을 인정하는 내용의 이른바 '존엄사법(Dead with Dignity Act)'의 제정 논의가 미국 내에서 점차 확산되고 있으며, 미국의 로스앤젤레스 타임스(LAT)는 미국 현지시간으로 2015년 1월 22일에 미국의 캘리포니아 주를 비롯하여 미국의 뉴욕, 펜실베이니아, 네바다, 뉴저지 등 상당수의 주에서 이른바 존엄사법의 제정 논의가 각 주의 의회 차원에서 활발히 진행되고 있다고 보도하였음(http://www.Yonhapnews.co.kr/bulletin/2014/11/03/0200000000AKR20141103128600009.HTML?input=1179m; http://www.segye.com/content/html/2015/01/23/200150123000341.html; http://www.dailywrn.com/sub_read.html?uid=5457).

● 연명의료결정 관련 사건 (5)

▶ 그리고 미국에서 연명의료결정과 관련하여 '카렌 퀸란(Karen Quinlan)' 사건이 있었는바, 이에 대해 살펴보면 1975년에 21살이 된 카렌 퀸란은 자신이 구입한 드레스에 몸을 맞추기 위하여 급격한 다이어트를 하던 중이었는데, 같은 해 4월 15일에 친구의 생일파티에 참석하여 2일 동안 거의 아무것도 먹지 않은 상태에서 몇 잔의 진토닉을 마신 후에 신경 안정제인 발륨(Valium)을 복용하였고, 복용한 지 얼마 지나지 않아 카렌 퀸란은 심한 현기증을 느끼게 되어 신속히 그녀의 집 침대에 눕혀졌으며, 그녀는 의식이 회복되지 않아 미국 세인트 클레어 병원으로 이송되었고, 그녀는 장시간 호흡 부전을 겪게 되어 심한 뇌 손상을 입어 식물인간 상태로 병원에서 몇 개월간 지내게 되었고, 그녀의 상황은 점점 더 악화되어 결국 그녀의 코와 위장 사이에 바람구멍을 만들어 이를 통해 숨을 쉬게 되었음. 이러한 상태에 있는 카렌 퀸란의

● 연명의료결정 관련 사건 (6)

▶ 모습을 몇 달 간 보아왔던 그녀의 가족들은 그녀에게 부착되어 있는 인공호흡기를 제거해 그녀가 사망할 수 있도록 병원에 요청하였지만, 병원의 담당 의사는 이를 거부하자, 카렌 퀸란의 아버지는 미국 뉴저지 주 법원에 그녀에게 부착되어 있는 인공호흡기의 제거를 허용(승인)해 달라는 소송을 법원에 제기했던 사건이었음.

▶ 이 사건에 대해 1976년 3월 31일에 미국 뉴저지 주 대법원은 일명 '카렌 퀸란 사건'에서 "말기상태의 환자나 그 환자의 대리인 또는 후견인에게 말기환자의 생명유지를 위한 의료장치의 제거나 치료의 거부를 할 수 있는 권리는 미국 연방수정헌법 제14조 제1항의 적법절차조항을 근거로 하는 프라이버시권에 의해 헌법상 인정되므로, 카렌 퀸란의 가족의 뜻에 따라 그녀의 인공호흡기를 제거해도 된다."라고 판시함(In re Quinlan, 355 A.2d 647, 664(N. J. 1976)).

● 연명의료결정 관련 사건 (7)

▷ 이후 미국 연방대법원은 일명 '낸시 크루잔(Nancy Cruzan)'사건에 대한 판결에서 카렌 퀸란 사건에 대한 미국 뉴저지 주 대법원의 태도가 그대로 이어져 미국에서는 미국 연방수정헌법 제14조 제1항을 환자의 '연명의료결정에 대한 자기결정권'의 헌법적 근거로 보고 있음.

▷ 미국에서 이 낸시 크루잔 사건은 미국 연방대법원이 환자의 '죽을 권리'를 최초로 인정해 준 사건이라는 점에 커다란 의의가 있는 사건으로, 이 사건의 내용에 대해 살펴보면 미국 미주리 주에 사는 33세의 낸시 크루잔은 1983년 1월 11일에 자동차 사고를 당하여 한동안 호흡과 맥박이 없었다가 응급 구조대원에 의하여 되살아났는바, 그녀는 약 6분 정도의 산소 결핍으로 인하여 영구적으로 그녀는 뇌손상을 받아 식물인간의 상태가 되었음. 그녀의 식물인간상태가 계속되자, 그녀의 부모는 그녀에게 인공영양과 수분을 공급

● 연명의료결정 관련 사건 (8)

▷ 하는 급식튜브장치를 제거해 달라고 병원에 요청했지만, 병원 측에서 이에 대해 법원의 승인 없이 이행할 수 없다고 거절했음. 이에 그녀의 부모는 미국 연방수정헌법 제14조의 적법절차규정에 의해 보장되는 원하지 않는 의료장치에 의해 연명하지 않을 권리가 있다는 사유로 법원에 낸시 크루잔의 인공영양과 수분을 공급하는 급식튜브장치를 제거해 달라는 소송을 제기한 사건임. 이 사건에 대해 미국 연방대법원은 "의사결정을 할 수 있는 자는 그가 원하지 않는 의학적 치료 장치를 거부할 수 있는 권리가 미국 연방수정헌법 제14조의 적법절차규정에 의해 보장된다."라고 판시하였음(Cruzan v. Missouri Deptatment of Health, 497 U.S. 261(1990)).

▷ 한편 대한민국에서는 지난 2004년에 대한민국 대법원은 치료를 요하는 환자인 남편의 보호자였던 아내의 강한 요청에 따라 환자에 대한 치료중단 및 퇴원을 허용하는 조치를 행하여 이 환자를 결국 사망에 이르게 한 담당 전문

● 연명의료결정 관련 사건 (9)

▶ 의와 주치의에게 형법상 살인 방조죄가 성립한다고 판결하였던 일명 '서울대 보라매병원 사건'이 있었음(대판 2004. 6. 24, 2002도995).

▶ 이후 2009년에 대한민국 대법원은 연세대 세브란스병원의 중환자실에서 인공호흡기에 의지해 식물인간상태로 연명하고 있었던 김 할머니의 가족들이 김 할머니의 평소 뜻에 따라 연명의료결정을 중단할 것을 요구했지만, 연세대 세브란스 병원 측이 이를 거부하면서 법적 분쟁이 일어난 사건에 대해서 김 할머니 가족들의 손을 들어주면서 김 할머니에게 부착되어 있던 인공호흡기를 제거하는 것을 인정해 주어 우리나라에서 최초로 연명의료결정을 법원 판례상 허용(인정)하였음(대판 2009. 5. 21, 2009다17417).

▶ 즉, 대한민국에서는 최초로 지난 2009년의 일명 '연세대 김 할머니 사건'에

● 연명의료결정 관련 사건 (10)

▶ 대한 대법원의 판결에 의해 환자가 회복 불가능한 사망의 단계에 이른 후에 헌법상 환자 자신의 생명에 대한 자기결정권을 행사하는 것으로 인정될 수 있는 경우에는 (특별한 사정이 없는 한) 환자에 대한 연명의료결정이 법적으로 허용됨.

▶ 이후 2016년 1월 8일에 대한민국 국회 본회의에서 '호스피스·완화의료 및 임종과정에 있는 환자의 연명의료결정에 관한 법률'이 통과되어 2016년 1월말에 공포되었는바, 이 법에 의해 임종기 환자는 자신의 자기 결정에 따라 공식적으로 환자에 대한 무의미한 연명 의료를 중단할 수 있는 법적 제도가 2018년 2월부터 우리나라에서 시행됨(http://www.yonhapnewstv.co.kr/MYH2016 0203023300038/?did=1947m).

● 12주 강의 연습문제

▷ 아래의 문제를 읽고 아래 질문의 (   )에 대한 들어갈 정답이 맞으면 퀴즈 점수 1점 부과 !

▷ 정답을 작성할 기회는 단 1번 뿐이니, 신중하게 작성하여 제출하길 바랍니다.

▷ 12주 강의의 퀴즈 문제

▷ 사형제도에 대한 합헌론(찬성)의 입장에서는 사형이라는 형벌은 사회의 잠 재적 범죄자에 대한 위하력이 있어 범죄의 발생을 억제시켜 범죄율을 감소 시켜 주어 사회를 보호해 주는 (   )효과가 있다고 본다.

● 12주 강의 정리하기

▷ 1. 사형제도에 대한 합헌론의 사유(근거) 5개는 무엇인지 이에 해당되는 5 개의 사유(근거)를 모두 5－10줄 범위 내로 정리하기.

▷ 2. 사형제도에 대한 위헌론의 사유(근거) 5개는 무엇인지 이에 해당되는 5 개의 사유(근거)를 모두 5－10줄 범위 내로 정리하기.

▷ 3. 미국 연방대법원의 판례에 의하면 연명치료중단에 대한 자기결정권'의 헌 법적 근거를 미국 연방수정헌법 몇 조의 규정에서 찾았는지에 대해 정리하기.

생활 속의 헌법탐험

(13주-1번째 강의)

● 13주 강의 학습의 목표

수강생들이 연명의료결정과 낙태죄와 관련된 기초적인 법적 지식을 습득할 수 있도록 하여, 수강생들 각자 대한민국 국민의 한 사람으로 자신과 타인의 기본권을 보호하고, 기본권 침해 방지의 사고를 갖출 수 있게 하며, 생활 속의 헌법적 다양한 사례와 쟁점에 대한 지식을 습득할 수 있도록 하는 것에 13주 강의의 학습 목표가 있음.

● 13주 강의 학습의 개요

▶ 수강생들이 13주에 학습할 강의의 개요는 연명의료결정의 의의(개념)과 환자의 연명의료결정에 대한 헌법적 검토 및 허용 요건, 연명의료결정 허용 관련 법률의 주요 내용, 낙태와 낙태죄의 의의와 연혁, 낙태죄에 대한 외국의 입법례 및 헌법적 검토 등에 대해 각각 강의함.

● 연명의료결정의 의의(개념) (1)

▷ 1. 안락사

▷ '안락사'는 영어로 'euthanasia'인바, 어원적으로 희랍어(고대 그리스어)의 'eu(아름답게, 행복하게)'라는 접두어와 'thanatos(죽음)'라는 명사가 결합한 합성어에서 유래된 것임(이 'euthanasia'라는 용어는 17세기에 프랜시스 베이컨(Francis Bacon)이 영어로 'good, well'을 뜻하는 희랍어의 'eu'와 영어로 'death'를 뜻하는 희랍어 'thanatos'의 두 단어를 붙여서 만든 것이라고 함(이상용, 안락사 그 용어의 재음미, 비교형사법연구 제5권 제2호, 2003, 145면, 각주 7번). 즉, 안락사는 '아름답고 행복한 죽음' 또는 '존엄하고 편안한 죽음'을 뜻한다고 하겠음.

▷ 이러한 안락사의 개념에 대해 형법학계에서는 통상적으로 대체로 다음과 같이 크게 다섯 가지로 분류하고 있음. 첫째, 오로지 임종을 맞이하는 환자의 고통을 제거해 줄 뿐이고 환자의 생명에 대한 단축 없이 자연스럽게 죽도록 도와주는 경우를 뜻하는 '진정안락사'가 있음. 둘째, 회복할 수 없는 중환자의

● 연명의료결정의 의의(개념) (2)

▷ 고통을 감소시키기 위한 의료적 조치로 인하여 불가피하게 환자의 생명의 단축을 초래하는 경우를 뜻하는 '간접적 안락사'가 있음. 셋째, 죽음에 임박한 환자의 극심한 고통을 덜어주기 위하여 의사나 가족 등이 환자를 직접 살해하는 것을 뜻하는 '직접적 안락사'가 있음. 넷째, 극심한 고통을 겪고 있는 불치의 환자가 더 이상의 삶은 아무런 가치도 없으며 단지 두렵고 굴욕적인 고통의 연장에 불과하다고 생각하고 환자 본인의 결정에 따라 의사로부터 약물주사를 맞거나 의사의 처방을 받아 구입한 극약을 마음의 준비가 되었을 때 복용하여 사망하는 것을 뜻하는 '적극적 안락사'가 있음. 다섯째, 회복가능성이 없는 불치의 환자가 자연스럽게 죽을 수 있도록 환자에 부착된 인공호흡기 등의 생명유지 장치를 제거하거나 그 치료를 중지하는 것을 뜻하는 '소극적 안락사'가 있음(이희훈 ①, 미국의 존엄사법과 영국의 조력자살법안에 대한 비교법적 고찰, 토지공법연구 제68집, 2015. 2, 573면).

● 연명의료결정의 의의(개념) (3)

▶ 그러나 이러한 '안락사'라는 용어는 제2차 세계대전동안 독일에서 정신장애자, 노인, 열등종족 등 약 20여만 명이 넘는 사람들을 안락사를 시킨다는 명분하에 학살한 적이 있어 그 용어의 사용에 부정적인 이미지가 있다는 점에 의해 안락사란 용어를 정확하게 안락살(安樂殺)로 변경해서 사용(홍성방, 헌법학(중), 2010, 25면)하는 것이 타당하다는 점에 비추어 볼 때 '안락사'라는 용어의 사용은 향후에 그 사용을 자제하거나 지양하는 것이 타당함(이희훈 ②, 독일의 연명치료중단 판례와 입법에 대한 비교법적 고찰, 토지공법연구 64집, 2014, 428면).

▶ 2. 존엄사

▶ '존엄사(Death with dignity)'란 죽음에 직면한 환자, 즉 현대 의학으로는 도저히 치료가 불가능하고 회생의 가능성이 없는 빈사상태에 있는 환자나 식물인간의 상태의 환자 또는 환자에게 의식이 없고 그의 생명이 단지 인공호흡기 등에 의해 목숨을 이어가고 있는 뇌사자의 경우에 환자의 명시적 또는

● 연명의료결정의 의의(개념) (4)

▶ 추정적 의사에 따라 환자가 더 이상 살아서 고통을 느끼지 않고 인간다운 죽음을 맞이할 수 있도록 그 환자의 생명유지에 필요한 의료조치를 인위적으로 중단시키거나 환자에게 부착되어 있는 인공호흡기 등의 생명보조장치를 인위적으로 제거하는 것을 뜻하는 개념으로 보는 견해가 있음(권영성, 헌법학원론, 2009, 410면; 김성돈, 형법각론, 2009, 39면; 박상기, 형법각론, 2004, 26면; 이만우·조규범, 존엄사 입법화의 쟁점과 과제, 국회입법조사처 현안보고서 제32호, 2009. 4면; 이인영, 존엄사에 관한 고찰, 한림법학 FORUM 제14권, 2004, 153면; 홍완식, 사회적 쟁점과 법적 접근, 2011, 173면).

▶ 생각건대, 존엄사의 대상이 되는 환자의 상태와 소극적 안락사의 대상이 되는 환자의 상태는 둘 다 공통적으로 그 회생 가능성이 없는, 즉 회복 불가능한 혼수상태나 뇌사상태 또는 지속적인 식물인간의 상태에 있는 환자를 그 대상으로 한다는 점과 존엄사와 소극적 안락사 모두 이러한 상태에 있는

● 연명의료결정의 의의(개념) (5)

▶ 환자의 사기(死期)를 의사가 환자의 생명유지에 필요한 기계적 장치의 부착이나 영양공급 또는 약물 투여 등을 중단하거나 제거하는 소극적인 방법으로 행한다는 것이 같다는 점 및 소극적 안락사를 행하는 주된 목적이 환자가 사기(死期)에 임박했을 때 환자 스스로 생명유지에 필요한 기계적 장치의 부착이나 영양공급 또는 약물 투여 등을 계속하여 인간으로서의 존엄성을 훼손한 채 고통스럽게 생명을 연장하는 것 보다는 이러한 연명의료를 중단하거나 제거하여 (인간으로서 품위 있게, 즉 인간으로서의 존엄성을 지키면서) 죽을 수 있는 선택권 또는 사망할 수 있는 삶에 대한 자기결정권을 환자에게 준다는 것은 존엄사와 같다는 점에 비추어 볼 때 존엄사 및 소극적 안락사는 서로 유사한 개념으로, 그 개념상의 차이가 사실상 거의 없어 두 개의 단어를 같은 의미로 사용하는 것이 가능하다고 할 것임(이희훈 ①, 앞의 글, 576−577면).

● 연명의료결정의 의의(개념) (6)

▶ 3. 조력자살

▶ '조력자살'이란 의사나 환자의 가족 또는 친구 등이 환자의 죽음에 직접적인 도움을 주어 환자가 사망할 수 있도록 해 주는 것을 뜻함. 예를 들어 의사가 환자로 하여금 스스로 사망할 수 있도록 환자가 버튼을 누르면 자동으로 독극물이 든 주사기가 환자의 몸에 투입되는 기계장치를 제공해 주거나 또는 불치병으로 회복 가능성이 없는 환자가 죽는 것을 희망하여 자살을 하려는 생각을 가지고 있음을 알고 있는 의사가 그 환자에게 다량의 수면제나 진통제를 제공해 주거나 치명적인 약에 관한 정보를 알려 주는 등의 방법에 의해 직접적으로 죽음을 초래하는 행위는 환자 혼자서 스스로 실행하고 의사는 그러한 환자의 죽음에 직접적으로 개입하지 않는 것을 뜻함(이인영, 주요 국가이 '존엄사'법 분서과 평가, 존엄사이 올바른 법제하를 위한 토론학· 입법학적 고찰을 중심으로, 국회입법조사처·경실련·한국입법학회, 2009, 6면).

● 연명의료결정의 의의(개념) (7)

▷ 4. 연명치료중단

▷ 대한민국 대법원은 "연명치료중단이란 의학적으로 환자가 의식의 회복가능성이 없고, 생명과 관련된 중요한 생체기능의 상실을 회복할 수 없으며, 환자의 신체 상태에 비추어 짧은 시간 내에 사망에 이를 수 있음이 명백한 경우에 원인이 되는 질병의 호전을 목적으로 하는 것이 아니라 질병의 호전을 사실상 포기한 상태에서 오로지 현재의 상태를 유지하기 위하여 이루어지는 치료에 불과한 진료행위를 중단하는 것"을 뜻하는 것으로 판시함(대판 2009. 5. 21, 2009다17417).

▷ 그리고 미국 워싱턴 주의 자연사법에 의하면 '연명치료'는 말기 환자나 영구적인 무의식 상태의 식물인간상태에 있는 환자에게 죽음의 과정을 연장해 주기만 하는 기계적 또는 인위적 수단을 사용하는 의학적 또는 외과적 간섭을 중단하는 것을 뜻하는 것으로 규정되어 있음.

● 연명의료결정의 의의(개념) (8)

▷ 이러한 연명치료중단의 개념에 비추어 볼 때 연명치료중단과 존엄사 및 소극적 안락사는 거의 유사한 개념으로 사용하는 것이 가능하다고 할 것임.

▷ 5. 연명의료결정

▷ '연명의료결정'이란 회생이 불가능한 환자가 인간의 존엄성을 잃지 아니하고 죽음을 맞이할 수 있도록 불필요하고 과다한 치료를 중단하는 것을 뜻함(김미숙, 안락사에 대한 사회적 인식, 회복불능환자의 연명치료중단에 관한 공청회, 한국보건사회연구원, 2002, 11면).

▷ 대한민국 의사윤리지침 제18조에서는 '연명의료결정'의 개념에 대해 "의사가 의학적으로 무익·무용하다고 판단한 회생 가능성이 없는 환자에 대하여 환자 또는 그 보호자의 적극적이고 확실한 의사표시에 의하여 환자의 생명유지치료 등 의료행위를 중단하는 것"이라고 규정하고 있음.

● 연명의료결정의 의의(개념) (9)

▶ 이러한 연명치료중단의 용어의 사용에 대해 2013년 11월 28일에 보건복지부의 '연명의료 환자 결정권 제도화를 위한 인프라 구축방안' 공청회에서 우리나라의 의료계에서 더 이상 '연명치료중단'이라는 용어를 쓰지 않고 '연명의료결정'이라는 용어를 사용하게 된 이유는 최근 의료계에서 '연명치료'라는 용어에서 '치료'라는 개념이 환자의 상태가 좋아질 수 있다는 희망이 있는 것을 뜻하는 것으로 보아 왜 치료를 중단하느냐라는 비판이 있을 수 있다는 점에서 이를 '의료'로 수정하는 것이 적절하다는 점 및 기존의 '중단'이라는 용어가 환자의 생명을 인위적으로 끊어버린다는 너무 부정적인 표현으로 볼 수 있다는 점에서 이를 '결정'으로 수정하기로 했다고 밝힘 (http://www.healthfocus. co.kr/news/articleView.html?idxno=30734).

▶ 생각건대, 이러한 2013년 11월 28일에 보건복지부의 '연명의료 환자 결정권 제도화를 위한 인프라 구축방안' 공청회에서 '연명의료결정법'이라는 용어를

● 연명의료결정의 의의(개념) (10)

▶ 사용하는 취지나 그 이유에 대해 적극 찬성 및 동감하므로, 이하에서 '연명치료중단'이라는 용어 대신에 '연명의료결정'이라는 용어를 사용함.

▶ 즉, 이상에서 살펴본 연명의료결정과 관련된 개념에 대해 요약 및 정리하면 '소극적 안락사 = 존엄사 = 연명치료중단 = 연명의료결정'의 개념이 상호 간에 크게 다르지 않으므로, 상호 간에 거의 유사한 개념으로 사용이 가능하다고 생각함. 다만 안락사나 존엄사 또는 연명치료중단이라는 용어들은 각각 약간씩 환자의 죽음을 미화하거나 환자의 생명을 인위적으로 종료시킨다는 부정적 색채가 들어있다고 생각할 수 있어, 가장 중립적 성격의 용어라고 생각되는 '연명의료결정'이라는 용어 또는 개념을 사용하는 것이 바람직함.

▶ 참고로, 지난 2006년 6월 13일에 독일의 국가윤리위원회는 '말기의료에 관한

● 연명의료결정의 의의(개념) (11)

▶ 견해'를 발표하면서 "적극적 안락사, 소극적 안락사, 직접적 안락사의 용어가 오해의 소지가 있고 오류의 여지가 있다는 사유로 이러한 용어들을 향후 독일 내에서 사용하는 것을 포기한다."라고 밝힌 적이 있음(이인영, 앞의 글, 6면). 이에 대한민국에서도 향후 연명의료결정과 관련된 입법을 제정할 때 소극적 안락사와 존엄사 및 연명치료중단 또는 연명의료결정의 개념과 각 용어의 사용에 대한 혼동(혼란)이 발생하지(일어나지) 않도록 가급적 '연명의료결정'으로 그 개념이나 용어를 명확히 일원화시킬 필요가 있음(이희훈 ①, 앞의 글, 577면).

▶ 이러한 견지에서 2018년 2월부터 대한민국에서 시행될 예정인 환자에 대한 연명의료결정을 명시적으로 허용한 법률의 명칭은 '호스피스·완화의료 및 임종과정에 있는 환자의 연명의료결정에 관한 법률'임.

▶ 또한 미국의 오레곤 주, 워싱턴 주, 몬테나 주, 버몬트 주 등의 '존엄사법'에서 뜻하는 '존엄사'의 개념은 '불치의 질병으로 회복가능성이 없는 환자가 죽음을

● 연명의료결정의 의의(개념) (12)

▶ 희망하여 자살을 심사숙고하여 요청하는 경우에 의사가 환자에게 다량의 수면제나 진통제를 제공하든가 그 밖의 치명적 약에 관한 정보를 알려주는 방식으로, 직접적인 죽음을 초래하는 행위는 환자가 스스로 실행하고 의사는 환자의 사망에 직접적으로 개입하지 않는 것'을 뜻하는 '의사조력자살'을 의미한다는 점에서 일종의 '적극적 안락사'와 같은 의미라고 할 것임.

▶ 따라서 향후 대한민국에서도 (의사)조력자살에 해당되는 경우에는 미국의 존엄사법처럼 환자의 존엄사를 허용(인정)해 주는 해당 법률에 '존엄사'라는 명칭을 가급적 혼용하여 사용하지 말고, 영국과 같이 조력자살의 개념에 합치되는 '조력자살법'이라는 명칭을 명확히 사용해야 존엄사의 용어의 사용에 대한 사회적 혼란을 대폭 줄일 수 있는 하나의 방안이 될 것임(이희훈 ①, 앞의 글, 577면).

생활 속의 헌법탐험

(13주-2번째 강의)

● 연명의료결정에 대한 헌법적 검토 (1)

▶ 연명의료결정에 대해 헌법적으로 검토해 보면 인간의 생명은 고귀하고, 이 세상에서 무엇과도 바꿀 수 없는 존엄한 인간 존재의 근원인바, 인간의 생명에 대한 권리는 비록 헌법에 명문의 규정이 없다고 하더라도 인간의 생존 본능과 존재목적에 바탕을 둔 선험적이고 자연법적인 권리로(헌재 1996. 11. 28, 95헌바1), 대한민국 헌법상 생명권은 최대한 존중되어야 하고, 국가는 국민의 생명을 최대한 보호할 의무가 있지만, 다른 한편으로 국가는 대한민국 헌법상 최고의 목적조항으로서 헌법상 모든 기본권의 보장을 통하여 추구하고자 하는 최고의 가치인 헌법 제10조의 인간의 존엄과 가치 및 행복을 추구할 권리를 모든 인간이 향유할 수 있도록 최대한 보장해 주어야 하므로, 의식의 회복가능성이 없는 환자라 하더라도 삶의 마지막 과정에서 겪게 되는 삶의 또 다른 형태인 죽음을 맞이하는 순간까지 인간으로서의 존엄과

● 연명의료결정에 대한 헌법적 검토 (2)

▷ 가치를 보존할 권리를 보장해 주어야 할 것임(헌재 2009. 11. 26, 2008헌마 385; 대판 2009. 5. 21, 2009다17417).

▷ 생각건대, 의학적으로 환자의 회복 불가능한 사망의 단계에 이른 경우에서의 여러 연명의료조치들은 그 원인이 되는 질병의 호전을 목적으로 하는 것이 아니라 질병의 호전을 사실상 포기한 상태에서 이미 돌입한 사망의 과정에서 조금 더 시간을 연장하기 위한 것에 불과한 것으로, 의학적인 측면에서 환자에 대해 치료의 목적을 상실한 신체침해 행위가 계속적으로 이루어지는 것이라 할 수 있고, 죽음의 과정이 시작되는 것을 막는 것이 아니라 자연적으로는 이미 시작된 죽음의 과정에서의 종기를 인위적으로 연장시키는 것으로 볼 수 있다는 점에서 의학적으로 단지 환자의 신체침해행위에 불과하여 환자에게 연명의료를 계속 강요하는 것이 오히려 헌법상 인간의 존엄과

● 연명의료결정에 대한 헌법적 검토 (3)

▷ 가치에 위반되는 것으로 볼 수 있음. 따라서 환자의 회복 불가능한 사망의 단계에 이른 상황에서 죽음을 맞이하려는 환자 스스로의 의사결정을 존중하여 연명의료를 중단하는 결정을 할 수 있게 해 주어 환자를 사망에 이르게 하는 것은 헌법적으로 허용(인정)된다고 보는 것이 타당함(대판 2009. 5. 21, 2009다17417).

▷ 즉, 인간의 생명은 고귀하고 생명권은 헌법에 규정된 모든 기본권의 전제로서 기능하는 기본권 중의 기본권이라고 할 것이므로, 환자의 생명과 직결되는 연명의료를 중단할 수 있는 결정을 할 수 있는 경우에 해당하려면 다음과 같이 크게 일곱 가지의 엄격한 실체적 및 절차적 요건 하에서만 극히 제한적으로 허용(인정)된다고 보는 것이 타당함.

▷ 첫째, 연명의료결정이 허용(인정)될 수 있는 실체적 요건으로는 환자가 물시

● 연명의료결정에 대한 헌법적 검토 (4)

▷ 병에 걸려 있고, 시기적으로 회복 불가능한 사망의 단계에 이르러야 함. 즉, 환자가 회복불가능한 사망의 단계에 진입한 경우로서, 전적으로 기계적인 장치에 의존하여 연명하게 되고, 전혀 회복가능성이 없는 상태에서 결국 신체의 다른 기능까지 상실되어 기계적인 장치에 의하여서도 연명할 수 없는 상태에 이르기를 기다리고 있을 뿐이어서 자연적으로 이미 시작된 죽음의 과정에서의 종기를 인위적으로 연장시키는 단계에 이르러야 함. 이런 경우에는 연명의료를 환자에게 강요하여 헌법 제10조의 인간의 존엄과 가치를 해칠 것이 아니라, 죽음을 맞이하려는 헌법 제10조의 환자의 자기결정권을 존중하여 연명의료결정을 허용하는 것이 타당함(대판 2009. 5. 21, 2009다17417).

▷ 둘째, 환자가 회복불가능한 사망의 단계에 이르렀을 경우에 대비하여 미리

● 연명의료결정에 대한 헌법적 검토 (5)

▷ 의료인에게 환자 자신의 연명의료에 대한 거부 또는 중단의 의사표시를 한 경우(이하에서 '사전의료지시'로 줄임)이어야 함. 즉, 의사결정능력이 있는 환자가 의료인으로부터 직접 충분한 의학적 정보를 제공받은 후, 그 의학적 정보를 바탕으로 자신의 고유한 가치관에 따라 진지하게 구체적인 진료행위에 관한 의사를 결정해야 하며, 이러한 의사결정 과정에 환자 자신이 직접 의료인을 상대방으로 하여 작성한 서면이나 의료인이 환자를 진료하는 과정에서 이러한 의사결정 내용을 기재한 진료기록 등에 의하여 진료 중단 시점에서 명확하게 입증될 수 있어야 비로소 사전의료지시로서의 효력을 인정할 수 있을 것임(대판 2009. 5. 21, 2009다17417).

▷ 셋째, 만약 환자의 사전의료지시가 없는 상태에서 회복불가능한 사망의 단계에 진입한 경우에는 환자의 의사를 확인할 수 있는 객관적인 자료가 있는

● 연명의료결정에 대한 헌법적 검토 (6)

▷ 경우에는 반드시 이를 참고해야 하고, 환자가 평소 일상생활을 통하여 가족 등에 대하여 한 의사표현, 타인에 대한 치료를 보고 환자가 보인 반응, 환자의 종교, 평소의 생활태도 등을 환자의 나이, 치료의 부작용, 환자가 고통을 겪을 가능성, 회복 불가능한 사망의 단계에 이르기까지의 치료 과정, 질병의 정도, 현재의 환자 상태 등 객관적인 사정과 종합하여 환자가 현재의 신체 상태에서 의학적으로 충분한 정보를 제공받는 경우 연명의료결정을 선택하였을 것이라고 인정되는 경우에 한해 환자의 연명의료결정의 의사를 추정해야 할 것임(대판 2009. 5. 21, 2009다17417).

▷ 넷째, 연명의료결정이 허용될 수 있는 절차적 요건으로는 환자의 연명의료를 중단할 것인지 및 환자의 연명의료결정에 대한 의사표시의 진의 여부에

● 연명의료결정에 대한 헌법적 검토 (7)

▷ 대해 환자를 담당한 의사와 함께 다른 (병원의) 의사나 법률가 또는 종교인 등으로 구성된 위원회의 판단을 거치도록 하는 것이 그 남용을 방지하거나 줄일 수 있고, 환자가 연명의료의 중단에 대한 결정에 대한 의사표시를 하기 전에 정신과 전문의나 임상심리사의 상담절차를 거치도록 하거나 환자가 연명의료결정의 의사를 결정하는데 신중을 기할 수 있게 하기 위하여 환자의 연명의료결정을 하기 전 2주일이나 15일 정도 등의 숙려기간을 주고, 1주일이나 5일 정도의 간격으로 2-3회 환자의 의사를 거듭 확인하는 제도를 두는 것이 바람직함(이희훈 ①, 앞의 글, 587면).

▷ 다섯째, 환자의 생명에 대해 환자 스스로 책임을 질 수 있을 정도로 정서적으로 발달하고 의사결정능력이 있는 '성인'에 한정하여 연명의료결정의 의사표시를 할 수 있도록 해야 할 것임. 즉, 아직 자아 또는 인생관이나 가치관이

● 연명의료결정에 대한 헌법적 검토 (8)

▶ 명확히 확립되지 못하고 정서적으로 미성숙한 미성년자인 환자가 주변의 부모나 친족 기타 이해관계가 있는 사람으로부터 부당한 연명의료결정에 대해 어떤 부당한 압박이나 협박 또는 강제나 구속이나 감금 등을 받지 않고 자율적으로 연명의료결정을 할 수 있도록 해 주어 미성년자인 환자가 부당하게 주변의 다른 사람의 생각에 따라 죽임을 당하는 연명의료결정의 오남용 현상이 최대한 발생하지 않도록 해 주어 연명의료결정에 따른 미성년자의 헌법상 생명권이 침해되어 생명의 경시풍조가 최대한 발생하지 않도록 해야 할 것임(이희훈 ①, 앞의 글, 586면).

▶ 여섯째, 불치병의 말기 환자가 자율적인 의사에 의해 적어도 증인 2명의 증인이 입회한 상태에서 환자의 연명의료결정을 기재한 서면을 작성하도록 하되, 여기서 증인 2명은 환자와의 관계에서 배우자(법률혼이 아닌 사실혼이나

● 연명의료결정에 대한 헌법적 검토 (9)

▶ 법적 혼인을 하지 못한 동성 배우자 포함)나 직계존속과 비속(양자 포함) 또는 형제나 자매 등의 가족이거나 삼촌이나 사촌 등의 친족이거나 환자의 주치의나 간병인 등이거나 환자와 소송 중에 있는 자 등 환자와 일정한 친분관계가 있는 사람은 이러한 증인이 될 수 없도록 해 주어 연명의료결정의 오남용 현상과 연명의료결정에 따른 생명의 경시풍조가 최대한 발생하지 않도록 해야 할 것임(이희훈 ①, 앞의 글, 587면).

▶ 일곱째, 환자에게 간병이나 간호주거시설이나 병원 등의 의료시설에 입원하는 조건이나 환자와 어떤 보험계약을 체결하는 조건으로 연명의료결정을 원한다는 서면을 작성하고 서명하도록 하거나 환자의 연명의료결정에 대한 결정에 의해 환자의 생명보험, 건강보험, 재해보험이나 연금에 어떠한 불이익을

● 연명의료결정에 대한 헌법적 검토 (10)

▷ 가하는 것은 금지해 주어 연명의료결정의 오남용의 현상과 연명의료결정에 따른 생명의 경시풍조가 최대한 발생하지 않도록 해야 할 것임(이희훈 ①, 앞의 글, 588면).

▷ 한편 아무리 헌법상 생명권의 주체이더라도 자신의 생명을 함부로 내버리는 결정을 할 수 없는 일정한 한계가 있다고 할 것이므로, 아무리 환자가 자율적인 의사결정에 의해 스스로 죽기를 원한다고 의사에게 표명했더라도 의사가 직접적 안락사나 조력자살 등과 같은 방법으로 환자를 사망하도록 행하는 의료적 조치는 헌법상 용인되지 않는 불법행위로 보아 처벌을 하는 것이 타당함. 다만 헌법상 생명권의 주체인 환자가 이상에서 살펴본 것과 같이 일정한 엄격하고 제한된 조건 하에서 환자 자신의 헌법상 자기결정권에 의하여 스스로 심사숙고한 결정에 의해 남은 생명을 포기하는 것, 즉 연명의료결정을 원한다는 의사표시에 대해서는 예외적으로 헌법상 용인되어 이를 처벌을 할 수 없다고 보는 것이 타당함.

▷ 참고 : 연명의료결정에 대한 동영상 자료는 https://you tu.be/SyokopK0JQI.

● 연명의료결정 허용 신설 입법의 주요 내용 (1)

▷ 이러한 견지에서 대한민국 국회는 그 동안 우리 사회에서 끊임없이 제기되어 왔던 연명의료에 대한 기본원칙, 연명의료결정의 관리 체계, 연명의료의 결정 및 그 이행 등에 필요한 사항에 대해서 임종과정에 있는 환자의 연명의료결정을 제도화하여 환자의 헌법상 자기결정권을 존중하고 환자의 인간의 존엄과 가치를 보장하기 위한 것 등의 해당 근거 법령을 마련해서 국민 모두가 인간적인 품위를 지키며 편안하게 삶을 마무리할 수 있도록 하기 위하여 '호스피스·완화의료 및 임종과정에 있는 환자의 연명의료결정에 관한 법률'을 최근 통과시켜 2018년 2월부터 우리나라에서 시행될 예정인바, 그 주요 내용을 살펴보면 다음과 같음.

▷ 같은 법 제2조에 의하면 '임종과정'을 회생의 가능성이 없고, 치료에도 불구

하고 회복되지 않으며, 급속도로 증상이 악화되어 사망에 임박한 상태로 규정하고 있고, '연명의료'를 임종과정에 있는 환자에게 하는 심폐소생술, 혈액투석, 항암제 투여, 인공호흡기 착용 등 대통령령으로 정하는 의학적 시술

● 연명의료결정 허용 신설 입법의 주요 내용 (2)

▷ 로서 치료효과 없이 임종과정의 기간만을 연장하는 것으로 규정하고 있으며, '말기환자'를 암, 후천성면역결핍증, 만성 폐쇄성 호흡기질환, 만성간경변 및 그 밖에 보건복지부령으로 정하는 질환에 대하여 회복가능성이 없고 증상이 악화되어 담당의사 1인과 해당 분야의 전문의 1명으로부터 수개월 이내에 사망할 것으로 예상되는 진단을 받은 환자로 규정하고 있고, '사전연명의료의향서'란 19세 이상인 사람이 자신의 연명의료중단 등 결정 및 호스피스에 관한 의사를 직접 문서로 작성한 것을 뜻한다고 규정하고 있음.

▷ 같은 법 제11조와 제12조에서는 사전연명의료의향서에 대한 등록기관과 해당 서류작성 및 등록업무 등에 대해 규정하고 있음.

▷ 같은 법 제16조와 제17조에서는 담당의사는 환자에 대한 연명의료결정을 이행하기 전에 해당 환자가 임종과정에 있는지 여부를 해당 분야의 전문의

● 연명의료결정 허용 신설 입법의 주요 내용 (3)

▷ 1명과 함께 판단해야 한다고 규정하고 있고, 연명의료계획서나 사전연명의료의향서가 없는 경우에는 환자가족 2명 이상의 일치하는 진술이 있으며, 담당의사와 해당 분야 전문의의 확인을 거친 때에는 이를 연명의료결정에 관한 환자의 의사로 보도록 규정하고 있음.

▷ 같은 법 제18조에서는 환자의 의사를 확인할 수 없고 환자가 의사표현을 할 수 없는 의학적 상태인 경우에 미성년자인 환자의 법정대리인(친권자에 한한다)이 연명의료중단 등 결정의 의사표시를 하고 담당의사와 해당 분야 전문의 1명이 확인한 경우이거나 환자가족(행방불명자 등 대통령령으로 정하

는 사유에 해당하는 사람은 제외한다) 전원의 합의로 연명의료중단 등 결정의 의사표시를 하고 담당의사와 해당 분야 전문의 1명이 확인한 경우에는 해당 환자를 위한 연명의료중단 등 결정이 있는 것으로 보도록 규정하고 있음.

● 연명의료결정 허용 신설 입법의 주요 내용 (4)

▶ 같은 법 제19조에 의하면 담당의사는 환자에 대한 연명의료결정시 이를 즉시 이행하고 그 결과를 기록하여야 하며, 연명의료중단 등 결정 이행시 통증 완화를 위한 의료행위와 영양분 공급, 물 공급, 산소의 단순 공급은 시행하지 않거나 중단되어서는 안 되며, 담당의사가 연명의료중단 등 결정의 이행을 거부할 때에는 해당 의료기관의 장은 윤리위원회의 심의를 거쳐 담당의사를 교체해야 하고, 담당의사는 연명의료중단 등 결정을 이행하는 경우에 그 과정 및 결과를 기록해야 하며, 의료기관의 장은 이 규정에 따라 연명의료중단 등 결정을 이행하는 경우 그 결과를 지체 없이 보건복지부령으로 정하는 바에 따라 관리기관의 장에게 통보하도록 규정하고 있음.

▶ 같은 법 제20조에 의하면 의료기관의 장은 연명의료중단 등 결정 및 그 이행에 관한 여러 기록들을 연명의료중단 등 결정 이행 후 10년 동안 보존하도록 규정하고 있음.

● 낙태죄 관련 사건 (1)

▶ 모체 내의 태아는 일반적으로 결혼을 한 임부인 여성과 상대방의 남자 배우자가 함께 생성한 것으로, 이러한 태아에 대한 여러 권리와 의무에 대해서는 임부인 여성과 함께 그 상대방 남자 배우자에게도 함께 부여하는 것이 타당하다는 점에 비추어 볼 때 대한민국의 현행 모자보건법 제14조 제1항에서처럼 임부가 낙태를 행하려고 할 때에 그 상대방의 남자 배우자에게 임부의 낙태에 대한 동의를 받도록 규정하는 것은 원칙적으로 타당하다고 사료됨.

▶ 그러나 2013년 11월 8일의 한국일보와 서울신문 및 조선일보 등에 의하면

남녀 간의 데이트 과정에서 임신하게 된 후 남성의 폭행과 폭언 등의 이유로 헤어지려고 하는 결혼 전의 여성에 대해 해당 여성이 만약 아이를 인공유산 수술(이하에서 '낙태'로 줄임)을 할 경우에 상대방 남성이 낙태를 행하

● 낙태죄 관련 사건 (2)

▶ 려는 여성과 낙태시술을 집도한 의사를 '형법'상 낙태죄 규정에 의해 처벌을 하겠다고 협박하면서 연인 관계의 계속적 유지 또는 금전적인 요구를 하는 등의 협박 및 보복의 방법으로 악용되는 사례가 증가하고 있어 헌법상 여성의 자기결정권, 신체의 자유, 프라이버시권, 건강권 등(이하에서 '여성의 자기결정권 등'으로 줄임)을 침해하는 문제가 제기되고 있음.

▶ 이렇듯 2013년에 한국여성민우회에 접수된 낙태죄 고소 협박과 관련한 상담의 대부분은 결혼 약속을 한 커플이 헤어지는 과정에서 발생했는바, 결혼 전에 헤어진 남성이 상대편 여성의 낙태를 하려는 것에 대해 처벌을 하겠다는 협박 및 보복과 관련된 상담건 수의비율은 2012년 보다 약 3배 이상 늘었음.

▶ 이에 대해 한국여성민우회의 관계자는 낙태로 처벌을 받을 것을 두려워하여 남성으로부터 협박을 받고도 숨기는 여성들이 상당수인바, 이렇듯 드러나지

● 낙태죄 관련 사건 (3)

▶ 않는 것을 감안하면 큰 폭의 증가에 해당된다고 밝혔음. 이와 관련하여 실제로 결혼을 앞두고 남자친구 A(27)씨의 못된 술버릇과 폭언 등을 참지 못하여 헤어질 결심을 하고, 2012년에 낙태를 행한 여성 B(29)씨는 A씨로부터 형법상 낙태죄로 고소당하여 법원은 낙태 시술을 집도한 의사에게 징역 6월과 자격정지 1년에 집행유예 1년을 선고하였고, B씨에게는 벌금 200만원을 선고하였으며, 낙태방조죄로 함께 기소됐던 A씨는 낙태에 동의하지 않았다는 이유로 무죄판결을 받은 사건이 발생했다고 여러 언론 매체에 의해 보도되었음 (http://news.hankooki.com/lpage/society/h2013110803384821950.htm; http://www.seoul.

co.kr/news/newsView.php?id=20131108500031; http://news.chosun.com/site/data/html_dir/2013/11/08/2013110801315.html).

● 낙태죄 관련 규정 (1)

▷ 대한민국 형법 제269조 제1항에 의하면 "부녀가 약물 기타 방법으로 낙태한 때에는 1년 이하의 징역 또는 200만원 이하의 벌금에 처한다."라고 규정되어 있음.

▷ 대한민국 모자보건법 제14조 제1항에 의하면 "의사는 다음 각 호의 어느 하나에 해당되는 경우에만 본인과 배우자(사실상의 혼인관계에 있는 사람을 포함한다. 이하 같다)의 동의를 받아 인공임신중절수술을 할 수 있다. 1. 본인이나 배우자가 대통령령으로 정하는 우생학적 또는 유전학적 정신장애나 신체질환이 있는 경우, 2. 본인이나 배우자가 대통령령으로 정하는 전염성 질환이 있는 경우, 3. 강간 또는 준강간에 의하여 임신된 경우, 4. 법률상 혼인할 수 없는 혈족 또는 인척 간에 임신된 경우, 5. 임신의 지속이 보건의학적 이유로 모체의 건강을 심각하게 해치고 있거나 해칠 우려가 있는 경우"라고 규정되어 있음.

● 낙태죄 관련 규정 (2)

▷ 대한민국 모자보건법 시행령 제15조에 의하면 "제1항: 모자보건법 제14조에 따른 인공임신중절수술은 임신 24주일 이내인 사람만 할 수 있다. 제2항: 모자보건법 제14조 제1항 제1호에 따라 인공임신중절수술을 할 수 있는 우생학적 또는 유전학적 정신장애나 신체질환은 연골무형성증, 낭성섬유증 및 그 밖의 유전성 질환으로서 그 질환이 태아에 미치는 위험성이 높은 질환으로 한다. 제3항: 모자보건법 제14조 제1항 제2호에 따라 인공임신중절수술을 할 수 있는 전염성 질환은 풍진, 톡소플라즈마증 및 그 밖에 의학적으로 태아에 미치는 위험성이 높은 전염성 질환으로 한다."라고 규정되어 있음.

생활 속의 헌법탐험

(13주-3번째 강의)

● 낙태와 낙태죄의 의의 (1)

▷ '낙태'란 태아를 자연분만기에 앞서서 모체(母體)의 자궁 밖으로 인위(인공)적으로 배출시키거나 모체 안에서 살해하는 행위를 뜻함.

▷ 즉, '낙태'란 태아가 모체 밖에서 독립적으로 성장할 수 있는 상태에 이르기 전에 모체의 자궁 내에 있는 태아를 인위(인공)적으로 죽여 모체의 임신을 중단시킬 목적으로 태아를 모체의 밖으로 배출시키는 모든 인위(인공)적인 조작(임신중절)을 뜻함. 따라서 낙태는 모체에 어떤 병적 현상으로 인하여 유발되는 자연유산과는 구별되는바, 모자보건법 제2조 제7호에서 '인공임신중절수술'이란 태아가 모체 밖에서는 생명을 유지할 수 없는 시기에 태아와 그 부속물을 인공적으로 모체 밖으로 배출시키는 수술을 말한다고 규정되어 있음.

▷ 낙태는 모체의 자궁 내에 있는 태아를 인위(인공)적으로 죽여 모체의 임신을

● 낙태와 낙태죄의 의의 (2) 와 연혁 (1)

▶ 중단시킬 목적으로 태아를 모체의 밖으로 배출시키는 모든 인위(인공)적인 조작(임신중절)을 뜻함.

▶ '낙태죄'란 태아를 자연분만기에 앞서서 인위적으로 모체 밖으로 배출시키거나 모체 안에서 살해하는 행위를 내용으로 하는 범죄를 뜻하며, 태아의 생명이나 신체에 대해 어떠한 침해도 수반하지 않는 인공출산은 형사 처벌이 되는 낙태죄의 개념에 포함되지 않음. 따라서 형법상 낙태죄는 임신중절에 의하여 태아를 살해하는 것을 내용으로 하는 범죄를 뜻함(헌재 1992. 4. 28, 90헌바24).

▶ 고대 로마법에 의하면 태아를 모체의 일부분으로 보아 임부의 낙태행위를 별도로 처벌하지 않았지만, AD 200년경 로마의 셉티무스 세베루스(Septimus Severus) 황제에 이르러 임부의 낙태행위는 남자의 자녀에 대한 기대를 파괴

● 낙태죄의 연혁 (2)

▶ 한다는 사유로 처벌을 하기 시작했다고 전해짐(홍성방, 낙태와 헌법상의 기본가치, 서강법학연구 제3집, 2001, 28면).

▶ 이후 로마에서는 태아를 사람으로 보아 낙태한 여성에게는 유배형을, 낙태를 도와준 천민에게는 광산노역형을, 낙태를 도와준 귀족에게는 재산의 일부 몰수형과 유배형으로 각각 처벌함(조규창, 로마형법, 고려대 출판부, 1998, 210면).

▶ 그러나 이러한 태아에 대한 인식은 기독교가 전 세계적으로 널리 퍼지면서 태아를 하나의 존엄한 생명 그 자체로 보는 인식으로 바뀌게 되면서 임부의 낙태 행위에 대해 처벌하는 것이 정당화되기 시작함(최정수외 4인, 인공임신중절 실태와 정책과제(연구보고서), 한국보건사 회연구원, 2010. 12, 35면).

▶ 독일의 밤베르겐시스 형법전 제158조와 독일의 카톨리나 형법전 제133조에서 최초로 낙태라는 용어를 사용함(이형국, 형법각론연구 I, 1997, 116면).

● 낙태죄의 연혁 (3)

▷ 1813년에 독일의 바이에른 형법과 1851년 독일의 프로이센형법에서 태아를 생명(영혼)이 있는 태아와 생명(영혼)이 없는 태아로 구분하여 생명(영혼)이 있는 태아를 임부가 낙태할 때에는 살인죄로 처벌하였으며, 이후 전 세계의 다른 나라들도 생명은 하나님에 의한 하사품으로 여기는 가톨릭사상을 바탕으로 하여 임부의 낙태 행위를 처벌하는 낙태죄 규정을 각국의 형법전에 규정하기 시작하였으며, 제2차 세계대전 이후에 인구의 증가현상과 식량의 부족현상 및 여성권리의 신장 등 여러 요인들에 의해 전 세계적으로 각국은 임부의 낙태에 대한 허용기준과 처벌규정에 관한 법령을 제정하기 시작함 (최정수 외 4인, 앞의 글, 35면).

▷ 이후 1950년대부터 여성의 출산에 대한 자율권이 확산되기 시작하면서 '낙태의 자유화' 바람이 일기 시작하였는바, 이러한 '낙태의 자유화'의 물결은

● 낙태죄의 연혁 (4)

▷ 1950년에 소련을 비롯한 동유럽에서부터 불기 시작하여 약 10여년의 간격을 두고 유럽과 북미로 퍼져나감. 그러나 아일랜드와 말타는 아직까지도 강력히 낙태를 엄격하게 규제하고 있는 국가에 속하는바, 아일랜드와 말타에서 낙태를 원하는 대부분의 여성은 인근의 낙태를 허용해 주는 외국으로 여행을 가서 낙태를 행하고 있음. 한편 아시아에서 일본은 1948년에, 그리고 중국은 1957년에, 인도는 1971년에 각각 임부의 낙태행위가 법적으로 허용되었지만, 방글라데시, 인도네시아, 말레이시아 등의 아시아에서 이슬람계에 속하는 국가들은 부녀의 임신초기에 월경조절시술은 허용하고 있으나, 이를 제외한 임부의 낙태행위에 대해서는 엄격히 법적으로 제한(규제)하고 있음. 그리고 대부분의 라틴아메리카의 국가들은 매우 엄격한 조건 하에 예외적

● 낙태죄의 연혁 (5) 과 처벌 실태 (1)

▷ 예외적으로 임부의 낙태행위를 법적으로 허용해 주는 입법을 두고 있는바, 비록 임부의 낙태행위를 법적으로 원칙적으로 제한하는 국가라도 극히 예외적인 상황 하에서는 임부의 낙태행위를 허용해 주는 입법의 형태로 낙태 관련 규정을 두고 있음(김해중 외 12인, 인공임신중절 실태조사 및 종합대책 수립, 보건복지부 연구보고서, 2005, 194-198면).

▷ 대한민국 대법원에서 실제로 임부의 낙태행위에 대해 처벌을 부과한 경우는 2005년에 0건, 2006년에 집행유예 1건과 선고유예 5건, 2007년에 집행유예 4건과 선고유예 3건, 2008년에 집행유예 2건과 선고유예 1건, 2009년에 집행유예 1건과 선고유예 0건으로 나타났는바, 이 중에서 집행유예와 선고유예는 비록 유죄판결이지만 그 유예기간동안 형벌질서를 잘 준수하면 형의 선고 자체의 효력이 상실되거나 면소되어 사실상 무죄판결과 같다는 점에

● 낙태죄의 처벌 실태 (2) 및 입법례 (1)

▷ 비추어 보면 대한민국 대법원에서 2005년부터 2009년까지 형법상 낙태죄로 인하여 교도소에 수감되는 등의 실제로 처벌을 받은 경우는 거의 없다고 볼 것임(배종대, 낙태에 대한 형법정책, 고려법학 제50권, 2008, 235면).

▷ 영국에서 이 1967년의 낙태법(Abortion Act)의 주요 내용에 대해 살펴보면 동법 제87장 제1절에서 "2명의 등록된 전문의가 다음 중 어느 하나의 요건에 해당된다는 진단을 내리면 임부의 낙태를 처벌하는 낙태법 규정은 적용하지 않는다. (a) 임부의 수태기간이 24주 이내이어야 하고, 임신의 지속이 임부가 낙태하는 것보다 임부(자신)이나 임부의 가정 내 자녀의 신체적 또는 정신적인 건강을 더 크게 해칠 위험성이 존재할 때, (b) 임부의 낙태로 인하여 임부의 신체적 또는 정신적인 건강에 중대한 영구적인 손상을 주는 것을

● 낙태죄에 대한 입법례 (2)

▶ 예방해 줄 필요성이 있을 때, (c) 임신의 지속이 임신을 끝내는 것 보다 임부의 삶에 더 큰 위험을 포함하고 있을 때, (d) 만약 아기가 태어난다면 마치 심각한 신체장애자와 같이 신체적 또는 정신적 이상으로 인하여 고통 받을 실질적 위험이 있을 때"라고 규정하였음(이희훈 ③, 영국·미국·독일·프랑스의 낙태 규제 입법과 판례에 대한 비교법적 고찰, 일감법학 제27집, 2014. 2, 713-714면).

▶ 이후 영국에서는 1990년에 '인간수정 및 배아법(Human Fertilization and Embryology Act of 1990)'이 시행되었는바, 동법의 주요 내용에 대해 살펴보면 "2명의 의사가 임신 24주의 범위 내에서 임신을 지속할 때 임신부나 태어나 있는 자녀 또는 가족의 신체적 또는 정신적 건강을 해칠 위험성이 크다고 의사가 진단할 때, 임신의 지속이 여성의 생명이나 정신적 건강 에 미칠 위험성이 더 커질 경우라고 의사가 진단할 때, 태아가 신체적 또는 정신적

● 낙태죄에 대한 입법례 (3)

▶ 이상 병증으로 인하여 여러 심각한 장애를 가지고 태어날 위험성이 크다고 의사가 진단할 경우에는 각각 낙태를 합법적으로 할 수 있다."라고 규정하였고, "임신부가 16세 미만이거나 보호자의 보호 중에 있는 미성년자인 경우에는 원칙적으로 그 미성년자인 임부의 부모나 보호자의 동의를 받아야 한다. 다만, 미성년자인 임부의 경우에도 의사가 임신의 지속이 임부나 태어나 있는 자녀의 신체적 또는 정신적 건강을 해칠 위험성이 매우 높다고 의사가 진단할 때에는 그 미성년자인 임부의 부모나 보호자의 동의 없이 낙태를 할 수 있다."라고 규정함(이희훈 ③, 앞의 글, 714면).

▶ 이러한 영국의 낙태에 대한 입법례를 통해 대한민국에 시사해 주는 점은 임부가 낙태를 행하기 위해서는 2명의 의사로부터 낙태에 대한 진단을 받도록

● 낙태죄에 대한 입법례 (4)

▷ 하여 대한민국보다 낙태를 신중하고 객관적으로 하도록 규정하여 낙태의 남용현상을 줄일 수 있어 태아의 생명권을 좀 더 보호해 줄 수 있다는 것과 낙태의 법적 허용범위를 임부의 생명을 구하기 위한 낙태뿐만 아니라 임부의 정신적인 문제로 인한 낙태까지 낙태의 법적 허용범위를 대한민국보다 상대적으로 넓혀 주고 있어 여성의 낙태에 대한 자기결정권을 좀 더 보호해 줄 수 있다는 것 및 대한민국의 모자보건법에 의해 성인의 임부가 낙태를 합법적으로 행하기 위해서는 그 배우자의 낙태에 대한 동의를 의무적 요건으로 하고 있어 이로 인한 배우자의 각종 폭력이나 보복 또는 금품요구 등의 악용 수단으로 사용될 수 있는 문제를 영국에서는 성인의 임부가 낙태를 행하려는데 있어 그 배우자의 낙태에 대한 동의를 의무적으로 요구하고 있지 않아 임부의 자기결정권을 좀 더 보호해 줄 수 있다는 것 등을 들 수

● 낙태죄에 대한 입법례 (5) 및 헌법적 검토 (1)

▷ 있음(이희훈 ③, 앞의 글, 728−729면).

▷ 1. 형법상 자기낙태죄 처벌규정에 대한 합헌론의 근거

▷ 모든 인간은 헌법상 생명권의 주체가 되고, 인간으로서 형성되어 가는 단계의 생명인 태아에게도 생명에 대한 권리가 인정되어야 함. 태아가 비록 그 생명의 유지를 위하여 모(母)에게 의존해야 하지만, 그 자체로 모(母)와 별개의 생명체이고 특별한 사정이 없는 한 인간으로 성장할 가능성이 크기 때문임(헌재 2008. 7. 31, 2004헌바81).

▷ 태아도 헌법상 생명권의 주체이고, 따라서 그 성장 상태가 보호 여부의 기준이 되어서는 안될 것임. 헌법이 태아의 생명을 보호하는 것은 그것이 인간으로 될 예정인 생명체라는 이유 때문이지, 그것이 독립하여 생존할 능력이 있다거나 사고능력, 자아인식 등 정신적 능력이 있는 생명체라는 이유 때문이

● 낙태죄에 대한 헌법적 검토 (2)

▶ 아님. 그러므로 태아가 독자적 생존능력을 갖추었는지 여부를 그에 대한 낙태 허용의 판단 기준으로 삼을 수는 없음. 인간이면 누구나 신체적 조건이나 발달 상태 등과 관계없이 동등하게 생명 보호의 주체가 되는 것과 마찬가지로, 태아도 성장 상태와 관계없이 생명권의 주체로서 마땅히 보호를 받아야 함. 특히 의학의 비약적 발전으로 태아가 모태를 떠난 상태에서의 생존 가능성이 점점 높아지고 있는 현실과 그 성장 속도 역시 태아에 따라 다른 현실을 감안하면 임신 후 몇 주가 경과하였는지 또는 생물학적 분화 단계를 기준으로 보호의 정도를 달리할 것이 아님. 태아도 그 성장 상태를 막론하고 생명권의 주체로서 보호받아야 하는 존재라는 점에서 수정란이 자궁에 착상한 이후부터 출산하기 이전까지의 태아를 성장 단계에 따라 구분하여 보호의 정도를 달리하는 것은 정당화될 수 없음.

● 낙태죄에 대한 헌법적 검토 (3)

▶ 우생학적 또는 유전학적 사유 등으로 낙태를 허용해야 할 필요가 절실한 경우가 있을 수 있음. 이에 입법자는 일정한 우생학적 또는 유전학적 정신장애나 신체질환이 있는 경우와 같은 예외적인 경우에는 임신 24주 이내의 낙태를 허용하여(모자보건법 제14조, 동법 시행령 제15조), 임부의 생명·건강의 보호를 위해 필요한 경우나 범죄행위로 인한 임신의 지속이 오히려 법질서에 반하는 경우와 같이 불가피한 사정이 있는 경우에는 태아의 생명권을 제한할 수 있도록 하고 있음. 그러나 이것에서 더 나아가 사회적·경제적 사유로 인한 낙태로까지 그 허용의 사유를 넓힌다면 자칫 자기낙태죄 조항은 거의 사문화되고 낙태가 공공연하게 이루어져 인간생명에 대한 경시풍조가 확산될 우려마저 없지 않음. 이에 형법상 낙태죄 처벌 규정은 태아의 생명권 보호를 위하여 합헌임(헌재 2012. 8. 23, 2010헌바402).

● 낙태죄에 대한 헌법적 검토 (4)

▶ 〈 휴식 공간 〉

▶ 낙태와 관련된 영화인 'The Wall'은 옴니버스 형식으로 구성된 1996년의 작품으로, 이 영화는 모두 3편의 단편으로 이루어져 있음.

▶ 이 영화의 첫 번째 단편은 미국의 1952년이 시대적 배경으로 그 당시에 낙태는 미국에서 불법이었음. 이 영화의 주인공인 클레어가 남편을 잃은 과부로, 사망한 남편의 시대 식구들의 많은 배려와 도움으로 살아가던 중 클레어는 시동생과 부적절한 관계로 시동생의 아이를 가지게 되었는바, 이러한 임신 사실을 시누이가 알게 되고, 시누이는 클레어에 대해 큰 실망을 하였음. 이에 클레어는 고민 끝에 같은 병원에서 일하는 동료 간호사로부터 가장 싼 비용을 요구하는 낙태 불법 시술자에게 자신의 집 식탁 위에서 낙태 시술을 받게 되지만 불법 낙태 시술이 잘못되어 결국 클레어는 고통 속에서 사망하게 됨.

▶ 이 영화의 두 번째 단편과 세 번째 단편을 보고 수강생들은 낙태의 허용 여부에 대해 각자 생각해 보길 바람.

● 낙태죄에 대한 헌법적 검토 (5)

▶ 2. 형법상 자기낙태죄 처벌규정에 대한 위헌론의 근거

▶ 태아는 생성중인 인간으로서 생물학적으로 모체 내에서 모체에 종속되어 있어 생명의 유지와 성장을 전적으로 모체에 의존하고 있는 불완전한 생명이며, 임신과 출산은 기본적으로 모(母)의 책임 하에 대부분이 이루어지므로, 원하지 않은 임신 내지 출산이 모(母)와 태아 그리고 우리 사회 전체에 불행한 결과를 초래할 수 있다는 현실(미혼모 문제, 해외입양문제, 영아유기·치사 문제, 고아문제 등)을 감안하면, 임신기간 중 일정 시점까지는 임부의 자기결정권을 존중해 줄 필요가 있음. 다만 임부에게 낙태를 허용하는 것은 필연적으로 태아의 생명권에 대한 제한을 수반하게 되므로, 태아의 생명권과의 사이에 법익의 균형을 도모할 필요성, 즉 태아의 생명권을 과도하게 침해하지 않도록 조화로운 범위 내에서 일정한 한계를 설정하는 것이 요청됨.

● 낙태죄에 대한 헌법적 검토 (6)

▷ 태아는 수정란이 자궁에 착상한 때로부터 낙태죄의 객체로 되는데 착상은 통상 수정 후 14일경에 이루어지므로, 그 이전의 생명에 대해서는 형법상 어떠한 보호도 행하고 있지 않다. 이와 같이 국가가 생명을 보호하는 입법적 조치를 취함에 있어 인간생명의 발달단계에 따라 그 보호정도나 보호수단을 달리하는 것은 불가능하지 않음(헌재 2008. 7. 31, 2004헌바81).

▷ 생각건대, 현대 의학의 수준에서는 태아가 임신 24주에 이르기까지는 폐포가 될 종말낭(terminal sacs)이 아직 형성되지 않아 자궁배출 이후에 호흡에 이를 가능성이 전무하며 자존적 생존가능성이 전혀 없다고 보고 있으므로, 태아의 독자적 생존능력은 임신 24주 이후에 인정된다고 봄이 상당함. 그런데 임신 초기, 즉 임신 1주에서 12주까지의 시기는 태아가 이제 막 인간과

● 낙태죄에 대한 헌법적 검토 (7)

▷ 유사한 신체적 특징이 나타나기 시작하는 시기로서, 의학계에서는 일반적으로 이 시기의 태아는 사고나 자아인식, 정신적 능력과 같은 의식적 경험에 필요한 신경생리학적 구조나 기능들은 갖추지 못한 것으로 판단하고 있음. 즉 임신 초기의 태아는 감각을 분류하거나 감각의 발생부위 또는 그 강도 등을 식별할 수 없고, 더 나아가 여러 가지 감각을 통합하여 지각을 형성할 수도 없어 고통을 느끼지 못한다는 것임. 한편 임신 초기의 낙태는 시술방법이 간단하여 비교적 임부에게 안전하다고 할 수 있고, 실제로 낙태로 인한 합병증 및 모성사망률이 현저히 낮음. 따라서 임신 초기에는 임부의 자기결정권을 존중하여 낙태를 허용해 줄 여지가 크다고 할 것임. 적어도 임신 초기에는 임부의 자기결정권을 존중하여 낙태를 허용해 줄 필요성이 있다고 할 것임. 이처럼 임신기간 여하에 따라 임부의 자기결정권을 고려할

● 낙태죄에 대한 헌법적 검토 (8)

▷ 수 있는 가능성 및 필요성이 있다고 할 것인데도, 형법상 자기낙태죄 조항
은 임부의 기본권을 덜 제한하는 다른 수단을 모색하지 아니한 채 임신기간
의 여하에 상관없이 임부의 낙태를 전면적·일률적으로 금지하고 있어, 임부
의 낙태에 대한 자기결정권을 과도하게 침해한다는 이유로 위헌이라고 보는
견해가 있음(헌재 2012. 8. 23, 2010헌바402에서 이강국, 이동흡, 목영준, 송
두환의 헌법재판소 재판관들의 반대의견).

▷ 모체 내의 태아는 임부인 여성 혼자서만 생성한 것이 아니라 그 남자 배우
자도 함께 생성한 것이므로, 태아에 대한 권리와 의무를 임부인 여성과 함
께 그 남자 배우자에게도 함께 주는 것이 타당하다는 점에서 현행 모자보건
법에서처럼 임부가 낙태를 행하려고 할 때에는 남자 배우자의 낙태에 대한

● 낙태죄에 대한 헌법적 검토 (9)

▷ 동의를 받도록 하되, 이러한 남자 배우자의 낙태에 대한 동의가 이미 헤어
진 성인의 임부에 폭력을 가하거나 보복이나 금품요구 등으로 악용될 때에
는 그 관련 자료를 입증할 수 있는 범위 내에서 낙태에 대한 상담을 하는
의사에게 인정을 받는 등의 방법을 통해 예를 들어 영국의 경우처럼 낙태시
그 남자 배우자의 동의를 얻지 않고 성인인 임부 스스로의 결정만으로 12주
이전의 태아에 대해서는 낙태를 할 수 있게 해 준다면 임부의 자기결정권
등의 기본권이 좀 더 넓게 보호될 수 있을 것임(이희훈 ③, 앞의 글, 732면).

● 13주 강의 연습문제

▶ 아래의 객관식 문제의 정답에 해당되는 번호를 선택하여 정답이 맞으면 퀴즈 점수 1점 부과 !

▶ 정답을 작성할 기회는 단 1번 뿐이니, 신중하게 작성하여 제출하길 바랍니다.

▶ 13주 강의의 퀴즈 문제

▶ 대한민국의 모자보건법상 일정한 낙태 허용사유가 있을 때 낙태는 임신 이후로부터 언제까지 가능한지 해당 번호를 선택하시오.

▶ ① 1개월   ② 3개월   ③ 4개월   ④ 6개월   ⑤ 9개월

● 13주 강의 정리하기

▶ 1. 안락사, 존엄사, 조력자살, 연명치료중단, 연명의료결정에 대한 용어의 개념상 관계에 대해 2-3줄 이내로 정리하기.

▶ 2. 환자의 연명의료결정이 헌법상 허용(인정)될 수 있는 (제한)요건에 해당하는 7개는 무엇인지 4개 이상 정리하기.

▶ 3. 형법상 자기 낙태죄 처벌 규정의 합헌론의 근거는 무엇인지 3-5줄 이내로 정리하기.

▶ 4. 형법상 자기 낙태죄 처벌 규정의 위헌론의 근거는 무엇인지 3-5줄 이내로 정리하기.

생활 속의 헌법탐험

(14주-1번째 강의)

● 14주 강의 학습의 목표

수강생들이 국회, 행정부, 법원, 헌법재판소와 관련된 기초적인 법적 지식을 습득할 수 있도록 하여, 수강생들 각자 대한민국 국민의 한 사람으로 자신과 타인의 기본권을 보호하고, 기본권 침해 방지의 사고를 갖출 수 있게 하며, 생활 속의 헌법적 다양한 사례와 쟁점에 대한 지식을 습득할 수 있도록 하는 것에 14주 강의의 학습 목표가 있음.

● 14주 강의 학습의 개요

▶ 수강생들이 14주에 학습할 강의의 개요는 국회의 헌법적 기능과 역할, 국회의 구성과 조직, 국정감사 및 국정조사, 행정부의 구성과 주요 내용, 사법부의 독립과 조직(구성), 사법절차와 운용방법, 법원의 권한, 헌법재판소의 구성, 헌법재판소의 권한 등에 대해 각각 강의함.

● 국회의 헌법적 기능과 역할 (1)

▶ 헌법상 국회는 국민을 대표하는 기관이자 입법기관이며, 정책통제기관으로서 헌법적 기능과 역할을 행하는 국가최고기관 중의 하나임.

▶ 대한민국 헌법 제1조 제2항에 의한 국민주권주의의 원리에 의해 주권을 가지고 있는 국민은 헌법제정권자로서, 헌법 제40조에서 국회라는 곳을 국민의 대표기관으로 규정하고 있고, 이러한 국회에 입법권을 부여하고 있음. 즉, 입법권을 갖고 있는 국회는 헌법에서 국민의 대표기관으로 규정되어 있음.

▶ 국회는 가장 본질적이며 전통적인 권한이 바로 입법권을 행사하는 기관임. 따라서 대한민국 헌법 제40조에서는 "입법권은 국회에 속한다."라고 명시적으로 규정하여 입법권은 국회의 권한임을 밝히고 있음.

▶ 대한민국 헌법은 대통령제를 중심으로 하고 있으므로, 의원내각제처럼 국회에게 '내각불신임권'과 같은 행정부를 강하게 견제 내지 통제할 수 있는 권한

● 국회의 헌법적 기능과 역할 (2) 및 국회의 구성과 조직 (1)

▶ 을 부여하고 있지 않음.

▶ 그러나 국회는 대한민국 헌법 제62조 제2항에 의해 국무총리나 국무위원에 대해 국회에 출석할 것을 요구할 수 있고, 질문할 수 있는 권한을 행사 할 수 있으며, 헌법 제63조 제1항에 의해 국무총리 또는 국무위원의 해임을 대통령에게 건의할 수 있고, 헌법 제65조 제1항에 의해 대통령과 국무위원에 대해 탄핵소추권을 행사할 수 있는 등을 통해서 행정부에 대해 여러 가지로 견제 내지 통제를 가할 수 있음. 이 밖에 국회는 헌법 제54조 제1항에 의한 예산의결권과 헌법 제61조 제1항에 의한 국정감사권 등을 통해서 행정부에 대해 여러 가지로 견제 내지 통제를 가할 수 있음.

▶ 국회를 구성하는 방법에는 국회를 한 개의 합의체 기관으로 구성하는 '단원제'와 두 개의 상호독립한 합의체 기관으로 구성하는 '양원제'가 있음.

● 국회의 구성과 조직 (2)

▶ 이 중에서 단원제는 신속하고, 능률적인 의안심의를 할 수 있고, 정부에 대한 의회의 지위를 강화할 수 있으며, 의회의 책임소재를 분명하게 해 주고, 국비를 절감해 주는 장점이 있음.

▶ 대한민국은 1952년 7월 7일의 제1차 개헌 때 및 1960년 6월 15일의 제2공화국 헌법(제3차 개헌) 때에 양원제를 채택한 경우를 제외하고, 계속 단원제를 채택하였음.

▶ 한편 양원제는 미국과 영국 및 독일 등에서 채택하고 있는바, 의회를 두 개의 원으로 나누고, 각 원이 그 조직과 권한 및 활동에서 서로 독립적이라서 독립된 의견을 제출할 수 있으며, 양원의 의견이 일치할 때에만 의회의 의결로 함. 다만 양원은 동시에 개회하고 폐회함.

▶ 이러한 양원제의 장점은 의안의 심의를 신중하고 공정하게 할 수 있고, 국회 다수파의 전제와 횡포를 방지함.

● 국회의 구성과 조직 (3)

▶ 그러나 양원제는 의사의 진행과 결정을 하는데 있어서 이중적 절차를 거치게 되므로, 의안의 심의가 지연되고 국고가 낭비되며, 책임소재가 불분명해지고, 정부에 대한 의회의 지위가 상대적으로 약화될 수 있음.

▶ 대한민국 국회법상 국회의장과 국회부의장의 임기는 2년임.

▶ 대한민국 국회법상 국회의장은 위원회에 출석하여 발언할 수 있음. 그러나 표결에는 참가할 수 없고, 국회의장의 사고가 있을 때에는 국회의장이 지정하는 국회부의장이 그 직무를 대리하며, 국회의장이 심신상실 등 부득이한 사유로 의사표시를 할 수 없게 되어 직무대리자를 지정할 수 없는 때에는 소속 의원수가 많은 교섭단체소속인 부의장의 순으로 국회의장의 직무를 대행함. 만약 국회의장과 국회부의장이 모두 사고가 있을 때에는 임시의장을 선출하어 국회의장의 직무를 대행토록 함.

● 국회의 구성과 조직 (4)

▶ 대한민국 국회법상 국회의원의 총선거 후 국회의장이나 국회부의장이 선출될 때까지의 임시회의 집회공고에 관해서는 사무총장이 의장의 직무를 대행함.

▶ 대한민국 국회법상 국회의장과 국회부의장의 선거는 국회에서 무기명투표로 하되, 재적의원 과반수의 득표로 당선됨. 그리고 이 선거는 국회의원 총선거 후 최초 집회일에 실시하며, 처음 선출된 국회의장 또는 국회부의장의 임기가 만료되는 때에는 그 임기만료일 전 5일에 실시함.

▶ 대한민국 국회법상 국회의장과 국회부의장은 국회의 동의를 얻어 그 직을 사임할 수 있으며, 국회의장과 국회부의장은 특히 법률로 정한 경우를 제외하고는 국회의원 이외의 직을 겸할 수 없고, 다른 직을 겸한 국회의원이 국회의장 또는 국회부의장으로 당선된 때에는 당선된 날에 그 직에서 해직된 것으로 봄.

● 국회의 구성과 조직 (5)

▶ 대한민국 국회법상 국회의원이 국회의장으로 당선된 때에는 당선된 다음 날부터 그 직에 있는 동안은 당적을 가질 수 없음. 그리고 이 규정에 의하여 당적을 이탈한 국회의장이 그 임기를 만료한 때에는 당적을 이탈할 당시의 소속정당으로 복귀함.

▶ 현대국가는 그 과제와 기능이 확대됨에 따라 입법에도 고도의 전문성과 기술성이 요구되는바, 이러한 사정 때문에 산적한 입법과 의안을 처음부터 모두 본회의에서 심의하고 처리하는 것이 부적절함.

▶ 이에 국회 본회의에서 의안심의를 원활하게 할 목적으로 일정한 사항에 대해 전문적 지식을 가진 일단의 소수의원들로 하여금 의안을 예비적으로 심사 및 검토하게 하는 소위원회를 둘 필요성이 있는바, 이러한 소위원회가 국회의 위원회임. 즉, 국회에 위원회를 둠으로써 의안심의의 능률을 향상시킬 수 있고,

● 국회의 구성과 조직 (6)

▷ 방대한 안건을 효율적으로 처리할 수 있으며, 전문적 지식을 구비한 국회의
원들이 의안을 보다 심도 있게 심사할 수 있도록 하는 등의 기능을 행함.

▷ 대한민국 국회법상 국회의 위원회에는 상임위원회와 특별위원회 및 전원위
원회의 3개의 종류가 있음.

▷ 여기서 상임위원회는 그 소관에 속하는 의안과 청원 등의 심사 기타 법률에
서 정하는 직무를 행하고, 대한민국 국회법상 국회의원은 2개 이상의 상임
위원회의 위원이 될 수 있으며, 국회의장은 상임위원이 될 수 없음.

▷ 대한민국 국회법상 상임위원의 임기는 2년인바, 국회의원의 총선거 후 처음
선임된 위원의 임기는 그 선임된 날부터 개시하여 의원의 임기개시 후 2년
이 되는 날까지로 함.

▷ 대한민국 국회법상 수개의 상임위원회의 소관과 관련되거나 특히 필요하다고

● 국회의 구성과 조직 (7)

▷ 인정한 안건을 효율적으로 심사하기 위하여 본회의의 의결로 특별위원회를
둘 수 있는바, 이러한 특별위원회를 구성할 때에는 그 활동기한을 정해야
하며, 특별위원회는 활동기한의 종료시까지 존속함.

▷ 대한민국 국회법상 예산안과 기금운용계획안 및 결산을 심사하기 위하여 예
산결산특별위원회를 두고 있고, 국회의원의 자격심사 및 징계에 관한 사항
을 심사하기 위하여 윤리특별위원회를 두고 있으며, 국회는 헌법에 의하여
그 임명에 국회의 동의를 요하는 대법원장, 헌법재판소장, 국무총리, 감사원
장 및 대법관과 국회에서 선출하는 헌법재판소 재판관 및 중앙선거관리위원
회 위원에 대한 임명동의안 또는 의장이 각 교섭단체의 대표의원과 협의하
여 제출한 선출안 등을 심사하기 위하여 인사청문특별위원회를 두고 있음.

● 국회의 구성과 조직 (8)

▶ 이 중에서 예산결산특별위원회와 윤리특별위원회는 상설위원회임.

▶ 한편 대한민국 국회법상 국회는 위원회의 심사를 거치거나 위원회가 제안한 의안 중 정부조직에 관한 법률안, 조세 또는 국민에게 부담을 주는 법률안 등 주요 의안의 본회의에 상정되기 전이나 본회의에 상정된 후에 재적의원 4분의 1 이상의 요구가 있는 때에는 그 심사를 위하여 국회의원 전원으로 구성되는 전원위원회를 개회할 수 있음.

▶ 대한민국 국회법상 이러한 국회의 전원위원회는 국회 재적위원 5분의 1 이상의 출석으로 개회하고, 재적위원 4분의 1 이상의 출석과 출석위원 과반수의 찬성으로 의결하는바, 전원위원회에서의 의결의 효과는 국회 본회의에서의 의결과 달리 당해 결정된 의안이 최종적으로 확정되는 것이 아니라, 당해 새로 결정된 의안에 대한 수정안이 제출된 것으로 됨.

● 국정감사제도 및 국정조사제도 (1)

▶ '국정감사제도'란 국회가 매년 정기적으로 국정전반에 대해 감사할 수 있는 권한을 뜻하며, '국정조사제도'란 국회가 그 입법 등에 관한 권한을 유효·적절하게 행사하기 위하여 특정한 국정사안에 대해 조사할 수 있는 권한을 뜻함.

▶ 그러나 국정감사권과 국정조사권은 그 본질, 주체, 행사방법, 한계, 효과의 면에서 거의 같고, 그 시기와 기간 및 대상만을 다소 달리한다는 점에서 차이가 있음. 이에 대해 대한민국 헌법 제61조 제1항에서는 "국회는 국정을 감사하거나 특정한 국정사안에 대하여 조사할 수 있으며, 이에 필요한 서류의 제출 또는 증인의 출석과 증언이나 의견의 진술을 요구할 수 있다."라고 규정하고 있음.

▶ 참고 : 국정감사에 대한 동영상 자료는 https://youtu.be/kmm9m0Lo4lc.

● 국정감사제도 및 국정조사제도 (2)

▶ 대한민국 국정감사 및 조사에 관한 법률상 국회의 국정감사의 시기와 기간에 대해 살펴보면 국회는 국정전반에 관하여 소관 상임위원회별로 매년 9월 10일부터 20일간 감사를 행함. 다만 국회 본회의의 의결에 의하여 그 시기를 변경할 수 있음.

▶ 대한민국 국정감사 및 조사에 관한 법률상 국정감사는 상임위원장이 국회운영위원회와 협의하여 작성한 감사계획서에 의하여 행함. 국회운영위원회는 상임위원회간에 감사대상기관이나 감사일정의 중복 등 특별한 사정이 있는 때에는 이를 조정할 수 있음.

▶ 한편 대한민국 국정감사 및 조사에 관한 법률상 국회의 국정조사의 시행은 국회 재적의원 4분의 1 이상의 요구가 있을 때에는 특별위원회 또는 상임위원회로 하여금 국정의 특정사안에 관하여 국정조사를 시행함.

▶ 이러한 국정조사의 요구는 조사의 목적, 조사할 사안의 범위와 조사를 시행할

● 국정감사제도 및 국정조사제도 (3)

▶ 위원회 등을 기재하여 요구의원이 연서한 서면(이하에서 '조사요구서'로 줄임)으로 해야 함.

▶ 대한민국 국정감사 및 조사에 관한 법률상 국회의장은 이러한 조사요구서가 제출되면 지체 없이 국회 본회의에 보고하고 교섭단체의 대표의원들과 협의하여 국정조사를 시행할 특별위원회를 구성하거나 해당 상임위원회(이하에서 "조사위원회"로 줄임)에 회부하여 국정조사를 시행할 위원회를 확정함.

▶ 이러한 국정조사위원회는 국정조사의 목적, 조사할 사안의 범위와 조사방법, 조사에 필요한 기간 및 소요경비 등을 기재한 조사계획서를 국회 본회의에 제출하여 승인을 얻어 조사를 시행함.

▶ 대한민국 국정감사 및 조사에 관한 법률상 국정감사와 국정조사의 방법으로는 위원회와 같은 법 제5조의 소위원회 또는 국정감사나 국정조사를 위하여

● 국정감사제도 및 국정조사제도 (4)

▶ 그 의결로 국정감사나 국정조사와 관련된 보고 또는 서류의 제출을 관계인 또는 기관 기타에 요구하고, 증인, 감정인, 참고인의 출석을 요구하고 검증을 행할 수 있음.

▶ 대한민국 국정감사 및 조사에 관한 법률상 이 규정에 의한 서류제출은 서면, 전자문서 또는 컴퓨터의 자기테이프, 자기디스크 그 밖에 이와 유사한 매체에 기록된 상태나 전산망에 입력된 상태로 제출할 것을 요구할 수 있으며, 위원회와 같은 법 제5조의 소위원회 또는 같은 법 제10조 제1항의 증거의 채택 또는 증거의 조사를 위하여 청문회를 열 수 있음.

▶ 대한민국 국정감사 및 조사에 관한 법률 제10조 제1항의 요구를 받은 자 또는 기관은 국회에서의 증언 및 감정 등에 관한 법률에서 특별히 규정한 경우를 제외하고는 누구든지 이에 응해야 하며, 위원회의 검증 기타의 활동에

● 국정감사제도 및 국정조사제도 (5)

▶ 협조해야 함.

▶ 대한민국 국정감사 및 조사에 관한 법률상 이러한 국정감사 및 국정조사는 공개함. 다만 국정감사 또는 국정조사는 위원회와 같은 법 제5조의 소위원회 또는 반의 의결로 달리 정할 수 있음.

▶ 대한민국 국정감사 및 조사에 관한 법률상 국정감사의 대상기관으로는 정부조직법 기타 법률에 의하여 설치된 국가기관, 지방자치단체 중 특별시, 광역시, 도, 공공기관의 운영에 관한 법률 제4조에 따른 공공기관, 한국은행, 농업협동조합중앙회, 수산업협동조합중앙회, 기타 지방행정기관과 지방자치단 및 감사원법에 의한 감사원의 감사대상기관이 이에 해당함.

▶ 대한민국 국정감사 및 조사에 관한 법률상 국정감사 또는 국정조사는 개인의 사생활을 침해하거나 계속 중인 재판 또는 수사 중인 사건의 소추에 관여할 목적으로 행사할 수 없음.

● 국정감사제도 및 국정조사제도 (6)

▷ 대한민국 국정감사 및 조사에 관한 법률상 국회는 본회의의 의결로 국정감사 또는 국정조사의 결과를 처리하는바, 국정감사 또는 국정조사의 결과 위법하거나 부당한 사항이 있을 때에는 그 정도에 따라 정부 또는 해당 기관에 변상, 징계조치, 제도개선, 예산조정 등 시정을 요구하고, 정부 또는 해당 기관에서 처리함이 타당하다고 인정되는 사항은 정부 또는 해당 기관에 이송함.

▷ 대한민국 국정감사 및 조사에 관한 법률상 정부 또는 해당기관은 국정감사 및 조사에 관한 법률 제16조 제2항의 시정요구를 받거나 이송 받은 사항을 지체 없이 처리하고 그 결과를 국회에 보고해야 하며, 국회는 같은 법 제16조 제3항의 처리결과의 보고에 대하여 적절한 조치를 취할 수 있음.

생활 속의 헌법탐험

(14주-2번째 강의)

● 행정부의 구성과 주요 내용 (1)

▷ 대한민국 헌법상 대통령은 크게 국가의 원수로서 국가를 대표하는 지위와 주권의 행사기관으로서 지위 및 행정부의 수반으로서의 지위를 가지며, 헌법을 수호하는 기관으로서의 지위를 가지고 있음.

▷ 대한민국 헌법 제66조 제1항에서는 "대통령은 국가의 원수이며, 외국에 대하여 국가를 대표한다."라고 규정하고 있어 대통령은 대한민국의 국가 원수로서, 외국에 대하여 대한민국을 대표하는 국가 원수로서의 지위를 가지고 있음.

▷ 이에 대통령은 헌법 제73조에 의해 조약을 체결·비준하는 권한과 선전포고와 강화를 행하는 권한 및 외교사절을 신임·접수하는 권한을 가지는바, 이는 대외적으로 국가를 대표하는 국가 원수로서의 지위로부터 나오는 권한이라고 할 것임.

▷ 그리고 대한민국 헌법 제128조 제1항에 의해 헌법개정안 제안권, 헌법 제72조에 의해 외교, 국방, 통일, 기타 국가안위에 관한 중요정책에 대한 국민

● 행정부의 구성과 주요 내용 (2)

▶ 투표부의권, 헌법 제47조 제1항에 의해 국회의 임시회 집회소집요구권, 헌법 제52조에 의해 법률안 제출권, 헌법 제79조 제1항에 의해 사면권 등을 국정의 통합 및 조정하려는 국가 원수로서의 지위로부터 나오는 권한이라고 할 것임.

▶ 또한 대통령은 대한민국 헌법 제104조 제1항에 의해 대법원장과 헌법 제104조 제2항에 의해 대법관에 대한 임명권과 헌법 제114조 제2항에 의해 3인의 선거관리위원회의 위원에 대한 임명권 및 헌법 제111조 제4항에 의해 헌법재판소장과 헌법 제111조 제2항에 의해 헌법재판소 재판관에 대한 임명권에 대한 헌법기관의 구성권을 가지는바, 이는 국가 원수로서의 지위로부터 나오는 권한이라고 할 것임.

● 행정부의 구성과 주요 내용 (3)

▶ 대한민국에서 대통령은 헌법 제67조 제1항에 의해 국민의 보통, 평등, 직접, 비밀선거에 의하여 선출되어 국민을 대표하여 주권을 행사기관인바, 대통령은 헌법 제65조에 의해 그 직무를 집행함에 있어서 헌법이나 법률을 위반하면 국회로부터 탄핵 소추를 받고, 헌법 제111조 제1항 제2호에 의해 헌법재판소로부터 탄핵심판결정을 받기 전까지는 퇴임하지 않으며, 헌법 제66조 제1항에 의해 우리나라를 대표하여 대외적으로 주권을 행사하는 기관으로서의 지위를 가지고 있음.

▶ 또한 대한민국 대통령은 최고집행기관으로서 행정에 관한 모든 권한을 다음과 같이 관장함.

▶ 즉, 대통령은 헌법 제52조에 의한 법률안제출권, 헌법 제53조 제2조에 의한 법률안거부권, 헌법 제54조 제2·3항·제55조·제56조·제58조에 의한 재정에 관한 권한, 헌법 제66조 제1항에 의한 행정의 정책결정권과 명령집행권, 헌법

● 행정부의 구성과 주요 내용 (4)

▶ 제74조 제1항에 의한 국군통수권, 헌법 제75조에 의한 행정입법권, 헌법 제78조에 의한 국무총리와 국무위원을 비롯한 공무원임명권 등을 가지고 있음.

▶ 대한민국에서 대통령은 국가의 수호자로서, 대한민국 헌법 제66조 제2항에 의해 국가의 독립·영토의 보전·국가의 계속성과 헌법을 수호할 책무를 짐.

▶ 이러한 지위로부터 대통령은 국가의 위기에 있어서 그 위기의 정도에 따라 헌법 제76조 제2항에 의한 긴급명령권, 헌법 제76조 제1항에 의한 긴급재정·경제처분 및 명령권을 행사하며, 헌법 제77조에 의한 계엄선포권 및 헌법 제8조 제4항에 의해 위헌정당해산제소권을 가지는바, 이는 국헌을 수호하려는 국가 원수로서의 지위로부터 나오는 권한이라고 할 것임.

▶ 대통령 선거에 있어서 예외적으로 대한민국 헌법 제67조 제2항에 의해 대통

● 행정부의 구성과 주요 내용 (5)

▶ 령 선거에 있어 최고득표자가 2인 이상인 때에는 국회의 재적의원 과반수가 출석한 공개회의에서 다수표를 얻은 자를 당선자로 하도록 규정하고 있음.

▶ 대한민국 헌법 제47조 제1항에 의해 정당은 대통령의 선거에 있어 1인을 그 후보자로 추천할 수 있고, 대한민국 공직선거법상 무소속으로 대통령 선거에 있어 후보자가 되기 위해서는 관할 선거구선거관리위원회가 대통령의 임기만료에 의한 선거에 있어서는 후보자등록신청의 개시일전 30일, 대통령의 궐위로 인한 선거 등에 있어서는 그 사유가 확정된 후 3일부터 검인하여 교부하는 추천장을 사용하여 5 이상의 시와 도에 나누어 하나의 시와 도에 주민등록이 되어 있는 선거권자의 수를 500인 이상으로 한 2천500인 이상 5000인 이하에 해당하는 선거권자의 추천을 받아야 함.

● 행정부의 구성과 주요 내용 (6)

▷ 대한민국 공직선거법상 대통령의 임기만료에 의한 선거의 선거일은 그 임기 만료일 전 70일 이후의 첫 번째 수요일에 행하며, 대통령의 궐위로 인한 선 거 또는 재선거는 그 선거의 실시사유가 확정된 때부터 60일 이내에 실시하 되, 선거일은 늦어도 선거일 전 50일까지 대통령 또는 대통령의 권한대행자 가 공고해야 함.

▷ 대한민국 공직선거법상 대통령선거에 있어서는 중앙선거관리위원회가 유효 투표의 다수를 얻은 자를 당선인으로 결정하고, 이를 국회의장에게 통지해 야 함. 다만 대통령 후보자가 1인인 때에는 그 득표수가 선거권자 총수의 3 분의 1 이상에 달하여야 당선인으로 결정함.

▷ 대한민국의 대통령직 인수에 관한 법률상 대통령 당선인은 대통령 당선인으 로 결정된 때부터 대통령 임기개시일 전일까지 그 지위를 가지며, 대통령 당선인은 대통령직에 대한 인수를 위하여 필요한 권한을 가지고 있음.

● 행정부의 구성과 주요 내용 (7)

▷ 대한민국 헌법 제70조에 의해 대통령의 임기는 5년으로 규정되어 있으며, 중임할 수 없음.

▷ 이처럼 우리나라에서 대통령에 대한 임기를 5년 단임제로 헌법에 규정해 놓 은 것은 장기집권의 독재화에 대한 역사적 경험에 대한 반성의 의미로써, 평화적 정권교체를 가능하도록 하기 위한 목적에 의해 마련된 규정임.

▷ 그러나 이 규정에 대해서는 최근 그 역사적 소명을 다하였으므로, 미국과 같이 4년의 1차 중임제 등으로 개정하는 것이 바람직하다는 견해들이 설득 력을 얻고 있음.

▷ 대통령의 임기는 전임 대통령의 임기 만료일의 다음날 0시부터 개시됨. 다 만 전임자의 임기가 만료된 후에 실시되는 선거와 궐위로 인한 선거에 의한 대통령의 임기는 당선이 결정된 때부터 개시됨.

● 행정부의 구성과 주요 내용 (8)

▶ 한편 대통령은 대한민국 헌법 제84조에 의해 내란 또는 외환의 죄를 범한 경우를 제외하고는 재직 중에 형사상의 소추를 받지 아니하며, 헌법 제65조 제4항에 의해 탄핵결정에 의하지 아니하고는 공직으로부터 파면되지 아니함. 그러나 대통령의 재직 중의 기간에도 민사상의 책임은 면제되지 않음.

▶ 그리고 대통령은 그 취임에 즈음하여 대한민국 헌법 제69조에 의해 '헌법을 준수하고 국가를 보위하며 조국의 평화적 통일과 국민의 자유와 복리의 증진 및 민족문화의 창달에 노력하여 대통령으로서의 직책을 성실히 수행할 것'을 국민 앞에 선서할 의무와 이를 재임 기간 동안 수행할 의무를 짐.

▶ 대통령은 대한민국 헌법 제72조에 의해 외교·국방·통일 기타 국가안위에 관한 중요정책을 국민투표에 부칠 수 있는 권한을 가지며, 헌법 제128조 제1항에 의해 헌법개정안에 대한 제안권을 가지고 있음.

● 행정부의 구성과 주요 내용 (9)

▶ 대통령은 대한민국 헌법 제86조 제1항에 의해 국무총리와 헌법 제87조 제1항에 의해 국무위원 및 헌법 제94조에 의해 행정각부의 장관의 임명권 및 헌법 제98조 제2항에 의해 감사원장과 헌법 제98조 제3항에 의해 감사위원의 임명권, 헌법 제114조 제2항에 의해 3인의 선거관리위원회 위원의 임명권과 헌법 제104조 제1항에 의해 대법원장과 헌법 제104조 제2항에 의해 대법관에 대한 임명권 및 헌법 제111조 제4항에 의해 헌법재판소장과 헌법 제111조 제2항에 의해 헌법재판소 재판관에 대한 임명권 등의 헌법기관을 구성하는 구성원에 대해 임명권을 가지고 있음.

▶ 대통령은 국회를 견제하는 권한으로서 대한민국 헌법 제47조에 의한 국회의 임시회 집회요구권과 헌법 제81조에 의한 국회출석발언권 등을 가지며, 입법권과 관련해서는 헌법 제52조에 의한 법률안제출권과 헌법 제53조 제2항에 의한 법률안서부권 및 헌법 제53조 제2항에 의한 법률안서부권 및 헌법

행정부의 구성과 주요 내용 (10)

▶ 제53조 제6항에 의한 법률안 공포권, 그리고 헌법 제75조에 의한 행정입법권 등의 권한을 가지고 있음.

▶ 먼저 대통령은 행정부의 수반으로서 대한민국 헌법 제66조 제4항에서 "행정권은 대통령을 수반으로 하는 정부에 속한다."라고 규정되어 있는바, 이 규정에 의해 대통령은 행정에 관한 최고결정권과 최고집행권을 가지며, 국회가 제정한 법률에 대해 헌법 제53조 제1항에 의해 대통령은 이를 공포하고 집행함.

▶ 대한민국 헌법 제66조 제1항에 의해 대통령은 우리나라를 대표하고, 헌법 제73조에 의해 대통령은 조약을 체결 및 비준하며, 외교사절을 신임 및 접수 또는 파견하고, 선전포고와 강화를 함. 다만 헌법 제60조 제1항에 열거된 조약에 대해서는 반드시 국회의 동의를 얻어야 함. 또한 대통령은 국군의 외국에의 파견이나 외국 군대의 대한민국 영역 안에서 주류시킬 수 있는

행정부의 구성과 주요 내용 (11)

▶ 권한을 가지고 있는바, 이때에는 헌법 제60조 제2항에 의해 국회의 동의를 요함.

▶ 그리고 대통령은 국회의 동의를 얻어 국무총리를 임명하고(헌법 제86조 제1항), 국무총리의 제청으로 국무위원을 임명하며(헌법 제87조 제1항), 국무위원 중에서 국무총리의 제청으로 행정각부의 장을 임명함(헌법 제94조). 또한 대통령은 헌법과 법률이 정하는 바에 의하여 공무원의 임면권(헌법 제78조)과 국군의 통수권을 가지며(헌법 제74조 제1항), 각 회계연도마다 예산안을 편성하여 회계연도 개시 90일전까지 국회에 제출한 후, 국회의 의결을 받아 집행하는 권한이 있고, 예산에 변경을 가할 필요가 있을 때에는 추가경정예산안을 편성하여 국회에 제출해야 하며(헌법 제56조), 계속비의 지출 시 국회의 의결을 받아 집행하고(헌법 제55조 제1항), 예비비는 총액으로 국회의 의결을 받아 집행함(헌법 제55조 제2항).

● 행정부의 구성과 주요 내용 (12)

▶ 이 밖에 헌법 제58조에 의해 국채를 모집하거나 예산외에 국가의 부담이 될 계약을 체결하려 할 때에 대통령은 미리 국회의 의결을 받아 집행하는 등의 재정에 관한 권한을 가지며, 헌법 제80조에 의한 영전수여권 등을 가지고 있음.

▶ 대통령은 정당의 목적이나 활동이 민주적 기본질서에 위배될 때에는 헌법재판소에 그 해산을 제소할 수 있는 권한을 가지며(헌법 제8조 제4항), 사면법에서 정하는 바에 따라 사면·감형·복권을 명할 수 있는 권한을 가지고 있음.

▶ 국가는 전쟁·내란 또는 경제공황과 같은 비상사태가 발생한 경우 평상시와 다른 특수한 통치방법을 행사하여 그러한 위기를 극복하게 되는바, 헌법 제76조 제2항에서는 국가의 안위에 관계되는 중대한 교전상태에 있어서 국가를 보위하기 위하여 긴급한 조치가 필요하고, 국회의 집회가 불가능한 때에

● 행정부의 구성과 주요 내용 (13)

▶ 한하여 대통령으로 하여금 법률적 효력을 갖는 긴급명령권을 행사할 수 있도록 규정하고 있음.

▶ 대한민국 헌법 제76조 제1항에서는 내우·외환·천재·지변 또는 재정·경제상의 위기에 있어서 국가의 안전보장 또는 공공의 안녕질서를 유지하기 위하여 긴급한 조치가 필요하고 국회의 집회를 기다릴 여유가 없을 때에는 대통령으로 하여금 법률적 효력을 갖는 긴급재정·경제처분 및 명령권을 발할 수 있음.

▶ 대통령제 정부형태에서는 부통령을 두는 것이 일반적이나, 대한민국 헌법에서는 의원내각제적인 요소인 국무총리제도를 두고 있음.

▶ 즉, 국무총리는 대한민국 헌법 제71조에 의해 대통령의 유고시에 대통령의 권한을 대행하며, 헌법 제86조 제2항에 의해 대통령의 명을 받아 행정각부를 통할하는 권한을 가지고 있음. 또한 국무총리는 헌법 제95조에 의해 소관

● 행정부의 구성과 주요 내용 (14)

▷ 사무에 관해서는 법률이나 대통령령의 위임 또는 직권으로 총리령을 발할 수 있는 행정입법권을 가지고 있음.

▷ 국무위원은 대통령을 보좌하는 한편 대통령의 독주를 견제하는 기능을 행하는바, 대한민국 헌법 제87조 제1항에 의해 국무위원은 국무총리의 제청으로 대통령이 임명하며, 헌법 제87조 제4항에 의해 군인은 현역을 면하여야 국무위원이 될 수 있음.

▷ 그리고 국무위원은 대한민국 헌법 제88조 제2항에 의해 국회의원과 겸직이 허용되며, 국무위원의 수는 15인 이상 30인 이하임. 또한 국무위원은 헌법 제88조 제1항에 의해 국무회의의 구성원으로서 안건을 제출하고, 국무회의에 출석·발언할 수 있으며, 헌법 제71조에 의해 대통령의 권한을 대행하고, 헌법 제82조에 의해 부서권을 가지고 있음.

● 행정부의 구성과 주요 내용 (15)

▷ 이 밖에 국무위원은 헌법 제62조 제1항에 의해 국회에 출석하여 발언할 수 있음.

▷ 국무회의는 최고의 정책심의기관이자 헌법상의 필수기관으로서의 지위를 갖는 독립된 합의제기관임.

▷ 대한민국 국무회의규정 제6조 제1항에 의해 국무회의의 의장은 대통령이고 구성원 과반수의 출석으로 개회하며, 출석위원의 3분의 2이상의 찬성으로 의결함.

▷ 국무회의의 의결사항은 국정의 기본계획과 정부의 일반정책, 선전·강화 기타 중요한 대외정책, 헌법개정안·국민투표안·조약안·법률안 및 대통령령안 등 17개 사항으로 헌법 제89조에서 명시하고 있음.

▷ 행정각부는 행정부의 구성단위로 법률이 정한 사항을 집행하는 중앙행정기관임.

▷ 행정각부의 장은 대통령의 통할 하에 있으나, 대통령이나 국무총리의 단순한 보소기관이 아니라 정부조직법에 의하여 분장된 사무에 대해 자신의

● 행정부의 구성과 주요 내용 (16)

▷ 책임 하에 자신의 이름으로 헌법 제95조에 의해 법률이나 대통령의 위임 또는 직권으로 부령을 발할 수 있고, 소관법령을 집행하는 행정청으로서의 기능을 수행함.

▷ 감사원은 결산·회계검사 및 직무감찰을 위하여 설치된 대통령 직속기관으로 헌법상의 필수기관임(헌법 제97조).

▷ 이렇듯 감사원은 대한민국 감사원법상 조직상으로는 대통령에 속하지만, 직무에 대해서는 대통령으로부터 독립한 지위를 가지며, 감사원 소속 공무원의 임면, 조직 및 예산의 편성에 있어서는 감사원의 독립성이 최대한 존중되어야 함.

▷ 감사원은 감사원장과 감사위원으로 구성된 합의제 행정관청으로, 원장을 포함하여 5 내지 11인의 감사위원으로 구성됨(헌법 제98조 제1항). 다만 현행

● 행정부의 구성과 주요 내용 (17)

▷ 감사원법에 의하면 감사원장을 포함하여 7인의 감사위원으로 구성한다고 규정하고 있음.

▷ 감사원장은 국회의 동의를 얻어 대통령이 임명하고, 그 임기는 4년으로 하며, 1차에 한하여 중임할 수 있음(헌법 제98조 제2항).

▷ 또한 감사위원은 감사원장의 제청으로 대통령이 임명하고, 그 임기는 4년으로 하며, 1차에 한하여 중임할 수 있음(헌법 제98조 제3항).

▷ 감사원은 세입과 세출의 결산을 매년 검사하여 대통령과 차년도 국회에 그 결과를 보고해야 하며(헌법 제99조), 감사원법 제24조 제1항에서 규정하고 있는 행정기관의 사무와 그에 소속한 공무원의 직무에 대해 감찰할 수 있는 권한, 감사원법 제31조에 의해 변상책임 유무에 대한 판정권, 감사원법 제32조와 동법 제32조의2에 의한 징계 및 문책의 요구권, 감사원법 제33조에

● 행정부의 구성과 주요 내용 (18)

▶ 의한 시정 및 주의 등의 요구권, 감사원법 제34조에 의한 법령 등의 제정과 개정 또는 폐지를 위한 조치나 제도상 또는 행정상의 개선 요구권 및 감사원법 제32조, 제32조의2, 제33조, 제34조에 대한 권고나 통보권(감사원법 제34조의2), 감사원법 제35조에 의한 수사기관에의 고발권, 감사원법 제38조와 동법 제39조에 의한 재심의 청구의 처리권을 가지고 있음.

▶ 선거관리위원회는 선거운동을 감시하고 투표 및 개표, 당선자의 확정 등의 선거관리사무와 국민투표사무 및 정당에 관한 사무를 처리하기 위한 헌법상의 필수기관으로서(헌법 제114조 제1항), 독립된 합의제 행정관청임.

▶ 중앙선거관리위원회는 대통령이 임명하는 3인, 국회에서 선출하는 3인과 대법원장이 지명하는 3인의 위원으로 구성하며, 중앙선거관리위원회 위원장은

● 행정부의 구성과 주요 내용 (19)

▶ 중앙선거관리위원회의 위원 중에서 호선함(헌법 제114조 제2항).

▶ 중앙선거관리위원회 위원의 임기는 6년이고(헌법 제114조 제3항), 중앙선거관리위원회 위원은 정당에 가입하거나 정치에 관여할 수 없으며(헌법 제114조 제4항). 중앙선거관리위원회 위원은 탄핵 또는 금고 이상의 형의 선고에 의하지 아니하고는 파면되지 아니함(헌법 제114조 제5항).

▶ 한편 선거운동은 각급 선거관리위원회의 관리 하에 법률이 정하는 범위 안에서 하도록 보장하되 균등한 기회가 보장되도록 하며, 선거에 관한 경비는 법률이 정하는 경우를 제외하고는 정당 또는 후보자에게 부담시킬 수 없도록 규정(헌법 제116조 제2항)하여 선거공영제를 규정하고 있음.

▶ 대통령의 자문기관으로는 헌법 제90조 제1항에 의한 국가원로자문회의, 헌법

● 행정부의 구성과 주요 내용 (20)

▷ 제91조 제1항에 의한 국가안전보장회의, 헌법 제92조 제1항에 의한 민주평화통일자문회의, 헌법 제93조 제1항에 의한 국민경제자문회의 등을 규정하고 있다.

▷ 다만 이 중에서 국가안전보장회의만이 헌법상의 필수적 자문기관임.

생활 속의 헌법탐험

(14주-3번째 강의)

● 사법부의 독립과 조직(구성) (1)

▶ 법원은 당사자 간에 발생한 법적 다툼 문제에 대하여 제3자의 관점에서 객관적이고 독립적이며 공정한 입장에서 해당 법적 분쟁사건에 대한 판결을 내려주어 당사자의 법적 다툼과 분쟁을 해결해 주는 역할을 행하는 국가최고기관 중의 하나임.

▶ 사법부는 입법부로부터 독립해야 함. 다만 입법부의 입법에 의하여 사법부가 구성되고, 법관이 법률에 구속되어 재판을 하도록 되어 있는바, 이것은 법치국가의 당연한 요청으로서 법원이 국회에 예속되어 있음을 의미하는 것은 아님.

▶ 입법부인 국회는 헌법 제61조 제1항에 의한 국정감사·국정조사권, 헌법 제104조 제1-2항에 의한 대법원장과 대법관에 대한 임명동의권, 헌법 제54조 제1항에 의한 법원예산심의·확정권과 헌법 제65조 제1항에 의한 법관탄핵소추권을 가지며, 헌법 제107조 제1항에 의해 사법부는 헌법재판소에 위헌

● 사법부의 독립과 조직(구성) (2)

▷ 법률심판제청권을 가짐으로써 국회와 상호 견제 및 균형의 관계를 이루고 있음.

▷ 권력분립의 원칙상 사법부와 행정부는 상호 독립되어 있는바, 사법부는 헌법 제107조 제2항에 의해 행정처분에 대한 심판권이나 명령·규칙이 재판의 전제성을 갖는 한도에서 위헌·위법 명령·규칙심사권을 가지는 반면, 행정부는 헌법 제54조 제2항에 의한 사법부 예산의 편성권과 헌법 제79조에 의한 사면권 등을 갖고 양자 간에 견제와 균형의 관계를 이루고 있음.

▷ 대한민국 헌법 제103조에서 "법관은 헌법과 법률에 의하여 그 양심에 따라 독립하여 심판한다."라고 규정하여 법관에게 재판상 그 어느 누구로부터도 간섭을 받지 않고, 오로지 헌법과 법률에 의하여 그 양심에 따라 독립하여 심판할 수 있도록 헌법은 보장하고 있는바, 이를 법관의 '재판상(직무상)

● 사법부의 독립과 조직(구성) (3)

▷ 독립'이라고 함.

▷ 즉, 법관이 재판을 함에 있어서 국회나 행정부 등의 국가기관의 지시나 명령에 구속 받지 아니하고, 여러 국가기관들은 재판에 간섭해서는 안 됨. 이에 법관 스스로 정치적 활동이나 이권문제에 개입하는 행위 등을 해서는 안 됨. 이에 대한민국 법원조직법상 "법관은 재직 중 다음의 행위를 할 수 없다. 1. 국회 또는 지방의회의 의원이 되는 일, 2. 행정부서의 공무원이 되는 일, 3. 정치운동에 관여하는 일, 4. 대법원장의 허가 없이 보수 있는 직무에 종사하는 일, 5. 금전상의 이익을 목적으로 하는 업무에 종사하는 일, 6. 대법원장의 허가 없이 보수의 유무를 불문하고 국가기관 외의 법인과 단체 등의 고문, 임원, 직원 등의 직위에 취임하는 일, 7. 기타 대법원규칙으로 정하는 일"이라고 규정하고 있음.

● 사법부의 독립과 조직(구성) (4)

▷ 그리고 법관의 재판상(직무상) 독립을 위하여 법관이 재판을 함에 있어서 소송당사자로부터 독립해야 함.

▷ 이에 따라 각종 소송법에서는 법관의 제척, 기피, 회피제도를 규정하여 재판의 공정성을 제고시키고 있음. 다만 국민이나 언론 또는 정치, 사회단체 등은 재판의 내용에 대해 비판할 수 있음.

▷ 그러나 법원에서 판결하기 전에 재판에 영향을 주기 위하여 법관에게 직접적인 위협이나 유형력을 행사하는 것은 인정되지 아니함.

▷ 또한 대법원장이나 상소심법원장 또는 소속법원장도 당해 재판을 하는 법관에게 사전에 재판을 지시하거나 간섭할 수 없고, 판결 후에 재판을 취소하거나 변경시킬 수 없음.

▷ 참고로 '제척'이란 재판의 공정을 보장하기 위해 구체적인 사건에서 법관이 사건 자체 또는 사건의 당사자와 특수한 관계를 가진 경우 그를 집무집행으

● 사법부의 독립과 조직(구성) (5)

▷ 로부터 배제하는 것을 뜻함.

▷ 예를 들어, 민사소송법상 "법관은 다음 각호 가운데 어느 하나에 해당하면 직무집행에서 제척된다. 1. 법관 또는 그 배우자나 배우자이었던 사람이 사건의 당사자가 되거나, 사건의 당사자와 공동권리자·공동의무자 또는 상환의무자의 관계에 있는 때, 2. 법관이 당사자와 친족의 관계에 있거나 그러한 관계에 있었을 때, 3. 법관이 사건에 관하여 증언이나 감정을 하였을 때, 4. 법관이 사건당사자의 대리인이었거나 대리인이 된 때, 5. 법관이 불복사건의 이전 심급의 재판에 관여하였을 때"라고 규정하고 있음.

▷ 다음으로 '기피'란 법관이 제척원인 이외에 재판의 공정을 방해할 만한 사정이 있는 경우에 당사자의 신청에 의해 그 법관을 직무집행으로부터 배제하는

● 사법부의 독립과 조직(구성) (6)

▶ 것을 뜻함. 예를 들어, 민사소송법상 "당사자는 법관에게 공정한 재판을 기대하기 어려운 사정이 있는 때에는 기피신청을 할 수 있다."라고 규정하고 있음.

▶ '회피'란 법관이 제척이나 기피의 사유가 있을 때에 서면으로 감독권이 있는 법원의 허가를 받아 재판에 참여하지 않을 수 있는 것을 뜻함.

▶ 사법부의 주된 기능인 재판의 실질적 독립보장을 위해 법관의 신분상 독립 즉, 인사상 독립과 법관의 자격제 및 헌법 제106조에서 보장하고 있는 법관의 임기보장 등을 위해 법원조직법으로 이에 대해 자세한 규정을 두어 법관의 신분보장을 하고 있음.

▶ 이를 위해 대한민국 헌법 제104조 제3항에서는 "대법원장과 대법관이 아닌 법관은 대법관회의의 동의를 얻어 대법원장이 임명한다."라고 규정하고 있고, 헌법 제101조 제3항에서는 법관이 될 수 있는 자격을 법률로 정하도록

● 사법부의 독립과 조직(구성) (7)

▶ 규정하고 있으며, 헌법 제105조에서는 "대법원장의 임기는 6년으로 하며, 중임할 수 없다(제1항). 대법관의 임기는 6년으로 하며, 법률이 정하는 바에 의하여 연임할 수 있다(제2항). 대법원장과 대법관이 아닌 법관의 임기는 10년으로 하며, 법률이 정하는 바에 의하여 연임할 수 있다(제3항). 법관의 정년은 법률로 정한다(제4항)."라고 규정하고 있음.

▶ 또한 대한민국 법원조직법 제45조 제4항에서는 "대법원장과 대법관의 정년은 각각 70세, 판사의 정년은 65세로 한다."라고 규정하고 있음.

▶ 대한민국 헌법 제101조 제2항에 의해 법원은 대법원을 최고법원으로 하여 각급법원으로 조직된다. 그리고 헌법 제102조 제3항에 의해 대법원과 각급법원의 조직은 법률로 정하도록 하고 있는바, 이에 대한 법률로는 '법원조직법'과 '각급 법원의 설치와 관할구역에 관한 법률'이 있음.

● 사법부의 독립과 조직(구성) (8)

▷ 대법원은 대한민국 헌법 제102조 제1항에 의해 사법부 내의 최고의 법원으로서 대법원에는 부를 둘 수 있도록 규정하고 있음.

▷ 그리고 대한민국 헌법 제102조 제2항 제1문에 의해 대법원에는 국회의 동의를 얻어 대통령이 임명하는 대법원장(헌법 제104조 제1항)과 대법원장의 제청으로 국회의 동의를 얻어 대통령이 임명하는 대법관(헌법 제104조 제2항)을 두게 됨.

▷ 또한 대한민국 헌법 제102조 제2항 제2문에 의해 대법원 업무의 과중을 덜기 위하여 법률이 정하는 바에 의하여 대법관이 아닌 법관을 둘 수 있음.

▷ 대법원의 하급법원으로 법원조직법상 고등법원과 특허법원을 두고 있고, 지방법원 및 지방법원급에 해당하는 행정법원과 가정법원을 두고 있으며, 특별법원으로는 헌법 제110조에서 군사법원을 각각 두고 있음.

● 사법부의 독립과 조직(구성) (9)

▷ 이 중에서 특허법원과 행정법원 및 가정법원을 '특수법원'이라고 하는바, '특수법원'이란 법관의 자격을 가진 자가 재판을 담당하고, 최고법원인 대법원에 상고를 할 수 있도록 인정된다고 하더라도 그 관할이 한정되고 그 대상이 특수한 법원을 뜻함.

▷ 이 중에서 특허법원은 지난 1998년 3월 1일에 사법제도 개혁의 영향으로 신설됨.

▷ 한편 대한민국 헌법 제110조에서는 군사법원에 대해 규정하고 있고, 이에 근거한 군사법원법에서는 군사법원의 조직과 권한 및 심판절차와 군사법원에 설치되는 군검찰관의 조직에 대해 규정하고 있음.

▷ 대한민국 군사법원법 제5조에 의하면 군사법원의 종류로 고등군사법원과 보통군사법원을 두고 있고, 군사법원법 제6조 제1항에 의해 고등군사법원은 국방부에 설치하며, 군사법원법 제6조 제2항에 의해 보통군사법원은 국방부,

● 사법부의 독립과 조직(구성) (10) 및 사법절차와 운용방법 (1)

▷ 국방부직할통합부대, 각 군 본부 및 편제상 장관급 장교가 지휘하는 예하부대 또는 기관(이하에서 '부대'로 줄임. 다만 군 수사기관은 제외함)에 설치하도록 규정하고 있음. 그리고 군사법원법 제7조에 의하여 군사법원에 관할관을 두고, 고등군사법원의 관할관은 국방부장관으로 하며, 보통군사법원의 관할관은 그 설치되는 부대와 지역의 사령관, 장 또는 책임지휘관으로 하되, 국방부 보통군사법원의 관할관은 고등군사법원의 관할관이 겸임하도록 규정하고 있음.

▷ 재판은 원칙적으로 3심 제도로 운영됨. 즉, 민사·형사·행정사건은 지방법원합의부(행정법원 또는 지방법원본원합의부) ⇒ 고등법원 ⇒ 대법원의 3심제가 원칙임.

▷ 그러나 소액사건의 경우에는 지방법원(지원)단독부 ⇒ 지방법원(본원)항소(합의)부 ⇒ 대법원의 3심제를 채택하고 있음.

● 사법절차와 운용방법 (2)

▷ 여기서 대한민국 소액사건 심판규칙 제1조의 2에 의하면 "소액사건은 제소한 때의 소송목적의 값이 2,000만원을 초과하지 아니하는 금전 기타 대체물이나 유가증권의 일정한 수량의 지급을 목적으로 하는 제1심의 민사사건으로 한다."라고 규정되어 있음.

▷ 한편 이러한 3심 제도에 대한 예외로서 2심제도와 대법원을 관할로 하는 단심제가 있음.

▷ 이 중에서 먼저 2심 제도에 해당되는 예로는 1심 법원이 특허법원이 되고, 2심 법원이 대법원이 되는 특허소송 등을 들 수 있음.

▷ 그리고 대법원을 관할로 하는 단심제에 해당되는 예로는 다음과 같은 다섯 가지가 있음.

▷ ① 허법 제110조 제4항에 의해 비상계엄 하의 군사재판은 군인, 군무원의 범죄나 군사에 관한 간첩죄의 경우와 초병, 초소, 유독음식물공급, 포로에 관한

● 사법절차와 운용방법 (3)

▶ 죄 중 법률이 정한 경우에 한하여 단심으로 할 수 있음. 다만 사형을 선고한 경우에는 그러하지 아니함.

▶ 그리고 공직선거법상 ② 대통령선거 및 ③ 국회의원선거에 있어서 선거의 효력에 관하여 이의가 있는 선거인, 정당(후보자를 추천한 정당에 한한다) 또는 후보자와 ④ 비례대표 시, 도의원선거 및 ⑤ 시, 도지사선거에 있어서 선거의 효력에 관한 공직선거법 제220조의 결정에 불복이 있는 소청인(당선인을 포함한다)은 바로 대법원에 소를 제기할 수 있도록 하여 각각 단심제를 규정하고 있음.

▶ 공직선거법상 ② 대통령선거 및 ③ 국회의원선거에 있어서 당선의 효력에 이의가 있는 정당(후보자를 추천한 정당에 한한다) 또는 후보자와 ④ 비례대표 시, 도의원선거 및 ⑤ 시, 도지사선거에 있어서 당선의 효력에 관한 공직선거법 제220조의 결정에 불복이 있는 소청인 또는 당선인인 피소청인은

● 사법절차와 운용방법 (4) 법원의 권한 (1)

▶ 바로 대법원에 소를 제기할 수 있도록 한 것을 들 수 있음.

▶ '재판공개의 원칙'은 재판의 공정성을 여론의 감시에 의해 보장하려는 취지에 근거를 둔 것으로, 대한민국 헌법은 제27조 제3항에서 형사재판에 대하여 공개재판을 받는 것을 국민의 권리로 보장하는 한편, 헌법 제109조에서는 형사재판뿐만 아니라 민사재판을 포함한 재판 일반에 대한 사법부의 의무로서 재판에 대한 공개주의를 규정하고 있음.

▶ 법원의 명령 및 규칙심사권이란 법원이 재판의 대상이 되고 있는 구체적 사건에 적용할 명령이나 규칙의 효력을 심사하여 이를 무효로 판단할 때에는 당해 명령이나 규칙을 당해 사건에 적용하는 것을 배제시키는 권한을 뜻함.

▶ 이에 대해 헌법 제107조 제2항에서는 "명령, 규칙 또는 처분이 헌법이나

● 법원의 권한 (2)

▶ 법률에 위반되는 여부가 재판의 전제가 된 경우에는 대법원은 이를 최종적으로 심사할 권한을 가진다."라고 규정하고 있음.

▶ 즉, 명령 및 규칙심사권의 주체는 대법원을 포함한 각급 법원이 재판의 대상이 되고 있는 구체적 사건에 적용할 명령이나 규칙의 효력을 심사할 수 있음.

▶ 그리고 법원이 명령이나 규칙을 심사하기 위해서는 법원이 구체적인 사건을 재판함에 있어서 그 사건에 적용할 명령·규칙의 위헌·위법 여부에 따라 당해 사건을 담당한 법원이 다른 내용의 재판을 하게 되는 경우라야 함.

▶ 만약 법원이 명령이나 규칙 또는 처분이 헌법이나 법률에 위반된다고 인정하였을 때에는 법원은 당해 사건에 적용되는 명령이나 규칙 또는 처분을 당해 사건에서 거부할 수 있을 뿐(개별적 효력의 부정), 무효를 선언할 수는 없음.

● 법원의 권한 (3) 헌법재판소의 구성 (1)

▶ 왜냐하면 법원의 본연의 역할은 구체적 사건에 대한 심판에 있는 것이지, 당해 사건에 적용되는 명령이나 규칙 또는 처분의 효력 그 자체를 심사하는 것에 있는 것이 아니기 때문임.

▶ 대한민국 헌법재판소는 법관의 자격을 가진 총 9인의 재판관으로 구성되는 바, 이들은 모두 헌법 제111조 제2항에 의해 대통령에 의해 임명됨.

▶ 그리고 9인의 헌법재판소 재판관 중에서 대통령이 지명하는 3인을 제외한 나머지 6인은 헌법 제111조 제3항에 의해 3인은 국회에서 선출된 자를, 또 다른 3인은 대법원장이 지명하는 자를 임명해야 함.

▶ 참고 : 헌법재판소의 기능과 역할 및 조직과 권한 등에 대한 동영상 자료는 https://youtu.be/mf3KyAiVeHQ.

● 헌법재판소의 구성 (2)

▷ 또한 대한민국 헌법 제111조 제4항과 헌법재판소법 제12조 제2항에 의해 헌법재판소장은 국회의 동의를 얻어 헌법재판소 재판관 9인 중에서 1인을 대통령이 임명함.

▷ 먼저 대통령은 국회의 동의를 얻어 헌법재판소 재판관 중에서 1인의 재판관을 헌법재판소장으로 임명하는바(헌법 제111조 제4항과 헌법재판소법 제12조 제2항), 헌법재판소장은 헌법재판소를 대표하고, 헌법재판소의 사무를 총괄하며, 소속 공무원을 지휘 및 감독함(헌법재판소법 제12조 제3항).

▷ 그리고 헌법재판소장은 헌법재판소의 조직, 인사, 운영, 심판절차와 그 밖에 헌법재판소의 업무와 관련된 법률의 제정 또는 개정이 필요하다고 인정하는 경우에는 국회에 서면으로 그 의견을 제출할 수 있으며(헌법재판소법 제10조의 2), 헌법재판소장의 대우와 보수는 대법원장의 예에 준함(헌법재판소법 제15조).

● 헌법재판소의 구성 (3)

▷ 다음으로 헌법재판소 재판관의 대우와 보수는 대법관의 예에 준함(헌법재판소법 제15조).

▷ 그리고 헌법재판소 재판관의 임기는 6년이고, 연임할 수 있으며(헌법 제112조 제1항과 헌법재판소법 제7조 제1항), 헌법재판소 재판관의 정년은 65세이고, 헌법재판소장인 재판관의 정년은 70세임(헌법재판소법 제7조 제2항).

▷ 또한 헌법재판소 재판관은 헌법과 법률에 의하여 양심에 따라 독립하여 심판하고(헌법재판소법 제4조), 헌법재판소 재판관은 탄핵 또는 금고 이상의 형의 선고에 의하지 아니하고는 파면되지 않으며(헌법 제112조제3항), 헌법재판소의 재판관 회의는 헌법재판소 재판관 전원인 9인으로 구성하고, 헌법재판소장이 헌법재판소 재판관 회의의 의장이 됨(헌법재판소법 제16조 제1항). 이러한 헌법재판소 재판관 회의는 헌법재판소 재판관 7명 이상의 출석과 출석인원 과반수의 찬성으로 의결함(헌법재판소법 제16조 제2항).

● 헌법재판소의 심판절차 (1)

▶ 변호사의 자격이 있는 소속 직원을 대리인으로 선임하여 심판을 수행하게 할 수 있으며(헌법재판소법 제25조 제2항), 각종 심판절차에서 사인이 당사자인 경우에는 변호사를 대리인으로 선임하여 심판청구를 하게 하거나 심판 수행을 하도록 해야 함(헌법재판소법 제25조 제3항).

▶ 헌법재판소에 심판청구를 하기 위해서는 심판절차별로 정하여진 청구서를 헌법재판소에 제출해야 함. 다만 위헌법률심판에서는 법원의 제청서, 탄핵심판에서는 국회의 소추의결서의 정본으로 청구서를 갈음하며(헌법재판소법 제26조 제1항), 이러한 심판 청구서에는 필요한 증거서류 또는 참고자료를 첨부할 수 있음(헌법재판소법 제26조 제2항).

▶ 그리고 헌법재판소가 청구서를 접수한 때에는 지체 없이 그 등본을 피청구기관 또는 피청구인(이하에서 "피청구인"으로 줄임)에게 송달해야 하고(헌법

● 헌법재판소의 심판절차 (2)

▶ 재판소법 제27조 제1항), 위헌법률심판의 제청이 있으면 법무부장관 및 당해 소송사건의 당사자에게 그 제청서의 등본을 송달해야 함(헌법재판소법 제27조 제2항).

▶ 또한 청구서 또는 보정 서면을 송달 받은 피청구인은 헌법재판소에 답변서를 제출할 수 있고(헌법재판소법 제29조 제1항), 답변서에는 심판청구의 취지와 이유에 대응하는 답변을 기재함(헌법재판소법 제29조 제2항).

▶ 먼저 9인의 헌법재판소 재판관이 참여하는 전원재판부는 헌법재판소 재판관 7명 이상의 출석으로 사건을 심리하고(헌법재판소법 제23조 제1항), 탄핵심판과 정당해산심판 및 권한쟁의심판은 구두변론에 의하며(헌법재판소법 제30조 제1항), 위헌법률심판과 헌법소원 심판은 서면심리에 의함(헌법재판소법 제30조 제2항).

▶ 또한 심판의 변론과 결정의 선고는 공개함. 다만 서면심리와 평의는 공개하지 않음(헌법재판소법 제34조 제1항).

● 헌법재판소의 심판절차 (3)

▷ 한편 헌법재판소의 심판비용은 원칙적으로 국가가 부담함(헌법재판소법 제 37조 제1항).

▷ 재판부가 심리를 마쳤을 때에는 종국결정을 하는바(헌법재판소법 제36조 제 1항), 재판부는 종국심리에 관여한 헌법재판소 재판관 과반수의 찬성으로 사건에 관한 결정을 함. 다만 위헌법률심판과 탄핵심판 및 위헌정당해산심 판에 대한 결정, 헌법소원에 관한 인용결정을 하는 경우와 종전에 헌법재판소 가 판시한 헌법 또는 법률의 해석 적용에 관한 의견을 변경하는 경우에는 헌 법재판소 재판관 6명 이상의 찬성이 있어야 함(헌법재판소법 제23조 제2항).

▷ 한편 재판부는 만약 심판청구가 부적합할 경우에는 각하결정을 하고, 심판 청구가 적법하지만 이유가 없을 때에는 기각결정을 하며, 심판청구가 적법 하고 이유가 있을 때에는 인용결정을 함.

● 헌법재판소의 심판절차 (4) 와 헌법재판소의 권한 (1)

▷ 그리고 헌법재판소가 권한쟁의심판의 청구를 받았을 때에는 직권 또는 청구 인의 신청에 의하여 종국결정의 선고시까지 심판 대상이 된 피청구인의 처 분의 효력을 정지하는 결정을 할 수 있고(헌법재판소법 제65조), 헌법재판 소는 심판사건을 접수한 날부터 180일 이내에 종국결정의 선고를 해야 함 (헌법재판소법 제38조).

▷ 또한 헌법재판소가 법률에 대해 위헌결정을 했을 때에는 법원과 그 밖의 국 가기관 및 지방자치단체를 기속하며(헌법재판소법 제47조 제1항), 헌법소원 의 인용결정은 모든 국가기관과 지방자치단체를 기속함(헌법재판소법 제75 조 제1항).

▷ 헌법재판소는 헌법 제111조 제1항 제1호에 의해 국회가 만든 법률이 헌법에 위반되는지의 여부를 심사하고, 헌법에 위반된다고 판단하는 경우에는 그 법률 의 효력을 잃게 하거나 적용하지 못하게 하는 위헌법률심판권을 가지고 있음.

● 헌법재판소의 권한 (2)

▶ 즉, 어떤 법률이 헌법에 위반되는지의 여부가 재판의 전제가 된 때에는 당해 사건을 담당하는 법원은 직권 또는 당사자의 신청에 의한 결정으로 헌법재판소에 위헌법률심판을 제청하고, 위헌법률심판의 제청은 각급 법원이 할 수 있지만 대법원을 반드시 거쳐야 하며, 위헌법률제청신청서에는 사건 및 당사자, 위헌이라고 해석되는 법률 또는 법률의 조항, 위헌이라고 해석되는 이유, 기타 필요한 사항을 기재하여 법원에 제출해야 함.

▶ 그리고 법원이 위헌법률심판을 헌법재판소에 제청한 때에는 당해 소송사건의 재판은 원칙적으로 헌법재판소의 종국결정이 있을 때까지 정지되고, 위헌심판제청이 이유 있을 때에는 헌법재판소는 심판의 대상이 된 법률 또는 법률조항이 위헌임을 선언하는 결정을 선고하며, 위헌으로 결정된 법률 또는 법률의 조항은 그 결정이 있는 날부터 효력을 상실하고, 헌법재판소의 법률에 대한 위헌결정은 법원 기타 국가기관 및 지방자치단체를 기속함.

● 헌법재판소의 권한 (3)

▶ 대한민국 헌법재판소는 헌법 제111조 제1항 제2호에 의해 형벌 또는 보통의 징계절차로는 처벌하기 곤란한 고위 공무원이나 특수한 직위에 있는 공무원이 맡은 직무와 관련하여 헌법이나 법률에 어긋나는 행위를 하였을 경우 그에 대한 소추를 통하여 당해 공무원을 재판으로 파면하거나 공직에서 물러나게 하는 탄핵심판을 결정할 수 있는 권한을 가지고 있음.

▶ 먼저 헌법재판소법 제49조 제1항에 의해 국회법제사법위원회의 위원장이 탄핵심판의 소추위원이 되고, 동법 제50조에 의해 탄핵소추의 의결을 받은 자는 헌법재판소의 심판이 있을 때까지 그 권한행사가 정지됨.

▶ 그리고 헌법재판소법 제54조 제1항에 의해 탄핵결정은 피청구인의 민사상 또는 형사상의 책임을 면제하지 아니하며, 헌법재판소법 제54조 제2항에 의해 탄핵결정에 의하여 피면된 자는 결정선고가 있은 날로부터 5년을 경과하지 아니하면 공무원이 될 수 없음.

▶ 또한 탄핵심판에는 변호사 강제주의가 적용되며, 탄핵심판은 구두변론에 의함.

▶ 대한민국 헌법재판소는 헌법 제111조 제1항 제4호와 헌법재판소법 제61조 제1항에 의해 국가기관 상호간이나 지방자치단체 상호간 또는 국가기관과 지방자치단체 사이에 권한이 누구에게 있는지 또는 권한이 어디까지 미치는지에 관하여 다툼이 생길 경우에 이러한 분쟁을 해결하는 권한쟁의심판권을 가지고 있음.

▶ 피청구인의 처분 또는 부작위, 청구의 이유, 기타 필요한 사항을 권한쟁의심판의 청구서에 기재하여 헌법재판소법 제63조 제1항에 의해 권한쟁의심판의 사유가 있음을 안 날로부터 60일 이내에, 그 사유가 있은 날로부터 180일 이내에 청구해야 함.

▶ 이러한 권한쟁의심판에는 변호사 강제주의가 적용되지 않으며, 권한쟁의심판은 구두변론에 의함.

● 헌법재판소의 권한 (4)

▶ 대한민국 헌법재판소는 헌법 제111조 제1항 제3호와 헌법재판소법 제55조에 의해 어떤 정당의 목적이나 활동이 헌법이 정하는 민주적 기본질서에 위배될 때에 정부는 국무회의의 심의를 거쳐 그 정당을 해산할 것인지의 여부를 결정하는 위헌정당해산심판 결정권을 가지고 있음.

▶ 먼저 헌법재판소법 제25조 제1항에 의해 법무부장관이 정부를 대표하여 동법 제56조에 의해 위헌정당해산심판을 청구하는 이유와 위헌정당해산을 요구하는 정당을 표시하여 헌법재판소에 정당해산심판을 청구할 수 있음.

▶ 그리고 헌법재판소법 제57조에 의해 헌법재판소는 정당해산심판의 청구인의 신청 또는 직권으로 종국결정의 선고시까지 피청구인의 활동을 정지하는 결정을 할 수 있고, 헌법재판소장은 동법 제58조 제1항에 의해 위헌정당해산

● 헌법재판소의 권한 (5)

▶ 심판의 청구가 있는 때와 가처분결정을 한 때 및 그 심판이 종료한 때에 그 사실을 국회와 중앙선거관리위원회에 통지해야 하며, 동법 제58조 제2항에 의해 위헌정당해산을 명하는 결정서는 피청구인과 국회 및 행정부와 중앙선거관리위원회에도 이를 송달해야 함.

▶ 또한 위헌정당해산심판청구가 이유 있는 때에는 헌법재판소는 정당의 해산을 명하는 결정을 선고하고, 위헌정당의 해산을 명하는 결정이 선고된 때에는 그 정당은 해산됨.

▶ 위헌정당해산을 명하는 헌법재판소의 결정은 중앙선거관리위원회가 정당법에 따라 집행하며, 중앙선거관리위원회는 그 정당의 등록을 말소하고 지체 없이 그 뜻을 공고해야 하고, 해산된 정당의 재산은 국고에 귀속하며, 그 정당의 강령 또는 기본정책과 동일 또는 유사한 대체정당을 새로 만들지 못함과

● 헌법재판소의 권한 (6)

▶ 동시에 그 어떤 정당도 위헌정당으로 해산된 정당과 동일한 명칭을 사용하지 못함.

▶ 이러한 위헌정당해산심판에는 변호사 강제주의가 적용되지 않으며, 위헌정당해산심판은 구두변론에 의함.

▶ 대한민국 헌법재판소는 헌법 제111조 제1항 제5호와 헌법재판소법 제68조 제1항에 의해 법원의 재판에 대한 것을 제외하고 공권력의 행사 또는 불행사로 인하여 헌법상 보장된 기본권을 직접적으로 현재 침해 받은 자가 다른 법률에 의한 구제절차를 모두 거친 후에 자신의 기본권을 침해한 공권력의 행사 또는 불행사가 헌법에 위반되는지의 여부에 대해 심판할 수 있는 헌법소원심판권을 가지고 있음.

▶ 여기서 '헌법소원'이란 공권력에 의하여 헌법에 의해 보장된 기본권을 국민 등이 침해 받은 경우에 헌법재판소에 그 침해된 기본권의 구제를 청구하는 제도임.

● 헌법재판소의 권한 (7)

▷ 이러한 헌법소원심판에는 크게 다음과 같은 2개의 종류가 있음.

▷ 첫째, 공권력의 행사 또는 불행사로 인하여 헌법상 보장된 기본권을 침해 받은 자는 법원의 재판을 제외하고는 헌법재판소에 헌법소원심판을 청구할 수 있지만, 다른 법률에 구제절차가 있는 경우에는 그 절차를 모두 거친 후 가 아니면 청구할 수 없도록 되어 있는 '권리구제형(헌법재판소법 제68조 제1항에 의한) 헌법소원'이 있음.

▷ 둘째, 법률이 헌법에 위반되는 여부가 소송사건에서 재판의 전제가 되어 당 사자가 법원에 그 법률의 위헌심판제청을 신청하였지만 그 신청이 기각된 때에는 헌법재판소에 헌법소원심판을 청구할 수 있지만, 이 경우에 그 당사 자는 당해 사건의 소송 절차에서 동일한 사유를 이유로 다시 위헌여부 심판 의 제청을 신청할 수 없도록 되어 있는 '위헌심사형(헌법재판소법 제68조 제2항에 의한) 헌법소원'이 있음.

● 헌법재판소의 권한 (8)

▷ 한편 헌법재판소에 헌법소원심판을 청구할 때에는 변호사를 선임하여 헌법 재판소법 제71조 제1항에 의해 청구인 및 대리인의 표시, 침해된 권리, 침해 의 원인이 되는 공권력의 행사 또는 불행사, 청구의 이유, 기타 필요한 사항 등을 서면에 기재해야 하는바, 권리구제형 헌법소원심판은 그 사유가 있음 을 안 날부터 90일 이내, 그 사유가 있은 날부터 1년 이내에 청구해야 함.

▷ 다만 권리구제형 헌법소원심판의 경우에 다른 법률에 의한 구제절차를 거친 경우에는 그 최종결정의 통지를 받은 날부터 30일 이내에 청구해야 함.

▷ 한편 위헌심사형 헌법소원심판은 위헌법률심판의 제청신청이 기각된 날부 터 30일 이내에 청구해야 함.

▷ 그리고 이러한 헌법소원심판에는 변호사 강제주의가 적용되며, 헌법소원심 판은 서면심리에 의함.

● 14주 강의 연습문제

▶ 아래 2개의 ( ) 안에 들어갈 낱말의 정답이 모두 맞으면 퀴즈 점수 1점 부과 !

▶ 정답을 작성할 기회는 단 1번 뿐이니, 신중하게 작성하여 제출하길 바랍니다.

▶ 14주 강의의 퀴즈 문제

▶ 다음의 빈칸에 들어갈 알맞은 각 낱말을 번호와 함께 각각 쓰시오.

▶ 국회의 국정감사는 원칙적으로 소관 상임위원회별로 매년 (①)부터 시작해서 (②)동안 행한다.

● 14주 강의 정리하기

▶ 1. 국회의 세 가지 기능(역할)은 무엇인지 간단히 정리하기.

▶ 2. 국정감사와 국정조사의 다른 점은 무엇인지 간단히 정리하기.

▶ 3. 대한민국 헌법상 대통령선거를 국회에서 간선으로 행하는 경우와 대통령선거에 입후보한 대통령후보가 1인이었을 때 어떻게 당선될 수 있는지에 대해 정리하기.

▶ 4. 법원의 재판시 3심제가 아닌 단심제인 경우는 어떤 경우인지 3개 이상 정리하기.

▶ 5. 소액사건인 경우에 3심제는 심급별로 어느 법원을 거치면서 진행되는지를 정리하기.

▶ 6. 헌법재판소의 권한 5개는 무엇인지 간단히 정리하기.

대한민국헌법

[시행 1988. 2. 25.] [헌법 제10호, 1987. 10. 29., 전부개정]

유구한 역사와 전통에 빛나는 우리 대한국민은 3·1운동으로 건립된 대한민국임시정부의 법통과 불의에 항거한 4·19민주이념을 계승하고, 조국의 민주개혁과 평화적 통일의 사명에 입각하여 정의·인도와 동포애로써 민족의 단결을 공고히 하고, 모든 사회적 폐습과 불의를 타파하며, 자율과 조화를 바탕으로 자유민주적 기본질서를 더욱 확고히 하여 정치·경제·사회·문화의 모든 영역에 있어서 각인의 기회를 균등히 하고, 능력을 최고도로 발휘하게 하며, 자유와 권리에 따르는 책임과 의무를 완수하게 하여, 안으로는 국민생활의 균등한 향상을 기하고 밖으로는 항구적인 세계평화와 인류공영에 이바지함으로써 우리들과 우리들의 자손의 안전과 자유와 행복을 영원히 확보할 것을 다짐하면서 1948년 7월 12일에 제정되고 8차에 걸쳐 개정된 헌법을 이제 국회의 의결을 거쳐 국민투표에 의하여 개정한다.

제1장 총강

제1조 ① 대한민국은 민주공화국이다.

② 대한민국의 주권은 국민에게 있고, 모든 권력은 국민으로부터 나온다.

제2조 ① 대한민국의 국민이 되는 요건은 법률로 정한다.

② 국가는 법률이 정하는 바에 의하여 재외국민을 보호할 의무를 진다.

제3조 대한민국의 영토는 한반도와 그 부속도서로 한다.

제4조 대한민국은 통일을 지향하며, 자유민주적 기본질서에 입각한 평화적 통일 정책을 수립하고 이를 추진한다.

제5조 ① 대한민국은 국제평화의 유지에 노력하고 침략적 전쟁을 부인한다.

② 국군은 국가의 안전보장과 국토방위의 신성한 의무를 수행함을 사명으로 하며, 그 정치적 중립성은 준수된다.

제6조 ① 헌법에 의하여 체결·공포된 조약과 일반적으로 승인된 국제법규는 국내법과 같은 효력을 가진다.

② 외국인은 국제법과 조약이 정하는 바에 의하여 그 지위가 보장된다.

제7조 ① 공무원은 국민전체에 대한 봉사자이며, 국민에 대하여 책임을 진다.

② 공무원의 신분과 정치적 중립성은 법률이 정하는 바에 의하여 보장된다.

제8조 ① 정당의 설립은 자유이며, 복수정당제는 보장된다.

② 정당은 그 목적·조직과 활동이 민주적이어야 하며, 국민의 정치적 의사형성에 참여

하는데 필요한 조직을 가져야 한다.

③ 정당은 법률이 정하는 바에 의하여 국가의 보호를 받으며, 국가는 법률이 정하는 바에 의하여 정당운영에 필요한 자금을 보조할 수 있다.

④ 정당의 목적이나 활동이 민주적 기본질서에 위배될 때에는 정부는 헌법재판소에 그 해산을 제소할 수 있고, 정당은 헌법재판소의 심판에 의하여 해산된다.

제9조 국가는 전통문화의 계승·발전과 민족문화의 창달에 노력하여야 한다.

제 2 장 국민의 권리와 의무

제10조 모든 국민은 인간으로서의 존엄과 가치를 가지며, 행복을 추구할 권리를 가진다. 국가는 개인이 가지는 불가침의 기본적 인권을 확인하고 이를 보장할 의무를 진다.

제11조 ① 모든 국민은 법 앞에 평등하다. 누구든지 성별·종교 또는 사회적 신분에 의하여 정치적·경제적·사회적·문화적 생활의 모든 영역에 있어서 차별을 받지 아니한다.

② 사회적 특수계급의 제도는 인정되지 아니하며, 어떠한 형태로도 이를 창설할 수 없다.

③ 훈장등의 영전은 이를 받은 자에게만 효력이 있고, 어떠한 특권도 이에 따르지 아니한다.

제12조 ① 모든 국민은 신체의 자유를 가진다. 누구든지 법률에 의하지 아니하고는 체포·구속·압수·수색 또는 심문을 받지 아니하며, 법률과 적법한 절차에 의하지 아니하고는 처벌·보안처분 또는 강제노역을 받지 아니한다.

② 모든 국민은 고문을 받지 아니하며, 형사상 자기에게 불리한 진술을 강요당하지 아니한다.

③ 체포·구속·압수 또는 수색을 할 때에는 적법한 절차에 따라 검사의 신청에 의하여

법관이 발부한 영장을 제시하여야 한다. 다만, 현행범인인 경우와 장기 3년 이상의 형에 해당하는 죄를 범하고 도피 또는 증거인멸의 염려가 있을 때에는 사후에 영장을 청구할 수 있다.

④ 누구든지 체포 또는 구속을 당한 때에는 즉시 변호인의 조력을 받을 권리를 가진다. 다만, 형사피고인이 스스로 변호인을 구할 수 없을 때에는 법률이 정하는 바에 의하여 국가가 변호인을 붙인다.

⑤ 누구든지 체포 또는 구속의 이유와 변호인의 조력을 받을 권리가 있음을 고지받지 아니하고는 체포 또는 구속을 당하지 아니한다. 체포 또는 구속을 당한 자의 가족등 법률이 정하는 자에게는 그 이유와 일시·장소가 지체없이 통지되어야 한다.

⑥ 누구든지 체포 또는 구속을 당한 때에는 적부의 심사를 법원에 청구할 권리를 가진다.

⑦ 피고인의 자백이 고문·폭행·협박·구속의 부당한 장기화 또는 기망 기타의 방법에 의하여 자의로 진술된 것이 아니라고 인정될 때 또는 정식재판에 있어서 피고인의 자백이 그에게 불리한 유일한 증거일 때에는 이를 유죄의 증거로 삼거나 이를 이유로 처벌할 수 없다.

제13조 ① 모든 국민은 행위시의 법률에 의하여 범죄를 구성하지 아니하는 행위로 소추되지 아니하며, 동일한 범죄에 대하여 거듭 처벌받지 아니한다.

② 모든 국민은 소급입법에 의하여 참정권의 제한을 받거나 재산권을 박탈당하지 아니한다.

③ 모든 국민은 자기의 행위가 아닌 친족의 행위로 인하여 불이익한 처우를 받지 아니한다.

제14조 모든 국민은 거주·이전의 자유를 가진다.

제15조 모든 국민은 직업선택의 자유를 가진다.

제16조 모든 국민은 주거의 자유를 침해받지 아니한다. 주거에 대한 압수나 수색을 할 때에

는 검사의 신청에 의하여 법관이 발부한 영
장을 제시하여야 한다.

제17조 모든 국민은 사생활의 비밀과 자유를 침
해받지 아니한다.

제18조 모든 국민은 통신의 비밀을 침해받지 아
니한다.

제19조 모든 국민은 양심의 자유를 가진다.

제20조 ① 모든 국민은 종교의 자유를 가진다.

② 국교는 인정되지 아니하며, 종교와 정치는
분리된다.

제21조 ① 모든 국민은 언론·출판의 자유와 집
회·결사의 자유를 가진다.

② 언론·출판에 대한 허가나 검열과 집회·결
사에 대한 허가는 인정되지 아니한다.

③ 통신·방송의 시설기준과 신문의 기능을 보
장하기 위하여 필요한 사항은 법률로 정한다.

④ 언론·출판은 타인의 명예나 권리 또는 공
중도덕이나 사회윤리를 침해하여서는 아니된
다. 언론·출판이 타인의 명예나 권리를 침해
한 때에는 피해자는 이에 대한 피해의 배상
을 청구할 수 있다.

제22조 ① 모든 국민은 학문과 예술의 자유를
가진다.

② 저작자·발명가·과학기술자와   예술가의
권리는 법률로써 보호한다.

제23조 ① 모든 국민의 재산권은 보장된다. 그
내용과 한계는 법률로 정한다.

② 재산권의 행사는 공공복리에 적합하도록
하여야 한다.

③ 공공필요에 의한 재산권의 수용·사용 또
는 제한 및 그에 대한 보상은 법률로써 하되,
정당한 보상을 지급하여야 한다.

제24조 모든 국민은 법률이 정하는 바에 의하
여 선거권을 가진다.

제25조 모든 국민은 법률이 정하는 바에 의하
여 공무담임권을 가진다.

제26조 ① 모든 국민은 법률이 정하는 바에 의하

여 국가기관에 문서로 청원할 권리를 가진다.

② 국가는 청원에 대하여 심사할 의무를 진다.

제27조 ① 모든 국민은 헌법과 법률이 정한 법
관에 의하여 법률에 의한 재판을 받을 권리
를 가진다.

② 군인 또는 군무원이 아닌 국민은 대한민
국의 영역안에서는 중대한 군사상 기밀·초
병·초소·유독음식물공급·포로·군용물에 관
한 죄중 법률이 정한 경우와 비상계엄이 선
포된 경우를 제외하고는 군사법원의 재판을
받지 아니한다.

③ 모든 국민은 신속한 재판을 받을 권리를
가진다. 형사피고인은 상당한 이유가 없는 한
지체없이 공개재판을 받을 권리를 가진다.

④ 형사피고인은 유죄의 판결이 확정될 때까
지는 무죄로 추정된다.

⑤ 형사피해자는 법률이 정하는 바에 의하여
당해 사건의 재판절차에서 진술할 수 있다.

제28조 형사피의자 또는 형사피고인으로서 구
금되었던 자가 법률이 정하는 불기소처분을
받거나 무죄판결을 받은 때에는 법률이 정하
는 바에 의하여 국가에 정당한 보상을 청구
할 수 있다.

제29조 ① 공무원의 직무상 불법행위로 손해를
받은 국민은 법률이 정하는 바에 의하여 국
가 또는 공공단체에 정당한 배상을 청구할
수 있다. 이 경우 공무원 자신의 책임은 면제
되지 아니한다.

② 군인·군무원·경찰공무원 기타 법률이 정
하는 자가 전투·훈련등 직무집행과 관련하
여 받은 손해에 대하여는 법률이 정하는 보
상외에 국가 또는 공공단체에 공무원의 직무
상 불법행위로 인한 배상은 청구할 수 없다.

제30조 타인의 범죄행위로 인하여 생명·신체에
대한 피해를 받은 국민은 법률이 정하는 바
에 의하여 국가로부터 구조를 받을 수 있다.

제31조 ① 모든 국민은 능력에 따라 균등하게

교육을 받을 권리를 가진다.

② 모든 국민은 그 보호하는 자녀에게 적어도 초등교육과 법률이 정하는 교육을 받게 할 의무를 진다.

③ 의무교육은 무상으로 한다.

④ 교육의 자주성·전문성·정치적 중립성 및 대학의 자율성은 법률이 정하는 바에 의하여 보장된다.

⑤ 국가는 평생교육을 진흥하여야 한다.

⑥ 학교교육 및 평생교육을 포함한 교육제도와 그 운영, 교육재정 및 교원의 지위에 관한 기본적인 사항은 법률로 정한다.

제32조 ① 모든 국민은 근로의 권리를 가진다. 국가는 사회적·경제적 방법으로 근로자의 고용의 증진과 적정임금의 보장에 노력하여야 하며, 법률이 정하는 바에 의하여 최저임금제를 시행하여야 한다.

② 모든 국민은 근로의 의무를 진다. 국가는 근로의 의무의 내용과 조건을 민주주의원칙에 따라 법률로 정한다.

③ 근로조건의 기준은 인간의 존엄성을 보장하도록 법률로 정한다.

④ 여자의 근로는 특별한 보호를 받으며, 고용·임금 및 근로조건에 있어서 부당한 차별을 받지 아니한다.

⑤ 연소자의 근로는 특별한 보호를 받는다.

⑥ 국가유공자·상이군경 및 전몰군경의 유가족은 법률이 정하는 바에 의하여 우선적으로 근로의 기회를 부여받는다.

제33조 ① 근로자는 근로조건의 향상을 위하여 자주적인 단결권·단체교섭권 및 단체행동권을 가진다.

② 공무원인 근로자는 법률이 정하는 자에 한하여 단결권·단체교섭권 및 단체행동권을 가진다.

③ 법률이 정하는 주요방위산업체에 종사하는 근로자의 단체행동권은 법률이 정하는 바

에 의하여 이를 제한하거나 인정하지 아니할 수 있다.

제34조 ① 모든 국민은 인간다운 생활을 할 권리를 가진다.

② 국가는 사회보장·사회복지의 증진에 노력할 의무를 진다.

③ 국가는 여자의 복지와 권익의 향상을 위하여 노력하여야 한다.

④ 국가는 노인과 청소년의 복지향상을 위한 정책을 실시할 의무를 진다.

⑤ 신체장애자 및 질병·노령 기타의 사유로 생활능력이 없는 국민은 법률이 정하는 바에 의하여 국가의 보호를 받는다.

⑥ 국가는 재해를 예방하고 그 위험으로부터 국민을 보호하기 위하여 노력하여야 한다.

제35조 ① 모든 국민은 건강하고 쾌적한 환경에서 생활할 권리를 가지며, 국가와 국민은 환경보전을 위하여 노력하여야 한다.

② 환경권의 내용과 행사에 관하여는 법률로 정한다.

③ 국가는 주택개발정책등을 통하여 모든 국민이 쾌적한 주거생활을 할 수 있도록 노력하여야 한다.

제36조 ① 혼인과 가족생활은 개인의 존엄과 양성의 평등을 기초로 성립되고 유지되어야 하며, 국가는 이를 보장한다.

② 국가는 모성의 보호를 위하여 노력하여야 한다.

③ 모든 국민은 보건에 관하여 국가의 보호를 받는다.

제37조 ① 국민의 자유와 권리는 헌법에 열거되지 아니한 이유로 경시되지 아니한다.

② 국민의 모든 자유와 권리는 국가안전보장·질서유지 또는 공공복리를 위하여 필요한 경우에 한하여 법률로써 제한할 수 있으며, 제한하는 경우에도 자유와 권리의 본질적인 내용을 침해할 수 없다.

제38조 모든 국민은 법률이 정하는 바에 의하여 납세의 의무를 진다.

제39조 ① 모든 국민은 법률이 정하는 바에 의하여 국방의 의무를 진다.

② 누구든지 병역의무의 이행으로 인하여 불이익한 처우를 받지 아니한다.

제 3 장 국회

제40조 입법권은 국회에 속한다.

제41조 ① 국회는 국민의 보통·평등·직접·비밀선거에 의하여 선출된 국회의원으로 구성한다.

② 국회의원의 수는 법률로 정하되, 200인 이상으로 한다.

③ 국회의원의 선거구와 비례대표제 기타 선거에 관한 사항은 법률로 정한다.

제42조 국회의원의 임기는 4년으로 한다.

제43조 국회의원은 법률이 정하는 직을 겸할 수 없다.

제44조 ① 국회의원은 현행범인인 경우를 제외하고는 회기중 국회의 동의없이 체포 또는 구금되지 아니한다.

② 국회의원이 회기전에 체포 또는 구금된 때에는 현행범인이 아닌 한 국회의 요구가 있으면 회기중 석방된다.

제45조 국회의원은 국회에서 직무상 행한 발언과 표결에 관하여 국회외에서 책임을 지지 아니한다.

제46조 ① 국회의원은 청렴의 의무가 있다.

② 국회의원은 국가이익을 우선하여 양심에 따라 직무를 행한다.

③ 국회의원은 그 지위를 남용하여 국가·공공단체 또는 기업체와의 계약이나 그 처분에 의하여 재산상의 권리·이익 또는 직위를 취득하거나 타인을 위하여 그 취득을 알선할 수 없다.

제47조 ① 국회의 정기회는 법률이 정하는 바에 의하여 매년 1회 집회되며, 국회의 임시회는 대통령 또는 국회재적의원 4분의 1 이상의 요구에 의하여 집회된다.

② 정기회의 회기는 100일을, 임시회의 회기는 30일을 초과할 수 없다.

③ 대통령이 임시회의 집회를 요구할 때에는 기간과 집회요구의 이유를 명시하여야 한다.

제48조 국회는 의장 1인과 부의장 2인을 선출한다.

제49조 국회는 헌법 또는 법률에 특별한 규정이 없는 한 재적의원 과반수의 출석과 출석의원 과반수의 찬성으로 의결한다. 가부동수인 때에는 부결된 것으로 본다.

제50조 ① 국회의 회의는 공개한다. 다만, 출석의원 과반수의 찬성이 있거나 의장이 국가의 안전보장을 위하여 필요하다고 인정할 때에는 공개하지 아니할 수 있다.

② 공개하지 아니한 회의내용의 공표에 관하여는 법률이 정하는 바에 의한다.

제51조 국회에 제출된 법률안 기타의 의안은 회기중에 의결되지 못한 이유로 폐기되지 아니한다. 다만, 국회의원의 임기가 만료된 때에는 그러하지 아니하다.

제52조 국회의원과 정부는 법률안을 제출할 수 있다.

제53조 ① 국회에서 의결된 법률안은 정부에 이송되어 15일 이내에 대통령이 공포한다.

② 법률안에 이의가 있을 때에는 대통령은 제1항의 기간내에 이의서를 붙여 국회로 환부하고, 그 재의를 요구할 수 있다. 국회의 폐회중에도 또한 같다.

③ 대통령은 법률안의 일부에 대하여 또는 법률안을 수정하여 재의를 요구할 수 없다.

④ 재의의 요구가 있을 때에는 국회는 재의에 붙이고, 재적의원과반수의 출석과 출석의원 3분의 2 이상의 찬성으로 전과 같은 의결을 하면 그 법률안은 법률로서 확정된다.

⑤ 대통령이 제1항의 기간내에 공포나 재의

의 요구를 하지 아니한 때에도 그 법률안은 법률로서 확정된다.

⑥ 대통령은 제4항과 제5항의 규정에 의하여 확정된 법률을 지체없이 공포하여야 한다. 제5항에 의하여 법률이 확정된 후 또는 제4항에 의한 확정법률이 정부에 이송된 후 5일 이내에 대통령이 공포하지 아니할 때에는 국회의장이 이를 공포한다.

⑦ 법률은 특별한 규정이 없는 한 공포한 날로부터 20일을 경과함으로써 효력을 발생한다.

제54조 ① 국회는 국가의 예산안을 심의·확정한다.

② 정부는 회계연도마다 예산안을 편성하여 회계연도 개시 90일전까지 국회에 제출하고, 국회는 회계연도 개시 30일전까지 이를 의결하여야 한다.

③ 새로운 회계연도가 개시될 때까지 예산안이 의결되지 못한 때에는 정부는 국회에서 예산안이 의결될 때까지 다음의 목적을 위한 경비는 전년도 예산에 준하여 집행할 수 있다.

1. 헌법이나 법률에 의하여 설치된 기관 또는 시설의 유지·운영
2. 법률상 지출의무의 이행
3. 이미 예산으로 승인된 사업의 계속

제55조 ① 한 회계연도를 넘어 계속하여 지출할 필요가 있을 때에는 정부는 연한을 정하여 계속비로서 국회의 의결을 얻어야 한다.

② 예비비는 총액으로 국회의 의결을 얻어야 한다. 예비비의 지출은 차기국회의 승인을 얻어야 한다.

제56조 정부는 예산에 변경을 가할 필요가 있을 때에는 추가경정예산안을 편성하여 국회에 제출할 수 있다.

제57조 국회는 정부의 동의없이 정부가 제출한 지출예산 각항의 금액을 증가하거나 새 비목을 설치할 수 없다.

제58조 국채를 모집하거나 예산외에 국가의 부담이 될 계약을 체결하려 할 때에는 정부는 미리 국회의 의결을 얻어야 한다.

제59조 조세의 종목과 세율은 법률로 정한다.

제60조 ① 국회는 상호원조 또는 안전보장에 관한 조약, 중요한 국제조직에 관한 조약, 우호통상항해조약, 주권의 제약에 관한 조약, 강화조약, 국가나 국민에게 중대한 재정적 부담을 지우는 조약 또는 입법사항에 관한 조약의 체결·비준에 대한 동의권을 가진다.

② 국회는 선전포고, 국군의 외국에의 파견 또는 외국군대의 대한민국 영역안에서의 주류에 대한 동의권을 가진다.

제61조 ① 국회는 국정을 감사하거나 특정한 국정사안에 대하여 조사할 수 있으며, 이에 필요한 서류의 제출 또는 증인의 출석과 증언이나 의견의 진술을 요구할 수 있다.

② 국정감사 및 조사에 관한 절차 기타 필요한 사항은 법률로 정한다.

제62조 ① 국무총리·국무위원 또는 정부위원은 국회나 그 위원회에 출석하여 국정처리상황을 보고하거나 의견을 진술하고 질문에 응답할 수 있다.

② 국회나 그 위원회의 요구가 있을 때에는 국무총리·국무위원 또는 정부위원은 출석·답변하여야 하며, 국무총리 또는 국무위원이 출석요구를 받은 때에는 국무위원 또는 정부위원으로 하여금 출석·답변하게 할 수 있다.

제63조 ① 국회는 국무총리 또는 국무위원의 해임을 대통령에게 건의할 수 있다.

② 제1항의 해임건의는 국회재적의원 3분의 1 이상의 발의에 의하여 국회재적의원 과반수의 찬성이 있어야 한다.

제64조 ① 국회는 법률에 저촉되지 아니하는 범위안에서 의사와 내부규율에 관한 규칙을 제정할 수 있다.

② 국회는 의원의 자격을 심사하며, 의원을 징계할 수 있다.

③ 의원을 제명하려면 국회재적의원 3분의 2 이상의 찬성이 있어야 한다.

④ 제2항과 제3항의 처분에 대하여는 법원에 제소할 수 없다.

제65조 ① 대통령·국무총리·국무위원·행정각부의 장·헌법재판소 재판관·법관·중앙선거관리위원회 위원·감사원장·감사위원 기타 법률이 정한 공무원이 그 직무집행에 있어서 헌법이나 법률을 위배한 때에는 국회는 탄핵의 소추를 의결할 수 있다.

② 제1항의 탄핵소추는 국회재적의원 3분의 1 이상의 발의가 있어야 하며, 그 의결은 국회재적의원 과반수의 찬성이 있어야 한다. 다만, 대통령에 대한 탄핵소추는 국회재적의원 과반수의 발의와 국회재적의원 3분의 2 이상의 찬성이 있어야 한다.

③ 탄핵소추의 의결을 받은 자는 탄핵심판이 있을 때까지 그 권한행사가 정지된다.

④ 탄핵결정은 공직으로부터 파면함에 그친다. 그러나, 이에 의하여 민사상이나 형사상의 책임이 면제되지는 아니한다.

제4장 정부

제1절 대통령

제66조 ① 대통령은 국가의 원수이며, 외국에 대하여 국가를 대표한다.

② 대통령은 국가의 독립·영토의 보전·국가의 계속성과 헌법을 수호할 책무를 진다.

③ 대통령은 조국의 평화적 통일을 위한 성실한 의무를 진다.

④ 행정권은 대통령을 수반으로 하는 정부에 속한다.

제67조 ① 대통령은 국민의 보통·평등·직접·비밀선거에 의하여 선출한다.

② 제1항의 선거에 있어서 최고득표자가 2인 이상인 때에는 국회의 재적의원 과반수가 출석한 공개회의에서 다수표를 얻은 자를 당선자로 한다.

③ 대통령후보자가 1인일 때에는 그 득표수가 선거권자 총수의 3분의 1 이상이 아니면 대통령으로 당선될 수 없다.

④ 대통령으로 선거될 수 있는 자는 국회의원의 피선거권이 있고 선거일 현재 40세에 달하여야 한다.

⑤ 대통령의 선거에 관한 사항은 법률로 정한다.

제68조 ① 대통령의 임기가 만료되는 때에는 임기만료 70일 내지 40일전에 후임자를 선거한다.

② 대통령이 궐위된 때 또는 대통령 당선자가 사망하거나 판결 기타의 사유로 그 자격을 상실한 때에는 60일 이내에 후임자를 선거한다.

제69조 대통령은 취임에 즈음하여 다음의 선서를 한다.

"나는 헌법을 준수하고 국가를 보위하며 조국의 평화적 통일과 국민의 자유와 복리의 증진 및 민족문화의 창달에 노력하여 대통령으로서의 직책을 성실히 수행할 것을 국민 앞에 엄숙히 선서합니다."

제70조 대통령의 임기는 5년으로 하며, 중임할 수 없다.

제71조 대통령이 궐위되거나 사고로 인하여 직무를 수행할 수 없을 때에는 국무총리, 법률이 정한 국무위원의 순서로 그 권한을 대행한다.

제72조 대통령은 필요하다고 인정할 때에는 외교·국방·통일 기타 국가안위에 관한 중요정책을 국민투표에 붙일 수 있다.

제73조 대통령은 조약을 체결·비준하고, 외교사절을 신임·접수 또는 파견하며, 선전포고와 강화를 한다.

제74조 ① 대통령은 헌법과 법률이 정하는 바에 의하여 국군을 통수한다

② 국군의 조직과 편성은 법률로 정한다.

제75조 대통령은 법률에서 구체적으로 범위를 정하여 위임받은 사항과 법률을 집행하기 위하여 필요한 사항에 관하여 대통령령을 발할 수 있다.

제76조 ① 대통령은 내우·외환·천재·지변 또는 중대한 재정·경제상의 위기에 있어서 국가의 안전보장 또는 공공의 안녕질서를 유지하기 위하여 긴급한 조치가 필요하고 국회의 집회를 기다릴 여유가 없을 때에 한하여 최소한으로 필요한 재정·경제상의 처분을 하거나 이에 관하여 법률의 효력을 가지는 명령을 발할 수 있다.

② 대통령은 국가의 안위에 관계되는 중대한 교전상태에 있어서 국가를 보위하기 위하여 긴급한 조치가 필요하고 국회의 집회가 불가능한 때에 한하여 법률의 효력을 가지는 명령을 발할 수 있다.

③ 대통령은 제1항과 제2항의 처분 또는 명령을 한 때에는 지체없이 국회에 보고하여 그 승인을 얻어야 한다.

④ 제3항의 승인을 얻지 못한 때에는 그 처분 또는 명령은 그때부터 효력을 상실한다. 이 경우 그 명령에 의하여 개정 또는 폐지되었던 법률은 그 명령이 승인을 얻지 못한 때부터 당연히 효력을 회복한다.

⑤ 대통령은 제3항과 제4항의 사유를 지체없이 공포하여야 한다.

제77조 ① 대통령은 전시·사변 또는 이에 준하는 국가비상사태에 있어서 병력으로써 군사상의 필요에 응하거나 공공의 안녕질서를 유지할 필요가 있을 때에는 법률이 정하는 바에 의하여 계엄을 선포할 수 있다.

② 계엄은 비상계엄과 경비계엄으로 한다.

③ 비상계엄이 선포된 때에는 법률이 정하는 바에 의하여 영장제도, 언론·출판·집회·결사의 자유, 정부나 법원의 권한에 관하여 특별한 조치를 할 수 있다.

④ 계엄을 선포한 때에는 대통령은 지체없이 국회에 통고하여야 한다.

⑤ 국회가 재적의원 과반수의 찬성으로 계엄의 해제를 요구한 때에는 대통령은 이를 해제하여야 한다.

제78조 대통령은 헌법과 법률이 정하는 바에 의하여 공무원을 임면한다.

제79조 ① 대통령은 법률이 정하는 바에 의하여 사면·감형 또는 복권을 명할 수 있다.

② 일반사면을 명하려면 국회의 동의를 얻어야 한다.

③ 사면·감형 및 복권에 관한 사항은 법률로 정한다.

제80조 대통령은 법률이 정하는 바에 의하여 훈장 기타의 영전을 수여한다.

제81조 대통령은 국회에 출석하여 발언하거나 서한으로 의견을 표시할 수 있다.

제82조 대통령의 국법상 행위는 문서로써 하며, 이 문서에는 국무총리와 관계 국무위원이 부서한다. 군사에 관한 것도 또한 같다.

제83조 대통령은 국무총리·국무위원·행정각부의 장 기타 법률이 정하는 공사의 직을 겸할 수 없다.

제84조 대통령은 내란 또는 외환의 죄를 범한 경우를 제외하고는 재직중 형사상의 소추를 받지 아니한다.

제85조 전직대통령의 신분과 예우에 관하여는 법률로 정한다.

제2절 행정부
제1관 국무총리와 국무위원

제86조 ① 국무총리는 국회의 동의를 얻어 대통령이 임명한다.

② 국무총리는 대통령을 보좌하며, 행정에 관하여 대통령의 명을 받아 행정각부를 통할한다.

③ 군인은 현역을 면한 후가 아니면 국무총리로 임명될 수 없다.

제87조　① 국무위원은 국무총리의 제청으로 대통령이 임명한다.

② 국무위원은 국정에 관하여 대통령을 보좌하며, 국무회의의 구성원으로서 국정을 심의한다.

③ 국무총리는 국무위원의 해임을 대통령에게 건의할 수 있다.

④ 군인은 현역을 면한 후가 아니면 국무위원으로 임명될 수 없다.

제 2 관　국무회의

제88조　① 국무회의는 정부의 권한에 속하는 중요한 정책을 심의한다.

② 국무회의는 대통령·국무총리와 15인 이상 30인 이하의 국무위원으로 구성한다.

③ 대통령은 국무회의의 의장이 되고, 국무총리는 부의장이 된다.

제89조　다음 사항은 국무회의의 심의를 거쳐야 한다.

1. 국정의 기본계획과 정부의 일반정책
2. 선전·강화 기타 중요한 대외정책
3. 헌법개정안·국민투표안·조약안·법률안 및 대통령령안
4. 예산안·결산·국유재산처분의 기본계획·국가의 부담이 될 계약 기타 재정에 관한 중요사항
5. 대통령의 긴급명령·긴급재정경제처분 및 명령 또는 계엄과 그 해제
6. 군사에 관한 중요사항
7. 국회의 임시회 집회의 요구
8. 영전수여
9. 사면·감형과 복권
10. 행정각부간의 권한의 획정
11. 정부안의 권한의 위임 또는 배정에 관한 기본계획
12. 국정처리상황의 평가·분석
13. 행정각부의 중요한 정책의 수립과 조정
14. 정당해산의 제소
15. 정부에 제출 또는 회부된 정부의 정책에 관계되는 청원의 심사
16. 검찰총장·합동참모의장·각군참모총장·국립대학교총장·대사 기타 법률이 정한 공무원과 국영기업체관리자의 임명
17. 기타 대통령·국무총리 또는 국무위원이 제출한 사항

제90조　① 국정의 중요한 사항에 관한 대통령의 자문에 응하기 위하여 국가원로로 구성되는 국가원로자문회의를 둘 수 있다.

② 국가원로자문회의의 의장은 직전대통령이 된다. 다만, 직전대통령이 없을 때에는 대통령이 지명한다.

③ 국가원로자문회의의 조직·직무범위 기타 필요한 사항은 법률로 정한다.

제91조　① 국가안전보장에 관련되는 대외정책·군사정책과 국내정책의 수립에 관하여 국무회의의 심의에 앞서 대통령의 자문에 응하기 위하여 국가안전보장회의를 둔다.

② 국가안전보장회의는 대통령이 주재한다.

③ 국가안전보장회의의 조직·직무범위 기타 필요한 사항은 법률로 정한다.

제92조　① 평화통일정책의 수립에 관한 대통령의 자문에 응하기 위하여 민주평화통일자문회의를 둘 수 있다.

② 민주평화통일자문회의의 조직·직무범위 기타 필요한 사항은 법률로 정한다.

제93조　① 국민경제의 발전을 위한 중요정책의 수립에 관하여 대통령의 자문에 응하기 위하여 국민경제자문회의를 둘 수 있다.

② 국민경제자문회의의 조직·직무범위 기타 필요한 사항은 법률로 정한다.

제 3 관　행정각부

제94조　행정각부의 장은 국무위원 중에서 국무총리의 제청으로 대통령이 임명한다.

제95조 국무총리 또는 행정각부의 장은 소관사무에 관하여 법률이나 대통령령의 위임 또는 직권으로 총리령 또는 부령을 발할 수 있다.

제96조 행정각부의 설치·조직과 직무범위는 법률로 정한다.

제4관 감사원

제97조 국가의 세입·세출의 결산, 국가 및 법률이 정한 단체의 회계검사와 행정기관 및 공무원의 직무에 관한 감찰을 하기 위하여 대통령 소속하에 감사원을 둔다.

제98조 ① 감사원은 원장을 포함한 5인 이상 11인 이하의 감사위원으로 구성한다.

② 원장은 국회의 동의를 얻어 대통령이 임명하고, 그 임기는 4년으로 하며, 1차에 한하여 중임할 수 있다.

③ 감사위원은 원장의 제청으로 대통령이 임명하고, 그 임기는 4년으로 하며, 1차에 한하여 중임할 수 있다.

제99조 감사원은 세입·세출의 결산을 매년 검사하여 대통령과 차년도국회에 그 결과를 보고하여야 한다.

제100조 감사원의 조직·직무범위·감사위원의 자격·감사대상공무원의 범위 기타 필요한 사항은 법률로 정한다.

제5장 법원

제101조 ① 사법권은 법관으로 구성된 법원에 속한다.

② 법원은 최고법원인 대법원과 각급법원으로 조직된다.

③ 법관의 자격은 법률로 정한다.

제102조 ① 대법원에 부를 둘 수 있다.

② 대법원에 대법관을 둔다. 다만, 법률이 정하는 바에 의하여 대법관이 아닌 법관을 둘 수 있다.

③ 대법원과 각급법원의 조직은 법률로 정한다.

한다.

제103조 법관은 헌법과 법률에 의하여 그 양심에 따라 독립하여 심판한다.

제104조 ① 대법원장은 국회의 동의를 얻어 대통령이 임명한다.

② 대법관은 대법원장의 제청으로 국회의 동의를 얻어 대통령이 임명한다.

③ 대법원장과 대법관이 아닌 법관은 대법관회의의 동의를 얻어 대법원장이 임명한다.

제105조 ① 대법원장의 임기는 6년으로 하며, 중임할 수 없다.

② 대법관의 임기는 6년으로 하며, 법률이 정하는 바에 의하여 연임할 수 있다.

③ 대법원장과 대법관이 아닌 법관의 임기는 10년으로 하며, 법률이 정하는 바에 의하여 연임할 수 있다.

④ 법관의 정년은 법률로 정한다.

제106조 ① 법관은 탄핵 또는 금고 이상의 형의 선고에 의하지 아니하고는 파면되지 아니하며, 징계처분에 의하지 아니하고는 정직·감봉 기타 불리한 처분을 받지 아니한다.

② 법관이 중대한 심신상의 장해로 직무를 수행할 수 없을 때에는 법률이 정하는 바에 의하여 퇴직하게 할 수 있다.

제107조 ① 법률이 헌법에 위반되는 여부가 재판의 전제가 된 경우에는 법원은 헌법재판소에 제청하여 그 심판에 의하여 재판한다.

② 명령·규칙 또는 처분이 헌법이나 법률에 위반되는 여부가 재판의 전제가 된 경우에는 대법원은 이를 최종적으로 심사할 권한을 가진다.

③ 재판의 전심절차로서 행정심판을 할 수 있다. 행정심판의 절차는 법률로 정하되, 사법절차가 준용되어야 한다.

제108조 대법원은 법률에 저촉되지 아니하는 범위안에서 소송에 관한 절차, 법원의 내부규율과 사무처리에 관한 규칙을 제정할 수

있다.

제109조 재판의 심리와 판결은 공개한다. 다만, 심리는 국가의 안전보장 또는 안녕질서를 방해하거나 선량한 풍속을 해할 염려가 있을 때에는 법원의 결정으로 공개하지 아니할 수 있다.

제110조 ① 군사재판을 관할하기 위하여 특별법원으로서 군사법원을 둘 수 있다.

② 군사법원의 상고심은 대법원에서 관할한다.

③ 군사법원의 조직·권한 및 재판관의 자격은 법률로 정한다.

④ 비상계엄하의 군사재판은 군인·군무원의 범죄나 군사에 관한 간첩죄의 경우와 초병·초소·유독음식물공급·포로에 관한 죄중 법률이 정한 경우에 한하여 단심으로 할 수 있다. 다만, 사형을 선고한 경우에는 그러하지 아니하다.

제 6 장 헌법재판소

제111조 ① 헌법재판소는 다음 사항을 관장한다.

1. 법원의 제청에 의한 법률의 위헌여부 심판
2. 탄핵의 심판
3. 정당의 해산 심판
4. 국가기관 상호간, 국가기관과 지방자치단체간 및 지방자치단체 상호간의 권한쟁의에 관한 심판
5. 법률이 정하는 헌법소원에 관한 심판

② 헌법재판소는 법관의 자격을 가진 9인의 재판관으로 구성하며, 재판관은 대통령이 임명한다.

③ 제2항의 재판관중 3인은 국회에서 선출하는 자를, 3인은 대법원장이 지명하는 자를 임명한다.

④ 헌법재판소의 장은 국회의 동의를 얻어 재판관중에서 대통령이 임명한다.

제112조 ① 헌법재판소 재판관의 임기는 6년으로 하며, 법률이 정하는 바에 의하여 연임할

수 있다.

② 헌법재판소 재판관은 정당에 가입하거나 정치에 관여할 수 없다.

③ 헌법재판소 재판관은 탄핵 또는 금고 이상의 형의 선고에 의하지 아니하고는 파면되지 아니한다.

제113조 ① 헌법재판소에서 법률의 위헌결정, 탄핵의 결정, 정당해산의 결정 또는 헌법소원에 관한 인용결정을 할 때에는 재판관 6인 이상의 찬성이 있어야 한다.

② 헌법재판소는 법률에 저촉되지 아니하는 범위안에서 심판에 관한 절차, 내부규율과 사무처리에 관한 규칙을 제정할 수 있다.

③ 헌법재판소의 조직과 운영 기타 필요한 사항은 법률로 정한다.

제 7 장 선거관리

제114조 ① 선거와 국민투표의 공정한 관리 및 정당에 관한 사무를 처리하기 위하여 선거관리위원회를 둔다.

② 중앙선거관리위원회는 대통령이 임명하는 3인, 국회에서 선출하는 3인과 대법원장이 지명하는 3인의 위원으로 구성한다. 위원장은 위원중에서 호선한다.

③ 위원의 임기는 6년으로 한다.

④ 위원은 정당에 가입하거나 정치에 관여할 수 없다.

⑤ 위원은 탄핵 또는 금고 이상의 형의 선고에 의하지 아니하고는 파면되지 아니한다.

⑥ 중앙선거관리위원회는 법령의 범위안에서 선거관리·국민투표관리 또는 정당사무에 관한 규칙을 제정할 수 있으며, 법률에 저촉되지 아니하는 범위안에서 내부규율에 관한 규칙을 제정할 수 있다.

⑦ 각급 선거관리위원회의 조직·직무범위 기타 필요한 사항은 법률로 정한다.

제115조 ① 각급 선거관리위원회는 선거인명부

의 작성등 선거사무와 국민투표사무에 관하여
관계 행정기관에 필요한 지시를 할 수 있다.

② 제1항의 지시를 받은 당해 행정기관은 이
에 응하여야 한다.

제116조 ① 선거운동은 각급 선거관리위원회의
관리하에 법률이 정하는 범위안에서 하되,
균등한 기회가 보장되어야 한다.

② 선거에 관한 경비는 법률이 정하는 경우
를 제외하고는 정당 또는 후보자에게 부담시
킬 수 없다.

제8장 지방자치

제117조 ① 지방자치단체는 주민의 복리에 관한
사무를 처리하고 재산을 관리하며, 법령의
범위안에서 자치에 관한 규정을 제정할 수
있다.

② 지방자치단체의 종류는 법률로 정한다.

제118조 ① 지방자치단체에 의회를 둔다.

② 지방의회의 조직·권한·의원선거와 지방
자치단체의 장의 선임방법 기타 지방자치단
체의 조직과 운영에 관한 사항은 법률로 정
한다.

제9장 경제

제119조 ① 대한민국의 경제질서는 개인과 기업
의 경제상의 자유와 창의를 존중함을 기본으
로 한다.

② 국가는 균형있는 국민경제의 성장 및 안
정과 적정한 소득의 분배를 유지하고, 시장
의 지배와 경제력의 남용을 방지하며, 경제
주체간의 조화를 통한 경제의 민주화를 위하
여 경제에 관한 규제와 조정을 할 수 있다.

제120조 ① 광물 기타 중요한 지하자원·수산자
원 수력과 경제상 이용할 수 있는 자연력은
법률이 정하는 바에 의하여 일정한 기간 그
채취·개발 또는 이용을 특허할 수 있다

② 국토와 자원은 국가의 보호를 받으며, 국

가는 그 균형있는 개발과 이용을 위하여 필
요한 계획을 수립한다.

제121조 ① 국가는 농지에 관하여 경자유전의
원칙이 달성될 수 있도록 노력하여야 하며,
농지의 소작제도는 금지된다.

② 농업생산성의 제고와 농지의 합리적인 이
용을 위하거나 불가피한 사정으로 발생하는
농지의 임대차와 위탁경영은 법률이 정하는
바에 의하여 인정된다.

제122조 국가는 국민 모두의 생산 및 생활의 기
반이 되는 국토의 효율적이고 균형있는 이용·
개발과 보전을 위하여 법률이 정하는 바에
의하여 그에 관한 필요한 제한과 의무를 과
할 수 있다.

제123조 ① 국가는 농업 및 어업을 보호·육성하
기 위하여 농·어촌종합개발과 그 지원등 필
요한 계획을 수립·시행하여야 한다.

② 국가는 지역간의 균형있는 발전을 위하여
지역경제를 육성할 의무를 진다.

③ 국가는 중소기업을 보호·육성하여야 한다.

④ 국가는 농수산물의 수급균형과 유통구조
의 개선에 노력하여 가격안정을 도모함으로
써 농·어민의 이익을 보호한다.

⑤ 국가는 농·어민과 중소기업의 자조조직을
육성하여야 하며, 그 자율적 활동과 발전을
보장한다.

제124조 국가는 건전한 소비행위를 계도하고 생
산품의 품질향상을 촉구하기 위한 소비자보호
운동을 법률이 정하는 바에 의하여 보장한다.

제125조 국가는 대외무역을 육성하며, 이를 규
제·조정할 수 있다.

제126조 국방상 또는 국민경제상 긴절한 필요로
인하여 법률이 정하는 경우를 제외하고는,
사영기업을 국유 또는 공유로 이전하거나 그
경영을 통제 또는 관리할 수 없다.

제127조 ① 국가는 과학기술의 혁신과 정보 및
인력의 개발을 통하여 국민경제의 발전에 노

력하여야 한다.

② 국가는 국가표준제도를 확립한다.

③ 대통령은 제1항의 목적을 달성하기 위하여 필요한 자문기구를 둘 수 있다.

제10장 헌법개정

제128조 ① 헌법개정은 국회재적의원 과반수 또는 대통령의 발의로 제안된다.

② 대통령의 임기연장 또는 중임변경을 위한 헌법개정은 그 헌법개정 제안 당시의 대통령에 대하여는 효력이 없다.

제129조 제안된 헌법개정안은 대통령이 20일 이상의 기간 이를 공고하여야 한다.

제130조 ① 국회는 헌법개정안이 공고된 날로부터 60일 이내에 의결하여야 하며, 국회의 의결은 재적의원 3분의 2 이상의 찬성을 얻어야 한다.

② 헌법개정안은 국회가 의결한 후 30일 이내에 국민투표에 붙여 국회의원선거권자 과반수의 투표와 투표자 과반수의 찬성을 얻어야 한다.

③ 헌법개정안이 제2항의 찬성을 얻은 때에는 헌법개정은 확정되며, 대통령은 즉시 이를 공포하여야 한다.

부칙 〈제10호, 1987. 10. 29.〉

제1조 이 헌법은 1988년 2월 25일부터 시행한다. 다만, 이 헌법을 시행하기 위하여 필요한 법률의 제정·개정과 이 헌법에 의한 대통령 및 국회의원의 선거 기타 이 헌법시행에 관한 준비는 이 헌법시행 전에 할 수 있다.

제2조 ① 이 헌법에 의한 최초의 대통령선거는 이 헌법시행일 40일 전까지 실시한다.

② 이 헌법에 의한 최초의 대통령의 임기는 이 헌법시행일로부터 개시한다.

제3조 ① 이 헌법에 의한 최초의 국회의원선거는 이 헌법공포일로부터 6월 이내에 실시하며, 이 헌법에 의하여 선출된 최초의 국회의원의 임기는 국회의원선거후 이 헌법에 의한 국회의 최초의 집회일로부터 개시한다.

② 이 헌법공포 당시의 국회의원의 임기는 제1항에 의한 국회의 최초의 집회일 전일까지로 한다.

제4조 ① 이 헌법시행 당시의 공무원과 정부가 임명한 기업체의 임원은 이 헌법에 의하여 임명된 것으로 본다. 다만, 이 헌법에 의하여 선임방법이나 임명권자가 변경된 공무원과 대법원장 및 감사원장은 이 헌법에 의하여 후임자가 선임될 때까지 그 직무를 행하며, 이 경우 전임자인 공무원의 임기는 후임자가 선임되는 전일까지로 한다.

② 이 헌법시행 당시의 대법원장과 대법원판사가 아닌 법관은 제1항 단서의 규정에 불구하고 이 헌법에 의하여 임명된 것으로 본다.

③ 이 헌법중 공무원의 임기 또는 중임제한에 관한 규정은 이 헌법에 의하여 그 공무원이 최초로 선출 또는 임명된 때로부터 적용한다.

제5조 이 헌법시행 당시의 법령과 조약은 이 헌법에 위배되지 아니하는 한 그 효력을 지속한다.

제6조 이 헌법시행 당시에 이 헌법에 의하여 새로 설치될 기관의 권한에 속하는 직무를 행하고 있는 기관은 이 헌법에 의하여 새로운 기관이 설치될 때까지 존속하며 그 직무를 행한다.

이 희 훈

선문대학교 법학과 교수(헌법)

법무부 변호사 시험위원, 법무부 사법시험 1차·2차 시험위원, 국가인권위원회 인권정책협의회 위원, 법제처 국민법제관(의회입법분야), 선문대학교 입학사정관, 대전지방법원 천안지원 국선변호운영위원, 천안시 선거구획정위원회위원, 미국헌법연구·일감법학 편집위원, 한국헌법학회 이사(총무·재무·홍보·섭외간사), 한국토지공법학회 이사(총무간사), 유럽헌법학회 홍보이사(정보·홍보간사), 한국입법정책학회 이사, 한국안전법학회 이사, 한국공법학회 총무·출판·홍보간사 등 역임, 연세대학원 사회과학부문 박사 우수논문상 수상, 한국공법학회 헌법부문 신진장려상 수상

집회의 개념에 대한 헌법적 고찰(헌법학연구 12권 5호)
헌법재판소법상 재판소원금지규정에 대한 연구(헌법학연구 15권 3호)
중국 내 탈북자의 법적지위와 인권보호에 대한 연구(공법연구 35집 2호)
선거여론조사의 결과공표금지규정에 대한 헌법적 고찰(공법연구 36집 3호)
집회 및 시위에 관한 법률 개정안 중 복면 금지 규정의 위헌성(공법연구 37집 3호)
평화시위구역제도와 국회·법원 인근 집회 금지에 대한 헌법적 평가(공법연구 38집 3호)
일반 교통방해죄와 외교기관 인근 집회·시위 금지에 대한 헌법적 평가(공법연구 39집 3호)
대한민국 정부수립 이후 언론관계법의 발전과 평가(세계헌법연구 16권 3호)
국회의원의 불체포특권에 대한 헌법적 고찰(세계헌법연구 18권 2호)
취재원비닉권과 취재원보호입법에 대한 연구(연세대 법학연구 18권 4호)
영국·미국·독일·프랑스의 낙태 규제 입법과 판례에 대한 비교법적 고찰(일감법학 27집)
미국의 인종을 고려한 대학 특별입학전형제도에 대한 적극적 평등실현조치(미국헌법연구 21집 1호)
미국과 영국 및 한국의 수형자에 대한 선거권 제한 규정의 문제점 연구(미국헌법연구 25집 3호)
성적 자기결정권과 성폭력 관련 법제 및 판례에 대한 헌법적 고찰(헌법논총 26집)
공직선거법 제93조 제1항의 헌법재판소 2009. 7. 30, 2007헌마718 결정에 대한 평석(언론과 법 8권 2호)
부패행위자에 대한 대통령의 사면권 제한에 관한 연구(한국부패학회보 12권 3호)
집회 및 시위에 관한 법률의 헌법적 문제점과 개선방안(중앙법학 9권 1호)
남북한 통일 헌법상 바람직한 통치구조에 대한 연구(중앙법학 10권 2호)
집회시 경찰권 행사의 법적 근거와 한계(경찰학연구 8권 3호)
집회시 장소의 사용과 제한에 대한 연구(토지공법연구 34집)
주민등록번호에 대한 헌법적 고찰(토지공법연구 37집 1호) 외 다수

생활 속의 헌법탐험

초판인쇄	2016년 2월 20일
초판발행	2016년 2월 28일
지은이	이희훈
펴낸이	안종만
편 집	마찬옥
기획/마케팅	노현·박선진
표지디자인	권효진
제 작	우인도·고철민
펴낸곳	(주) 박영사
	서울특별시 종로구 새문안로3길 36, 1601
	등록 1959. 3. 11. 제300-1959-1호(倫)
전 화	02)733-6771
f a x	02)736-4818
e-mail	pys@pybook.co.kr
homepage	www.pybook.co.kr
ISBN	979-11-303-2872-0 93360

정 가 19,000원